吉林大学哲学社会科学鼎新成果
培育计划结项成果

格兰维尔·威廉姆斯
刑法学教科书 II

抗辩论编

Glanville Williams
Textbook of
Criminal Law

[英] 丹尼斯·贝克 著
Dennis J. Baker

李立丰 译

法律出版社 LAW PRESS · CHINA | 北京

著作权合同登记号
图字：01–2019–7860

目录

第1章 法律无知

第1节 总体规则 / 2
第2节 确保法律尽人皆知 / 5
第3节 官方命令或建议 / 6
第4节 对民法的无知 / 9
第5节 法律特殊表述的效果 / 10
第6节 虚假陈述与欺诈 / 12

第2章 迷 醉

第1节 迷醉的效果 / 17
第2节 迷醉与责任 / 18
第3节 迷醉与故意 / 21
第4节 特定故意与基本故意 / 26
第5节 推定轻率的正当化事由 / 35
第6节 迷醉与错误 / 38
第7节 非自愿迷醉 / 44

第3章 惩戒权

第4章 自卫与防卫他人

第1节 自卫的范围 / 54
第2节 防卫的必要性 / 56

第 3 节 比例原则／ 64
第 4 节 假想防卫／ 67
第 5 节 偶然防卫／ 73
第 6 节 采取暴力预防犯罪及逮捕罪犯／ 74
第 7 节 针对合法暴力的防卫权／ 84
第 8 节 土地防卫权／ 88
第 9 节 住宅防卫权／ 93
第 10 节 土地重新进入权／ 96
第 11 节 动产防卫权／ 96
第 12 节 减少妨害／ 97

第 5 章 失去控制
第 1 节 抗辩的范围和理由／ 99
第 2 节 逐渐失去控制：挑衅的累积／ 105
第 3 节 其他犯罪、量刑、程序、未遂／ 107
第 4 节 转移故意和转移挑衅(符合条件的启动)／ 110
第 5 节 部分抗辩或部分免责／ 112
第 6 节 实际失控／ 117
第 7 节 客观(挑衅)符合条件启动要素／ 119
第 8 节 错误的符合条件启动要素／ 128
第 9 节 复 仇／ 130
第 10 节 客观自我克制／ 132
第 11 节 非紧迫性威胁和防卫过当／ 142
第 12 节 失控和精神错乱／ 145

第 6 章 同意和诱捕
第 1 节 同意的重要性／ 148
第 2 节 同意的表示和无效／ 148
第 3 节 缺乏自由而放弃同意／ 150
第 4 节 误认同意／ 159
第 5 节 行为者身份上的错误／ 168
第 6 节 无行为能力、精神错乱和同意／ 172
第 7 节 迷醉和同意／ 175
第 8 节 性侵犯和可反驳的假设／ 177
第 9 节 未成年人／ 180

第 10 节 “知情同意”和手术／ 186
第 11 节 同意与公共政策／ 188
第 12 节 教唆自杀／ 190
第 13 节 同意杀害和死亡契约／ 192
第 14 节 同意和身体伤害：争斗／ 195
第 15 节 同意和期望的伤害／ 201
第 16 节 不计后果的伤害行为和同意／ 207
第 17 节 同意、手术和装饰／ 211
第 18 节 自愿冒险：危险特技、运动和马术／ 214
第 19 节 诱 捕／ 219

第 7 章 避 险
第 1 节 避险的理论／ 223
第 2 节 避险抗辩／ 227
第 3 节 作为杀人根据的紧急避险／ 228
第 4 节 避险与饥饿／ 236
第 5 节 避险和违规驾驶／ 237
第 6 节 法律和权力的执行／ 238
第 7 节 神智健全的成年人／ 239
第 8 节 残疾人士／ 241
第 9 节 法官与陪审团／ 246
第 10 节 不可能／ 247
第 11 节 最低限度违规／ 248

第 8 章 威胁与胁迫
第 1 节 作为抗辩事由的胁迫／ 253
第 2 节 死亡和严重伤害的威胁／ 256
第 3 节 不适用胁迫抗辩的犯罪／ 258
第 4 节 主客观之争／ 262
第 5 节 威胁的对象／ 270
第 6 节 迫在眉睫的危险要求／ 271
第 7 节 因果关系与指定犯罪／ 275
第 8 节 自愿暴露于胁迫威胁／ 278
第 9 节 情境所迫／ 281
第 10 节 其他形式的胁迫／ 284

第9章 自动症
第1节 非自愿性:意识受损 / 287
第2节 失常及非失常状态下的自动症 / 290
第3节 精神分裂与自动症 / 296
第4节 自动症与事先过错 / 299

第10章 刑事责任能力和精神错乱
第1节 国家豁免权 / 306
第2节 未成年 / 307
第3节 答辩能力 / 309
第4节 作为抗辩事由的精神错乱 / 312
第5节 南顿规则、过失和轻率 / 320
第6节 不可抗拒的冲动和犯罪行为 / 322
第7节 特别判决和处置 / 325

第11章 限制责任
第1节 限制责任:抗辩的本质 / 331
第2节 “限制责任”的抗辩范围 / 333
第3节 因果关系 / 340
第4节 限制责任的量刑 / 343
第5节 杀婴罪 / 347

译后记 / 350

第 1 章　法律无知

我们都知道，并且要承认，“法律无知”（ignorance of the law）无法成为犯罪的免责事由；而且，法律帮助的是时刻警觉的人，而不是懒惰的人。因此，所有人都应该首先了解他所生活的社会的法律，以及将从中受益或承受危险的法律；其次，尽到所能的谨慎，让自己守法，或谦卑地屈从法律的责难。①

上帝不允许假定所有律师，甚至法官一定知晓法律。②

---

① Ferdinando Pvlton, *De Pace Regis Et Regni: A Treatise Declaring Which be Great and General Offences of the Realm*, (London: Companie of Stationers, 1610), preface, at A. iiJ. *Thomas Woodward v. Lord Darcy, of Chich* (1557) 1 Plow. 184; *R. v. Vaux* (1612) 1 Bulst. 197.

② *Montriou, Gent v. Jefferys* (1825) 172 E. R. 51 at 54 *per* Abbott C. J.

打击的被告。司法能动主义的理由有两个：作为其适用法律职能的一部分，法院必须清除法律的模糊性；议会未能使法律保持最新，这意味着这项任务在很大程度上必须由法院执行。如果法院给予标志性案件的主角绝对免责，该论点将更容易被接受。

以“肖诉检察长案”（*Shaw v. D. P. P.*）①的事实为例，肖出版了1本名为《女士花名录》（*The Ladies' Directory*）的小册子，是本妓女名录，上面有若干妓女的裸照，以及其提供的性服务内容。在发行之前，他希望自己的著作并未超出合法的范畴，于是咨询了警方，以确定这是否合法，但警方拒绝告诉他答案。显然，肖没有去咨询律师。如果他这样做了，就很可能会被告知，没有直接的判例认定该出版物是非法的；考虑到“沃尔芬登同性恋和卖淫问题委员会”（the Wolfenden Committee on Homosexuality
840 and Prostitution）②的建议，即卖淫应继续被视为被允许的职业，尽管受到严格的限制，思想开明的法官很可能会裁定该出版物是合法的；但从道德角度看待该出版物的法官，也可能会对某个犯罪或其他犯罪进行扩大解释，从而包含出版这种作品的行为。结果，肖被判处3项罪名：出版淫秽书籍罪（尽管本书似乎不像纯粹的色情作品那样能够带来性快感）；作为男性以妓女的收入为生活来源罪（旨在打击皮条客的罪行；肖只是在合同的基础上为妓女提供商业服务，如果他是妇女，就不可能被判犯有该罪行）；③以及某项旨在打击败坏公共道德行为的模糊的普通法意义上的行为犯。据此，肖被判处9个月监禁。

这又引出了问题：公民一般缺乏真正的途径，以获得政府机构作出的关于能够影响公民自身的刑事法律的权威解释裁决。他可能会想到若干代价不菲的赚钱手段，但无法通过某种廉价的方式知道相关行为是否会被法律禁止。为什么不授权负责执行特定法律分支的部门就其含义作出解释，如果解释结论有利于该相关方，在法庭成功质疑该决定之前，该决定都将保护其免受刑事诉讼？

1-005　在这件事上可以发现若干轻微的变化。民事法院现在将审理某项针对总检察长或政府部门的声明诉讼，最重要的条件是刑事诉讼必须尚未开始。④ 法院有权决定是否审理此案，法官认为不受欢迎的人（如妓女）提出的诉讼是否被允许尚不得而知。如果诉讼的结果对公民

---

① [1962] A. C. 220.

② *Report of the Committee on Homosexual Offenses and Prostitution*, (London: Home Office, Cmd. 247, 1957) at paragraphs 13 and 61.

③ *Bowry v. Bennet* (1808) 170 E. R. 981; *Lloyd v. Johnson* (1798) 126 E. R. 939.

④ Woolf J. *Royal College of Nursing of the United Kingdom v. Department of Health and Social Security* [1981] 1 All E. R. 545.

有利，这可能会说服当局不对他提起公诉；但令人惊讶的是，若干法官主张，如果他被指控，不做抗辩，才能确保被告所面临的结果最有利。[①] 841

这条规则，即对法律的无知无法作为抗辩事由也有例外，以下部分便是最重要的例外规定。

第2节　确保法律尽人皆知

1-006　虽然法规生效无须颁布，但有法源规定，在赋予合理的中止时间之前，法规不得对持续的程序（如航行）发生效力；在询问什么是合理的时间时，与对法规的不可避免的无知具有相关性。[②]

其他规则适用于附属立法。政府部门较为重要的立法产品（政府命令）是“制定法”，在就成文法所定罪行而进行的法律诉讼中，如证明该文书尚未被“女王文书局”（Her Majesty's Stationery Office）发出，即为法定免责抗辩事由，除非有关部门已采取合理措施，将其意图通知受其影响的人。[③]

该规定不适用于次级授权立法或地方法源的规章制度，甚至（可能）不适用于颁布后被允许不再印行的法定文书，然而在这些情况下，普通法可能有话要说。拜尔哈彻法官（Bailhache J.）认为，授权立法在公布之前不会生效，因此，由于未公布而导致的法律无知可被视为抗辩事由。[④] 此外，枢密院司法委员会认为，如就某人作出政府命令，而并未制定条款使该人知悉该命令，则该人在不知道该命令已作出时实施的所谓“违法行为”，无法被定罪。[⑤] 该意见没有表明，如果该命令是针对某一类人或广大公众的，则该意见意在适用。但法院可能会认为，法源未能使人们发现有关法律的情况，例如，允许某项法令或法定命令停止适用都能成为刑事抗辩事由。[⑥]

1-007　这些规则仅仅要求立法被提供给勤勉的询问者。影响某一特定行业的政府命令通常会被公布在行业期刊上，进而为那些会受其影响的人所知；政府部门和行业代表之间通常会事先进行协商。但是，负责

---

① *Royal College of Nursing of the United Kingdom v. Department of Health and Social Security* [1981] 1 All E. R. 545. *Re A (Children) (Conjoined Twins: Medical Treatment) (No. 1)* [2001] Fam. 147.

② *Burns v. Nowell* (1880) 5 Q. B. D. 444 at 454.

③ Section 3(2) of the *Statutory Instruments Act* 1946.

④ *Johnson v. Sargant & Sons* [1918] 1 K. B. 101; *Bugg v. D. P. P.* [1993] Q. B. 473 at 478.

⑤ *Lim Chin Aik v. R.* [1963] A. C. 160.

⑥ See Andrew Ashworth, *Excusing Mistake of Law*, [1974] Crim. L. R. 652 at 654.

你提到的纽伦堡审判非常具有说服力。但基于上级命令实施残忍行
844 为的士兵具有特殊性。如果大量士兵被允许使用所谓上级命令抗辩,那么责任主体将被限制在少数几位最高级指挥官身上。或许,对于实施与文明社会原则格格不入的残忍行为的士兵,不得主张上述抗辩的原因,基本上还是一种社会政策的考量。

1-011 与此相关的问题,涉及遵循官方建议的被告。美国的若干法源认为,如果某人因“法律的正式声明”而出现法律错误,将受到保护,免受起诉;①这不包括警察的非正式建议②(除非警察在逮捕时寻求帮助,从而默示其在合法执法)。在某些司法管辖区,这是对可责性的抗辩,但本身并不属于正向抗辩。③ 美国的这项规则有很多值得称道之处,但在普通法的发源地却遭到了坚决的拒绝④(特拉华州的法院甚至认为被告使用勤勉的手段获得专业的法律意见并据此采取行动是辩护,⑤但这种观点在美国是例外的;⑥其具有明显的危险性,而且在英国也没有得到支持)。⑦ 英国法院即使在被告被官方行动误导,并认为自己的行为是合法的情况下也会定罪。⑧ 刑法教科书中没有内容表明如此一来允许被告提出相关抗辩,所以,显而易见,这是不被允许的。⑨ 尽管最高法院在理论上仍然可以对官方建议或误导采取更开明的观点,但英国上议院从未默示过他们会这样做。

有时,存在明确的法律规则赋予明显合法的行为豁免权。特别是,如
845 果法院有管辖权,或即使法院没有管辖权,执行法院非同寻常判决或命令的狱卒或其他官员得受保护。⑩ 1974 年《污染控制法》(the *Control of*

---

① *Walker v. Com.*, 127 S. W. 3d 596(2004); *State v. Norton*, 67 P. 3d 1050(2003); *People v. Studifin*, 504 N. Y. S. 2d 608(1986); *Kratz v. Kratz*, 477 F Supp. 463(1979); *State v. Leavitt*, 107 Wash. App. 361(2001).

② *Stevens v. State*, 135 P. 3d 688(2006); *People v. Aresen*, 91 Cal. App. 2d 26(1949).

③ *State v. Cote*, 286 Conn. 603(2008).

④ *Brook v. Ashton* (1973) 231 E. G. 615; *Surrey CC v. Battersby* [1965] 2 Q. B. 194; *R. v. Arrowsmith*[1975]Q. B. 678; *Cooper v. Hall*[1968]1 W. L. R. 360; *George Cohen 600 Group Ltd. v. Hird* [1970]1 W. L. R. 1226; *R. v. Bowsher*[1973]R. T. R. 202; *R. v. Jacey*[1975]Crim. L. R. 373.

⑤ *Long v. State*, 65 A. 2d 489(1949); *Kipp v. State*, 704 A. 2d 839(1998); *Bryson v. State*, 840 A. 2d 631(2002).

⑥ *People v. Carmichael*, 164 Cal. Rptr. 872(1980).

⑦ *Cooper v. Simmons*(1862)158 E. R. 654.

⑧ *Burgess v. West*[1982]R. T. R. 269.

⑨ *Postermobile Plc. v. Brent L. B. C.* (*The Times*, December 1997); *R. v. Croydon Justices, Ex parte Dean*[1993]Q. B. 769.

⑩ *Williams v. Williams*(1937)2 All E. R. 559; *Mackalley's Case*(1611)77 E. R. 828; *R. v. Drury* (1848); *Howard v. Gossett*(1845)10 Q. B. 411 at 453-4; *Raja v. Van Hoogstraten*(*No.* 9)[2009]1 W. L. R. 1143 at 1148.

Pollution Act 1974）第 3（4）（a）（i）款标志着监管立法的可喜变化，即允许将"从有资格提供信息的人"那里获得误导性信息作为抗辩事由，同时允许以雇主的表面上合法的命令作为抗辩事由。

第 4 节　对民法的无知

1-012　到目前为止，法律上的无知规则最重要的限制是，其只适用于对刑法的无知。对民法的无知可以作为需要犯意的犯罪的抗辩事由，因为可以否定犯意。关于侵犯财产罪，该主张过去经常被人提及，即这类犯罪行为仅能由"无权利主张"的人实施。有时，权利主张者的辩护依据是相关成文法使用了"恶意"或"非法"等词，这被认为具有特殊意义；但事实上，这两个词并不重要。① 在今天，即使法律没有提及，但权利主张者如果错误地认为民法赋予自己某项合法的权利来从事被指控的行为，法院就可以判定这构成对损害财产的指控的辩护。② 换言之，在对财产犯罪的指控中，对财产权利的错误认识被视为与民法有关。公民应该知道的法律数量是有限制的，财产法也超出了这个限制。该规则适用于 1971 年《刑事损害法》。关于盗窃，自 1968 年《盗窃法》以来，"权利要求"概念已被抛弃，所说的不是"不诚实"犯罪。无论是基于事实错误（被告认为物主在移交物品时的意图是转移持有）还是民法上的错误（被告认为他可以作为遗嘱执行人扣押财产，但他所依据的遗嘱无效），诚实或权利主张的抗辩效果是相同的。

这种辩护也不限于侵犯财产犯罪。对于重婚的指控，被告不会辩称他不知道重婚是犯罪，但他（错误但合理地）认为自己的首次婚姻在重婚仪式进行前因离婚而解除，这将是抗辩事由，比如在民法上，重婚者所认为的离婚是无效的，因为是由没有管辖权的法院宣布的。③ 离婚法不是刑法的一部分，所以对离婚的认识错误可以作为抗辩事由。

通常情况下，当对民法的无知否定了犯意时，无知是否合理并不重 846
要。但是，由于重婚法的特殊发展，针对重婚罪的认识错误进行辩护，要求该错误本应是合理的；对于不包括明确犯意要求的其他法定犯罪，也可能是如此。

作为正在讨论的原则范围的其他适例，似乎是某项一般规则，即如果

---

① See Glanville Williams, *Offences and Defences*, (1982) 2 Legal Stud. 233; Glanville Williams, *Criminal Law: The General Part*, (London: Steven & Sons, 2nd edn., 1962) at § § 108-109.

② *R. v. Smith*[1974] Q. B. 354. Williams, *The General Part*, at § § 107.

③ *R. v. Gould*[1968] 2 Q. B. 65.

某人只做他认为民法所要求的事情,就不会成为犯罪的从犯(见犯罪论编第12章第12节)。

1-013 刑法错误与民法错误究竟有何精确区别?

"精确"这个词,要求的远远超出了所能给出的范围。显然,侵权法、合同法、信托法、财产法或家庭法上的错误与民法有关。另外,民法上的错误不容易成为针对人的犯罪的抗辩事由,因为其被视为(在很大程度上)完全或排他地由刑法本身界定。例如,自卫和逮捕法是被视为刑法一部分的刑事禁令的例外规定。[①] 公民不仅要了解与犯罪本身有关的规定,还要了解与主要抗辩有关的条款。这将出现在起草良好的刑法典中(也许更有说服力的理由是保护身体不受伤害的重要性;然而,限制抗辩是否对促进人身安全有实质性影响可能会被严重怀疑)。例外的是,财产法上的错误甚至可以作为对人身犯罪指控的抗辩。如果某人错误地认为自己是物品的所有人,并使用适度的武力取得对物品的持有,那么其就有权被当作物品的实际所有人看待。

如果罪行属于严格责任,就没有权利主张辩护的余地。例如,驾车人即使相信自己投保了保险,在没有保险的情况下驾驶也需要承担责任,因此,这种错误是纯粹的事实错误(保险单到期的日期)还是保险法某个深奥晦涩条款的有效性问题,都无关紧要。[②]

第5节 法律特殊表述的效果

1-014 一般来说,刑事法律无知无法否定犯意。举个典型的事例,明知而持有爆炸物的罪行并不需要对该法定罪行的明知。[③] 若干创设犯
847 罪的法规规定,这种行为"没有合法的免责事由"。[④] 这句话可能是有用的提醒,警示那些容易忘记一般正当化事由和免责事由的人这些出罪事由的存在,但从逻辑上讲,这应该是不必要的。[⑤] 但无论相关法条是多么模糊或复杂,这都并不意味着免除人们了解和解释对其加以指控时所依

---

① *R. v. Bentley*(1850)Cox C. C. 406;*Agnew v. Jobson*(1877)13 Cox C. C. 625;*The Queen v. Tolson*(1889)23 Q. B. D. 168 at 188;*Gelberg v. Miller*[1961]1 W. L. R. 153;*R. v. Reid*[1973]1 W. L. R. 1283 at 1289;*D. P. P. v. Fountain*[1988]R. T. R. 385;*R. v. Barrett*(1981)72 Cr. App. R. 212;*Hills v Ellis*[1983]Q. B. 680.

② Section 143(3)(a)(b)(c)of the *Road Traffic Act* 1988. *R. v. Williams*[2011]1 W. L. R. 588.

③ Section 4 of the *Explosive Substance Act* 1883.

④ Section 16 of the *Offences against the Person Act* 1861, Section 2 of the *Criminal Damage Act* 1971.

⑤ *R. v. G*[2004]1 A. C. 1034.

据的法规的所有相关规定的义务。[①]

对法律的无知一般不是法定豁免范围内的“合理解释”。例如，某项法令授权警察在某些情况下要求司机在驾驶或试图驾驶时进行呼吸测试。被告是司机，下车后警察要求他做呼吸测试。被告的情况和立法上的规定完全一致，但是他拒绝进行检测，理由是他当时既没有驾驶也没有试图驾驶——这在一般意义上是事实。他不知道，法院对该成文法的解释是以常识性的方式进行的，因而将只是暂时中断驾驶的司机包括在内。他因无合法免责事由没有进行呼吸测试而被定罪，原审法官拒绝将合理解释的问题留给陪审团处理；上诉后维持原判。[②]

可以理解的是，法院应该裁定，在法律（对法律专业人士）相当明确的情况下，在外行看来，非法拒绝遵守警察的指示，无法构成合理的免责事由。然而，人们可能希望，这样的决定不会被视为最终裁决，即对法律的错误理解（包括对法院将如何裁决争议点的错误猜测）都不可能是合理的。[③] 错误地依赖官方法律声明的人当然应该被允许将其作为合理的抗辩事由。此外，如果法律模糊不清，甚至是对勤奋致力于解释法律的法律专业人士来说也是如此，那么对法律的误解就应该是合理的免责事由。正如莫勒法官（Maule J.）以他无法比拟的方式所言：

“这可能是法律上的疑点。如果没有，就不需要上诉法院，因为上诉法院的存在表明法官也可能不懂法律。”[④]

1-015　“意欲地”这个概念引发了若干问题。有人提到，法院将其解释为“无合法理由而故意或轻率行事”；[⑤]同样的意思被理解为法定恶意。[⑥] 然而，由于已经给出的理由，一般不应将对法律的无知理解为合法的免责事由。

有关故意妨碍公路的法定犯罪判例说明了这方面的问题。某些妨碍的正当事由得到承认，[⑦]例如在行使权利时的合理暂时妨碍，以及在根据法规授权颁发的许可证的准许范围内的暂时妨碍；但在适当的分析后，这 848
些案件可能只说明“妨碍”的含义，而不涉及意欲的概念。有几个判例表

① *Cambridgeshire and Isle of Ely C. C. v. Rust*[1972]2 Q. B. 426.

② *R. v. Reid*[1973]1 W. L. R. 1283 (The new legislation covers those who have been driving). *McGrath v. Vipas*[1984]R. T. R. 58.

③ Ashworth, *op. cit. supra* note 19.

④ *Martindale v. Falkner*(1846)135 E. R. 1124 at 1130.

⑤ J. A. Andrews, “Wilfulness, a Lesson in Ambiguity”, (1981)1 *Legal Stud.* 303.

⑥ *R. v. Cunningham*[1957]2 Q. B. 396.

⑦ *Herrick v. Kidner*[2010]P. T. S. R. 1804 at 1814; *Torbay Borough Council v. Cross*(1995)159 J. P. 682.

明,某人认为法定犯罪包含其所不包含的例外情况,这种错误的认识无法成为抗辩事由。例如,如果被告错误地认为,他有权在公路上举行公开会议,[①]或在公路上竖立护柱以保护其房舍,[②]他将被判甚至是意欲犯罪,因为这些都是犯罪范围方面的错误。然而,"意欲"概念的情况并不完全相同,在有的判例中,犯下公共妨害罪的被告因为权利主张被宣告无罪。[③]

法定犯罪中的某些特定犯意要求可能表明,该犯罪不适用于那些误解法律——即使是包括法定犯罪的法律——的人。法院在涉及"适当"和"合格"两个词的案件中得出了该结论,这两个词都暗指法律。

1-016 在前者的情况下,某项法令(现已废除)规定,行为人"明知自己无法适当地领取家庭津贴"而获得的,是犯罪行为。据认为,代表他人领取家庭津贴的妇女违反规定,但如果她不知道自己做错了什么,就可以提出抗辩。除非该妇女知道收到的钱根据条例是不正当的,否则就不构成犯罪。[④]

在第 2 种情况下,法令(现已废除)规定,当某人知道他被取消了担任公司审计员的资格时,仍担任公司审计员的,系属违法。其他法定条文规定,公司的高级职员没有资格被委任为该公司的审计师。被告是公司的董事(因此也是高级职员),并担任该公司的审计师,但他不了解法律,也不知道自己不具备资格。分庭法院认为他没有构成犯罪。法院经常反驳,认为行政犯罪"不是真正的刑事犯罪",以至于,如此一来,法院能坦率地宣称这是刑事犯罪,令人耳目一新,因此,该法规中的"知道"概念必须被理解为"知道"的意思。[⑤] (显然,上述法规中的"知道"概念必须被理解为非刑事法规中的"知道"的意思!)应当注意的是,丧失资格的概念本身完全是法律问题。因此,与此相反的判决,将几乎剥夺了明知要求的
849 所有含义。

第 6 节 虚假陈述与欺诈

1-017 刑法典中的"虚假"概念,表面上是描述犯行的概念。当法规禁止作出虚假陈述时,需要用形容词来说明不禁止作出真实陈述的事

---

① *Arrowsmith v. Jenkins*[1963]2 Q. B. 561;*Birch v. D. P. P.*[2000]Crim. L. R. 301;*Kent CC v. Upchurch River Valley Golf Course Ltd.*(1998)75 P. & C. R. D37. *D. P. P. v. Jones*[1999]2 A. C. 240.

② *Dixon v. Atfield*[1975]1 W. L. R. 1171.

③ Williams, *op. cit. supra*, note 40 at §109.

④ *R. v. Curr*[1968]2 Q. B. 944.

⑤ *Secretary of State for Trade and Industry v. Hart*[1982]1 W. L. R. 481. *Attorney—General's Reference*(*No.* 1 *of* 1995)[1996]1 W. L. R. 970 at 980.

实。当罪行非常严重时，法院可将该形容词视为亦带有犯意的意涵，以致人们除非知道或相信其陈述是虚假的，否则不会犯罪；[①]但在轻微罪行中，“虚假”概念的出现不必阻止将该法律解释为施加严格的法律责任。[②]

假设“虚假”被解读为形容犯意的词，或者法规中存在其他要求犯意的迹象，而某人的陈述因其对于法律的认识错误而虚假，需要为此承担责任吗？许多认为是简单的事实陈述的话语都含有法律的成分。例如，“我是甲的儿子（被领养）；我和乙结婚；我买了家具；我通过了驾驶考试，并且获得了驾驶执照”。如果我不知道这些陈述因我对法律的认识错误而是虚假的，这些陈述都不会使我对故意虚假陈述承担责任。显然是如此，正如在这些事例中，认识错误涉及民法。因此，有人认为，善意作出陈述但误解民法的人不构成伪证罪，[③]也不构成作出虚假陈述[④]或伪造的法定罪行。[⑤] 但在需要犯意的情况下，法官有时会超出该范围，并允许被告以误解包含罪刑条款的成文法体系为由进行抗辩。其原则是，或应当是，如果法规惩罚作出虚假陈述的行为，并明确或默示地将犯罪限于故意或蓄意作出的虚假陈述，那么影响陈述真实性的法律错误可以作为抗辩。

重要的判例便是“威尔逊诉因杨案”（*Wilson v. Inyang*）。[⑥] 这涉及 1858 年《医疗法》（现已废除）的章节。要对此加以解释，就必须了解与专业实践有关的法律。

1-018　若干职业受法律保护，法律规定不具备相应资质的人从事该职业是违法的。突出的事例是律师的职业，其他还包括兽医的职业。只有兽医才能给动物做手术，只有合格的医生或牙医才能从事牙医工作。[⑦] 对于治疗人类疾病的医生来说，情况是不同的。根据法规建立的 850
注册执业医师制度并没有结束整骨医生（接骨者）、手足病医师、自然疗法医师、中医治疗师和其他人的职业生涯，他们可能被称为“江湖医生”（尽管他们经常提供有用的服务，有时也被医生自己叫来帮忙）。这些人被允许在没有资格的情况下执业，唯一的刑罚规则是他们不得自称医生或类似的人。

1858 年《医疗法》中禁止无资质的人员自称医生的规定，现见于 1983 年《医疗法》第 49 条和第 49A 条，该条以同样的术语取代了先前的

---

① Section 2 of the *Fraud Act* 2006.

② *Laird v. Dobell*[1906]1 K. B. 131; *Consumer Protection from Unfair Trading Regulations* 2008.

③ *R. v. Crespigny*(1795)170 E. R. 357.

④ *R. v. Dodsworth*(1837)173 E. R. 467.

⑤ *Ocean Accident & Guarantee Corp Ltd. v. Cole*[1932]2 K. B. 100.

⑥ [1951]2 K. B. 799.

⑦ Section 38 of the *Dentists Act* 1984.

立法。这就使故意和错误地使用许多医学头衔,包括内科医生、医学医生和外科医生的头衔,成为简易犯。该条的固定解释是,未根据该法登记的人不得使用禁用词,即使他添加了若干限定形容词。因此,在案件中,无资格的被告辩称,他在"外科医生"之前增加了"具有操作能力的"(manipulative)概念,借此让自己使用"外科医生"概念的行为合法,因为这样的表述会告诉公众,他没有注册,法院冷冷地表示:"如果被告,正如必须的那样,是真诚的,仍有很多其他方法可以告诉公众他不是外科医生,即他并非只有称自己为具有操作能力的外科医生的选择。"①

该部分中"意欲虚假地"这几个字的效果如何?在"威尔逊诉因杨案"②中,因杨是在英国生活了两年的非洲人,他参加了"无药治疗"的函授课程,之后开始执业,称自己为"自然疗法内科医生"(N. D. ,M. R. D. P.)。之后在根据1858年《医疗法》提起的公诉中,治安法官根据相关条款,认为因为使用"医生"概念(即使有"自然疗法"的限定)的行为是不被允许的,但他认为被告无法被定罪,因为根据事实,他真诚地认为自己有权使用该称号。上诉时,分庭法院(通过戈达德法官发表意见)确认了无罪释放,称问题不在于因杨的行为是否合理,而在于他是否善意行事。

1-019　在两年前根据相同的条款判决的案件中,戈达德法官曾主张,作为抗辩事由的错误必须有合理的理由。但他现在又改口称,合理性只是诚实的证据,而不是必要的证据。"某人可能会真诚确信其他有常识的人不会相信的事情。如果他没有合理的理由而采取行动,并且没有进行适当的调查,这通常是他没有诚实行事的良好证据。但这只是证
851 据……在本案中,治安法官……看到被告,听取了他的证据,并对他的信誉和诚实形成了意见。鉴于他的调查结果,我认为法院不会干涉。"

这项判决是司法意见从客观的刑事责任审查转向主观的刑事责任审查的早期事例,也是下面观点的有用论据,即对意欲的犯意要求允许被告提出法律认识错误抗辩。然而,法院并没有回避法律无知的问题。戈达德法官说话的口气,似乎是因为有人在争论犯意,所以这自然而然地带来了法律认知的争论,但并不总是这样。因杨没有犯相关的事实错误,即使他认为自己所托伪的头衔对公众没有误导性,但该罪行并不要求头衔应当具有误导性。如果他竖起一块铜牌,上面写着"因杨,外科兼内科医生(不是注册医师)",这虽然几乎不会产生误导,但显然是违法的,因为法院不允许使用禁用语,即使对其加以解释和限制。因此,因杨的错误纯粹是对刑法及其司法解释的理解错误。

---

① *Jutson v. Barrow*[1936]1 K. B. 236 at 245.

② [1951]2 K. B. 799.

尽管如此，可以认为（也有判例这样认为），[①]由于被告对法律的无知，所以“意欲虚假地”使用医疗头衔的法定罪行并没有发生，即使这种无知与指控所依据的条款有关。支持这项判决的有说服力的理由是，否则，法定的故意要求实际上不会产生效果。某人在不知道自己在使用“内科医生”或“外科医生”的头衔的情况下，很难使用这个头衔，他在自己是否已经根据《医疗法》注册的问题上也很难犯错误。然而，“威尔逊诉因杨案”应被视为是基于“虚假”概念（解读为描述犯意的词），而不是基于“意欲”概念本身。

1-020 对比“罗伯茨诉杜克案”（*Roberts v. Duce*）[②]的判决。罗伯茨是根据他关于“可支配收入”的声明获得法律帮助的。他后来获得了一笔教育补助金（买书等），想当然地认为这不是“可支配收入”，因而没有通知法律帮助局。据查，该补助金是 1949 年《法律帮助和咨询法》（Legal Aid and Advice Act 1949）规定的可支配收入，因此罗伯茨“意欲”不通知。

这与若干关于法定意欲的案件相符，但忽略了这个事实，即这些案件涉及的是人身行为，而不是言语表达。似乎可以合理地认为，虚假陈述罪的犯意都允许采用影响陈述真实性的法律认识错误进行抗辩，即使被告在不知道其含义的情况下使用了具有法律意义的表达，并且同样的结论，也应适用于未能作出真实陈述的犯罪。[③] 基于这种观点，“罗伯茨诉杜克案”的判决是错误的。

对于涉及虚假陈述或表达的明知或故意的罪行，刚才建议的规则仅 852
限于陈述的真实性问题。如果某人在明知的情况下进行虚假陈述，可以构成故意或意欲作出虚假陈述罪，即使他错误地认为虚假是与法定真实要求无关的问题。

1-021 被告要求领取疾病津贴，并故意谎称在某段时间内没有工作。不过，他并不认为这种虚假陈述会影响福利金额，之所以撒谎，只是因为不想让雇主知道自己在别处工作过。他因故意作虚假陈述以谋取利益而被定罪。[④]

出于与虚假陈述的原因相似的原因，欺诈罪通常被认为允许法律错误的辩护。这些罪行是否承认诚实善意的一般辩护，在此不必考虑。 853

---

① *Hunter v. Clare*［1899］1 Q. B. 635 and *Younghusband v. Luftig*［1949］2 K. B. 354.

② ［1974］Crim. L. R. 107.

③ *R. v . Tilley*［2010］1 W. L. R. 605.

④ *Barrass v. Reeve*［1981］1 W. L. R. 408；*Harrison v. Department of Social Security*［1997］C. O. D. 220；*R.（on the application of Hastings BC）v. Jones*［2004］R. V. R. 270.

第2章 迷醉

上帝啊！人们居然会把一个仇敌放进自己的嘴里，让它偷去他们的头脑！①

《奥赛罗》第2幕第3场

捣乱的醉鬼，乃是有意发疯。②

---

① 中译本参见［英］莎士比亚：《莎士比亚全集》（第5卷），朱生豪等译，人民文学出版社1994年版。——译者注

② Jeremy Bentham, *Transcribed Papers of Jeremy Bentham*(JB/071/011/001).

第1节 迷醉的效果

2-001 酒精对大脑的作用,从一开始就是抑制的。看似明显的刺激作用,完全是由于酒精导致人脑中的高级控制中枢(并且逐渐导致其他中枢)麻痹失效,从而削弱或消除一般情况下将人类行为控制于文明行为范围内的抑制功能。酒精还削弱了感知、推理和后果的预见能力。①

饮酒与暴力犯罪关系密切,但这并不一定意味着两者存在因果连接。② 大家都知道有很多人会在社交活动中饮酒,大多数人可能会喝到微醺或大醉,但随后也没有实施暴力行为。然而,许多个案史表明,由于某些特殊的原因,若干通常非常平和的人,却会在啜上几杯"香槟王"(Dom Pérignon)后变得非常暴力、十分危险。③

一般表述中,酒精类饮料往往有别于毒品,尽管从科学上讲,酒精类物质是一种能够让人形成瘾癖的"毒品"。就其对于犯意的影响而言,几乎所有案件都涉及酒精等物质,但其他致幻性毒品,也引发了类似的法律问题,这些问题的解决原则与醉酒状态相同。④ 经常与海洛因一起注射 854
的可卡因,是强效兴奋剂,大剂量使用会引起急性偏执狂。兴奋剂(如安非他明)、安定药和其他镇静剂(如巴比妥酸盐)一般不会引发犯罪行为(尽管有时会为了购买这些毒品而实施盗窃和伪造行为)。⑤ 然而,过量服用会导致暴力行为,有时很明显,犯罪是吸毒后所导致的精神病(精神错乱)的结果。

2-002 在围绕大麻(英语口语中用 marijuana, hashish, pot 等表示)的巨大争议中,似乎并不存在证明其与犯罪有关的证据。只有在非常偶然的状态下,吸食大麻才会导致精神异常状态。包括"迷幻药"(LSD)在内的致幻剂,顾名思义会使吸食者产生幻觉;在其影响下,行为的压抑与

---

① See Jennifer R. Redman *et al.*, *Intoxication and Criminal Behaviour*, (2000) 7 Psychiatry Psychol. & L. 59; Michael G. Weil and Winifred Rosen, *From Chocolate to Morphine: Everything You Need to Know About Mind—altering Drugs*, (New York: Houghton Mifflin Co., 2004).

② Anna Richardson and Tracey Budd, *Young Adults, Alcohol, Crime and Disorder*, (2003) 13(1) Criminal Behaviour and Mental Health 5; Susan E. Martin, *The Links Between Alcohol, Crime and the Criminal Justice System: Explanations, Evidence and Interventions*, (2001) 10(1) American Journal on Addictions 136; Gavin Dingwall, *Alcohol and Crime*, (Portland: Willan Publishing, 2006). Law Commission, *Intoxication and Criminal Liability*, Law Com. No. 314, (London: H. M. S. O. Cm. 7526, 2009) at para. 1. 1.

③ Jeffrey Fagan, *Intoxication and Aggression*, (1990) 13 Crime & Just. 241.

④ *R. v. Lipman*[1970] 1 Q. B. 152 at 156A.

⑤ See Sam Wright and Hilary Klee, *Violent Crime, Aggression and Amphetamine: What Are the Implications for Drug Treatment Services?* (2001) 8(1) Drugs: Education, Prevention, and Policy 83.

习得模式将会消失。但同样,其与犯罪行为的关系非常轻微。

第2节 迷醉与责任

2-003 过去,“自愿迷醉”(voluntary intoxication),被视为刑事责任的加重事由,但现在却被视为潜在的免责事由。在“女王诉佛格萨案”(*R. v. Fogossa*)中,法院认为:①

“如果醉酒者杀人,也属于重罪,需要为此被处以绞刑,但其显然是因为缺乏认识才从事的上述行为——人醉酒的时候既不明白也不记得自己的所作所为;但既然这种无知是行为人自己的行为和愚蠢引起的且本可以避免,故无法因为醉酒享有特权。亚里士多德表示,这样的人两次犯错,该当双重惩罚。具体来说,为他人树立醉酒的错误榜样,以及实施了杀人犯罪。这种行为的实施者被视为‘无知’(ignoranter)的,尽管本人恰恰是这种无知的成因。因此,在无知者与基于无知从事的事情之间,出现了多种可能性。”

如今,迷醉本身并不是加重情节。相反,在某些情况下,被告可提出自身迷醉的证据,以证明因为过度迷醉,以至于无法形成犯罪所需的被指控的具体故意(下文将很快看到,如果轻率或过失足以满足所涉犯罪的主观要件的话,被告通常会被判犯有较轻的罪行)。迷醉本身,只在某些
855 情况下才被定为犯罪。② 其中,最重要情形的包括:

在公共场所被发现处于迷醉状态;③

在公共场所迷醉后滋事生乱;④

在飞机上处于迷醉状态;⑤

在公共场所迷醉并持有装有子弹的枪支;⑥

---

① [1550]75 E. R. 1 at 32. Sir Matthew Hale, *The History of the Pleas of the Crown*, (London: Printed for E. and R. Nutt, Vol. Ⅰ, 1736) at 32-33; John S. Mill, *On Liberty*, (London: J. W. Parker and Son, 1859) at 175.

② 4 Jac. 1, c. 5(1606). Glanville Williams, *Criminal Law: The General Part*, (London: Steven & Sons, 1953) at 373; James Fitzjames Stephen, *History of the Criminal Law of England*, (London: Macmillan, Vol. Ⅱ, 1883) at 410; William Hawkins, *A Treatise of the Pleas of the Crown*, (London: printed by Eliz. Nutt, 1716) at 8.

③ Section 12 of the *Licensing Act* 1872. *R. v. McGrath* [2005] 2 Cr. App. R. (S.) 85; *R. v. Liverpool City Justices*(1983) 76 Cr. App. R. 170; *Lewis v. Dodd*[1919] 1 K. B. 1.

④ *Carroll v. D. P. P.* (2009) 173 J. P. 285; *Neale v. RMJE(A Minor)* (1985) 80 Cr. App. R. 20.

⑤ *Air Navigation(No. 2) Order* 1995 Art. 57 and section 61 of the *Civil Aviation Act* 1982; *R. v. Tagg*[2002] 1 Cr. App. R. 22.

⑥ Section 12 of the *Licensing Act* 1872. *Seamark v. Prouse*(1980) 70 Cr. App. R. 236.

在公共场所照顾7岁以下儿童的人被发现处于迷醉状态；[1]

饮酒后或吸毒后驾驶机动车或负责机动车的；[2]

酒精浓度超过规定限值并驾驶机动车或负责机动车的；[3]以及

醉酒并扰乱秩序者，如无合理解释而—(a)未应要求离开有关持牌酒精类饮料经营场所，即属犯罪。[4]

迷醉，属于上述罪行的构成要素，因此，是否可以提出醉酒证据来否定犯意的问题并不存在。立法也在持续打击持有所谓“受管制毒品”(controlled drugs)的现象。在本章中，集中讨论将迷醉作为潜在的免责事由的问题。

2-004　迷醉，是责任论需要讨论的问题。迷醉后犯罪的行为人可能在此之前一直过着完美无瑕的生活。喝酒(或吸毒)对其产生了意想不到的影响，而迷醉后的行为可能无法反映行为人的真实人品。因此，判其有罪，特别是像谋杀这样的非常严重的罪行，可能很严厉。此外，迷醉的证据，可以使陪审团确信，被告缺乏犯罪通常需要的故意或其他主观要件。

然而，许多罪犯在实施犯罪行为之前就已经喝得烂醉，或者吸毒，而这无法作为一般抗辩事由。迷醉者自愿借此损害自己的自制力和良好的判断力。如果类似的危害行为有可能再次发生，则迷醉者必须接受社会的防卫处分。

2-005　为什么不将醉鬼作为“疯子”处理？

酒精或其他毒品导致的大脑中毒，是自我诱发的情况，因此不属于无法控制的情况。意志的介入，会防止迷醉者陷入疯狂状态。惩罚的威胁，可能会让吸食者适度地摄入迷醉物质，甚至可能导致醉酒者想办法控制
自己。有些人可能倾向于对该假设提出异议；但很明显，如果法官宣布任 856
何人都可以因喝醉而免除刑事责任，将不利于所有人的安全。[5]

2-006　不可能既喝醉又精神错乱吗？

显然无法简单地区分迷醉状态和精神错乱：瘾君子和精神错乱者一样，都在自己的失败中苦苦挣扎。酒精成瘾可能导致严重的脑损伤。醉酒本身并不是精神错乱，但饮酒可能会导致被认为是精神错乱的状态，例如，“震颤性谵妄症”(*delirium tremens*)，而迷醉也可能是精神错乱的症

---

[1] Sections 1 and 2 of the *Licensing Act* 1902. *Alabusheva v. D. P. P.* [2007] EWHC 264(Admin); *R.* (*on the application of A*) *v. Lowestoft Magistrates' Court*(2013) 177 J. P. 377.

[2] Section 4 of the *Road Traffic Act* 1988.

[3] Section 5 of the *Road Traffic Act* 1988.

[4] Section 143 of the *Licensing Act* 2003.

[5] *Montana v. Egelhoff*, 518 U. S. 37 at 50(1996).

状,或者导致潜在的精神错乱。对毒品来说也是如此。在本书讨论的规则范围内,精神错乱类抗辩事由始终存在。如果抗辩成立,则必须作出专门判决,被告可以被送往医院接受救治。

如果被告精神错乱的原因是长期酗酒,则应该能够提出精神错乱的抗辩事由。在美国的判例,即"韦斯特诉佛罗里达州案"(*West v. State*)[①]中,法院认为:"由目前的自愿迷醉而导致的暂时性精神错乱无法作为刑事指控的抗辩事由,但如果被告因长期酗酒而患有稳定的、持续的精神错乱,则规则与由于其他原因导致的精神错乱相同。"本案被告提出的便是精神错乱抗辩,而不是酗酒的问题。长期酗酒导致被告精神错乱,而精神错乱使被告无法知道自己是在实施犯罪。因此,精神错乱必须是自发造成的:必须证明精神错乱的根源是某种潜在的疾病或精神缺陷,而不是酒精本身的短暂影响。[②] 一旦确定存在法律上的精神错乱,被告即便在犯罪行为发生时喝多了,也将能够提出精神错乱的抗辩事由。只要潜在的精神错乱使其无法明辨是非,[③]实施犯罪时是否喝醉就变得不重要了。
857 同样,因多年饮酒或滥用(其他)毒品而导致精神错乱的事实也不重要。此外,对责任减轻的部分辩护可能是基于"酒精依赖综合征"(alcohol dependency syndrome),[④]但是,"自愿饮酒,不管是否过量,并不属于精神异常"。[⑤]

所以,上文提到的判例中那个疯狂的醉鬼成功无罪脱身。法院并没有像其本来可能的那样明确地划清界限。一方面,成功主张精神错乱抗辩事由的人不一定就会被释放:如果罪行极其严重,只要法院认为其依然存在人身危险性,就有可能将其送往精神病院。另一方面,被判有罪的酗酒者或瘾君子不必然受到惩罚:如果威慑或阻遏犯罪不是最重要的考量,而且如果存在治疗手段,法院可以对其处以缓刑以便其接受医治。大多数犯下严重罪行的醉鬼都会被送进监狱(而一旦被判谋杀,法庭就别无

---

① 511 So. 2d 258(1987);*R. v. C*[2013]M. H. L. R. 171;*R. v. Bromley*(1992)142 N. L. J. 116;*R. v. Davis*(1881)14 Cox C. C. 563;*R. v. Burns*(1974)58 Cr. App. R. 364;*State v. Hartfield*,388 S. E. 2d 802(1990);*State v. Salmon*, 226 NE 2d 784(1967);Meloy J. Reid, *Voluntary Intoxication and the Insanity Defence*,(1992)20 J. Psychiatry & L. 439;Stanley Yeo, *Intoxication and Mental Disorder Defences*,(2004)16 S. Ac. L. J. 488(2004). *Villarreal v. State*,661 S. W. 2d 329(1983);*Carter v. State*, 248 Ga. App. 139(2001);*Hewitt v. State*,575 So. 2d 273(1991).

② *Attorney—General of Northern Ireland v. Gallagher*[1963]A. C. 349 at 382.

③ *R. v. M' Naghten*(1843)10 Cl. & Fin. 200 at 211. *R. v. Kingston*[1995]2 A. C. 355 at 369, *per* Lord Mustill.

④ *R. v. Tandy*[1989]1 W. L. R. 350;*R. v. Stewart*[2009]1 W. L. R. 2507;*R. v. Stewart*[2010] EWCA Crim. 2159. *State v. LaCroix*,911 A. 2d 674(2006);*R. v. Elias*[2010]Y. J. No. 174.

⑤ *R. v. Wood*[2009]1 W. L. R. 496.

选择)；对于不负刑事责任的精神错乱者，如果其将自己的精神错乱状态作为抗辩事由，可能会得到存在“精神错乱”的“特别判决”，如此一来，至少可以免于牢狱之灾。如果精神错乱者没有专门提出精神错乱的辩护，即使有可能会被投入监狱，如后所述，现在也不太可能出现这种结果。

2-007 从社会大众的角度来看，被关在精神病院可能不是最好的结果。“监督令”(a supervision order)会更好，[①]因为无论是特殊医院还是“国家医疗服务体系”(NHS)的医院都不太可能愿意接受酒鬼作为住院病人，如果有选择的话。现有的这种治疗方法需要患者积极的治疗欲望，而问题在于动机。理想的解决办法是建立某种法律机制，借此追究酒鬼或吸毒者的法律责任，并对其加以惩罚——这不是基于报应主义，而是为了促使其接受治疗或戒除恶习，或者这是因为限制其自由是保护社会公众的最后手段。需要考虑的是如何确保法律责任的实现。

第3节 迷醉与故意

2-008 上议院在“大都会警察局长诉考德威尔案”[②]中，通过建构“推定轻率”这一概念，解决了醉酒罪犯的责任问题。如果法院从该解决办法出发，就不太可能感到需要其他办法。解释必须从20世纪20年代开始，当时一般认为，即使在被告喝醉的情况下，普通的犯意原则也适用于对犯罪故意的认定。[③] 858

2-009 所以酒鬼们都被放过了?

不一定。法律在过去和现在都认为，醉酒的证据，并不是无罪释放的通行证。某人在实施犯罪行为时处于醉酒状态这个事实并不是免责事由。喝酒可能使其抑制力减弱，变得更加暴躁，导致其实施了可怕的行为，而他在清醒时是不会做这种行为的；但即便有这些理由，他也无权获得无罪释放。迷醉情况下的故意，依然是故意。[④]

2-010 能以这种方式让醉鬼摆脱谋杀罪指控吗?

可以，如果醉酒状态足以阻止其形成特定的谋杀故意。[⑤] 如果不是故意的，就无法被判谋杀罪。

---

① The *Domestic Violence*, *Crime and Victims Act* 2004.

② [1982] A. C. 341.

③ *D. P. P. v. Beard*[1920] A. C. 479.

④ *R. v. Kingston*[1995] 2 A. C. 355.

⑤ *R. v. Sheehan*[1975] 1 W. L. R. 739; *D. P. P. v. Beard*[1920] A. C. 479.

2-011　但如果醉酒的证据能让杀人者脱罪，醉酒就是无罪释放的通行证。

醉酒证据是否导致无罪判决，取决于当时的情况和陪审团的看法。醉酒者可以决定杀人。如果他冲向被害人并捅了被害人一刀，陪审团可能会得出他想杀人的结论。① 假设男性喝了酒，突然发脾气，把妻子推到公共汽车下面。陪审团可能会确信这位丈夫打算杀死妻子，并判其谋杀罪名成立。实际上，这个人喝醉了的事实，可能使陪审团更加坚信，被告大发雷霆的程度令人可怕。如果证据显示被告只是无意中撞倒了妻子，喝醉的事实可能会增强陪审团对其杀人故意的怀疑，并导致陪审团宣告被告不构成谋杀(以及故意伤害)罪。②

2-012　所以问题是，醉酒的证据是否否定了形成所需故意的能力?

如果你作为法官这样向陪审团概括法律指示意见，可能会让案件的判决结果在上诉时被推翻；但你不会是首个在此问题上翻车的法官。这样的法律指示意见会使整件事对被告非常有利。当然，如果无法形成故意，被告就没有故意；但反之则不成立。如前所述，受迷醉影响的人可能很有能力决定是否杀人，但证据也可能表明其没有这样决定。陪审团需要确定的简单问题是：能否确定被告具有必要的主观心态？从此目的出发，醉酒的事实本身，是无关紧要的。③

2-013　我不想再犯同样的错误，但是醉酒的证据必须证明被告达到何种程度的迷醉，才能使其免于被判谋杀罪?

再次强调：不是单纯的迷醉这个事实让被告免受责罚，所以并不需要
859 考虑关于醉酒程度的什么规则。被控盗窃雨伞的人可以提供证据，证明自己是心不在焉的教授，没有想到到底在做什么，或者证明自己喝醉了；这些证据都可以帮助其获得无罪开释，但脱罪的理由，不是其身份是教授，或者其喝醉了，或者两者兼而有之，而是陪审团或治安法院的法官无法确定其是否存在偷窃的故意。

2-014　如果某人为了"酒壮怂人胆"(dutch courage)故意喝醉，好去杀人或实施其他严重犯罪怎么办?

那是个特例。此人可能会被定罪，即使其在实施犯罪的那一刻类似于"自动装置"。

某人如果已经决意杀人，喝醉完全是为了鼓起勇气；事实上，此人也

---

① *R. v. Kingston*[1995]2 A. C. 355.

② *R. v. Sheehan*[1975]1 W. L. R. 739.

③ *R. v. Sheehan*[1975]1 W. L. R. 739；*R. v. Pordage*[1975]Crim. L. R. 575；*R. v. Hayes*[2002]EWCA Crim. 1945.

的确喝醉了，以至于陪审团认定，其在实施杀人行为时，并不知道自己在做什么。将其无罪释放，显然过于宽大。事实上，更有可能的是，即使在喝醉的状态下，行为人依然记得清醒时形成的犯罪故意，否则很难解释其后续的行为。无论如何，如此一来，判定被告实施了故意犯罪，是可以理解的，因为其行为必须被视为整体；丹尼大法官曾对此发表过意见。[①] 比方说，假设某人用定时炸弹杀人，而炸弹爆炸时他正在睡觉，显然，这位事先埋设爆炸装置的人犯了谋杀罪。同样，如果为了杀人而用喝酒的方式让自己变得迷糊，就无异于将自己变成一枚人体定时炸弹。

20世纪20年代，人们认为，以上的认定，便是与主观犯意相关的醉酒问题的全部规则。但若干法官担心对醉酒者过于宽大，于是着手修改法律，将他们所称的特定故意犯罪和基本故意犯罪区分开来。对于前者，依然适用传统法，但在基本（或概括）的故意犯罪中，法官将指示陪审团，在认定犯罪故意问题时不考虑自愿迷醉的证据。上议院则在“检察长诉马耶维斯基案”（*D. P. P. v. Majewski*）[②]中对此予以发展，给予首肯。 860

2-015 从你之前所言不难得知，谋杀[③]是特定故意犯罪，因此依然适用传统法律规则。还有什么适例吗？

主要有故意伤害、[④]故意危害生命的刑事损害、[⑤]盗窃、[⑥]抢劫、夜盗、销赃[⑦]以及未遂罪。[⑧]

尽管被告因醉酒证据而被宣告不构成这些重罪，但根据“检察长诉马耶维斯基案”中确立的规则，检控方通常可以使法院退而求其次地认定较轻罪行，因为较轻罪行属于概括故意的罪行，而醉酒证据无法否定基本故意。例如，醉酒的凶手可能会因为缺乏杀人故意而被判谋杀罪不成立；但将被判过失杀人罪（一如既往）。过失杀人罪的覆盖范围非常宽泛，即使某人在微弱意识状态下杀害他人，也可适用。

在“女王诉李普曼案”（*R. v. Lipman*）[⑨]中，被告在受到致幻剂（幻觉中正在地球中心与蛇搏斗）影响时杀死了自己的情人。他因实施不法行

---

① *Attorney—General of Northern Ireland v. Gallagher*[1963] A. C. 349 at 382.

② [1977] A. C. 443.

③ *D. P. P. v. Beard*[1920] A. C. 479.

④ *R. v. Pordage*[1975] Crim. L. R. 575.

⑤ *R. v. Durante*[1972] 1 W. L. R. 1612.

⑥ *Ruse v. Read*[1949] 1 K. B. 377; *R. v. Foote*[1964] Crim. L. R. 405; *R. v. Kindon*(1957) 41 Cr. App. R. 208; *R. v. Durante*[1972] 1 W. L. R. 1612.

⑦ *Commissioner of Police of the Metropolis v. Caldwell*[1982] A. C. 341.

⑧ *Per*Lord Salmon in *D. P. P. v. Majewski*[1977] A. C. 443 at 483D; *R. v. Mohan*[1976] Q. B. 1.

⑨ [1970] 1 Q. B. 152 Glanville Williams, *Textbook of Criminal Law*, (London: Stevens & Sons, 1978 at 435-436), *Commissioner of Police of the Metropolis v. Caldwell*[1982] A. C. 341.

为而被判推定的过失杀人罪成立,并被判处6年监禁。该决定令舆论哗然,但上议院在"检察长诉马耶维斯基案"中依传统将其作为法源加以援引。从"检察长诉马耶维斯基案"中可以清楚地看出,法院认为,李普曼的"不法行为",系攻击自己的异性伴侣。这次攻击被认定为构成法律上的攻击罪,行为时的意识混乱是其自愿迷醉的结果。

2-016 同样,醉鬼(这里姑且称其为醉鬼,但他同样可能因吸食毒品而丧失行为能力,后者在法律上的效果,与醉酒相同)可能被判故意伤害罪无罪,但也可能被判犯有各种较轻的罪行,因为这些较轻罪行被视为基本故意犯罪:攻击、非法伤害等。迷醉者可能被宣告不构成故意危害生命的刑事损害罪,但对于某些较轻的罪名,醉酒的证据通常没有帮助:对生命是否受到威胁持轻率心态的刑事损害罪,无论行为是故意的还是轻
861 率的,都可以成立单纯的刑事损害罪。[①] 这些都是基本故意犯罪。

醉鬼可能被判偷窃罪无罪,这涉及永久剥夺物主东西的故意问题。因此,如果行为人在酒吧度过愉快的夜晚之后出来,误骑了别人的自行车,醉酒的证据将有助于其摆脱盗窃罪的指控。在涉及盗窃故意时,也适用于夜盗。但他可能(被判决)未经车主同意而乘坐交通工具罪,这有时被称为"开偷车罪"(the joyriding offence)。这应该是基本故意犯罪,与醉酒证据无关。[②]

2-017 假设醉鬼带走的不是一辆车,而是其他东西,比如手表呢?

如此一来,一般没有较轻的罪名可供检控方用来对其加以指控。然而,即使醉酒的证据使其免于因最初拿错手表的行为而被定罪,但如果其在清醒后决定继续持有该手表,则也可能被判偷窃罪。

2-018 如果盗窃手表是特定故意犯罪,那么相应的基本故意犯罪是什么?

没有与之相对应的基本故意犯罪。特定故意犯罪是指在某一具体故意的支配下实施的犯罪行为。因此,人们无法总是能找到特定故意犯罪背后的基本故意犯罪。只不过涉及开走交通工具时,碰巧存在作为盗窃罪(特定故意)基础的开偷车罪(概括故意),[③]但较轻的基本故意犯罪一般不适用于攫取其他物品的行为。其他适例是,未遂罪被归为特定故意犯罪,[④]但未遂行为不一定是未遂以外的犯罪(这意味着,必须在强奸未

---

① *Jaggard v. Dickinson*[1981]Q. B. 527; *Commissioner of Police of the Metropolis v. Caldwell*[1982]A. C. 341.

② *R. v. MacPherson*[1973]R. T. R. 157; *D. P. P. v. Majewski*[1977]A. C. 443 at 477D; *R. v. Gannon*(1988)87 Cr. App. R. 254.

③ Section 12 of the *Theft Act* 1968.

④ *D. P. P. v. Majewski*[1977]A. C. 443 at 477D at 483D.

遂的指控中考虑醉酒,[1]然而在对强奸的指控中,无须这样做!)[2]如果醉鬼摆脱了未遂的指控,就一般不会受到与该事件有关的其他指控。 862

2-019 为什么英国刑法要使用诸如“直接故意”和“基本故意”这样的概念?我真的不认为这种法律规定存在合理性。

作为历史问题,上述表示的产生与发展方式是非常清楚的,都属于法官想改变法律的结果。我将为你讲述故事;如果从法官看待自己所扮演的角色的方式,以及他们认为适当的操纵/玩弄法律的类型角度来看,这无疑是非常有趣的判例研究,否则,就是纯粹的历史。

在“检察长诉马耶维斯基案”之前,关于迷醉问题的主要判例是“检察长诉博得案”(*D. P. P. v. Beard*)。[3] 伯肯赫德法官(Lord Birkenhead)在宣布上议院的判决时表示,在决定被告是否具有“构成犯罪所必需的特定故意”时,可以考虑迷醉的证据。虽然他没有解释其所说的“特定故意”是什么意思,但可以有信心地说,这种判断表明这位法官当时并没有太多的想法,并且他没有在发言前划掉这个词,这是巨大的遗憾。[4] 他对这个概念并不重视,这可以从以下事实中得到证明:在所涉句子之后,他立即在实质上重复了这个词,但通过省略“特定”概念并将其替换为“构成犯罪所必需的故意”,在形式上对其进行了修改。[5] 然而,在他的发言接近尾声时,他明确表示,其所陈述的规则不仅旨在适用于需要“特定故意”的犯罪,而且也旨在适用于不需要“特定故意”的犯罪,因为,他断言,“一般来说(除某些特殊犯罪外),除非犯意存在意志要素,否则就无法判定某人有罪”。[6] 他几乎没有更加清楚地表明,无论他在头脑中对特定故意和其他故意作何区分,他(以及他所代表的上议院)的意思都是,上述表述适用于所有故意。事实上,多年来,法官们也都是这样理解他所提出的观点的。

但法官们随后担心,容易受骗上当的陪审团会把危险的醉鬼放回社会(几乎没有或根本没有证据表明事实的确如此)。[7] 因为众多的犯罪都是通过主观犯意的方式加以表述,而且无法指望解决法律的疑难问题并

---

① *R. v. Khan*[1990]1 W. L. R. 813;the *Sexual Offences Act* 2003;*United States v. Short*,16 C. M. R. 11(1954),*U. S. v. Langley*,33 M. J. 278(1991).

② *R. v. Luedecke*[2008]236 C. C. C. 3d 317.

③ [1920]A. C. 479.

④ *R. v. Cruse*(1838)173 E. R. 610.

⑤ [1920]A. C. 479 at 501-502.

⑥ [1920]A. C. 479 at 504.

⑦ Victorian Law Reform Commission, *Criminal Responsibility: Intention Gross Intoxication*,(Melbourne:V. L. R. C. ,1986)at 19.

不是他们职责的重要组成部分的政府和议会在此方面有所作为,法官们默默地得出结论,唯一的补救办法便是像往常一样自己动手。其所采取的技术路线,正是采用伯肯黑德法官的短语"特定故意",并坚称他所说的仅适用于具有该要求的罪行(无论可能解读出什么含义,伯肯黑德法官肯定没有笃定地赋予其含义)。在"检察长诉马耶维斯基案"中,上议院的大法官们遭遇了当事方的不舍追问,即伯肯黑德法官的表达不应具有言外之意,但这种论点遭到了上议院的否定,后者认为伯肯黑德法官所
863 言非所言。

现在必须更深入地研究特定故意和基本故意之间非常模糊的区别。

第4节 特定故意与基本故意

2-020 "检察长诉马耶维斯基案"中设立的规则,取决于这种假设,即可以在"特定故意"(specific intent)和"基本故意"(basic intent)之间作出可理解的区分。在该案以及其他案件中,高等法院虽然一致认为存在这样的区别,并支持了其中若干基于上述区分而提出的上诉,但同时未能就这两种故意的定义达成一致。可以认为,这个定义就是此前所熟知的概念,当时更倾向称之为"直接故意"或"目的"①(但这个定义不一定适合判决,也不一定适合代表主流司法意见的定义)。在"检察长诉马耶维斯基案"中,琼斯(Elwyn Jones L. C.)提出,特定故意是指"还有进一步的故意"。② 如果这种观点是正确的,只有存在进一步故意的犯罪才需要适用特定故意。法院知道这不可能是正确的,因为在许多案件中,犯罪人的罪行虽然缺乏进一步的故意,但都适用了特定故意原则。

然而,在概念上,进一步故意是直接的或有目的的故意。特定故意,是指超越行为故意之外的意图。③ 身体的举动,是有意的或故意的,而且是基于犯罪明确规定的特定进一步故意进行的。④ 在谋杀案中(法官似乎是这样认为的)就存在实施行为致人死亡的特定故意(如果医生在手术中伤害了患者,显然不会是为了将其杀死)。同样,如果某人为了开玩笑,从别人口袋里拿钱包,显然不是为了永久剥夺钱包主人的财产权利,

---

① *R. v. Heard*[2008]Q. B. 43.

② [1977]A. C. 443 at 470.

③ *Jaggard v. Dickinson*[1981]Q. B. 527 at 532H, *per* Donaldson L. J. Williams, *op. cit. supra*, note 45 at 429-430.

④ *Parker v. The Queen*[1964]A. C. 1369 at 1391; *Maddy's case*(1671)86 E. R. 108, William Oldnall Russell, *A Treatise on Crimes and Indictable Misdemeanours*, (Boston: Lilly and Watt, Vol. Ⅰ, 1831) at 8.

所以并不构成偷窃。医生为了进行体检而故意抚摸女性的乳房，目的也不是寻求性满足。本来，有人认为，存在进一步故意的犯罪，并提供了特定故意的最佳事例，因为这种犯罪通常要求被告为某种进一步的目的采取某种行动。例如，在夜盗中，行为人基于某种非法意图侵入他人住宅，等等。但很明显，基于“进一步故意”对特定故意加以概念化过于简单，毕竟最严重的特定故意犯罪就是谋杀罪，而其显然并没有进一步的故意。 864

2-021　为什么谋杀是特定故意犯罪？当然，词如其义，这种犯罪的故意是“基本的”(basic)，杀人犯想杀人，除此之外用不着有别的意图。没有动机的谋杀仍然是谋杀。当然，伤害也是一样的。

很高兴你敏捷地抓住了上述论点的要点。其遵循了法院的规定，但在常识上，如你所言，故意杀人和伤害(或至少是后者最常见的犯罪形式)，并不属于存在进一步故意的犯罪。无论是谋杀还是意图导致严重身体伤害的严重身体伤害案件，法律都没有规定攻击者必须对行为所导致的结果具有故意。

法院并没有说明其是如何思索厘定特定故意的。也许在引起严重身体伤害的情况下，他们没有意识到“故意”的概念是在通常意义上使用的，或者不适合他们对此加以提及的目的。犯罪定义中的“故意”概念通常指的是存在进一步的故意(例如，意图抢劫而实施的攻击罪，或者意图拒捕而实施的伤害罪)，但在基于导致严重身体伤害的故意严重伤害被害人身体的犯罪中，不需要这样的进一步故意。基于造成严重身体伤害的故意而导致严重身体伤害，仅指故意造成严重身体伤害。

更好的解释取决于前面指出的事实，即虽然有些动词在词义中包含了结果，但有些动词却没有。在谈论杀死(或伤害)某人的时候，可以用两种方式对整个事件加以界定或描述。可以认为，杀人(或伤害)是指实施导致人死亡(或伤害)的行为(打击等)，但前提是行为及其后果被视为两个独立的事件；或者可以提出“实施杀人行为”(或“伤害行为”)的复合概念，并借此将结果也包含在行为的概念中。这个选择只是用词的问题，但其是根据“检察长诉马耶维斯基案”规则做出的具有法律意义的选择。传统上，谋杀被认为是“杀人行为”，这就是法律上对谋杀的描述。但是，法官们的计划是制订某项只会让醉鬼免于更严重指控的规则，因而他们决定将基于特定目的谋杀界定为“基于造成死亡的意图而实施(并成功实现了该目的)的行为”，而不是自足的“故意杀人”行为。同样地，他们认为故意伤害是“基于造成伤害的故意实施的行为”，而不是“故意伤害”的行为。

2-022　谋杀不一定必须是故意杀人。故意造成严重的人身伤害而没有杀人故意,但如果造成受伤者死亡,也是谋杀(这种反常现象不是由直接故意的概念造成的,而是由推定责任的拟制性规定造成的)。但是,如果通过基于达成特定结果的故意而实施的特定行为,导致该结果的实
865 现,这就涉及特定故意,可以将犯罪变为特定故意犯罪。当我挥动拳头意图使其与你的鼻子发生令你疼痛的接触并成功进行了上述举动时,或者基于移动你的汽车的特定目的从事了若干行为(启动发动机等)而使你的车发生位移时,我就实施了特定故意的罪行;然而,这两种罪行(攻击,以及开偷车)在法律上都不属于特定故意犯罪。情况可能是这样的,但这并不意味着你无法以特定故意犯下此类罪行!因此,从法律上讲,当某人的目的是在不应该这样做的情况下实施犯罪行为时,就似乎具有特定故意。当行为人知道事实的情况是女方不同意时,依然强行与其发生性关系,就是基于强奸的目的实施上述行为。情节的过失属于基本的故意要件,但并不意味着被告在这种情形下无法形成特定的性交故意。

从概念上讲,这可能会使事情变得更清楚,但出现异常情况的原因是,几个世纪以来,立法者在制定犯罪的法律时,考虑的都是清醒的罪犯而不是醉酒的罪犯。例如,盗窃他人手表与故意砸毁他人手表在社会意义上没有区别,但前者(盗窃)被视为特定故意犯罪,而后者(刑事损害)被视为基本故意犯罪。

其他反常现象出现在对比刑事损害与故意伤害的时候。1861 年《侵害人身权法》第 18 条规定的"故意伤害",在大多数情况下是指故意地实施伤害行为,这就与故意损坏财产类似。现在,如果醉鬼在耍酒疯的过程中挥舞铁棍砸碎窗户,陪审团(或治安法官)就可以根据"检察长诉马耶维斯基案"中的规则将其定罪,判定他需要承担故意毁坏窗户的罪责,因为法官指示陪审团在犯罪是基本故意犯罪时,正如在涉案行为那样的情况下,应无视行为人的醉酒状态。但如果行为人实施了基本相同的行为,伤害到了其他人,则对于根据 1861 年法第 18 条提出的指控,需要将被告的醉酒行为考虑在内,以帮助证明被告无意伤害人,因为第 18 条所规定的犯罪是特定故意犯罪。这两起案件在事实上没有实质区别。被告打破了窗户,或者他使窗户被打破;他伤害了被害人,或者他使被害人受伤[尽管如此,第 18 条还是得到了第 20 条(规定的是基本故意犯罪)的兜底补充]。

2-023 进一步的反常现象可归因于这个事实:许多犯罪既有特定故意(目的性/直接故意)要素,也有基本故意(轻率/过失)要素。以醉酒的男人为例,他故意与他错误地认为同意的女性发生性关系。性交行为必须是故意的,如果被告醉酒意味着其陷入了自动状态,就不会形成强奸

罪要件所要求的特定故意。这意味着醉酒者无法被判强奸罪。[①] 显然，如果醉酒否定了被告对某一犯罪要素的特定故意，则其显然缺乏针对该要素所必需的犯意。除非特定故意要素（要求性交是故意的）得到了基本故意要素（要求性交是故意的或轻率的）的兜底补充，否则被告并不构成强奸。强奸罪不是过失，而是故意的[②]性交行为（疏忽只是针对同意这个情节）。这似乎是极端的，但谢天谢地，这种情况几乎不会出现。性交的行为几乎总是故意的，因为醉酒状态下的故意仍然是故意。[③] 866

必须有令人信服的证据才能使陪审团相信性交行为缺乏故意。某人可能会患上导致其在恍惚状态下实施强奸的疾病，但这种情况相当罕见。[④] 也不太可能有人主观上对自己是否正在从事性交行为，而不是跳舞或其他若干活动存在轻率心态。很难想象这样的情况：某人可能认为他的性交行为不是性交，而是有可能是性交。即使是最天真的人也会知道，性交不是舞蹈，也不是骑健身单车的行为（假设甲与乙发生性关系，但他认为自己只是在与乙跳舞；但在内心深处，他认为自己有可能是在进行性行为而不是跳舞。在这里，可以认为他对自己是否正在进行性行为是轻率的。如果行为人没能考虑到可能是在性交而不是跳舞的风险，就不会主观上意识到可能是性交的风险）。如你所见，这与你知道自己正在进行性交，但却对女方是否同意存在过失的情况，存在不同。

既然认为性交是无意的或轻率的想法是极其荒谬的，难怪议会要求性交行为应该是故意的。一旦确定性交是故意的（通常情况下是这样），重点将放在基本故意要素上。也就是说，如果假设的理性人没有处于迷醉状态，是否会相信被害人没有同意。 867

2-024　在“女王诉赫德案”[⑤]中，上诉法院开始了某项考虑不周的立法冒险。法院决定审议2003年《性犯罪法》第3条中的性侵犯罪是否为基本故意犯罪。通过休斯法官提出的补充意见，上诉法院设立了1条新的规则，这属于政策性的规则，但是通过将选择进行到极端的程度而从过去的判例中被创制出来的。法院自己的推理，也是矛盾和谬误的。休斯法官表示：

“在本案中涉及（a）项要素，即触摸。2003年法令规定触摸应是故意的。很明显，轻率的触摸是行不通的。相关立法显然是基于故意和轻率

① Wayne R. LaFave, *Substantive Criminal Law*, (West Group Publishing, Vol. Ⅱ, 2003) at 45 n. 20.

② *R. v. G*[2009]1 A. C. 92.

③ *R. v. Heard*[2008]Q. B. 43 at 49-51; *R. v. Kingston*[1995]2 A. C. 355.

④ *R. v. Luedecke*[2008]236 C. C. C. 3d 317.

⑤ [2008]Q. B. 43 at 50-51.

之间的区别而制定的。如果立法机关想使用轻率概念的话，2003 年的法令就是这样：例见 63(1)，69(1)(c)(2)(c)以及 70(1)(c)。”

值得注意的是，休斯法官接着得出了相反的结论：[①]“2003 年法第 3 条的性侵犯中的(a)项，即触摸，是仅要求基本故意的要素。因此，无法依靠自愿迷醉来否定该故意。”

有人会认为上诉法院正在解释 2003 年以前的法律。与许多新的性犯罪一样，第 3 条中规定的新犯罪，显然具有某项特定故意要素。触碰必须是故意的，因为被告必须有意触碰他人。他一定是想触摸人，而不是椅子、水壶等。正如法院所言，这不仅仅是意志要求。如果是特定故意要素，除非被告的触摸是故意的，否则被告不承担责任。“女王诉贝利案”(*R. v. Bailey*)[②]认为，自动症系自我诱发的事实，无法使被告犯下特定故意的罪行。某人在自我诱导的自动症状态下导致犯罪行为的发生，只能被判为构成基本故意犯罪。

2-025 问题是性侵犯并不是纯粹的基本故意犯罪。很明显，触摸必须是有目的(可责的)，即有意为之的。在“女王诉 G 案”(*R. v. G*)[③]
868 中，上议院裁定，强奸 13 岁以下儿童的罪行，并不完全是严格责任犯罪，因为“插入行为必须是故意的”。这显然是正确的。认为议会在一系列性犯罪中仅仅使用“故意”概念来表达“非故意”但“有意志”，这是荒谬的(而修斯法官即持这种无意义的观点)。严重罪行，如 2003 年《性犯罪法》所规定的罪行，要求的罪过形式，不仅仅是过失或对情节负有严格责任。[④]

如前所述，强奸和性侵犯等犯罪中的“故意的”要求将很难成为问题。在大多数情况下，被告会坚称，他的醉酒行为影响了仅仅要求轻率或过失的犯罪要素。例如，其可能声称不知道自己对他人的故意触摸属于性行为，或没有意识到被害人不同意与自己发生性关系。如此一来，醉酒的证据对其并没有帮助，因为后者是要求基本故意的犯罪要素。如果醉鬼摸了女性的胸部，这种触摸的行为很可能被认为是故意的和有目的的，除非他当时陷入了自动状态。[⑤] 因此，他的醉酒状态并无法使他摆脱困境。

---

① [2008]Q. B. 43 at 55. *People in the Interest of J. A.*，733 P. 2d 1197(1987)，*State v. Bicknese*，285 N. W. 2d 684(Minn. 1979).

② [1983]1 W. L. R. 760；*R. v. C*[2013]E. W. C. A. Crim. 223.

③ [2009]1 A. C. 92 at 96H.

④ *R. v. G*[2009]1 A. C. 92.

⑤ *R. v. Luedecke*[2008]236 C. C. C. 3d 317；*R. v. Lipman*[1970]1 Q. B. 152；*R. v. Rolfe*(1952) 36 Cr. App. R. 4；*R. v. Burns*(1974)58 Cr. App. R. 364. ；*R. v. Woods*(1982)74 Cr. App. R. 312；*R. v. Fotheringham*(1989)88 Cr. App. R. 206. *U. S. v. Zachary*，61 M. J. 813 at 820(2005).

2003年法第78条最为充分地体现了性侵犯罪的基本故意要素。该条规定：

“就本部分而言……如果理性人认为——

（a）无论其所处的环境或相关方与其有关的目的为何，都具有性的性质，或

（b）因为可能具有性意味的性质，也因为相关情节或相关方与其有关的目的（或两者兼有），具有性的属性，则可以认定插入、触摸或其他行为具有性的属性。”

2-026　“理性人”标准同时适用于（a）和（b）款，因此，如果理性人本应知道，由于其性质或情节，触摸具有性的属性，无论被告的目的如何，触摸都将被视为有性意味的行为。“目的”概念，虽然在（b）款中有所提及，但这并不意味着被告可以坚称其目的不具有性的属性。被告应说明 869
自己出于什么目的而触摸被害人，并由陪审团决定理性人是否将被告所述目的视为性目的。只要被告对此存在过失，就可以成立该罪行。

必须牢记，大多数罪犯都处于清醒状态；因此，未经民主选举的法官不应将故意要求从法规中删除。在迷醉通常并不成为问题的日常生活中，这种做法会造成太多的扭曲。议会本来可以规制有人会轻率地以性的方式触摸他人的风险，但其似乎认为，无意的触摸不太可能具有性的属性。这意味着，处于自愿迷醉状态的自动症患者将能够逃避司法制裁，前提是他的触摸是无意的。这种情况在实践中不太可能出现，因为醉鬼通常在迷醉状态下也能产生故意，并且伴随此种故意而行事。

在“女王诉赫德案”中法院的补充意见，事实上认为，只要犯罪具有基本故意要素，即使该要求基本故意的要素不是特定故意要素的替代品，也应认为对要求特定故意的犯罪中的所有要素，行为人都已经具备了所要求的特定故意。法院通过简单的说明涉案犯罪中唯一的罪过要素，便是针对抚触具有性意味的过失，达到了该结果。但是，与触摸的“性质”有关的基本故意要素，并无法替代引起触摸的“身体动作”所要求的特定故意。[①]

2-027　可以换个话题继续追问基本故意犯罪吗？如果检控方指控此类犯罪，法院是否会拒绝允许被告举出自身迷醉的证据？

法院将允许控辩行为人提供相关证据。[②] 控方可以提供证据，说明案件情况，甚至支持己方的主张——被告因吸毒，自制力有所减退，因而故意实施了其被指控的不法行为。被告可以自由提供证据，借此希望能说

---

① *Commissioner of Police of the Metropolis v. Caldwell*[1982] A. C. 341.

② Glanville Williams, “Two Nocturnal Blunders”, (1990) 140 *N. L. J.* 1564.

服陪审团,自己是酒后瞎闹,并没有不法意图。但是法官,如果适用"检察长诉马耶维斯基案"确立的规则,将指示陪审团,此类证据无法否定犯罪成立所需的"基本故意"。

上诉法院作出的判决,对该规则的实际含义含糊其词,但几乎可以肯定的是,其想表达的意思,仅仅是陪审团在确定被告的故意时,必须忽略被告行为时处于迷醉状态的证据。陪审团可以也应该考虑关于这个问题的其他证据。因此,陪审团必须决定,如果被告没有处于迷醉状态,他们将如何看待此案。①

如果醉鬼在木地板上生火,或者狠狠地打了某人的头,然后辩称自己
870 其实无意造成损害或伤害,事实裁判者就不难认定,如果被告当时清醒,就会预见到这样做可能会造成损害或伤害。如果陪审团认为,被告意识到损害或伤害是不可避免的,就可以借此驳斥醉鬼缺乏轻率的论点。②但是,如果在被告清醒的情况下,证据与被告不希望伤害或损害结果发生保持一致,这样一来,法庭就不应该认定醉酒者的行为是轻率的(除非,可以想象,迷醉的事实本身发挥了关键作用,并说服法庭相信,迷醉物质减少了被告的控制力)。③ 如果在事实的认定方面醉鬼并不比清醒状态下的被告该当宽大处理,其也不应该受到更严厉的处遇。

2-028 这是在指望陪审团进行过多的思维训练。

是的,但只要"检察长诉马耶维斯基案"所确立的规则依然占据主流观点的地位,似乎就没有其他实际的法律解释空间了。

可以想到的其他选择是,案件审理法官指示陪审团,如果被告提供了自愿迷醉的证据,则陪审团不必考虑故意是否成立的问题,因为如此一来,涉案犯罪已经成为严格责任犯罪。麻烦的是,这将导致派生的问题,即导致上述规则适用所需达到的醉酒程度。法律很难规定,被告喝了几品脱啤酒的证据(可能是控方证人提出的,或是在交叉诘问中从被告处问出的)会使原本需要进行犯意证明的罪行,一下子变成严格责任的罪行。只有特定程度的迷醉,才有可能有此种作用。但如何定义程度呢?其难度之大,促使我们放心地把前面所说的观点看作正确的。尽管如此,有迹象表明,"检察长诉马耶维斯基案"中设立的规则被若干法官和治安法官误解,他们认为,只要行为人提供了被告迷醉的证据,则无须再对故意问题做出判断。

可以用基于在新西兰发生的真实事件改编的拟制判例,来对此加以

① *R. v. Richardson*[1999]1 Cr. App. R. 392;*R. v. Aitken*[1992]1 W. L. R. 1006.

② *R. v. Richardson*[1999]1 Cr. App. R. 392;*R. v. Aitken*[1992]1 W. L. R. 1006.

③ *R. v. Kingston*[1995]2 A. C. 355.

说明。在午夜的酒会上，许多年轻人穿着草制的哈咔舞裙嬉戏。他们兴高采烈，其中一个人只是为了增添欢乐，拿着1支燃烧的火炬，点燃了朋友的草裙。这位朋友被严重烧伤了。当根据《侵害人身权法》第20条被指控对他人施加严重身体伤害时，愚蠢行为的实施者提供了证据，证明自己当时虽然已经醉得可以，但仍然肯定火势会立即轻易被扑灭，因此没有危险；否则自己决不会做这种事。

2-029 回想一下，《侵害人身权法》第20条规定的主观要素是故意或轻率。根据先前提出的论点，如果控方将其观点建立在被告具有故意的基础上，陪审团就不会因为被告提供了自己当时醉酒的证据，而被免除
裁定该问题的责任。他们必须判定涉案证据，撇开醉酒的证据不谈，是否 871
显示被告故意造成严重的身体伤害，[1]或让其对这个问题产生合理怀疑；在上述假设的判例中，他们可能不难找到至少1处疑问，从而可以针对指控作出宣告无罪的判决。[2]

如果，正如非常有可能的那样，基于轻率对上述拟制案件的被告提出指控，陪审团必须判定行为人是否轻率地造成了人身伤害。如果法庭认为清醒的人可能会犯同样的错误，被告还是会被判无罪。如前所述，鲁莽的一般规则（除迷醉外），建立在主观轻率的概念之上，因此只适用于被告认为自己所做的事情不安全的情况。[3] 如此一来，一般规则便是，法院需要判断，如果被告（而不是理性人）当时清醒，是否会意识到危险的存在。[4]

2-030 间接故意（在法律上）算是特定故意的形式吗？

算。法律将间接故意视为特定故意的具体形式，即使在概念上，间接故意可以被纳入基本故意的范畴。[5] 自20世纪90年代以来，间接故意原则一直被应用于谋杀案件中，[6]但一直没有将谋杀作为基本故意犯罪加以对待的举措。将间接故意视为特定故意的形式当然是正确的（至少在法律上是这样的），这不仅是因为借此可以防止大量进一步的法律异常情况的产生，而且是因为可以用其作为特定故意的替代而不是基本故意的替代。可以将间接故意作为最高层级可责性的替代品。迷醉后的轻率

---

① *R. v. Kingston*[1995]2 A. C. 355.

② *R. v. Aitken*[1992]1 W. L. R. 1006.

③ *R. v. G*[2004]1 A. C. 1034；*R. v. Brady*[2006]EWCA Crim. 2413.

④ *R. v. Richardson*[1999]1 Cr. App. R. 392；*R. v. Aitken*[1992]1 W. L. R. 1006. section 6(5) of the *Public Order Act* 1986.

⑤ See John Finnis, *Intention and Side—Effects*, R. G. Frey & Christopher W. Morris (eds.), *Liability and Responsibility*: *Essays in Law and Morals*, (Cambridge: Cambridge University Press, 1991) at 32 et seq.

⑥ *R. v. Woollin*[1999]1 A. C. 82.

行为类型与主观轻率行为在道德上几乎没有对等关系,更不必说间接故意行为了,因此最好将直接故意或间接故意所能满足的主观要件,视为具体的故意要素。

2-031 现在是否可以在特定故意和基本故意犯罪之间划出合理的界限?

可以。首先,必须承认,有些犯罪可能既存在特定故意,又存在基本故意的主观要素。这类犯罪既不是基本故意,也不是特定故意犯罪。相反,如果被告被指控犯有此类罪行,就可以提出迷醉证据,以否定特定故
872 意要素,但不否定基本故意要素:

首先,特定故意,是指行为存在的具体目的。唯一的例外,是对以间接故意代替直接故意的犯罪所作的特殊规定。这些罪行被视为具体故意犯罪(如谋杀)。

如果某人的行为目的是要产生某个结果,就对这个结果具有特定的故意(或者,如果预见到这实际上是自己行为的必然结果)。

如果某人的目的是从事某种行为,就对这种行为具有特定的故意。如果被告打算以100迈的速度开车,但不打算撞死横穿斑马线的儿童,则对超速驾驶具有特定故意,但对于儿童的死亡结果缺乏特定故意。

某人如果明知或相信某一情节存在或将存在,就对于这个情节具有特定故意。如果被告知道与自己发生性关系的女性并不同意这样做,则必定具有强奸的故意。

其次,基本故意犯罪,是指对于犯罪所有要素可以将过失或轻率作为替代罪过形式的犯罪。在被告故意或轻率行事的情况下(如故意或轻率地实施攻击和殴打),大多数犯罪的大多数要素,都能借此得到满足。

2-032 上面提到,在涉及特定故意的指控中,例如故意谋杀或伤害(或造成严重身体伤害),如果证据表明,由于迷醉状态,被告无意间将公共汽车上的乘客撞下车去,被告将被无罪释放。我是否可以认为,此类被告本来可能会因为同样的行为被判非法伤害或攻击?当然,他没有攻击人。

在"检察长诉马耶维斯基案"中,上议院中,仅有萨蒙法官触及该问题,他似乎考虑过醉鬼不应对"纯粹事故"承担责任。乍一看,这似乎是合理的。"检察长诉马耶维斯基案"可以认为只适用于所谓的攻击行为,即被告试图,无论以什么混乱的方式,干涉他人的人身或财产。因为(这个论点可能成立)迷醉规则的基本原理,不适用于醉酒者的笨拙行为。在"女王诉赫德案"[①]中,休斯法官表示:"法官很可能会发现,在前面提到

① [2008] Q.B. 43 at 51.

的法律指示意见中加上‘醉酒后的故意仍然是故意’是有用的，而其推论是‘醉酒后造成的意外仍然是意外’。” 873

解决办法在于先前提出的论点——即使检控方指控的是基本故意，陪审团在确定被告的主观心态时，也必须考虑除醉酒证据外的所有证据。如果证据证明被告撞在公共汽车的某个乘客身上，并导致后者跌落车外，则被告关于自己摔倒的解释，无论是什么原因，在没有恶意动机的证据的情况下，很容易被认定为否定故意。[①]

第5节 推定轻率的正当化事由

2-033 长期以来，人们一直认为，自愿性迷醉（或称为“自发”迷醉）是主观主义者需要解决的问题。行为人可能会严重伤害他人，或者纵火烧毁建筑物，当面临指控时，行为人可能会辩称自己当时喝得太多（或者受其他毒品的影响太大），以至于不知道自己做了什么。

2-034 所以，当行为人喝这么多酒的时候，一定知道自己在损害自己的自制力，因此是轻率的。

我谈到的并不是自我控制。醉酒后无法自控，显然不是什么抗辩事由。当醉酒导致无法察觉风险时，问题就出现了。

2-035 醉酒者知道自己有可能伤害别人，所以他是轻率的。

上议院已经两次对这种轻率迷醉理论予以支持，[②]但这涉及若干问题。在每个判例中，行为人是否知道醉酒会造成风险，都被视为事实问题。也许行为人以前多次醉酒，并每次都能无事地安然入睡。英国有酗酒的文化，但许多酩酊大醉的人每晚都会径直回家，而不会伤害他人。如果被告明知或确信，如果喝酒，自己就很有可能会耍酒疯，并伤害他人，喝酒也只能被描述为非常间接的轻率行为（早期罪过）。[③] 如果某人知道自己无法喝酒，而且酒后会行为不端，就有可能仅仅通过喝酒让自己的行为构成犯罪。

2-036 但是，即使行为人不知道如果喝得太多可能会犯罪，难道不是也应该被追究责任吗？

在你不知道行为人具体认知的情况下提出的“视为”或“认为”的内容，就是法律意义上的拟制。而拟制无法用来解释事情，这仅仅是对规则

---

① *R. v. Brady*[2006]EWCA Crim. 2413.

② Lord Elwyn—Jones *D. P. P. v. Majewski*[1977]A. C. 443 at 474–475; *Commissioner of Police of the Metropolis v. Caldwell*[1982]A. C. 341.

③ *R. v. C*[2013]E. W. C. A. Crim. 223.

的其他形式的重述。之所以认为这是拟制的事实,是因为醉鬼被追究责874 任的依据是,如果没有选择喝酒,就会预见到危险。法庭的问题是:如果理性人是清醒的话,是否会预见到从事特定行为的危险性?如果有所预见,就必须承担自己愚蠢行为的后果。这些行为是无意志支配的,因为被告不知道自己在做什么。如果他意识到了自己的所作所为,就可以用正常的方式证明相关罪过。

很明显,这种人不符合主观鲁莽的定义,因为其涉及的是相关罪行的要素。他也不符合预先罪过的概念,除非其意识到有可能在醉酒时侵犯他人。但醉酒是常见的伴随着暴力和破坏性行为的行为,因此不应允许醉酒作为使被告逃避刑事责任的免责事由。之所以采取该逻辑思路,存在两个原因。首先,虽然醉酒者不太可能意识不到自己在做什么,但陪审团(或治安法官)可能难以对该问题加以认定。其次,酗酒和吸食(其他)毒品通常是习惯或上瘾问题,如果罪犯不改变其行为方式,则很有可能会再次实施这种有害行为。如果既能确定被告当时没有意识到危险,又能确定其不会再次丧失理性控制能力,就没有理由对其加以惩罚。但人们通常无法确定,无论如何,这个问题最好留给法官加以判断。通过追究被告的责任,法院可以考虑是否对被告施加压力,使其今后避免醉酒,这种压力的形式可以是对他刚刚做的事情的惩罚,也可以是为了使其戒除毒瘾或酒瘾的某种形式的强制治疗。

2-037　在重大犯罪中,与其脱离主观主义,何不将具有人身危险性的醉酒者作为新的严格责任犯加以论处?

有人提出过类似的意见,但反对的呼声太高。这项提案被刑法修订委员会否决,部分原因在于委员们认为这项提案难以令人满意地加以起草。这会增加陪审团需要考虑的犯罪行为,从而使审判复杂化。如此一来,还可能鼓励心怀慈悲的陪审团选择适用新的罪行,而不是适用与事实上已经犯下的严重罪行相对应的重罪名。要对付非常危险的罪犯,新设定的罪行的法定刑上限势必很高。基于这些原因,刑法修订委员会在其关于侵害人身罪的报告中,建议遵循美国律师协会设定的《模范刑法典》,对轻率的一般主观主义定义作出例外规定。委员会认为应将其规定为:①

“在轻率被作为犯罪要件的罪行中,如被告因为自愿迷醉而没有意识到假若清醒的话本会意识到的危险,则这种缺乏认识是无关紧要的。”

我们看到,法院采取了这种做法。法律委员会也认为这是正确的做

---

① Criminal Law Revision Committee, *Offences Against the Person*, Fourteenth Report (London: H. M. S. O., Cmnd. 7844, 1980).

法。委员会建议相关立法应编纂如下:[①] 875

"应设立某项一般性规则:

(1)如果被告被指控作为正犯实施了犯罪行为;

(2)犯罪的罪过要素,不是完整的罪过要素(如这种犯罪只需要证明轻率);以及

(3)被告在犯罪的时候处于自愿迷醉状态;在确定被告是否应对该罪行负责时,其应被视为在关键时间已经意识到如果没有醉酒就会意识到的事情。"

该规则在政策上一般是可以接受的,但(作为现行法律的问题),无法与1967年《刑事司法法》第8条相协调。如果某人寻求迷醉状态是为了暂时摆脱生活的压力,并且在毒品或酒精的影响下实施了若干愚蠢可怕的行为,而他对此没有预期或预感(不存在事先罪过),[②]就没有证据表明行为人实际上对结果具有轻率的心态。因此,这条规则并不是将轻率的概念应用于自愿迷醉案件的事例。出于政策上的原因,该规则只是创造了认定存在轻率的假象。法院所做的一切,就是认为轻率是存在的。当然,法官可以自以为是,因为没有人可以对他们说不。

2-038 法院如何绕过《刑事司法法》第8条?

若干在"检察长诉马耶维斯基案"中参与判决的上议院法官,凭借无视该决定,解决了这个问题。琼斯法官(与其他几位法官的意见一致)面对这项法令,试图提出不适用该法令的理由,而这显然是危险的任务。琼斯法官的表述如下:

"在提及所有证据时,(本条)指的是所有相关证据。但如果有实体法规则规定,在基本故意犯罪中,醉酒要素无关紧要(我认为这就是实体法),与之相关的证据就相当无关紧要。"[③]

同样,如果法院将某一特定罪行视为严格责任犯罪,则故意便不属于问题焦点,关于该问题的证据,在逻辑上也就与待决事项无关。但基本故意犯罪不具有严格的责任。正如上议院法官的描述所示,这些都属于要求具备主观罪过的犯罪。该解释使第8条沦落为形同虚设的条款。这意味着,在该法条通过之前,陪审团对本应不予考虑的事情,仍然可以不予考虑,因为法官宣布这无关紧要。唯一的依据是,如果陪审团接受醉酒的证据,将否定基本故意要素,而且作为政策,自愿迷醉的被告被视为具有

---

① Law Commission, *Intoxication and Criminal Liability*, Law Com. No. 314, (London: H. M. S. O. Cm. 7526, 2009) at para. 3. 35.

② *R. v. Lipman*[1970]1 Q. B. 152.

③ [1977]A. C. 443 at 476A.

基本故意,因为他在醉酒时犯罪。因此,审查醉酒证据从而以正常的方式
876 考虑行为人是否具备轻率心态,似乎是没有意义的。毕竟,醉酒者很可能已经用这些证据来否定特定故意要素,因此已经表明他在犯罪时是缺乏认识的。

2-039 你赞成将醉酒规则作为政策,但不仅认为醉鬼有罪,而且认为他基于拟制的轻率而犯下了最严重的罪行,这难道不是很严厉吗?

埃德蒙·戴维斯法官在"大都会警察局长诉考德威尔案"[①]中所持的不同意见是这样认为的。一切都取决于具体情况,也取决于量刑法官是否富有人性。如果他们像"女王诉李普曼案"中的法官那样量刑,那确实会很严厉。甚至谋杀也可能适用该规则。[②]

第6节 迷醉与错误

2-040 醉鬼(当然也可以是吸毒者)因事实错误而做出所谓的犯罪行为(犯行),该当3条规则的规制。这方面的法律问题似乎最好通过问3个问题来解决,而且必须按以下顺序提出。

2-041 问题一:犯罪成立是否包括对事实存在的明知或相信的要求?

如果犯罪成立需要证明被告知道某一事实,醉酒的证据有助于否定该认知。比如,以明知是赃物而对其加以处理/销售为例。某人可能会在公共场所以低价从形迹可疑的人那里购买货物,当他被指控处理赃物时,这位被告可以提出自己当时有些头晕目眩,没有注意到本会注意到的情况,以此来支持他的无罪抗辩。司法上一般允许提出这种抗辩。[③] 处理赃物是具有特定明知要求的犯罪,法院在裁定是否满足法定明知要求时,认为无法不考虑醉酒证据。

令人尴尬的是,如果法律所指不是明知,而是指故意(即使故意包括明知),结论就是不同的。以基于真实事件改编的虚构判例为例:被控攻击警察的男性为自己的抗辩事由提供了证据,想要借此证明他在服用毒品后产生了幻觉,认为自己将要被一只大黑熊攻击。而这只"熊"正是这位警察。所有针对该人的罪行指控,都是以其行为是以人为对象作为前提的,如果吸毒者的幻觉被当作清醒时的认识错误一样对待,就将免除对其故意犯罪的有罪认定。现在根据"检察长诉马耶维斯基案"确立的法

---

① [1982] A. C. 341.

② *R. v. Hatton*[2006] 1 Cr. App. R. 247. *R. v. Conlon*(1993) 69 A. Crim. R. 92.

③ *R. v. Durante*[1972] 1 W. L. R. 1612.

律规则,攻击作为基本故意犯罪,自愿迷醉的证据无法否定这种故意。所以这位吸毒者将会被判攻击罪罪名成立。[1] 877

2-042 我不明白为什么在明知问题(即使是在基本故意犯罪中,你也主张醉酒的证据可以为此提供抗辩事由)和故意问题(在基本故意犯罪的指控中,这种证据不可能排除责任)之间应该有这种区别。

这种区别是不合逻辑的,但在目前的案件中,似乎并没有起到太糟糕的作用。在"检察长诉马耶维斯基案"中的决定,主要是为了确保对那些采取侵略行为的醉汉定罪,而攻击罪的主要定义要求的是故意或轻率,而不是明知。

有些罪行并未明确要求检控方证明被告知道有事实存在,但允许辩护方通过证明自己相信事实不存在,来为自己辩护,这(除举证责任外)实属殊途同归。在"贾加德诉迪克森案"(*Jaggard v. Dickinson*)[2]中,法院就面临相关法条的适用问题,而这是根据1971年《刑事损害法》第1(1)条提出的起诉。

贾加德女士在酒馆度过了欢乐的夜晚,然后想自己该睡觉了。她似乎和某所房子的主人关系很好,因为男性屋主(如果真的存在这个"他"的话)允许她自由使用这间房屋。并没有其他证据证明是否曾住在里面,但被告知,那是选择前往并在那里休憩的房子。试过的所有房门都锁着,所以必须打破窗户才能进去。你可能已经猜到了,从这位女士在法律报告和这本教科书中的表现来看,她选错了房子。

2-043 根据第1(1)条,贾加德女士被指控犯有刑事损害罪;有证据证明其醉酒并因此而犯下认识错误;但法官仍然作出了有罪判决。他们认为这是基本故意犯罪(事实确实如此),贾加德的醉酒是自愿的(事实的确如此),所以根据"检察长诉马耶维斯基案"的规则,在故意问题上应忽略醉酒的证据(事实上也是如此做的)。法官的表现堪称满分?不,令人惊奇的是,分庭法院推翻了这个判决。

根据第1(1)条中对相关犯罪的定义,如果其单独存在,对贾加德的定罪很可能成立。在故意问题上(涉案的是基本故意犯罪),必须忽略迷醉的证据,法官对这些证据视而不见,就有理由认定被告在没有合法根据的情况下损害了他人的财产。但该法载有进一步的规定。虽然犯罪定义的措辞没有明确指出,所有人必须没有同意该行为,或犯罪者必须知道自己无权损害财产,但该法第5(2)(a)条允许通过证明相信某些免责事实的存在来进行抗辩,从而默示了这种要求。这项规定与该法其他部分一

---

① *R. v. Lipman*[1970]1 Q. B. 152.

② [1981]Q. B. 527.

样,是法律委员会的作品,他们是彻底的主观主义者,希望确保对相关物
878 权的确信的认定,能够根据被告的真实精神状态来判断。

因此,该款实际上规定,如果被告相信业主已经同意或如果其知道这种情况就会同意,则可以据此进行抗辩。贾加德内心确信,自己是在业主的同意下行事的(如果房子没有找错,也许会是这样)。第5(3)条规定,"就本条而言,内心信仰如被诚实地持有,是否合理并不重要"。分庭法院适用该条款,并据此准许上诉人提出抗辩。在判断贾加德是否有该条所规定的确信时,必须考虑事实,包括醉酒的证据。

2-044 该判决很难与处理同一问题的其他案件相互吻合。"贾加德诉迪克森案"的判决在技术上,并且只是在技术层面上,可以与"检察长诉马耶维斯基案"区别开来,后者仅适用于故意的法定要求,而"贾加德诉迪克森案"涉及的是"明知"的问题。1971年《刑事损害法》不仅使用了故意或轻率的措辞,还包含第5(2)条中具体的主观规定。唐纳德森法官(Donaldson L. J.)表示,第5(2)条和第5(3)条必须被适用,以便为被告(包括醉酒的被告)提供抗辩事由,因为否则对于该法条的解读,就好像包含了自愿迷醉的例外一样,而这是不合法的。

如果事实略有不同,以致完全不属于第5条规定的范围,又会怎样呢?假如贾加德在迷醉状态下相信房子是自己的。就不会相信房主"同意了"(你几乎无法主张你自己同意你自己做的事)。所以,因为第5(2)条的措辞,该款无法适用;而且,也许法院不会对立法规定进行过度扩张的解释以使其适用于该案件。即使在常识上,这个案子和第5条提到的情况也完全吻合。法院很可能会决定将该案件交由下面要提到的问题3所讨论的部分处理。这并不意味着被告会被定罪。原则上,还是应该被无罪释放的,只要不喝醉也会犯同样的错误。这是常识,因为如果醉鬼认为是在朋友允许的情况下闯入朋友的房子而被判无罪,如果这个醉鬼相信他侵入的是自己的房子而被判有罪,那就真的很奇怪了。

乍一看在原则上非常相似的"女王诉麦克弗森案"(*R. v. McPherson*)① 的早期判决,并没有被引用在"贾加德诉迪克森案"中。"女王诉麦克弗森案"认为,开偷车罪作为基本故意犯罪,不允许被指控开偷车的被告提出醉酒证据证明其并不具有法律所要求的犯意。1968年《盗窃法》第12(6)条的规定事实上与1971年《刑事损害法》第5(2)(a)条中的规定完全一致,即如果运输工具是在被告相信如果所有权人知道相关情况,就会同意被告使用的情况下被偷开的,则被告不构成犯罪,但麦克弗森的辩护

① [1973] R. T. R. 157; *R. v. Gannon*(1988) 87 Cr. App. R. 254.

律师并未依赖本条款。

2-045 这两起案件在重要方面有所不同。麦克弗森的抗辩事由不是自己相信业主同意,而是完全不具备法定的精神状态,因此他不符合第12(6)条之规定,因为该款要求被告具备积极的确信。因此,该案件与 879
"贾加德诉狄金森案"完全不同。显然,如果贾加德的抗辩事由是自己喝醉了,不知道自己在做什么,就会被定罪。

这些微妙之处非常令人不满意,特别是因为案件的结果可能取决于起草者的立法措辞,而立法者在成文法律时并没有考虑到醉酒的问题。

2-046 问题二:这个问题是与犯罪要素的定义有关,还是与抗辩事由问题有关?

我再次假设你的问题与迷醉问题相关,我知道你所提到的情况与明知或确信的要求无关。因此,你必须考虑到犯罪定义和抗辩事由之间的复杂且模糊的区别。如果错误的内心确信与犯罪的定义有关(如男性认为与他发生性行为的女子已经同意;这种内心确信曾经在"检察长诉摩根案"[①]中出现过,与犯罪要素的定义有关),你可以进入问题3。

如果错误与抗辩事由有关,醉酒的证据不会否定错误。19世纪,在基本故意和禁止醉酒导致的认识错误作为抗辩事由的规则发明之前的快乐时光里,那些因假想防卫而攻击他人的醉酒者被免除除过失杀人和公然醉酒、扰乱秩序等特殊醉酒罪外包括攻击罪在内的一切刑事责任。[②]现在,在这个更加开明和宽容的时代,醉酒者甚至可以犯下要求特定故意的犯罪。[③]

在"女王诉欧格拉蒂案"(*R. v. O' Grady*)[④]中,兰恩法官(Lord Lane C. J.)表示:

"应该如何邀请陪审团来解决这个问题?首先是本院在'女王诉威廉姆斯案'[⑤]中的判决。也就是说,如果被告可能是基于对事实的错误认识而行事,他就必须被根据这种错误认识加以裁判,无论这种认知是否合理。然后由陪审团判定被告对威胁(被告幻想出来的或真实存在的)的反应是否合理。在该案中,法院没有考虑到错误可能是由酒精或其他毒品引发的自愿迷醉造成的情况。

得出的结论是,如果陪审团确信被告错误地认为武力或他实际上使

① [1976] A. C. 182.

② *Marshall's Case*(1830)168 E. R. 965;*R. v. Gamlen*(1858)175 E. R. 639.

③ *R. v. Hatton*[2006]1 Cr. App. R. 247;*R. v. O' Grady*[1987]Q. B. 995.

④ [1987]Q. B. 995 at 999.

⑤ *R. v. Williams*(1983)78 Cr. App. R. 276.

用的武力是自卫所必需的,并且进一步确信错误是由自愿迷醉引起的,则抗辩无法成立。我们认为,在这方面,不应区分涉及所谓特定故意的罪行,例如谋杀,和所谓基本故意的罪行,例如过失杀人。除在诸如过失杀人是谋杀的替代选择的情况下指挥陪审团的问题外,错误的问题可以而
880 且应当与故意问题分开考虑。"

2-047 自从上诉法院对"女王诉哈顿案"①作出裁决以来,该判例就已在英格兰和威尔士成为法律。例如,如果某人在公司里杀死了他人,但他喝醉了,并且错误地认为自己必须立即采取自卫行动,这名醉鬼可以(这的确令人感到惊讶)被判谋杀罪②(他也有可能被定其他罪;过失杀人罪的判决将以某种方式被获得)。③

法律委员会认为这是正确的做法,原因有很多:④

1."拒绝批评者的论点的第1个理由是,没有解决自卫是一般性抗辩事由这一重要事实,因此,作为通行的抗辩事由,自卫原则上应平等地适用于所有犯罪,而不论所指控的罪过的性质如何。"

2."错误问题可以而且应该与故意问题分开考虑……因为(如果)被告知道其正在伤害某人(而不是1条蛇或1只熊),其行为需要真正令人信服的正当化事由或免责事由。"

3."允许区分检控方指控的构成要件包括不可分割的罪过和没有这种要件的情形,对陪审团来说是难以适用和极为混乱的。"

至于第1点,重点应放在错误如何影响被告的特定故意上。重点必须放在醉酒引发的认识错误及其对被告故意性质的影响上。该错误改变了被告故意的性质,因为这意味着他有杀人的法定正当化事由。他杀人的理由是合法自卫:如果动机是实施其认为合法的行为,该理由可能是实质性的。行为人的"特定故意"的性质因他的合法动机而改变,而合法动机取决于其错误地认为自己必须实施防卫。但不清楚的是,为什么关于自卫需要的"不合理的错误"不是醉酒者的"真正令人信服的理由",却是清醒的被告的真正令人信服的理由。尤其是,如果清醒的话,出现认识错误的行为人也会犯同样的错误。因为被告的目的是杀死自然人,而不是蛇或黑熊,就认为这类罪犯应该受到更大的惩罚似乎也不正确。这两类被告没有道德差异,因为在这两种情况下,均缺乏主观过错(自卫者确

---

① [2006] 1 Cr. App. R. 247; *R. v. O' Connor* [1991] Crim. L. R. 135.

② *R. v. Hatton* [2006] 1 Cr. App. R. 247; Section 76(5) of the *Criminal Justice and Immigration Act* 2008.

③ *R. v. O' Connor* [1991] Crim. L. R. 135.

④ Law Commission, *Intoxication and Criminal Liability*, Law Com. No. 314, (London: H. M. S. O. Cm. 7526, 2009) at paras. 3. 53-3. 63.

信,他需要采取行动以自卫,而杀蛇者同样确信,他的被害人是蛇,而不是 881
自然人)。我认为这回答了法律委员会的第1个和第2个论点。

2-048 如果认识错误是完全不合理的,而且是被告在清醒时不会犯的错误,则醉酒者就不应该逍遥法外。如此一来,如果有可能的话,就应该被判犯有基本故意犯罪。法律委员会的建议是正确的:"在没有喝醉的情况下,被告也会持有同样的确信,只有此时才应该考虑被告的错误信念。"

至于法律委员会的第3点,我不相信法官无法认真指导上述问题。没有理由不要求陪审团确定被告醉酒导致的认识错误是否属实。如果确有其事,可以认为他的目的不是杀人,而是合法地自卫。这应该足以证明他并没有形成通常谋杀所需的特定故意。被告仍需面对过失杀人(或其他基本故意犯罪)的指控。

2-049 问题三:犯罪是特定故意的还是基本故意的?

如果没有法律规定明知或确信的问题,如果被告在犯罪要素而不是抗辩问题上提出错误的确信,你所面临的就是"检察长诉马耶维斯基案"所涉及的问题。犯罪故意到底是特定的还是基本的?

然后出现不同路径的推理:

如果你所考虑的犯罪是特定故意犯罪,则在故意或明知问题上,需要考虑醉酒的证据。

如果是基本故意犯罪,将适用"检察长诉马耶维斯基案"的规则,并将导致醉酒证据的提供与故意的认定无关。

回到像贾加德这样的女性喝醉后闯入别人家的拟制情况,只是在这个拟制情况中,醉酒后的信念是这是自己的家。不受第5条的保护,所以这就回到了问题2。在这里,你会发现醉酒者的错误与犯罪成立的事实有关,《刑事损害法》第1(1)条规定:"是否正在损害属于他人的财产。""女王诉史密斯案"[①]表明,对于清醒的人来说,基于一般性犯意原则,这个错误将是完全的抗辩事由。但这只是基本故意的犯罪;因此,醉酒导致的错误既受"检察长诉马耶维斯基案"(关于故意)的影响,也受轻率要素的影响。 882

可以更仔细地考虑上述假设中由陪审团(或者,当然包括治安法官)负责认定的问题。由陪审团负责裁决的故意问题似乎是:尽管有你所听取的关于醉酒的证据,你是否会用这些证据,排除合理怀疑地认定被告故意损害他人的财产,即他行为时就知道该财产属于他人,并且现在开始不

---

① [1974] Q. B. 354.

讲真话,声称自己当时相信那是他自己的?醉酒状态下的故意仍然是故意。[1]

2-050 关于轻率,陪审团负责认定的问题是:确定如果被告(不是假定的理性人)[2]当时是清醒的,就不会犯错误吗?如果确定,就认定他构成轻率;否则,就无罪释放。

在这个问题上没有定罪的必然性。被告可以提供证据,证明自己进错了房子;两栋房子(他自己的和他闯入的那栋)可能很近,看起来很像;能见度可能很差;被告从未被判犯有不诚实或损害罪;他没有偷窃东西,也没有闯入邻居家的可查明的动机,等等。所以陪审团可以宣判被告无罪,即使他喝醉了。他们会相信被告辩称他弄错了房子,甚至对醉酒的证据置之不理;或者至少他们不会不相信被告的托词。[3]

这些观点在"贾加德诉狄金森案"中没有涉及,但可以认为其表明,即使该法没有包括第5条,治安法官的有罪判决也是错误的。治安法官们似乎有常见的误解,即在基本故意犯罪的情况下,自愿迷醉排除了缺乏犯意的抗辩事由。[4]

2-051 对强奸罪适用同样的两个问题,如果被告提出因为醉酒导致误认为被害人同意的抗辩事由。陪审团可能会发现很容易得出以下结论:(1)在故意或认识问题上,如果陪审团没有听取醉酒的证据,就会认定被告明知妇女不同意;(2)在轻率/过失问题上,如果被告当时清醒,就会意识到存在女方不同意的风险或事实。所以这个人很可能会在面对故意和过失两个方面的指控时均被宣告有罪。

2-052 如果责任只取决于过失呢?

过失犯罪至多需要基本的故意,但其中有些并不需要。原因很清楚,
883 醉酒的被告必须遵守与清醒的被告相同的谨慎标准。[5]

第7节 非自愿迷醉

2-053 一直在谈论"自愿性"(自发)迷醉。限定词必须从技术的角度来理解;两者都不完全令人满意。迷醉可能是被告自己行为的结果,但并无法被认为是自发的,因为被告可能不知道自己服用了迷醉物质。就

---

① *R. v. Kingston*[1995]2 A. C. 355.

② *R. v. Richardson*[1999]1 Cr. App. R. 392.

③ See Glanville Williams, *Two Nocturnal Blunders*, (1990) 140 N. L. J. 1564.

④ *R. v. Richardson*[1999]1 Cr. App. R. 392.

⑤ *R. v. Lipman*[1970]1 Q. B. 152.

目前的目的而言,如果被告知道自己正在喝酒,醉酒就是自愿的,即使被告并不打算喝醉。对于非自愿的醉酒,法律的规定则是不同的,例如,我认为自己饮用的仅仅是若干无害的餐酒,而事实上我的同伴已经把迷醉物质与杜松子酒掺在一起;[①]或者我在不知不觉中受到药物的影响,但事先没有得到医生的警告。[②] 迷醉可能是非自愿的,因为被骗(遭人下药),意外(药物过量),合理的错误(误解医生的指示),胁迫等。

在特定故意犯罪中,唯一的问题是犯意。在基本故意犯罪中,上议院在"检察长诉马耶维斯基案"中承认,否定犯意的非自愿迷醉可以被作为抗辩,尽管自愿迷醉不可以。自愿和非自愿迷醉之间的区别,取决于被告是否故意服用了非医嘱处方类的迷醉物质。[③]

事实上,非自愿迷醉的程度,必须达到否定被告犯意的程度。在"女王诉金斯顿案"(*R. v. Kingston*)[④]中,对小男孩情有独钟的恋童癖被下了药,从此失去了自制力,侵犯了男孩。金斯顿的咖啡里被掺了强效药。尽管他对小男孩情有独钟,但他通常能控制自己的犯罪欲望。尽管这种迷醉状态是非自愿的,但他无法逃避司法的惩罚,因为这只是减少了他的控制力。他知道自己在做什么,因此被判有罪,因为迷醉状态下的故意,仍然是故意。

2-054 被告是否有过错,有区别吗?

没有区别:不管其是否故意服用了足以让人陷入迷醉状态的毒品。看来,如果被告在明知的情况下服用了令人迷醉的物质,即使对服用者产生了出乎意料的巨大影响,迷醉也会被视为自愿的。[⑤] 显然,他不会开始的时候就处于迷醉状态。

2-055 如果某人没有按照医生的指示服用标准药物,同时知道这可能会导致自己行为不端,该如何处理?

在"女王诉贝利案"[⑥]中,被告被控故意伤害他人,且意图造成严重的身体伤害,检控方提出该控告,依据的是1861年《侵害人身权法》第18条,或者,检控方也可以依据本法第20条之规定,对被告非法伤害行为本身提出控告。贝利是糖尿病患者,他的抗辩事由为自己是在由低血糖症 884
引起的自动症下行动的,因为他在注射胰岛素后没有进食。首先,法院认为,自动行为是自我诱导的事实也无法使被告构成特定故意的犯罪;因

① *R. v. Kingston*[1995]2 A. C. 355.
② *R. v. Quick*[1973]Q. B. 910.
③ *R. v. Hardie*[1985]1 W. L. R. 64;*R. v. Bailey*[1983]1 W. L. R. 760.
④ [1995]2 A. C. 355.
⑤ *R. v. Allen*[1988]Crim. L. R. 698.
⑥ [1983]1 W. L. R. 760.

此,这种证据无法支持根据第 18 条定罪。

其次,法院指出,即使是基本故意犯罪,有关自导丧失行为能力的规则也只适用于迷醉,并不适用于注射胰岛素后没有进食的糖尿病患者。“检察长诉马耶维斯基案”中的规则,是在仅提及自愿迷醉问题的情况下制定的,而“女王诉贝利案”中的判决幸运地排除了这种可能性。

“女王诉贝利案”的判决得到了先前“女王诉斯特里普案”(*R. v. Stripp*)[①]判决的支持,上诉法院在该判决中表示,如果:

自动症是由脑震荡引起的,即使脑震荡可能是由饮酒引起的事故造成的,自动症也可以成为抗辩事由;如果存在下列情况,其依传统可以被用来作为抗辩事由:

自动症的部分原因是上述脑震荡,部分原因是酒精摄入的持续影响。如果这是两个原因运作的问题,检控方很可能无法履行证明被告主观犯意的责任。

2-056 如果由自愿性醉酒引起的脑震荡可以为被告提供自动症抗辩,一般来说,所有其他的罪过要素都可以成为抗辩事由。除了轻率心态之外,唯一的例外便是自愿性醉酒,其直接与其他要素隔离运行,可以据此否定基本故意或犯行的成立。

在“女王诉贝利案”中,法院并没有完全排除低血糖造成眩晕状态下的伤害的刑事责任。如果某人知道如果他在注射胰岛素后不吃东西会发生什么,并且没有情况可以免责他不吃东西,他就可以对轻率导致犯下的基本故意犯罪承担责任。这是其他主观要素不与造成伤害的客观行为同时发生的事例(准确地讲,主观心态先于客观行为)。法院明确表示,这并不是指被归结到“检察长诉马耶维斯基案”中醉汉的拟制的轻率行为,而是指真正的轻率行为:被告知道,如果不采取预防措施防止失去意识,他就是在危害他人。

2-057 在“女王诉哈蒂案”(*R. v. Hardie*)[②]中,被告因服用催眠药或镇静剂(安定片)而意外导致自己处于迷醉状态,法院认为其享有针对基本故意犯罪的抗辩权。哈蒂和女友的关系破裂后很难过。他服用安定片(镇静剂)而不知道可能的后果。结果,他在前女友的公寓里引发火
885 灾,并被指控“意图危及生命并轻率行事”。上诉法院认为,就标准药物如催眠药或镇静药而言,陪审团应考虑服用该药物的行为本身是否是轻率的。

在过失犯罪中,对非自愿迷醉(或者更确切的说法是非过失迷醉)

---

① (1979) 69 Cr. App. R. 318.

② [1985] 1 W. L. R. 64.

的免责显然是逻辑和正义的双重要求。如果喝得烂醉如泥的人做了若干被法律定性为过失的破坏行为，他的真正过失在于使自己因喝酒而丧失了行为能力。所以，如果没有在醉酒一事上存在过失，就应该得到免责。 886

887 # 第3章　惩戒权

如果你的教育法规严厉，刑法就可以是轻缓的；但如果放任青少年随心所欲，你将不得不花费很长时间去构筑地牢。

米歇尔·德·蒙田(Michel Eyquem de Montaigne)[1]

---

[1] See John Ruskin, *Munera pulveris*: *Six Essays on the Elements of Political Economy* (London: Printed by Smith, Elder, 1872). 中译本参见[法]米歇尔·德·蒙田:《蒙田全集》(第1卷), 马振骋译, 上海书店出版社2017年版。——译者注

3-001　父母有权对其子女采取合理的惩戒措施,但什么是合理的惩戒措施会因时代的变化而有所不同。① 这种针对子女惩戒的权力可以持续到子女几岁为止尚不完全清楚,可能到16岁,但当然也不会超过18岁。② 2004年《儿童法》(the *Children Act* 2004)第58条规定:

"(1)就第(2)款所指明的罪行而言,不得以殴打儿童的行为构成合理惩戒为由进行辩护。

(2)第(1)款所指的罪行是——

(a)违反1861年《侵害人身权法》第18条或第20条的罪行(伤人并造成严重身体伤害);

(b)该法第47条所指的罪行(造成实际身体伤害的攻击行为);

(c)1933年《儿童与青少年法》(c. 12)第1条所指的罪行(虐待16岁以下人士)。

(3)在民事诉讼中,不得以对儿童造成实际身体伤害的殴打行为构成合理惩戒为由进行辩护。

(4)就第(3)款而言,'实际身体伤害'的定义与1861年《侵害人身权法》中的定义相同。"

此外,2006年《教育和检查法》(the *Education and Inspections Act* 2006)第93条规定:

"(1)本条所适用的人,可在适当情况下合理地使用武力,以防止学生做出(或继续做出)下列行为——

(a)触犯罪行;

(b)对人(包括该学生本人)造成人身伤害或财产损毁,或;

(c)不论是在教学期间还是其他时间,妨碍对学校及在学校接受教育学生的良好秩序和纪律的维持。 888

(2)本条适用于就学生而言,为学生提供教育的学校教职员。

(3)第(1)款规定的权力只能在以下情况行使:

(a)教职员和学生在有关学校的处所内,或;

(b)教职员在其他地方,而该教职员对有关学生有合法控制或管理权。

(4)第(1)款未授权对学生进行构成1996年《教育法》(*Education Act* 1996)第548条所指的体罚的行为。

(5)第(1)款所赋予的权力,是对本条以外可行使的权力的补充,不得解释为限制在本条之外仍可合法行使的其他权力。

---

① *R. v. Smith*[1985]Crim. L. R. 42.

② *R. v. Reid*[1973]Q. B. 299.

(6)在本条中,'犯罪'包括如果不存在未满特定年龄者无法成立犯罪这一前提条件,将成立犯罪的任何行为。"

惩戒包括使用武力制止青少年的不良行为,在普通法中包括体罚。根据目前的情况,这种惩罚可以被视为违反了《欧洲人权公约》。①

3-002 学校教师不再允许就学校有关的事项实施惩戒。他们曾经有权实施合理的惩戒行为;这种权力是基于这样的理念,即父母默示地授予了学校教师实施惩戒的权力。

1996年《教育法》第548条规定:

"(1)教职员或由其授权的人对(a)在学校接受教育的儿童,或(b)根据地方当局作出的安排,在学校以外的地方接受教育的儿童,或(c)在学校以外的地方接受特定幼儿教育的儿童实施体罚,在诉讼程序中均不得以教职员依据其职务所享有的权力为理由进行辩护。

(2)第(1)款适用于在任何时候对儿童的体罚,不论是在学校或其他为儿童提供教育的地方,还是在别处。

(3)下列规定对本条具有效力。

(4)体罚儿童的行为是为了惩罚该儿童所做的事情(不论其是否有理由这样做),除非有正当理由,否则均构成殴打行为。

(5)然而,以下行为不得视为对儿童实施体罚——

(a)因避免对人造成即刻的人身伤害危险,或

(b)因避免对人的财产(包括孩子本人)造成即刻危险而做出的行为。

(6)就有关儿童而言,'教职员'是指——

(a)在为该儿童提供教育的学校或其他地方担任教师,或

(b)以下其他人(不论其是否为该儿童提供教育)——

(i)在该学校或该地工作,或

(ii)以其他方式在该学校或该地提供服务(不论其是否收取费用),
889 享有对儿童的合法控制权的人。

(7)'儿童'是指未满18岁的人(第8款除外)。"

3-003 在"女王(应威廉姆森的申请)诉教育和就业大臣"[*R.* (*on the application of Williamson*) *v. Secretary of State for Education and Employment*]②案中,原告就读于为提供基督教教育而建立的私立学校中。共同申诉人是就读于该学校学生的家长。这些学校的教师在家长的充分

---

① 1950.11.4,213 U.N.T.S.222. *A v. United Kingdom*(1999)27 E.H.R.R.611;*R.* (*on the application of Williamson*) *v. Secretary of State for Education and Employment*[2005]2 A.C.246.

② [2005]2 A.C.246.

支持和同意下,希望保留实施体罚的权利。有人代表申诉人争辩称,他们拥有体罚的基本权利,因为实施体罚是他们基本的基督教信仰的一部分,即应当去实行这些体罚。也有人坚称,这种体罚是有效的。若干学校的教师实施体罚,但在其他学校体罚由家长实施。所有申诉人都声称,教师有权实施体罚。如前所述,1996年《教育法》第548条从教师手中拿走了该权利。申诉人争辩称,第548条干涉了他们的宗教信仰自由,违反了《欧洲人权公约》(作为1998年《人权法》的附件)第9条第1款,并且干涉了他们按照其宗教信仰教育子女的权利,违反了《公约第1议定书》[1]第2条,同时违反了他们家庭生活被尊重的权利,违反了公约第8条。

上议院驳回了上诉,宾厄姆法官表示:

"我毫不怀疑,按照第9条,这种干涉是'民主社会中……为了保护他人的权利和自由所必需的'。法定禁令追求的目的是合法的:儿童是弱势群体,立法的目的是保护他们并促进他们的福祉。体罚涉及故意施加身体暴力。该立法旨在保护儿童免受暴力造成的痛苦,身体疼痛和其他有害影响,而体罚可能具有这些有害影响是不言而喻的。此外,为实现该目标而选择的手段是适当的,并且在对父母的不利影响上也不过分,因为父母认为,谨慎并加以控制的体罚可能是有益的。因此,立法机关有权这样认为,总的来说,在相互冲突的考虑之间取得平衡,在学校对儿童的所有体罚都是不可取的和不必要的,而其他非暴力的惩戒手段是可行且合适的。"[2]

父母和学校惩戒的主题一般在侵权行为法的著作中有论述,这里不再进一步讨论。

3-004 若干惩戒权是立法授予的。监狱和军队中的惩戒也是如此(尽管体罚已被废除)。根据普通法,即使是商船的船长也有权采取一切合理的手段来维持船员和乘客的纪律,[3]如今该权力被船舶法规[4]和航空法规予以补充。 890

例如,1982年《民用航空法》(the *Civil Aviation Act* 1982)第94条规定:

"(1)以下第(2)款至第(5)款的规定对英国境内法院的诉讼程序均具有效力。

---

① *The First Protocol to the European Convention for the Protection of Human Rights and Fundamental Freedoms.*

② *R. (on the application of Williamson) v. Secretary of State for Education and Employment.* [2005] 2 A. C. 246.

③ *The Lima* (1837) 166 E. R. 434; *Hook v. Cunard Steamship Co.* [1953] 1 W. L. R. 682.

④ Section 105 of the *Merchant Shipping Act* 1995.

(2)机长在飞行途中,不论飞机在何处,如有理由相信该飞机上的——

(a)相关人员在飞机飞行中从事的行为已经或将要危害,或可能危害——

(i)飞机或飞机上人员或财产的安全;或

(ii)飞机内良好的秩序;或

(b)相关人员在飞行中在飞机上从事的行为,机长认为该行为根据飞机所在注册国的现行法律(不包括具有政治性质的法律或是基于种族或宗教歧视的法律)属于严重罪行,则在不违反下述第(4)款的情况下,机长可对该人采取必要的合理措施,包括对相关人员进行人身约束——

(i)以保障飞机或飞机上人员及财产的安全;或

(ii)维持飞机上的良好秩序和纪律;或

(iii)使机长能够按照以下第(5)款使相关人员离开飞机或移交此人,为本款(b)项的目的,英国控制的飞机均应视为在英国注册,不论实际上是否是在英国注册,以及是否实际上是在其他国家注册。

(3)飞机机组成员和飞机上的其他人员可应机长的请求或经其授权,并在机长要求的情况下,应协助机长控制根据上文第(2)款有权限制其人身自由的人;当飞机处于飞行状态时,此类成员或其他人均可在未获得机长授权的情况下,对飞机上的人采取具有合理理由认为对保护飞机或飞机上的人员和财产安全立即必要的该款所述的措施。

(4)根据本节上述规定所赋予的权力对飞机上的人施加的控制,不得在飞机首次停止飞行之后继续,除非在之前或合理可能的时间内,机长告知相关人员其受到人身控制以及将其送往飞机降落国家有关当局的理由。”

当然,机长的惩戒并不意味着鞭打或监禁罪犯,仅仅涉及控制危及飞
891 机/船舶或其上人员,或是严重扰乱秩序的那些乘客及乘组人员。

第 4 章　自卫与防卫他人

所有法律中，最为明确无误者，非“自卫”（self—defence）莫属：正因如此，根本无须精通法律者的创制。

道格拉斯·杰罗德（Douglas Jerrold）①

在本案中，防卫者没有因为造成攻击者的死亡而被判有罪……因为攻击者是在自寻死路。②

费迪南多·普尔顿（Ferdinando Pulton）

---

① *The Catspaw*：*A Comedy*，（London：Bradbury & Evans，1850）at 22.

② *De pace Regis et regni*，（London：Printed for the Companie of Stationers，1610）at 119.

第1节 自卫的范围

4-001 杰罗德不是精通法律者,否则本来应该明白,自卫权,的确是精通法律者创制的,或者至少在其被褫夺后加以恢复。早期,自卫杀人或因意外致死案“应该受到惩罚,但需要宽恕”。① 在亨利8世统治期间,这种“可宽恕”的杀人行为可被无罪释放。自卫权的限制在很大程度上是法律问题,而且也许是因为的确属于精通法律者创制的结果,所以这项权利问题很多,备受质疑。可以从概括的定义开始,即在一定范围内,自卫,是针对侵害人身或财产犯罪的正当化事由。

4-002 可以为陌生人提供防卫吗?

有传统观点认为,仅存在使用武力保护自己和家人的权利,似乎并没有扩展到保护陌生人的权利。从道德和理性上讲,应该允许对他人提供防卫。无论是古代还是现代,法律所提供的防卫他人的权利不受家庭关系的限制。② 在现代,法官回避了这个问题,他们认为,无论是否承认可以为陌生人提供防卫,都可以阻止对陌生人实施犯罪,这几乎是同一回
892 事。③

由于防卫不仅限于自卫,因此使用“私力防卫”(private defence)作为更为一般的表达方式就变得顺理成章。在自卫中使用武力的其他术语是“美国法学会”制定的《模范刑法典》中的所谓“保护性武力”(protective force)。保护性武力可以用来抵御、防止非法武力,防止、摆脱非法拘禁。

4-003 如果出现了攻击,可以对非攻击者使用保护性武力吗?例如,可以将攻击者的亲属作为人质吗?

不能。但是,可以对可能被称为“无辜攻击者”,例如,缺乏理性的“疯子”或小孩开枪自卫。换句话说,保护性武力只能用于对自己使用或将要使用(或诚实地认为正在使用或将要使用)法律上不合理的武力,或实施了(或被诚实地认为)非法拘禁的人。如果法律允许对此提出更一般的抗辩,则只能是在避险原则之下展开。

4-004 但是,如果丧失心智的“疯子”攻击你,而他不知道自己在做什么,他就不会犯罪。你怎么能对他进行防卫呢?显然,你无法对合法行

---

① See Frederick Pollock and Frederic William Maitland, *The History of English Law before the time of Edward I*, (Cambridge: Cambridge University Press, 1895) at 477 *et seq*. 574.

② *Walter v. Jones*(1634) Rolle's Abridgement 526(C) 3. *R. v. Tooley*(1709) 88 E. R. 1015 at 1020; *R. v. Prince*(1875) 2 C. C. R. 154 at 178.

③ *R. v. Duffy*[1967] 1 Q. B. 63. In *Devlin v. Armstrong*[1971] N. I. 13 at 35-36.

为进行防卫。

“疯子”具备缺乏犯意的免责事由。但他的攻击行为未经法律授权。这是不正当的。这是正当化理由与免责理由之间的法律差异之一。①

4-005 如果有两个人打架，而有当事人辩称他是在自卫，是否存在复杂的举证问题？

是的，尤其是在自认为是自卫的情况下杀人将面临严重的风险，即陪审团或许不会以与所谓防卫人相同的方式看待出现的紧急情况。

事后来看，最有可能给人留下深刻印象的事实是某人被杀。被告所感到的短暂恐惧无法给陪审团留下与有人死去这个悲惨现实相当的感受。如果有幸存者，他对所发生事件的陈述可能与法庭上被告的陈述有实质上的不同。即使是公正的旁观者，也无法成为几分钟或几秒钟内突然发生的侵犯的可靠见证者。当问题涉及自卫是否成立时，一切都取决于攻击者站在哪一边，因此事件的时间顺序非常重要。但是实验表明，通过口头证据很难对此加以确定。特别是，证人被证明无法准确回忆事件。② 因此，在法律适用中会产生两个风险：不公正的定罪；经过精心炮 893
制的无罪释放。在这两种风险中，必须更加认真地对待前者，因此，法律将否定自卫的责任推给了起诉方，而举证责任由被告承担。③ 如果该案显然是自卫案件之一，法官甚至不会允许该案进入陪审团审理阶段。④

如果存在过去的事件记录，可以帮助确定是谁的错，或行为人可能被认为相信了什么，法院作出相关裁判就容易些。先前的摩擦或威胁可以证明谁是攻击者，⑤或行为人对攻击者感到了恐惧。⑥ 一般认为，相关证

---

① See George P. Fletcher, *Domination in the Theory of Justification and Excuse*(1996)57 U. Pitt. L. Rev. 553; Gauthier David *Self—Defence and the Requirement of Imminence: Comments on George Fletcher's Domination in the Theory of Justification and Excuse*, 57 U. Pitt. L. Rev. 615; Larry Alexander, *Self—defence, Justification, and Excuse*, (1993) 22 Philosophy and Public Affairs 53; Kent Greenawalt, *The Perplexing Borders of Justification and Excuse*, (1984) 84 Colum. L. Rev. 1897; Heidi M. Hurd, *Justification and Excuse, Wrongdoing and Culpability*, (1999) 74 Notre Dame L. Rev. 1551; Mitchell N. Berman, *Justification and Excuse, Law and Morality*, (2004) 53 Duke L. J. 1.

② See Glanville Williams, *Proof of Guilt: Study of the English Criminal Trial*(*Hamlyn Lecture*) (London: Stevens & Sons, 3rd edn., 1963), Chap. 5; David F. Ross *et al.*, *Adult Eyewitness Testimony: Current Trends and Developments*, (Cambridge: Cambridge University Press, 1994); Bob Uttl *et al.*, (eds.) *Memory and Emotion: Interdisciplinary Perspectives*, (Oxford: Wiley—Blackwell, 2006).

③ *R. v. Abraham*[1973] 1 W. L. R. 1270. *D. P. P. v. Walker*[1974] 1 W. L. R. 1090; *R. v. Bonnick* (1978) 66 Cr. App. R. 266. *Palmer v. R.* [1971] A. C. 814; *R. v. Williams*(1994) 99 Cr. App. R. 163.

④ *R. v. Ball*(1967) 131 J. P. 72; Cf. *R. v. Franklin*(1972) *The Times*, May 11.

⑤ *R. v. Humphreys*(1920) 14 Cr. App. R. 85.

⑥ *R. v. Gunn*(1943) 7 *J. Crim. L.* 28.

据甚至可能包括攻击者的性格或习惯。① 检控方还可以提供被告在所处社区先前犯罪的证据,以帮助行为人确信攻击发生迫在眉睫。②

第2节 防卫的必要性

4-006 对防卫的要求类似于防止犯罪的双重要求,即必须立即采取行动(必须没有较温和的方式达到目的),并与所担心发生的伤害成比例。过去,必要性和相当性两个问题经常作为未经分析的合理性问题留给陪审团。这省去了整理的麻烦,但导致了令人遗憾的混乱。

必要性:甲对乙表现出攻击性,甲清楚地表现出决定进攻;乙寸步不让,甲转而退缩,此时,由于乙不再满足防卫的必要性条件,因此乙对他的
894 打击是没有道理的。

相当性:甲即将击打乙的脸;乙是弱者,只有使用枪支才能避免被打耳光。乙的射击行为缺乏正当性,而必须接受被打耳光。③

自卫主要是从主观上来理解的,起码对于防卫的必要性来说是这样的,但防卫的相当性并非如此。

4-007 关于必要性问题,是否允许先发制人的打击?

有时人们认为,法律只允许对迫在眉睫的暴力进行防卫。④ 显然,对将来发生的暴力威胁不宜使用武力来应对,⑤因为被威胁者仍有时间寻求警察的保护。如果他过早采取行动,法官也许会以没有证据表明被告采取行动的必要性为由而将相关抗辩提交给陪审团考量。但是,正如以前在预防犯罪方面所说的那样,立即采取行动的必要性与构成威胁的暴力的直接性之间是有区别的。为防止将来再次发动攻击,可能立即需要使用武力。例如,如果当前有敌对方表明将使用暴力,防卫者不必等到攻
895 击者进入打击范围或将手指放在扳机上。⑥ 此外,在迫切需要使用武力之前,可以合法地威胁使用武力。⑦ 由于这些原因,最好将紧急性问题视

---

① *R. v. Griffin*(1871)10 SRNSW 91.

② *Viliborghi v. State*, 45 Ariz. 275(1935).

③ *Priestnall v. Cornish*[1979]Crim. L. R. 310; *R. v. Martin*[2003]Q. B. 1.

④ *Devlin v. Armstrong*[1971]N. I. 13, Lord MacDermott L. C. J. said that where the defence is against an expected attack, "the anticipated attack must be imminent", quoting *R. v. Chisam*(1963)47 Cr. App. R. 130 at 134.

⑤ *R. v. Meade*(1823)168 E. R. 1006; *R. v. Rashford*[2005]All E. R. (D) 192. Cf. *R. v. Shannon*(1980)71 Cr. App. R. 192.

⑥ *Beckford v. The Queen*[1988]A. C. 130 at 144; *Attorney—General of Northern Ireland's Reference*(*No.* 1 *of* 1975)[1977]A. C. 105 at 136D.

⑦ *R. v. Cousins*[1982]Q. B. 526.

为必要性认定的内容,而不是独立的规则。

4-008　在多大程度上可以为了防卫而携带武器?如果此前晚上在街上遭到过攻击,可以为了防卫而随身背着沉重的扳手吗?

这样做不合法。你或许会记得,根据 1953 年《预防犯罪法》第 1 条[①]的规定,在没有"合理解释"的情况下在公共场所"随身携带"进攻性武器属于犯罪。攻击性武器是(1)本身具有攻击性的武器,[②]以及(2)能够合法使用(扳手)但携带目的是对人造成伤害的武器。预期的伤害是为了防卫并不重要。

4-009　但是你说过,存在"合理免责事由"抗辩。那为什么自卫不是合理的免责事由?

不允许养成携带武器进行防卫的习惯,因为暴徒和诚实的人都可以使用武器。的确存在合理免责的抗辩事由,但对其给出的解释非常有限。某人在过去一两天[③]内,也许更长一段时间遭到攻击后可能会携带武器。但是即使被抢劫,也无法借此让自己获得无限期携带武器的资格。必须存在"会影响其所处特定环境的迫在眉睫的特定威胁"。[④]

顺便提一句,如果您携带扳手时无意用扳手打击人,而只是为了威慑他人,它就不是"进攻性武器",其本身不是进攻性的,也不是出于引起伤害的目的被携带的。[⑤] 而且,如果您不打算在携带扳手时用扳手击中人,而是在受到攻击时立即使用,它仍然不是"进攻性武器",因此,出于进攻目的携带也不会让您被判有罪。[⑥]

再者,如果您使用从攻击者那里抢来的,或者被攻击时碰巧看到的那个扳手来攻击他,就不会构成 1953 年法令的罪行,原因与以前相同:既不属于"进攻性武器",也不属于"随身携带"。[⑦] 1953 年法的两种脱罪方案(取决于对攻击性武器以及使用者何时随身携带的理解)与合理免责事由的问题截然不同。合理解释的问题由陪审团或治安法官认定,但至少 896
治安法官需要以上级法院规定的上述原则为指导。

4-010　枪支在裁判中的认定方式相同吗?

在 1953 年的《预防犯罪法》中,大多数枪支都是进攻性武器,此外,

---

① Section 139(4) of the *Criminal Justice Act* 1988.

② *Gibson v. Wales*[1983]Crim. L. R. 113;*Grieve v. Macleaod*[1967]Crim. L. R. 424.

③ *R. v. McAuley*[2010]1 Cr. App. R. 148.

④ *Evans v. Hughes* [1972]1 W. L. R. 1452 at 1455G;*R. v. Archbold*(2007)171 J. P. 664. Cf. *Malnik v. D. P. P.* [1989]Crim. L. R. 451;*R. v. Salih*[2008]1 W. L. R. 2627.

⑤ *R. v. Rapier*(1980)70 Cr. App. R. 17;*R. v. Snooks*[1997]Crim. L. R. 230.

⑥ *R. v. Humphreys*[1977]Crim. L. R. 225.

⑦ *Bates v. Bulman*[1979]1 W. L. R. 1190.

1968 年《火器法》和其他法律都严格控制私人拥有枪支。即使你获得了警方的枪支许可,根据该法第 19 条的规定,携带武器也是违法的,除非法院允许将"合理免责事由"作为法定抗辩事由,而其解释与在 1953 年的《预防犯罪法》中的解释是一致的。在一般许可下行事的事实并不允许你就此开枪。你何时可以开枪,取决于自卫的法律规定。[①]

4-011 如果我非法携带枪支或扳手,可能会因此受到惩罚,但如果遭到凶杀,我将同样使用武器。

原则上,你将有权这样做。根据法律,拥有武器应该受惩罚的事实,与盗窃枪支一样,和攻击或过失杀人罪并无相关性。这就是问题的逻辑。当被告武装自己以抵抗攻击时,尤其是非法武装自己时,很可能会使自己面临偏见。无法像在防卫的情况下合法拥有武器的被告那样被和善地对待。

在检控方的参考资料[②]中,被告的财产遭到暴徒攻击和破坏,担心还会遭到进一步的攻击。因此,他制造了若干汽油炸弹,打算将其用于阻止暴乱分子。检控方指控被告"在当时的情况下所持有的爆炸物质可以被合理地怀疑并非用来实现合法目的",而这违反了 1883 年《爆炸物法》第 4(1)条。法院裁定被告持有汽油炸弹是合法的,因为他的目的是保护他的家人及其财产。如此一来,法院认为被告采取的"预防措施"是合法的。被告只是在武装自己,以便在不久的将来需要时能够保护自己的财产。法院必须考虑被告采取此类预防措施是否合理。判决认为,他可以采取这种预防措施,因为进一步的攻击似乎迫在眉睫。在得出该结论时,上诉法院必须承认,如果使用汽油炸弹来打击暴徒,那将是必要且适当的

897 应对措施。

4-012 如果某人受到攻击,是否有义务设法逃跑,而不是自卫?

现在的法律是,他没有义务退缩,但必须抓住一切机会脱离危险。上诉法院用以下表述制定了该规则:

"现在一般认为,和辩护方律师的观点不同,法律并不要求受到威胁的某人必须采取溜之大吉这种方式行事;但有必要的是,受害人应该通过行为证明自己不想进行攻击行为。他必须证明自己准备好控制自己并脱离攻击,也许愿意做出若干身体上的撤退;法院认为,无论是谋杀罪还是较轻的犯罪,这都是将自卫作为抗辩所必需的前提。"[③]

---

① *R. v. Martin*[2003]Q. B. 1.

② *Attorney—General's Reference*(No. 2 of 1983),[1984]Q. B. 456.

③ *R. v. Julien*[1969]1 W. L. R. 839 at 843. Cf. *R. v. McInnes*[1971]1 W. L. R. 1600. *R. v. Bird*[1985]1 W. L. R. 816.

因此，防卫者必须在可能的情况下进行某种象征性的退缩，或采取具有类似效果的行为，以证明他不是攻击者。如果他进行强力的防卫，攻击者可能会突然发现自己必须采取防卫行动；显然，双方都可能将自己视为防卫者。为避免这种情况，无论事由如何，双方均应向对方表明立场。

当人们考虑普通的斗殴时，该规则的重要性变得显而易见。在最初对手的朋友决定加入时，在公共场所和其他地方的群体斗殴往往会升级。帮派成员非常重视向参与斗殴的朋友表示忠诚。[①] 那些立即向防卫者提供帮助的人只要保持防卫的属性，其行为便是合法的。但是随着双方的更多参与，在实践中区分进攻和防卫就变得更加困难，特别是这里涉及的法律问题不是谁先挑头，而是每个新加入者所相信的内容。被告必须尽其所能向对手表明自己愿意中止攻击，这个事实足以表明，针对自卫和预防犯罪的法律规则是不同的。[②]

4-013　虽然可能并不存在退却的义务，但是"必要性"要求意味着，在防卫人可以自由撤退而其自由不受限制的情况下，将被要求撤退。如果被告可以轻松地避免采取自卫行动，就应该这样做。例如，如果被告在车上，暴徒正持棒球棍靠近，他应该开车离开。如果他决定留下来实施攻击，可能很难辩称除了这样保护自己之外别无选择。要求防卫人直接撤退（只要他没有被迫从住宅中撤退）不会对他的自由造成过大负担。相对而言，要求防卫人采取繁重的预防措施来避免发生冲突，例如要求其逃离自己的家，就实在太过分了。[③] 防卫者不必放弃访问村庄或使用公共 898
街道的权利（他的行动自由权），即使这种行动可能使其避免冲突。[④]

4-014　被害人是否可以针对防卫者采取行动，以拯救自己的性命，而后者是为了应对被害人的最初攻击而过度使用武力的？

传统观点认为，如此一来不允许再次防卫。[⑤] 但是，更合适的观点是，如果起初的攻击者试图使自己脱离攻击，却被迫继续自卫，即使本来是攻击者，他的行为原则上也应该合法。因此，如果他在那个阶段被迫为防卫实施杀人行为，他就不应被判犯有谋杀或过失杀人罪。他应为其最

---

① See Martin Bouchard and Andrea Spindler, *Groups, Gangs, and Delinquency: Does Organization Matter?*, (2010) 38(5) Journal of Criminal Justice 921; Scott H. Decker and G. David Curry, *Gangs, Gang Homicides and Gang Loyalty: Organized Crimes or Disorganized Criminals*, (2002) 30(4) Journal of Criminal Justice 343.

② Section 3 of the *Criminal Law Act* 1967. Cf. *R. v. Morris*[2014] 1 W. L. R. 16.

③ *Howard E. Perry & Co. Ltd. v. British Railways Board*[1980] 1 W. L. R. 1375 at 1385, *per* Sir Robert Megarry V. C. *R. (on the application of Laporte) v. Chief Constable of Gloucestershire*[2007] 2 A. C. 105 at 155-156.

④ *R. v. Field*[1972] Crim. L. R. 435. Cf. *U. S. v. Moore*, 35 C. M. R. 159(1964).

⑤ *R. v Browne*[1973] N. I. 96 at 107; *Richard Mason's Case*(1748) 168 E. R. 66.

初的行为承担责任。[1] 上诉法院裁定:“只有在受害人使用的暴力与最初攻击者的暴力明显不成比例,以至于二者角色发生实际颠倒的情况下,最初攻击者才可以自卫。”[2]

4-015 如果行为人故意参加相互的枪战,能否重新主张自卫权?

在“女王诉迦南戈案”[3]中,迦南戈和敌对帮派(BM)在伦敦的一个停车场交火。枪战的结果是敌对帮派的一颗流弹击中并杀死了一名无辜的路人,即玛格达·皮内斯卡(Magda Pniewsk)女士。尽管是敌对帮派成员的子弹杀死了受害人,但迦南戈依然被判谋杀罪成立。而敌对帮派成员逃离了犯罪现场,一直没有被发现。根据转移故意原则,敌对帮派成员为了打死迦南戈而发射的子弹杀死了无辜的路人,该当谋杀罪。而迦南戈因为是谋杀罪的共谋,因此也需要对此承担谋杀的责任。之所以成立共谋,是因为相互开枪的行为,促使敌对帮派发射子弹。[4] 抗辩可以转移,但前提是抗辩人进行的是合法的自卫。迦南戈并没有采取必要的自卫行动,因为他自愿参加了枪战,而且没有足够的退让来恢复自卫抗辩。如果
899 双方都同意去一个地方打架,这样做显然不是为了自卫,而是为了斗殴:他们每个人都带着恶意,其中一个被杀,另一个显然是谋杀。[5] 关于双方是否打算进行枪战的问题,与他们是否打算相互残杀的问题彼此独立。

尽管如此,重要的是要确保陪审团认定枪战事实上是相互的、没有必要的。如果枪战是偶然相遇的结果,那么可能会适用自卫抗辩。传统的“自卫杀人规则”(law of chance-medley)不适用于在相互斗殴中被突然袭击的情况下将谋杀减为过失杀人,但如果情况允许,可以适用正常的自卫规则。相互枪战的参与者为了互相残杀而互相寻找对方,不可能存在自卫。[6] 迦南戈无法主张自卫权,这不仅是因为他带着武器,而且是因为他没有必要为了救自己的命而杀人。从该案事实来看,并不存在自卫所需之必要性。在两个人互相残杀的情况下,显然不属于基于必要性原则

---

① See Paul H. Robinson, *Criminal Law Defences: A Systematic Analysis*, (1982) 82 Colum. L. Rev. 199; Andrew J. Ashworth, *Self—Defence and the Right to Life*, (1975) 34 Cambridge L. J. 282.

② *R. v. Keane*[2010] EWCA Crim. 2514 at para. 17; *R. v. Harvey*[2009] EWCA Crim. 469; *R. v. Rashford*[2005] All E. R. (D) 19.

③ [2012] 2 W. L. R. 17 at 27.

④ See Dennis J. Baker, *Liability for Encouraging One's Own Murder*, *Victims*, *and Other Exempt Parties*, (2012) 23 K. L. J 256.

⑤ *R. v. Taverner*(1616) 3 Bulst. 171 at 172 per Haugton J. Cf. *R v. Kirk*(1704) 12 Mod. 304 at 305 per Holt C. J. *In essen v. Police*(2012) 112 S. A. S. R. 1.

⑥ *Dakin's Case*(1828) Lewin 166; *R. v. Ayes* (1810) Russ. Ry. 166; *R. v. Walters* (1688) 12 State Tr. 113; *People. v. Duchon* (1958) 165 C. A. 2d 690; *People v. Smith* (1973) 33 C. A. 3d 51; *U. S. v. Jenkins*(2004) 59 M. J. 893; *State v. Meyers*(1989) 245 Kan. 471.

的自卫。自卫的必要性可以通过避免枪战来消解。即使参与争斗的人员真正试图从枪战中撤出的情况下，也很难说服陪审团相信其作出了这样的避让，因此有权主张自卫抗辩。[①] 自愿和相互交火的性质意味着参与 900
争斗的人员很难为重新获得自卫权的目的，充分告知对方自己有意撤出。

布莱克斯通强调为了证明自卫的必要性，有必要证明退出相互争斗。他援引激情杀人规则，写道：[②]

"但是，我们现在所说的激情，是指一个人在突然的争吵或口角中，通过杀死袭击者来保护自己免受攻击或类似的攻击的情况。这就是法律用激情杀人这个概念来表达的原因，而其在词源上，意为偶然的意气用事，或者说头脑发热情况下的聚众斗殴：而其似乎可以恰如其分地适用于这种杀人行为，就像在突然反击时实施自卫一样。这种自然防卫的权利并不意味着攻击的权利：因为人们不必因过去或即将发生的伤害而互相攻击，而只需要诉诸适当的法庭即可解决。因此，除非存在突发的暴力，等待法律救助势必导致确定且立即的伤害结果，否则就不能立即行使防卫性打击的权利。因此，如果要主张自卫以避免被判杀人罪，事实必须是凶手没有其他办法可以逃脱袭击。为此，法律规定，主张激情杀人者应该在方便或安全的情况下尽量撤退，以避免行凶者对袭击者施暴；退却说绝非文字游戏，也不是静待时机，而是出于一种真正的温情（对于同为人类的其他人的尊重）。"

4-016　激情杀人规则，似乎既是基于免责事由，也存在正当化事由的根据。[③] 激情杀人部分免责，加上自卫抗辩的正当化事由，可能会导致谋杀罪被减轻为过失杀人罪，[④]因为被告一开始参与争斗的行为，即被认为具有可责性。[⑤] 因此，参与争斗者，只能主张不充分的自卫抗辩权。 901

美国有些州同样具有不完全或部分自卫的理论，适用于防御者是最初的攻击者或最初是共同争斗者的情况。[⑥] 在这些州，被告只享有部分

---

① Douglas Aikenhead Stroud, *Mens Rea*, (London: Sweet & Maxwell, 1924) at 286.

② See Sir William Blackstone, *Commentaries on the Laws of England*, (Oxford: Clarendon Press, 1769) Vol. Ⅳ at 184–185: Sir William Staunford, *Les Plees del Coron*, (London: by Rychard Tottel, 1567) at 16. Sir Edward Hyde East, *A Treatise of the Pleas of the Crown*, (London: printed by A. Strahan, 1803) Vol. Ⅰ. at 201. 279.

③ *R. v. Kirkham* (1837) 8 Car. P 115 per Coleridge J, Mancini D PP [1942] AC I at 10–11 per Lord Simon: *D P P v. Camplin* [1978] A C. 705 at 713 per Lord Diplock. See also James Fitzjames Stephen, *A Digest of Criminal Law*, (London Macmillan Co, Ltd., 1904) at 190.

④ *R. v. Kessal* (1824) Ⅰ Car & P 437: *R v. Snow* (1776) I Leach 151: *R v. Lord Byron* (1765) 19 State Tr 1177.

⑤ Courtney Stanhope Kenny, *Outlines of Criminal Law* (London: MacMillan, 1907) at 99.

⑥ *People v. Deason* (1985) 148 Mich. App. 27.

抗辩权[①]（在其他州，存在部分自卫的替代形式，以便在被告关于武力必要性的错误认识是不合理的或被告使用过度武力的情况下，允许法院将谋杀减轻为过失杀人）。[②] 起码在相互争斗的语境下，不完全自卫原则类似于英国传统的激情杀人规则。这种抗辩事由建立在犯罪化的规范立场的改变基础上，因为被告无法主张充分的抗辩事由，其此前实施的错误行为是其不得不采取自卫的间接原因。[③] 这种将自卫弱化为部分抗辩的理由是完全错误的，因为被告从争斗中退出，打破了先前的错误行为和必要的自卫之间的因果链。正是由于受害人在被告撤出后的持续进攻，才产生了自卫的必要性。根本就不存在部分抗辩事由这档子事。[④]

英国早期的自卫法，针对相互斗殴的情况，为被告提供了部分辩护事由。1828 年，当激情杀人规则被法令废除后，相关立法出现改变。从那时起，被告独立的先前不法行为，无法被用来将自卫转变为部分抗辩事由。英国现行法律中没有部分自卫抗辩事由。因此，针对布莱克斯通提供的案件事实，现在的被告可以主张充分的正当防卫。被告在采取自卫行动之前曾参与斗殴，这个事实不会妨碍其将自卫作为对谋杀的充分正
902 当辩护。[⑤] 然而，行为人还将对攻击和任何其他独立的犯罪行为负责，这些行为是在其实施自卫杀人行为之前就已经发生。因此，被告所面临的主要问题，是如何证明自己有效地撤出争斗，因此之后的行为纯粹是为了防卫。在相互斗殴的情况下，防卫者必须有效地传达终止斗殴的意向。[⑥]

4-017 只有在被告的防卫杀人出现在相互斗殴之后并独立于相互斗殴的情况下，自卫才可作为抗辩事由。相互枪战的组成部分便是参与者的防卫行动。参与者打算采取防御行动，而其目的之一便是保护自己的生命。参加枪战本质上是一种防卫行为。迦南戈的动机可能有很多，比如复仇或者采取先发制人的行动来挫败敌对帮派未来的攻击，但是在

---

① *People v. Ramirez*(2015)233 Cal. App. 4th 940.

② *State v. Wood*(2002)561 SE2d 304;*People v. Blue*(2003)799 N E 2d 804 *Middleton v. Mcneil*(2004)124 S Ct. 1830,*State v. Chavez*(1985)661 P2d 887 at 889. Cf *Christian v. State*(2008)405 Md 306. See further. James C. Logan,*Imperfect Self—defence*,(1935)20 St. Louis L. Rev. 131;Kenneth W. Simons,*Self—defence:Reasonable Beliefs or Reasonable Self—control*,(2008) Ⅱ Ne Crim. L. R. 51. Cf *People v. Guyton*(2014)IL App(1st)110450.

③ See Andrew Ashworth,*A Change of Normative Position:Determining the Contours of Culpability in Criminal Law*,(2008)11 New Crim. L R. 232.

④ *R. v. Semini*[1949]1 K. B. 405 at 407-409.

⑤ *State v. Wright*(2008)978 So. 2d 1062;*State v. Nailor*(2011)78 So. 3d 816;*State v. Barnes*(2012)100 So. 3d 926;*Lay v. State*(2012)359 S W3d 291;*State v. Jackson* (2009)681 SE-2d 17;*State v. Jackson*(1963)94 Ariz 117.

⑥ *Morell v. State*(2010)933 N. E. 2d 484.

他回击之后的动机之一，一定是自卫。枪战一开始，迦南戈的每一枪都是出于自卫。在这种情况下。被告的防卫行为，是双方斗殴中不可或缺的一部分，因此无法成立抗辩事由。当一个人自愿参加公共街道上的暴力枪战时，就不再是自卫者。[①] 然而，如果被告明确表示退出战斗，也许能够恢复主张自己的自卫权。[②]

以拟制的“女王诉南戈案”（*R. v. Nango*）中的事实为例：假设南戈躲在停车场的汽车后面，从那里，他对敌对帮派喊道：“我要放下武器，不想继续和你们打下去。我要把枪扔出去，这样你就能看到我已经解除了武装。让我们各寻生路，别伤害任何人。”在南戈把枪扔到外面后，敌对帮派继续向其藏身的汽车开枪。子弹穿透了汽车，打中了南戈的腿。南戈（正确地）判断，如果不离开停车场，自己就会被杀，所以他想办法发动了汽车，从停车场逃走。在南戈试图开车离开停车场时，敌对帮派成员从后面跳了出来，向他开枪。南戈直接开车撞上去，以阻止对方开枪。敌对帮派成员被杀。基于这些事实，不无争议地认为，当南戈用汽车撞死敌对帮派成员以实施挽救自己生命的必要防卫时，双方的战斗已经结束。在这个背景下，被告应该解除了武装，退出了双方的争斗，并传达了他的停战要求。[③] 因此，即便参与了双方斗殴，在有效传达退出意愿后，就不再是斗殴的参与者。 903

适用退却义务，是因为参与斗殴的人员必须有效地退出争斗，然后才能恢复行使自卫权。这种繁重的退却责任不适用于正常的自卫情况，但在相互斗殴的情况下要求这个义务却非常必要。这是斗殴者脱离此前争斗的唯一途径。另一个原因是，在允许将自卫抗辩作为充分的抗辩事由之前，在公共场所对共同斗殴者规定严格的撤退义务，是因为在安全的情况下不退却，属于严重过失。如果有人帮助制造了危险情况，如在公共街道上发生枪战，就有责任采取合理措施，减少枪战对无辜行人造成的危险，因为其已经引发了这种危险。

4-018　如果被告已经撤出了此前的争斗，在其试图杀死攻击者以实施防卫时，意外杀死了无辜的旁观者，是否需要对此负责？

被告在保护自己免受无端攻击时意外杀死了一名旁观者，依然可以主张自卫这个抗辩事由，只要此前其在能安全退却的时候实施了退却行为就可以。防卫转移到非预期的其他目标，就像故意可以转移到非预期

---

① *State v. Abeyta*（1995）901 P. 2d 164 at 174；*Davis v. State*（2011）268 P. 3d 86；*People v. Hill*（2000）315 Ⅰ. App. 3d 1005.

② *Com. v. Harris*（2013）983 N. E. 2d 695.

③ *Morell v. State*（2010）933 N. E. 2d 484.

的目标一样。移转故意理论和移转防卫理论,都是法律上的拟制,但在实践中效果良好。援引转移故意原则或转移防卫原则,在定罪或为特定被告开脱方面,可能是一种累赘的方式,但法学理论研究者发现,这种方法很容易适用。此外,"转移"理论,还可以让刑事处罚的结果与被告的道德可责性相匹配。

4-019　当被告使用无辜的人肉盾牌实施自卫时,自卫抗辩是否适用?

当然不适用,因为受害人不是攻击者。被告不得对受害人采取自卫
904 行动,因为受害人并没有攻击被告。如果被告伤害受害人是因为被命令或面临重伤或被杀害的威胁,如果最终并没有杀死受害人,[①]那么被告可以提出胁迫作为抗辩事由。或者,被告可以在没有被命令伤害无辜第三方的情况下,以借此挽救自己免受严重伤害或死亡为由,提出情境所迫等抗辩事由。

行为人不能利用无辜的第三方来为自己挡子弹。因为第三方不是攻击者。[②] 如果被告利用无辜的第三方作为人肉盾牌抵御致命的枪击,就可以对此适用转移故意规则和共犯原则,被告将因此承担谋杀的责任,因为胁迫不是谋杀的抗辩事由。[③] 如果被告甲向被告乙开火,乙抓住无辜的第三方受害人并将其用作盾牌,则双方都将对受害人的死亡负责。如果不是甲试图杀死乙,受害人就不会被杀死。而且,如果不是乙把受害人拉到面前作为盾牌,受害人就不会被射杀,死的将是乙。[④] 乙将因为适用转移的故意规则,承担谋杀的责任。此外,由于受害人是无辜的旁观者,乙无法对其进行自卫,并且情景所迫(假设使用旁观者是避免威胁的唯一手段)不是谋杀的抗辩事由。

第3节　比例原则

4-020　再次考虑以下事例:甲要扇乙的脸;乙是弱者,只有使用枪支才能避免被打耳光。在此事例中,可能"有必要"使用枪支以避免被打的厄运,但使用枪支避免这种侵害,属于不成比例的非法方式。"对于每

---

① *State v. Sandoval*(2009)147 N. M. 465 at 470 per Garcia J. , *People v. Acajabon* (2015) WL 1308140;*State v. Ruiz*(2014)340 P. 3d 396;*Vidal v. State*(2013)418 S W3d 907.

② *R. v. Hichens*[2011]2 Cr App R. 26.

③ *R. v. Gnango*[2012]1 A C. 827. See also Dennis J. Baker,*Liability For Encouraging Ones Own urder*,*Victims*,*and Other Exempt Parties*,(2012)23(3) King's L. J. 256.

④ *State v. Cooper*(1999)993 P. 2d 745.

次攻击,都应该用棍棒来还以颜色显然是不合理的。"[①]根据比例规则,如果要在遭受伤害和使用极端武力之间进行选择,则必须选择遭受某些侮辱和伤害,而不是使用极端武力。

比例规则的判例往往过于琐碎,并无太大助益。现实生活中的问题出现在某人被欺凌者猛烈攻击的情况下,他只能使用致命武器来抵抗。现在,残忍的凶手在受害人摔倒在地后往往都会对其头部拳打脚踢,因此遭受攻击的人都会合理地担心遭受永久性脑部损伤甚至更糟后果的可能性。他们避免遭受此类殴打的有害结果的权利必须与攻击者不受伤害的 905
权利相平衡。当危害相当时,比例就不会成为问题,因为攻击者错了。不仅要权衡相对损害,而且要考虑防卫者是否应为避免本来不应该被他忍受的损害而采取行动。某人只能通过杀死攻击者来避免被打耳光,是一回事,而要忍受猛烈的殴打,包括对头部的踢打,则是另一回事。某人不必躺在地上并可能遭受严重的脑部伤害甚至更严重的伤害,即使这样做会使他免于夺取攻击者的生命。在这种情况下,攻击者自行选择冒丧失生命权的风险,因此这项权利并没有受到侵犯。[②] 在大多数情况下,攻击者的生命权将超过防卫者不受殴打或非法拘禁的权利。但是,如果攻击者试图对防卫者施加严重的身体伤害,而防卫者无法知道攻击是否会使他丧命,他就应该能够使用包括致命武力在内的极端武力来应对。

较早的法源试图对自卫规则加以澄清,宣称可以使用极端武力(或者称为"致命武力",即涉及故意或轻率造成死亡或严重伤害的武力)来避免极端伤害。另外,"极端伤害"包括死亡或严重伤害,但也可能包括其他严重伤害,例如强奸。[③] 但是,现代司法判例适用大体上保持"合理关系"规则,至少在自卫的情况下如此。

4-021 放弃传统法律的相对精确性似乎是不幸的。为了保护被告免受法官(必须增加该定语)的陪审团的影响,并且免受公众舆论的影响,是否应事先针对某些极端情况制定若干固定的规则,以决定何时可以 906
使用极端武力进行自卫的问题?该清单不必是详尽无遗的,因为规则是在特定情况下可以使用极端但必要的武力,"在任何其他情况下,任何理性人都不会认为该武力与威胁不成比例"。

为了给自卫权提供适当的宽度,澳大利亚法院选择利用排除法来对

---

① *Cockcroft v. Smith*(1705)91 E. R. 541.

② See Joel Feinberg, *Voluntary Euthanasia and the Inalienable Right to Life*, (1978) 7 (2) Philosophy and Public Affairs 93. Suzanne Uniacke, *Permissible Killing: the Self—defence Justification of Homicide* (Cambridge: Cambridge University Press, 1994).

③ A. V. Dicey, *Introduction to the Study of the Law of the Constitution* (London: Macmillan, 8th reprint edn., 1924).

法律加以表述:"在被告的处境中,理性人是否会认为他的所作所为与所要防范的危险不成比例?"[①]

2008年《刑事司法和移民法》第76条规定:

"(1)本条适用于在针对犯罪的诉讼中——

(a)存在关于被控犯罪的被告是否有权依据第(2)款提出抗辩的问题,并且

(b)存在被告对受害人使用武力的程度是否合理的问题。

(2)抗辩包括——

(a)普通法自卫辩护;

(aa)普通法防卫财产的抗辩;以及……

(5A)在涉及住户的案件中,如果被认为在当时的情况下严重不成比例,则被告所实施的暴力并不像其所认为的那样具备合理性。

(6)在不涉及住户的案件中,如果在当时的情况下不成比例,则被告所施加的暴力并不像其所认为的那样具备合理性。

(6A)在决定第(3)款中提到的问题时,应将被告本应撤退的可能性视为需要考虑的要素,而不是引发撤退义务的理由。"

该规则涉及社会意义上的合理性标准,[②]应该留给陪审团考虑。几乎无法影响到防卫者,但在很大程度上取决于法官和陪审团的判断方式。同样,这可能取决于他们是对受到惊吓的防卫者还是对被其打伤(或死亡)的攻击者表示同情。如果被告的反应不成比例,其所担心或正在抵抗的攻击只能成为减轻情节。

4-022 在"女王诉香农案"(*R. v. Shannon*)[③]中,因暴力而被定罪的身材魁梧的男性,一直在威胁香农(如他所认为的)。尚无暴力或攻击史
907 的香农一定在恐惧中生活了一段时间。攻击发生时,他进行了反击,这场攻击(尽管显然是单方面的)被旁观者描述为"相当恐怖"。香农的证据表明,他的脖子被紧紧勒着,被拖下并跪着;他担心,如果在攻击者的控制下摔倒,就将会被殴打。他用剪刀猛刺,造成了致命的伤害后果。

法官将本案是否构成自卫的问题留给陪审团,提出了棘手的问题:被告使用的暴力是否超出了实际情况的必要?出乎意料的是,针对该案件陪审团以过失杀人罪做出了有罪认定。由于法官对陪审团的法律指示不够充分,定罪被撤销;但是上诉法院对此判决没有其他批评。香农并没有误解采取行动的必要性,并且鉴于攻击的性质,似乎已经使用

① *R. v. Rainey*[1970]V. R. 650.

② *R. v. Owino*[1996]2 Cr. App. R. 128;*R. v. Rashford*[2005]EWCA Crim. 3377.

③ (1980)71 Cr. App. R. 192.

了合理的暴力。但给人留下的印象是,如果法官在类似案件中宣读 2008 年《刑事司法和移民法》第 76(7)条的规定,①由陪审团作出的有罪判决仍然成立。

4-023　假设香农用剪刀攻击了抢劫犯,法院的看法会是一样的吗?

如果小偷试图从香农的身上抢走书包,香农刺伤了小偷,只是为了避免失去财产,这将被认为是不成比例的反应。为了防止被抢劫,显然可以做的所有事情就是给强盗一击,并用武器威胁他。② 出于某种尚不清楚的原因,法院似乎偶尔认为,杀害强盗(或恐怕是强盗的人)的丑闻,要比遭受抢劫的被害人人身和财产方面的安全更为重要。③

第 4 节　假想防卫

4-024　即使被告对防卫产生了错误认识,被告仍然认为暴力防卫是必要的,这足以证明该信念是否必须合理。几乎所有较早的法律规范都要求这种信念是合理的。④ 他们采取"客观"的观点,即如果被告不合 908
理地做出了防卫,就无法以诚实信念来抗辩。支持客观主义观点的论点是,可能难以决定是否确实持有了所谓的信念。既然防卫的责任由政府承担,如果这个问题是由被告方提供的证据提出的,王室检控署可能无法毫无合理怀疑地证明被告没有根据他所指控的特定信念行事。有人主张,客观的观点使陪审团在法官或裁判官的指导下,可以在特定案件的情况下作出实质性的审判。被告的信念将是决定他所做的事情是否合理的要素,但在客观标准下不是决定性的。客观标准仍然适用于所用暴力是否相当的问题。但是,就"必要性"要素的错误认识而言,客观标准不再占主导地位。

4-025　这是否意味着,如果警官错误地认为某人是自杀式炸弹攻击者,此人将会炸毁 1 辆满员的火车,便可以杀死该人,即使没有理性人会犯同样的错误?

是的,如果陪审团接受该警官实际上持有这样的信念。该警官认为必须采取行动可能是完全不合理的,但被迫使用暴力的程度是相当的(使用致命性的力量来防止假定的恐怖分子杀死许多无辜的人似乎是

---

① *Palmer v. The Queen*[1971]A. C. 814 at 831.

② *R. v. Cousins*[1982]Q. B. 526.

③ *R. v. O'shea*(1978)142 J. P. N. 472.

④ *R. v. Hassin*[1963]Crim. L. R. 852. Cf. A. Zuckerman, *Assault or Not Assault*, (1972) 88 L. Q. Rev. 246 at 260 *et seq*.

“合理的”),因此他应该能够被适用 1967 年《刑法法》第 3 条规定的抗辩。[①]

4-026 如此一来,坚持主观标准真的公平吗?

你或许会记得“检察长诉摩根案”的判决,[②]当被指控的犯罪需要普通法上的主观要件,成文法对此加以明示或默示时,被告的事实认识错误可以是抗辩事由,即使这是不合理的。问题是,是否必须区分犯罪的基本要素(成立要素)所需的犯意,以及防卫所需的主观要件。可以认为,攻击或谋杀罪要求对人的攻击(成立要素);被告是否不得不以自卫进行攻击是抗辩要素;不是犯罪成立要素,过错的问题可能也不尽相同。

为了回应该论点,并支持主观观点,一般认为如果被告认为自己必须为自卫而紧急采取行动,杀死或伤害完全无辜的人,只能将其视为悲惨的事故,为此动用刑罚惩罚是毫无意义的。对于主观立场,还增加了以下其他标准。

符合一般原则,即严重犯罪,特别是侵犯人身权的犯罪,需要主观要素。在案件的所有情况下都应具备这种主观要素,而如果被告认为发生
909 了需要自卫的情况,则不具备这种主观要素。例如,在被告实际造成了伤害的故意伤害指控中,证明没有伤害意图,被告不合理地未能意识到自己行为的危险,对定罪而言是不够的。为什么他不合理地相信自己受到攻击并因此自卫而作出回应就足够了呢?如果情况是不合理地认为需要自卫不是正当化理由,则被告将被判犯有故意犯罪,而事实上,他的唯一过错将是过失。这样的被告无意违反法律。相反,他打算依靠法律,以便他可以针对自己实际上认为是攻击的内容进行防卫。正当防卫可以考虑某些动机。为了自卫而杀人的动机是维护自己的生命。因为自卫被认为是杀戮的法律依据,所以具有自卫动机的人在广义上缺乏主观要素。如果动机是采取合法行动,则可能很重要。

当法律要求信念“合理”时,通常是为了强迫人们在采取行动之前采取措施验证其信念。易言之,目标是要求人们遵守众所周知的审慎规则。但是,在某人认为自己必须自卫的情况下,必须立即行动。假设被告在黑暗中突然看到某人在他面前隐约可见,并且被告毫无道理地惊慌失措,拿起沉重的棍子,将他人打成重伤。当时,他认为自己将受到严重攻击,但现在不能为此提供依据。如果因为被告的恐惧不合理而不允许其自卫,并因此惩罚他的攻击行为,是否是在没有报应或功利目的的情况下对他施加了不公正待遇?没有审慎的规则可以决定是否有人要对你发动猛烈攻

---

① *R. v. Morris*[2014]1 W. L. R. 16.

② [1976]A. C. 182.

击。通常,防卫人无法检查其信念的有效性;而且这种情况不太可能重演,以至于他可能不会从经验中受益。而且,防守者会遭受强烈的恐惧情绪,这很可能影响他的判断力。如果法律完全允许自卫,则必须根据被告所看到的事实予以允许。①

当指控是过失杀人罪时,问题在于重大过失,若干法院要求被告具有合理确信的案件,可能基于这是考虑的指控进行解释。② 即使这样,出于 910
给定的原因,将疏忽原则应用于这种情况也是错误的。至少,除非某人具有重大过失,否则不应将其定为过失杀人罪。因此,即使是在过失杀人的情况下,也要向陪审团询问被告认为的必须使用暴力防卫是否合理;如果根本没有给出这样的法律指示,问题应该是他的反应那么严重是否合理。③ 在紧急时刻犯下的关于自卫必要性的错误,也很少会构成重大过失。

从起诉的举证难度来看,客观标准的正当化事由并不充分。对于客观标准而言,作为实体法规则,④这意味着即使法庭已完全确信被告认为自己必须自卫,但仍应根据该信念不合理而认定其有罪。

就主观标准而言,起诉的难度不大,对于涉及犯罪主观要素的所有问题而言,情况都是如此。但是,困难并不像最初看起来的大,因为被告是要满足"举证责任"或跳出"最初的障碍",即提供足够的证据证明他的信念。几乎不可避免地,这意味着他必须提供证据,然后就确信的理由接受法官的交叉诘问。而且,被告确信的不合理是他实际上没有坚持的证据。引用帕克法官在其他案件中的意见,就被告的真实确信而言,对陪审团的恰当指示是,"他们可以将是否确信有合理基础作为检验标准,尽管这不是决定性的"。⑤ 尽管如此,除非某人必须对危机做出反应,否则法院应拒绝防卫辩护,除非有确凿证据表明该行径是出于愤怒或报仇而不是出于恐惧。例如,如果被告跟随他的撤退对手并杀死他,问题就在于被告是否认为有必要杀人以防止对方立即再次发动攻击。毫无疑问,攻击者逃走的证据可能会否定这种确信。⑥ 仅凭被告担心如果这次不杀死对手,
对手会在其毫无防备时抓住机会杀死他,不足以支撑他的确信。同样的 911
分析也适用于被告用刀砍倒对手导致其无助地躺在地上的情况。在所有

---

① *R. v. Williams*(1984)78 Cr. App. R. 276 at 281-282, *per* Lord Lane C. J.

② *R. v. Wardrope*(1959)24 *J. Crim. L.* 178; *R. v. Chisam*(1963)47 Cr. App. R. 130.

③ See Cf. Herbert Wechsler and Jerome Michael, *Rationale of the Law of Homicide*, (1937) 37 Colum. L. Rev. 701 at 726.

④ *R. v. Hassin*[1963]Crim. L. R. 852.

⑤ *R. v. Hassin*[1963]Crim. L. R. 852.

⑥ *R. v. Martin*[2003]Q. B. 1.

这些情况下,确信有必要使用暴力的辩护几乎与合理确信的辩护一样都会失败。

4-027　主观主义立场,在"女王诉威廉姆斯案"[1]中得到认可,兰恩法官表示:

"如果被告在事实认识错误的情况下行动,那情况又会如何呢?如果他错误地相信被害人同意或有必要进行防卫,或者他打算制止的犯罪正在发生该怎么办?必须根据他认为是错误的事实来判断他的主观意图。如果根据这些事实或情况作出判决,则不应提起检控,他有权被判无罪……

被告的确信的合理性或不合理性,对被告是否持有该确信至关重要。如果实际上持有这种确信,就有罪或无罪而言,不合理性无关紧要。"

4-028　主观标准不仅应适用于认定被告是否认识到危险的存在,还应适用于所认知的危险的严重程度

被告认为危险迫在眉睫,这可能是有充分根据的,但他可能高估了危险的严重性。例如,他可能以为自己的生命处于危险之中,从而用刀进行自卫,但实际上对手只是在实施普通的攻击。法律必须尽可能地设置条款,以证明被告的信念内容,并使他从事实中受益。

2008 年《刑事司法和移民法》第 76 条涵盖了以下类型的错误:

"(3)如此一来,被告所用暴力的程度是否合理的问题应参照其认为的情况来决定,第(4)款至第(8)款也适用于决定。

(4)如果被告声称就某种情况的存在而持有某种特定的信念——

(a)该信念的合理性或其他方面与被告是否真正持有该信念有关;但

(b)如裁定被告确实持有该信念,则被告有权就第(3)款对此建立信赖,不论是否——

(i)是错误的;或

(ii)(如果是错误)该认识错误是合理的。

(7)在决定第(3)款所述的问题时,应考虑以下要素(在与案件情况有关的范围内):(a)为合法目的行事的人可能无法权衡必要措施的准确尺度;(b)某人仅出于诚实和本能的目的提供了该人为合法目的所必需
912 的证据,就构成该人为此目的仅采取了合理行动的有力证据。"

---

① (1984) 78 Cr. App. R. 276 at 281-282. *R. v. Yaman* [2012] EWCA Crim. 1075; [2012] Crim. L. R. 896 [CA (Crim Div)]; *Beckford v. The Queen* [1988] A. C. 130; *R. v. Wilson* [2006] EWCA Crim. 1880.

4-029　关于第76(7)款,“被告的目的”如何能够成为他所做的合理行为的证据问题。通常的意见是,在这个概念的各种应用中,什么是合理的问题,应由陪审团独立投票认定,而不是一般意义上的“证据”问题。这样的规定看起来很像是逃避合理性检验而不承认事实的方式。

本款中的合理性只涉及被告认为他有必要使用的损害程度。所以,如果被告杀死无辜的受害人,是因为他不合理地相信该人是自杀式炸弹攻击者,只要被告确实相信受害人是恐怖分子,不合理的错误就会被认为是合理的。人们将根据他所认为的事实来对其加以判断。一旦陪审团接受被告确实相信受害人是恐怖分子的事实,将运用客观标准来确定致命暴力是否是阻止所谓的恐怖分子杀死一火车乘客的合理反应(显然,后者将被认为是适当的回应)。

在“女王诉马丁案”[①]中,上诉法院忽略了上述重要要求,认为如果被告不合理地相信受害人是自杀式炸弹攻击者,就可以使用合理的暴力来对其加以阻止。被告错误的不合理性,不在于威胁的程度,而仅仅在于威胁是否真实。用于防止假想犯罪的暴力只需与假想的威胁程度相称,而不必与实际威胁相称。在这样的错误中,防卫者只是发现所谓的威胁事实上并不存在而已。

相比之下,所谓的防卫者不仅错误地认为受害人要扇他耳光,而且错误地认为杀死受害人以免被扇耳光是合理的。在这里,防卫者的反应将根据他错误地认为存在的威胁来判断。因为他认为存在的唯一威胁就是被打了耳光,他的反应将被陪审团认为是不成比例的。理性的陪审团不会认为为了避免被扇耳光而杀死他人是理性的。因此,使用暴力的合理性将取决于防卫者“认为”构成威胁的伤害程度。

4-030　如果防卫人的自愿迷醉导致其错误地认为自卫是“必要的”呢?

既然“检察长诉马耶维斯基案”判定,因为醉酒(因此也是不合理的)错误地认为自卫存在必要性,无法被用来作为对被认为不是“直接故意”的攻击罪指控的抗辩事由,而这显然与此前的判例截然相反。[②] 采用客观标准很好地说明了通说法律观点所隐含的矛盾。谋杀是“直接故意”的犯罪,在意图杀人的问题上允许考量醉酒的证据;[③]然而,在被告称他 913
认为自己受到了攻击,不得不采取自卫行动时,如果清醒的人不会产生这

---

① [2003] Q. B. 1.

② *Marshall's Case*(1830) 168 E. R. 96; *R. v. Gamlen*(1858) 175 E. R. 639; *R. v. Wardrope*[1960] Crim. L. R. 770.

③ *R. v. Lipman*[1970] 1 Q. B. 152.

种确信,那么同样的证据不构成抗辩。[①] 为什么犯罪成立所必需的主观要素不适用于防卫?如果自愿迷醉的防卫人杀死了误以为要杀死自己的人,如果醉酒无法阻止其形成犯罪所需的"直接故意",那么防卫者将承担谋杀的责任。以前有人认为,做这件事的动机可以是实质性的。当喝醉酒的人基于认识错误实施防卫而杀人时,他认为自己的行为是合法的,即使事实并非如此。由于自愿迷醉使假想防卫者错误地认为自己有杀人的权利,他应该被指控实施了基本故意犯罪。

以"女王诉李普曼案"[②]为例,区分成立要素和防卫要素是没有意义的。李普曼杀了被其误认为是毒蛇的女朋友。虽然李普曼杀人时处于醉酒的恍惚状态,但他确实形成了直接的伤害故意。然而,他只想杀死蛇,而不是人。李普曼之所以能够逃脱谋杀罪的认定,是因为他没有形成杀人的直接故意。如果他误以为女朋友是个正在攻击他的大块头男人而将其杀害,就会因为企图杀害他人而被判谋杀罪。[③] 和哈顿一样,李普曼这样的人也同样该当谴责,但是因为他们的错误涉及犯罪的成立要素,因此只会被判定为基本的故意犯罪,受到相对较轻的惩罚。

4-031 如果某人的精神障碍使他无法判断阻止攻击所需的适当力度,那该怎么办?

有人指出,使用的暴力必须是合理的。拥有和防卫者相同的信息(相信受害人会攻击他)的理性人,会使用致命暴力来阻止普通攻击吗?没人会这么想!精神病患者必须表现得像理性人会做的那样,即使他不可能这样做。[④] 之所以以同龄人的标准来判断理性人,是因为经过深思熟虑,他可以理解该标准,但是精神失常的人在任何情况下都可能无法理解
914 该标准。在这种情况下,某人的精神损伤可能会导致他犯错误,不是非常不合理,所以纯粹的客观测试似乎严重。然而,在极端的情况下,很明显没有理性人会犯同样的错误。精神错乱应该被考虑在内,但是如果错误明显不合理,被告就应被认定为精神错乱。如果行为人疯狂到犯了理性人都不会犯的错误的程度,导致他人付出了生命的代价,对精神病人实施监禁措施,也是适当的。

如此一来,被告应该以精神失常为由进行辩护。在"女王诉奥伊案"(*R. v. Oye*)[⑤]中,戴维斯法官在谈到自卫和精神错乱时表示:

---

① *R. v. Hatton*[2006]1 Cr. App. R. 247;*R. v. O' Connor*[1991]Crim. L. R. 135;*R. v. O' Grady*[1987]Q. B. 995.

② [1970]1 Q. B. 152.

③ *R. v. Hatton*[2006]1 Cr. App. R. 247.

④ *R. v. Martin*[2003]Q. B. 1.

⑤ [2014]1 W. L. R. 3354 at 3364.

“因此可以得出这样的结论,即使信念是基于错误或错觉,但如果是被告的真实想法,仍然可以满足防卫的相关要求。然而,相关法律规定毫无疑问地包含了(其合理性要求)客观方面的考虑。

……

精神错乱的人无法为参照自己的精神错乱而使用的暴力程度设定合理的标准。事实上,在有关挑衅的案件中,谈论理性的‘疯子’毫无意义。”①

第 5 节 偶然防卫

4-032 上面提到的仅仅是防卫必要性的要求或相信必要性存在的要求,但是防卫是否存在这个前提问题,需要进一步加以讨论。换言之,行为人是否能够在不经意的状态下进行自卫?被告向受害人开火,企图谋杀他。被告不知道受害人当时正要杀死自己,而被告的行为,客观意义上被认为是必要的自卫,尽管他并不知情。问题是被告射击受害人(以及随之救了自己的命)的行为是否合法。

换句话说,问题是,为了证明有理由定罪,抗辩的所有客观要素是否必须不存在,正如定义的所有客观要素必须存在一样。这个问题在理论上很有意义,尽管很少出现。② 显然,防卫者无法将自卫作为他杀害或伤害被害人的理由。③ 正当防卫只是承认被告的动机是合法的。法院承认 915
自卫是实施某些罪行的合法抗辩事由。④ 如果某人在正当防卫过程中杀人,就不具备犯罪故意,因为他的行为是合法的。如果某人为了报复而杀人,则是有罪的,因为报复不被认为是杀人的合法理由。

针对紧急避险的这个抗辩事由的根据,也存在同样的问题。假设两名年轻人从伦敦市中心人口稠密区域盗窃了一辆机动车,然后将其开到郊区,沉入湖中。结果后来该机动车发生了爆炸。警方查明,有人在机动车内部放置了爆炸物,用于发动恐怖袭击。也就是说,年轻人实施的盗窃行为,无意间挽救了许多伦敦人的生命。当然,对此并不适用紧急避险,因为年轻人的动机并非为了两害相权取其轻。法官在量刑时或许将其作为酌定情节,但未必一定要加以考量。

---

① *R. v. Oye*[2014]1 W. L. R. 3354 at 3366 per Davis, L. J.

② *R. v. Dadson*(1850)175 E. R. 499. Cf. *United States v. Dynar*[1997]2 S. C. R. 462 at para. 175.

③ See Cf. Paul H. Robinson, *Structure and Function in Criminal Law*, (Oxford: Clarendon Press, 1997) at 100 *et seq*.

④ *Beckford v. The Queen* (1988) A. C. 130 at 144, *per* Lord Griffiths.

第6节 采取暴力预防犯罪及逮捕罪犯

4-033 根据1967年《刑法法》第3条,逮捕罪犯和预防犯罪时使用的暴力合法,这几乎是现代司法实践需要考虑的唯一法源:

"(1)行为人可在预防犯罪的情况下合理地使用暴力,或实施或协助合法逮捕犯罪者或嫌疑犯或非法在逃人员。

(2)上述第(1)款在为本款所述目的使用的暴力被该目的证明合法时,须取代普通法有关该问题的规则。"

在1967年法令颁布之前,警察或个人在多大程度上可以使用暴力来防止轻微犯罪,存在一定争议。[①] 根据该条,警察有无限的权力,但须符合合理性的要求。[②]

理论上,该条款同样适用于私人,但是普通公民使用暴力阻止骑摩托车的人不戴防护头盔,显然是不明智的。例如,他可能会发现没有暴力可以"合理地"用来防止这种罪行。1967年立法并没有规定在必要时总是
916 可以使用适度(非极端)的暴力来预防犯罪,因此公民必须解决两个问题:是否有必要使用暴力,以及如果有必要,何种暴力是合理的。

有人认为,1967年《刑法法》第3条囊括了自卫的法律,或者将其限制以某种方式叠加在防卫上;[③]但没有理由这样做。当某人存在两种抗辩事由(自卫和职务行为;自卫和失去控制)时,在事实上他被允许主张对自己最有利的抗辩事由。的确,第3(2)条规定,第3(1)条取代了普通法以前关于预防犯罪和逮捕罪犯的规则,但自卫的"目的"不同,因此不受影响。

4-034 根据1967年法第3条,其立法目的,无疑是预防犯罪和逮捕罪犯而不是自卫。如果被告根据第3条为了防止犯罪而采取行动,根据该条款的措辞,似乎一定有正在考虑或被认为正在考虑的犯罪。如果被告知道他所针对的人可以为犯罪指控辩护,例如以精神错乱或胁迫为由,该怎么办?假设第3条不适用于这些情况,似乎可以这样做:对精神错乱者或用父亲的左轮手枪武装自己的小孩进行私力防卫(如前所述)。同样,驱逐非法入侵者是自卫,而不是预防犯罪。即使对罪犯行使私力防卫权,有时也可能比预防犯罪和逮捕罪犯的权力更为广泛;特别是,自卫

---

① *Tynan v. Balmer*[1965]3 All E. R. 99, *Despard v. Wilcox*(1910)22 Cox C. C. 258; *Timothy v. Simpson*(1835)149 E. R. 1284.

② *Kelly v. United Kingdom*(1993)16 E. H. R. R. CD20.

③ See J . C. Smith and Brian Hogan, *Criminal Law*, (London: Butterworths, 4th edn. , 1978) at 325.

在保护住所方面更为广泛（见下文的讨论）。当然，被告可以同时依据第3条和自卫，因此可以选择更有利的抗辩事由。

4-035　是否需要担心犯罪将立即实施？

不必。[①] 但是必须立即采取暴力行动。如果需要立即解除正在逃跑的人在其他地方犯罪的武装，则可能需要使用暴力。[②]

4-036　这种关于合理暴力的说法，难道不是为了掩饰没有规则的事实吗？假设有人带走了我的贵重物品，而我正好手边有猎枪，我想知道我是否可以开枪。如果法律只是告诉我，我可以做合理的事情，那将是天方夜谭。

对于上述观点无法完全反驳。关于何时可以使用极端暴力（涉及造成死亡或严重伤害）来预防犯罪的问题，第3条没有给予真正的指导。 917
在该法颁布之前，相关法源规定行为人可以为了防止抢劫、[③]光天化日下的盗窃、[④]夜盗、[⑤]纵火、[⑥]强奸[⑦]或者一般意义上的残暴罪行而杀人[⑧]（不管这是什么意思）。在1967年，这样的规则在政治上是不可能在议会上过关的；最好的办法就是要求议会同意如此模糊，以至于几乎无法算是法律规则的规则。因此，只能接受合理性的检验，而传统法律已被明确废除。对于谋杀或过失杀人的指控（举例来说），陪审团将决定杀人是否合法。

与私力防卫一样，公共防卫的合理性只涉及使用暴力的合理性。防卫者提出了同样的两个问题：

1. 是否有必要使用暴力，或事实上认为有必要使用暴力以防止犯罪？如果必须使用暴力——实际上，辩护方是否认为使用较小程度的暴力就足够了？这是事实问题。

2. 暴力是否与要避免的罪恶相称？这是评价或社会判断的问题。

可以分别称这些问题为事实问题和评价问题，其与适用于自卫的原则相同。

---

① *R. v. Cousins*[1982] Q. B. 526.

② *Farrell v. Secretary of State for Defence*[1980] 1 W. L. R. 172 at 179C-E.

③ See Sir Matthew Hale, *Historia Placitorum Coronae: The History of the Pleas of the Crow*, (London: Printed for E. and R. Nutt, Vol. Ⅰ, 1736) at 481.

④ See George P. Fletcher, *Rethinking Criminal Law*, (Boston, Little, Brown, 1978) at 860-861.

⑤ Hale, *op. cit. supra*, note 82 at 42; *R. v. Dennis*(1905) 68 J. P. 256.

⑥ Id., at 488.

⑦ Id., at 486.

⑧ See Sir William Blackstone, *Commentaries on the laws of England*, (Oxford: Clarendon Press, 6th edn., Vol. Ⅳ, 1778) at 180.

4-037 关于事实问题,假设所使用的暴力实际上并非必要,而是被告错误地认为必要。您的意思是说,如果行为人对必要性的确信是不合理的,就可以根据本条为自己辩护?

是的。法院倾向于认为,合理性问题应根据被告认为的事实来判断,
918 换句话说,他认为有必要使用暴力的观点不需要有合理的理由。[1] 关于这种解释,问题是,如果假定被告事实上认为有必要使用暴力,暴力是否合理?即使被告错误地杀死了无辜的人,如果他事实上认为有必要杀死这个人,如果杀死这个人是阻止被害人犯下他错误地认为将要犯下的罪行的合理反应,那么被告的行为也是合理的。

4-038 正如1879年《刑法典》立法报告所述:

"普通法的重大原则之一是,虽然普通法允许为保护公民的人身、自由和财产而针对非法暴力进行防卫,也允许使用暴力防止犯罪、维护公共和平及将犯罪者绳之以法,但所有这些都受到必须使用强制手段的限制;也就是说,无法以较轻的暴力手段防止意欲预防的伤害;使用暴力造成的伤害或可合理预期造成的伤害与意图防止的伤害或损害不能显失比例。"[2]

根据检方的权威资料,[3]北爱尔兰的士兵射杀了恐怖分子嫌疑人,该嫌疑人在受到盘问时逃跑。但事实上,这个人并不是恐怖分子。北爱尔兰的法官在没有陪审团的情况下开庭,宣布谋杀案的士兵无罪,其中的原因有点令人吃惊,那就是他并没有打算杀死或严重伤害死者。至于上议院,各位法官大人虽然没说不赞成法官对事实的裁定,但也根据1967年法令第3条,从北爱尔兰的立法规定的角度讨论了枪击的合法性。迪普洛克法官表示:

"是否确信,理性人(a)如果知道被告所知道的事实,或者,被告认为,(b)在他可以考虑的情况和时间内存在,(c)都无法认为,如果允许嫌疑人逃脱,就有理由使嫌疑人面临被告所设想使用的那种暴力可能对他
919 造成伤害的危险,从而防止其他人可能遭受伤害的危险。"[4]

迪普洛克法官所接受的减轻,就警察和武装部队而言,为合理信念辩护和为信念辩护在实践中可能几乎没有什么区别,因为完全不合理的信念的指控在大多数情况下都不太可能得到认可。[5]

---

① Section 76(6),(7) of the *Criminal Justice and Immigration Act* 2008.

② C. 2345 at 11.

③ [1977] A. C. 105.

④ *Attorney—General of Northern Ireland's Reference*(*No.* 1 *of* 1975) [1977] A. C. 105.

⑤ Sections 76(3),(4) of the *Criminal Justice and Immigration Act* 2008.

4-039 然而,像“合理”这样模糊的词,完全有可能被暗中差别适用。[①] 仅仅因为某人看起来是可能逃跑并实施了恐怖主义行为的恐怖分子,就开枪打死他,似乎缺乏合理的理由。最合适的做法应该是放他走,再利用情报找到他的下落。无法允许警察因为接受询问者符合标准恐怖分子的特征并逃跑,就将其杀害。[②] 然而,如果警方事实上认为有必要射杀他们认为是自杀式炸弹攻击者的人,而这名攻击者正准备在拥挤的伦敦地铁上引爆炸弹,情况可能就不同了。如果警察认为某人持有炸弹,并准备在拥挤的火车车厢内引爆,就似乎存在抗辩事由,即使他们完全没有理由相信某人是恐怖分子;或者他持有炸弹,因为所使用的武力是合理的。

为了拯救许多无辜者的生命而杀死自杀式炸弹攻击者是合理的。只要陪审团承认,他们实际上不合理地认为被害人是恐怖分子,即将杀害许多人,只要所使用的暴力与假定的威胁相称,就应该有抗辩事由。关于被害人是否是自杀式炸弹攻击者的不合理错误,并不意味着所使用的暴力是不合理的——用于防止所谓侵犯行为的暴力只需与所谓威胁相称而不必与实际威胁相称。当出现这样的错误时,防卫者只是发现所谓的威胁事实上并不存在(不合理的错误可能会带来悲剧性的后果)。

其他评价问题的事例,比北爱尔兰的事例更为明确,可能会有所帮助。一群罢工者试图阻止我沿着通往工厂的高速公路开车。假设他们没有行使和平示威的法定权利,他们在马路上排成一排。在搏斗中我不是他们的对手,但我可以冲破封锁,向他们撞去,冒着杀死其中某人的危险。我的确这样做了,假设我被指控过失杀人并根据第 3 条提出抗辩。关于事实的问题,是否有其他方式可以强制我的通行权,可能有人会争辩称,我应该慢慢地向前开,给罢工者离开的机会;但是那样的话,他们可能会爬上汽车,阻碍我的视线,阻止我继续前进。然而,这个事实问题得到了回答,法律的立场显然是,我在公路上的通行权不够重要,不足以证明我有理由故意杀死障碍物或对他造成严重伤害。法律观点是如此明确,以至于法官可以指示陪审团,他们不必根据第 3 条考虑被告的抗辩。[③] 核心考量不是事实问题,而是评价问题。

除了这些泛泛而谈之外,司法判例很少就什么是预防犯罪的合理办法提供指导。对于公民来说,唯一安全的做法就是不要使用超过限度的

---

① *Kelly v. United Kingdom*(1993)16 E. H. R. R. CD20.

② *Juozaitiene v. Lithuania*(2008)47 E. H. R. R. 55;*McCann v. United Kingdom*(1996)21 E. H. R. R. 97.

③ *Attorney—General of Northern Ireland's Reference*(*No.* 1 *of* 1975)[1977]A. C. 105.

暴力。威胁使用的暴力可能超过合法使用的暴力。[①] 最好不要为了保护财产或经济利益而杀人或造成严重伤害；时代的精神显然与此背道而驰。
920 不要"试一试"，让犯罪继续下去。该过程可能是懦弱的，但法律必须在防卫人的权利和犯罪者的权利之间取得公平的平衡。犯罪者不会仅仅因为选择犯轻微的财产犯罪而冒险丧失（或转让）其生命权或不受严重伤害的权利。你可以制止在你店里偷东西的人，但是如果他逃脱了你的控制并且逃跑了，你就无权从背后开枪打他。你也不应该对他进行残酷的殴打。你保护你的财产的权利无法与他的生命权和肢体权相匹敌。[②] 如果小偷是武装抢劫犯，那么使用致命暴力或极端暴力可能是适当的反应。这取决于抢劫犯用什么武器，以及他进行的威胁的类型。如果他持有猎枪并威胁要杀死银行出纳员，那么使用致命暴力将是适当的反应。

4-040 如果手无寸铁的小偷带着非常贵重的财产逃跑，可能会有困难。这种情况很少发生，因为那些大规模盗窃的人很少手无寸铁，而且通常会使用武器帮助他们逃跑。实际上，法院可能会认为，警方使用致命暴力阻止窃取贵重国宝的团伙逃跑是合理的。然而，这将意味着赋予财产比人的生命更高的价值（许多陪审员可能愿意在特殊情况下这样做）。

4-041 相关立法是否允许对第三方使用暴力？

可以想象，对无辜的第三方使用轻微暴力将被判定为合理和合法。但是，伤害或危害第三方不大可能被认为是合理的，除非这种伤害或危害是为了避免对生命造成更大的危险，因为这个问题实际上已成为紧急避险。当行为人对第三方使用武力时，允许使用相关抗辩的问题是，受武力袭击的人没有犯罪，因此也没有阻止其实施犯罪的问题。毫无疑问，1967 年《刑法法》第 3 条规定的公力防卫可适用于从犯和正犯，甚至还可以用于行为人错误地认为正在协助正犯实施犯罪的第三方，但需要有强有力的证据对此加以证明。然而，第 3 条所设定的抗辩并不证明对无辜的第三方使用武力是正当的。

在"女王诉希金斯案"（*R. v. Hitchens*）中，被告不服被法院以普通殴打罪定罪。被告和后来成为受害人的朋友一起住，但受害人的前男友对此表示反对，曾两次去她们的公寓，并威胁被告。因为情况非常严重，被告两次报警。受害人的前男友过去曾进入过这间公寓，并试图与被告搏
921 斗。在本案中，受害人的前男友再次来到被告公寓，受害人想让他进来，但被告求她不要让他进来，因为她担心受害人的前男友会袭击自己。然而，受害人很想让前男友进来，当她去开门时，被告扇了受害人一耳光。

---

① *R. v. Cousins*[1982]Q. B. 526.

② *R. v. Martin*[2003]Q. B. 1.

被告声称自己使用了合理的武力来阻止犯罪,因为她认为如果与受害人的前男友有机会接触,就会有暴力行为。被告还提出了紧急避险和自卫等抗辩事由。

4-042　格罗斯法官(Gross L. J.)提出:

我们完全同意,法官拒绝将紧急避险抗辩提交陪审团的做法,没有任何错误。英国法律承认紧急避险抗辩,但出于明显的原因,仅在非常有限的情况下才予以承认,否则就是鼓励不法。传统上,避免的伤害结果,性质必须是死亡或重伤。

(问题)是普通法上的自卫和 1967 年《刑法法》第 3 条规定的在预防犯罪中使用武力是否能够扩大到适用于第三方,以防止他人犯罪。如果法官认为这些抗辩不能扩展到针对无辜第三方的武力,对此我们完全反对。尽管现实中能够引起这种辩护的事实很少出现,但可以举出若干适例,如下两个就已足够:

1. 警员把路人捆在路边,以便向其认为将要开枪或引爆爆炸装置的男子开枪。

2. 当甲试图给乙车钥匙让其开车时,丙认为乙不适合在酒后驾车,将钥匙从乙手中打掉并保管。

对于谋杀来说,这个判决在许多方面都是错误的。(1)格罗斯法官错误地认为自卫可以用来对付非攻击者。自卫不能用来对付无辜的第三方,因为他们不是攻击者。防御行动必须针对攻击者,这样才是正当防卫。(2)格罗斯法官在公力防卫中犯了同样的错误,认为 1967 年《刑法法》第 3 条中的抗辩事由可以用来对付没有犯罪或甚至不打算犯罪的人。(3)格罗斯法官混淆了"情境所迫"和紧急避险抗辩,错误地得出结论,认为紧急避险抗辩是一种当威胁的伤害是"死亡或严重伤害"时很少适用的抗辩。紧急避险抗辩,是两害相权取其轻,条件是用来避险的罪行较轻(一般来说,紧急避险是对所有罪行的抗辩,甚至被认为适用于谋杀)。这种抗辩,也是一种正当化抗辩事由,但其理由是,对受害者实施的伤害,是两种邪恶中较轻的一种。自卫权的正当性前提是,杀死或伤害 922
不法攻击者是正确的,而这是挫败攻击者所威胁的不法伤害的适当反应。这是一个正当损害与不法损害的问题,因为防卫者的生命和肢体具有同等价值。400 多年前,普尔顿(Pulton)对此作了很好的总结,他写道,"自卫杀人,是以自杀的方式杀死受害人"。

格罗斯法官给出的两个例子完全属于紧急避险抗辩的范畴。如果有人打落某人手中的汽车钥匙,阻止其协助醉酒的人驾驶,那么这种普通的攻击行为就是两害相权取其轻。如果把钥匙交给醉酒司机的人知道或相信司机喝醉了，那么，就可以根据第3条提出相关抗辩，因为帮助这样的人会违反1861年《教唆与帮助犯法》第4条和第5条的罪行，而且对于自己的行为是否会协助司机犯下相关罪行，是不计后果的。1861年《教唆与帮助犯法》第8条规定，这类人与主犯负有同等责任，因此对他使用武力也是为了防止犯罪。因此，从犯不是无辜的第三方。在第一个例子中，警察袭击受害人是为了防止更大的伤害，这是一个简单的紧急避险的案件。这名警官并不是要阻止无辜的路人犯罪，而是要阻止暴力第三方点燃炸药或使用枪支。

4-043　为挫败严重犯罪者而犯轻罪是否有正当理由？

如果轻微罪行是使用暴力的罪行，则适用第3条的相关规定。该条没有明确授权采取轻微的非强制性措施来预防犯罪。[1]

4-044　警察使用暴力进入私人物业并在其中停留以防止犯罪是否有正当理由？

一般情况下，答案是肯定的，但是困难出现了。在相关法律生效前的“托马斯诉索金斯案”（*Thomas v. Sawkin*）[2]中，有人在私人场所进行公开集会，警方则认为如果他们不在场，有人就会发表煽动性言论，并煽动暴力。虽然被要求离开，但警方为了留下来使用了轻微的暴力，这被认为是警察行使权力根据普通法预防犯罪的正当理由。

作出该决定的理由是，警察有权参加会议，因为会议被宣传为公众集会，而警察是公众人物；但这显然是谬误。普通民众可以被要求离开。其他原因是，既然警察可以使用暴力来防止犯罪，那么他们更可以进入房屋来防止犯罪。当然，该决定不受公民自由主义者的欢迎，而且在1967年《刑法法》之前，其法源仍然令人怀疑；但是，该法现在似乎允许不受限制
923 地使用暴力（合理性除外），因此似乎允许使用暴力进入和停留在私人物业内——不论是否举行公开集会。

更为理所当然的论点是，如果警察能够打开通往私人场所的道路，他们就可以不使用暴力偷偷进入，如果这是防止犯罪所必需的；如果他们进入后，在同样的限制下，他们可以打开保险箱和复制私人文件！但是，正如波洛克法官曾经所言，“争论可以被压制成荒谬的论点，就像泡沫可能会被吹起直到破裂一样”。[3] 在议会通过1967年相关立法时，似乎很不可能仅仅因为警方有理由担心会发表煽动性言论，就允许警方出于促进法律的原因引发某种“水门事件”；或参加极端政治团体的私人会议。因

---

① *Blake v. D. P. P.* [1993] Crim. L. R. 586.

② [1935] 2 K. B. 249.

③ *White v. Bluett* (1853) 23 L. J. Ex. 36.

此,更好的论点是,第3条不允许警察留在房舍内防止犯罪,因为被动进入和留在房舍内并不涉及使用暴力。[①] 尽管如此,警察也许能够在某些有限的情况下留下来,以防止即将发生的破坏和平的事件。[②]

4-045　假设发生了违法行为。关于对不太严重的罪行进行"合法逮捕"时可使用的暴力程度,第3条提供了哪些指导?

在使用暴力实施逮捕时,必须区分抵抗和逃逸的犯罪嫌疑人,即没有暴力抵抗。当嫌疑犯逃跑时,警官使用暴力的正当理由完全依据第3(1)条。黑尔明确指出,警官只有动用"最后手段"时才可以使用致命暴力,而不论需要逮捕的罪犯涉嫌什么罪名。[③] 法律结果是,努力实施逮捕的官员不必后退,而是可以按照通常的规则朝着抵抗而上,针对抵抗进行自卫,只是他显然没有退却的义务。随着斗争激烈程度的加深,如果要避免犯罪者致残,警官就必须对其采取越来越多的极端措施,到了这样的地步,警官开始担心,如果不撤退或使用极端暴力,自己就会死亡或受到严重伤害,如此一来,他可能使用这种暴力。第3条和防卫权以这种方式共同行动的事实表明,防卫权仍然不同于第3条。

这些抽象的原则和那些已经被考虑过的原则是一样的,而且,也没有什么帮助。在该法颁布之前,即使是偷盗的小偷(如果是重罪犯)也可以被射杀,以防止偷窃或者逃跑。[④] 但这从未得到证实;无论如何,第3条 924
废除了此前的普通法。如今,只要是小偷小摸,市民用枪对付逃跑的小偷是不明智的。

在地方法官审理的案件中,被告向试图闯入自己住宅的男性开枪;闯入者摔倒了,被发现是臭名昭著的窃贼,警方已经追捕了这个人足足10年,但被告因非法伤人而被罚款。[⑤] 该款要求使用的暴力必须合理,这似乎意味着受骚扰的警官不仅必须决定他是否有权采取行动以及他使用的暴力是否有必要阻止嫌疑犯的行动,而且还必须在情绪紧张的情况下进行社会价值问题的判断。过去,由于警察没有武器,所以很难作出决定;

---

① Cf. *Blake v. D. P. P.* [1993] Crim. L. R. 586, *Hutchinson v. D. P. P.* (*The Independent*, November 20, 2000).

② *McLeod v. Commissioner of Police of the Metropolis* [1994] 4 All E. R. 553; *Addison v. Chief Constable of the West Midlands* [2004] 1 W. L. R. 29; *R.* (*on the application of Laporte*) *v. Chief Constable of Gloucestershire* [2007] 2 A. C. 105.

③ Hale, *op. cit. supra* note at 82 at 117-118. Cf. Blackstone, *op. cit. supra*, note 87 at 179; Sir Michael Foster, *Crown Law*, (London: Printed by W. Strahan and M. Woodfall, 1776) at 270-271; James Fitzjames Stephen, *A History of The Criminal Law of England*, (London: MacMillan and Co., Vol. Ⅰ, 1883) at 193. *Mackalley's Case* (1611) 77 E. R. 824 at 828; *R v. Simmonds* (1965) 9 W. I. R. 95.

④ *R. v. Dadson* (1850) 175 E. R. 499. *Contra*, *R. v. Murphy* (1839) 1 Craw. & Dix. 20.

⑤ 133 J. P. N. 337, 547.

但是现在,如果要对付武装犯罪分子,警员很可能自己也携带武器。

4-046 在1984年《警察和刑事证据法》第24条中规定了逮捕权。第24条受该法令第117条的管辖,该条规定:

"如果本法规定——

(a)授予警察权力;

(b)没有规定只有经警官以外的人同意才能行使该权力,警官在必要时可以使用合理的暴力行使该权力。"

致命暴力必须是绝对必要的,[1]才能被视为对"最后手段"的回应。[2]致命暴力的使用必须与被害人的生命权相平衡。[3] 在相关判例中,[4]法院认为剥夺嫌疑人的生命不应被视为违反《欧洲保护人权和基本自由公约》第2条规定:[5]

"如果剥夺生命是使用暴力的结果,而使用暴力是绝对必要的:

A. 为保护任何人免遭非法暴力;

B. 为实施合法逮捕或防止被合法拘留的人逃跑;

925 C. 为平息暴乱或起义而采取的合法行动。

使用暴力导致剥夺生命的行为必须证明是'绝对必要的',以满足第2款的立法目的。就公约其他条款而言,必要性检验包括评估对有关权利的干涉是否与所追求的合法目标相称。就第2条和致命暴力的使用而言,副词'绝对'对'必要'概念的限定表明,必须对必要性进行更严格和更有说服力的检验。"

如果罪犯携带致命武器,致命时刻可能很快到来,但对局势的法律分析丝毫不受影响。如果双方都携带枪支,各自的法律地位在理论上也没有不同。如此一来,为了保护自己,如果对方有动手的迹象,警官必须先开枪。如果嫌疑犯被包围并持有武器,警察会说实话,一旦决定,他们会开枪杀人。[6] 法律允许这样做,尽管结果是警察带回来的不是嫌疑犯,而是一具尸体。[7] 警官的职责不仅是逮捕,而且如果他们无法逮捕危险的

---

① *McCann v. United Kingdom*(1996)21 E. H. R. R. 97;*Bennett v. United Kingdom*(2011)52 E. H. R. R. 101 at 106.

② *Stewart v. United Kingdom*(1985)7 E. H. R. R. CD453.

③ *R.(on the application of Bennett)v. HM Coroner for Inner South London*[2006]H. R. L. R. 22;*McCann v. United Kingdom*(1996)21 E. H. R. R. 97.

④ (1996)21 E. H. R. R. 97.

⑤ 4 November 1950,213 U. N. T. S. 222.

⑥ See Peter Kennison and Amanda Loumansky,*Shoot to Kill-Understanding Police use of Force in Combating Suicide Terrorism*,(2007)47(3)Crime,Law and Social Change 151.

⑦ *R.(on the application of Bennett)v. HM Coroner for Inner South London*[2006]H. R. L. R. 22.

罪犯，就要阻止他继续自由行动。致命暴力只能在最特殊的情况下使用。[①] 必须记住，嫌疑犯只是嫌疑犯，而不是已定罪的罪犯。在嫌疑人对其他人构成明显和直接威胁的情况下，例如在人质或自杀炸弹手的情况下，允许使用致命暴力。在这些情况下，使用致命暴力是拯救无辜生命的最后手段。警察必须认识到公众舆论对警察使用枪支是十分敏感的。[②]

4-047　不管嫌疑犯是否与警官相向而行，甚至是从汽车后部向外开火，上述规则都可适用。[③] 由于杀死抵抗的罪犯的权利取决于自卫法和警官进行合法逮捕的权利，[④]因此适用于所有形式的合法逮捕，而不仅仅适用于因严重罪行而进行的逮捕。如果亡命之徒，想要把自己与武器都留在房子里，他可能被故意射杀，如果这是唯一平息歹徒的危险抵抗的方式的话。[⑤] 根据 1861 年《侵害人身权法》第 18 条，以伤害的方式拘捕是犯罪，而且，如果这种犯罪是实施的或者企图实施的，则为对抵抗的罪犯使用暴力提供了额外的理由，即使他的原始罪行不是为了证明除抵抗外使用致命暴力进行逮捕是正当的。一旦对他使用武器，逮捕者可以不理会原先的指控，而以他因企图伤害他人而抗拒逮捕的罪行而被逮捕为由使用暴力。始终牢记，致命暴力只能作为最后手段使用，而且只能在绝 926
对必要的情况下使用。

如果警官担心逃跑的杀人犯或恐怖分子或其他暴力罪犯对自己或他人造成直接危险，就可以认为自己对其射杀是安全的。[⑥] 但如果他只是害怕将来可能发生的危险，或者如果他仅仅是因为过去的谋杀而寻求逮捕，而不是害怕来自该罪犯未来的危险，法律的适用情况就不一样了。似乎同样清楚的是，对于没有使用或威胁使用暴力，而是开着盗窃的劳斯莱斯离开的人，或者对于警察必须日常处理的无数小罪犯之一，警官开枪或以其他方式使用致命暴力是不合理的（如果他无法以其他方式实施逮捕）。规则似乎是，警察依法有权使用致命暴力逮捕对社会公众构成直接威胁的恐怖分子、谋杀犯和其他犯罪人。在其他情况下，警察可以在不造成死亡或严重身体伤害的前提下使用必要的暴力。

---

① *McCann v. United Kingdom*(1996) 21 E. H. R. R. 97.

② See Rhona Smith, *Police, the Public, "Less Lethal Force" and Suspects: Deconstructing the Human Rights Arguments*, (2009) 82(3) Police Journal 194.

③ *Juozaitiene v. Lithuania*(2008) 47 E. H. R. R. 55.

④ *R. (on the application of Bennett) v. HM Coroner for Inner South London*[2006] H. R. L. R. 22.

⑤ *Bubbins v. United*Kingdom(2005) 41 E. H. R. R. 24.

⑥ Lord Diplock's restricted statement in *Attorney—General of Northern Ireland's Reference*(*No.* 1 *of* 1975) [1977] A. C. 105 at 136D.

第7节 针对合法暴力的防卫权

4-048 可以针对警察行使自卫权，因此公民（在理论上）可以对警察使用合理的暴力，以避免被非法逮捕。此时攻击警官的罪名不成立，原因有二：警官不是在执行职务，也不存在所谓攻击。

根据法国的刑法学说，即使警官的行为是非法的，反抗警官的行为也是非法的：公民必须服从，然后在法庭上寻求补救。在英国，正常的自卫权利是存在的，即使被告的唯一目的是避免被逮捕[①]或拘留，[②]即使警察认为他们是在履行职责（见本书第9章第17节），但实际上是在非法妄为。[③] 这样的规则是否讲政治，或者对警察是否公平，可能会受到质疑；但是在实践中，由于有关警察权力的法律规定非常模糊，从而使公民很少
927 可以自由安全地对抗警察。

4-049 能在被警察逮捕后对其使用暴力，以防止他们的非法行为吗？

是的。法院支持在押人员强行拒绝在法定权力之外采集指纹[④]和在没有充分理由的情况下摘除妇女胸罩的做法。[⑤]

4-050 可以对警察使用何种程度的暴力？

关于若干法院的态度，实际的答案是："只有温和到不起作用的暴力。"

在"胸罩案"中，被告拒绝脱下衣服，抓伤女警察的手，并踢后者的膝盖。分区法院在允许攻击执行公务警官的定罪提出上诉的同时，强调被告犯有普通攻击警官罪，因为其使用了超出必要的暴力。这个观点特别奇怪，因为事实上使用的力量是徒劳的。胸罩已经被拿掉了。显然，在法庭看来，唯一的合法力量并不是让警察停止他们非法想做的事情所需要的力量（如果男警官脱掉被告的衣服并企图强奸，被告当然有权使用必要的暴力来阻止这种非法攻击）。同样，如果警官残忍地殴打在公共抗议中被抓的无辜者，当然该人有权以相称的暴力予以回应。

---

① *R. v. Mabel*（1840）173 E. R. 918；*Kenlin v. Gardiner*［1967］2 Q. B. 510；*Wood v. D. P. P.*［2008］EWHC 1056；cf. *Semple v. D. P. P.*［2011］P. T. S. R. 111.

② *R. v. Iqbal*［2011］1 Cr. App. R. 317.

③ See Glanville Williams，*Requisites for a Valid Arrest*，［1954］Crim. L. R. 6 at 8-11；*Townley v. Rushworth*（1963）107 S. J. 1004.

④ *R. v. Jones*（1978）67 Cr. App. R. 166.

⑤ *Lindley v. Rutter*［1981］Q. B. 128；*Brazil v. Chief Constable of Surrey*［1983］1 W. L. R. 1155；*Oscar v. Chief Constable of the Royal Ulster Constabulary*［1992］N. I. 290；*Secretary of State for the Home Department v. GG*［2010］Q. B. 585. Cf. *Johnson v. Phelan*（1995）69 F. 3d 144.

这种关于暴力必要性和合理性问题的声明使自卫权变得愚蠢，荒谬得无以复加；但是相称性问题很难解决。体格强壮的人试图抵抗警官的非法逮捕，除非他对该警官造成某种伤害，否则很可能不会成功；如果他这样做，法官可能会向陪审团建议，对已知身份的警官造成伤害，与非法但暂时剥夺自由所涉及的罪恶不相当。法官甚至可能会撤回被告方提交给陪审团的抗辩事由，理由与已经讨论过的有关预防犯罪的理由相似。如果警察仅仅是为了采集指纹或者取下胸罩，他们能采取的抵抗程度就更轻了。因此，公民可以使用暴力防止警察对其采取非法行动的想法与比例原则之间存在正面冲突。鉴于法律模糊不清，而且可以理解的是，法院不愿意允许人们与警察打斗，因此，对所有人的实际建议是，除非情况特殊，例如警察过度使用暴力，否则不要这样做。反抗者或被动的过路人可能会以这样或那样的方式变得更糟。① 928

4-051　如果您是无辜的，能以自己是无辜的为由拒捕吗？

不一定。大多数与逮捕有关的权力措辞或解释均涉及合理怀疑（第 9 章第 16 节）。如果警官有合理的理由怀疑某人犯罪，逮捕并不因嫌疑人无罪而无效。

4-052　如果您相信逮捕是非法的并拒捕，而逮捕实际上是合法的，该怎么办？

不了解刑法无法成为抗辩事由，为此，逮捕法（以及自卫法）由于明显的政策原因而被视为刑法的一部分。② 因此，某人如果以暴力抗拒合法的逮捕，相信逮捕是非法的，但又未误解事实，即使是根据 1861 年《侵害人身权法》第 18 条的严重罪行，也可以被定罪。

此类规则将不可避免地导致，抗拒警察非法逮捕的权利是自由的宝贵保障的假设变得毫无意义。法律非常复杂，没有聪明人会拒捕，即使怀疑逮捕是否合法，因为谁都无法充分肯定。最安全的抵抗理由是警官没有当场说明逮捕的合法根据。

4-053　但是，如果你有理由认为某人是暴徒，是否就可以对他使用暴力，尽管事实上他是正试图以法定权力实施逮捕的警察？

是的。即使便衣警官试图证明其身份，如果嫌疑人认为该警官声称

---

① *Lindley v. Rutter*[1981]Q. B. 128；*Brazil v. Chief Constable of Surrey*[1983]1 W. L. R. 1155；*Oscar v. Chief Constable of the Royal Ulster Constabulary*[1992]N. I. 290；*Secretary of State for the Home Department v. GG*[2010]Q. B. 585. Cf. *Johnson v. Phelan*(1995)69 F. 3d 144.

② *R. v. Bentley*(1850)Cox C. C. 406；*Agnew v. Jobson*(1877)13 Cox C. C. 625；*The Queen v. Tolson*(1889)23 Q. B. D. 168 at 188；*Gelberg v. Miller*[1961]1 W. L. R. 153；cf. *R. v. Reid*[1973]1 W. L. R. 1283 at 1289；*D. P. P. v. Fountain*[1988]R. T. R. 385；*R. v. Barrett*(1981)72 Cr. App. R. 212；*Hills v. Ellis*[1983]Q. B. 680.

拥有官方身份是借口,他可以使用暴力合法地自卫。[①] 如此一来,双方都可以依法对对方使用暴力。这意味着,如前所述,[②]攻击正在执行职务的警察的犯罪,在攻击要素方面必须具有完全的犯意。[③] 如此一来,被告对警官身份的无知这一事实对他是有利的。

4-054 假设逮捕是合法的,但警官使用了不合理的暴力。被捕者可以抵抗不合理的暴力吗?

理论上可以,以避免受到伤害。我之所以强调"理论上",是因为如果警察和公民之间的证据存在冲突,警察往往会得到信任。因此,如果被告称他是服从逮捕的,但是警官对他进行了打击,他只是为了避免自己被打,而警官否认打击,并主张被告是拒捕,地方法院很可能会相信这名警
929 官,因为地方法院不希望给他贴上撒谎者的标签。在陪审团审判中被宣告无罪的可能性更大(如果有足够多的目击者或者闭路电视录像,情况就不一样了)。

4-055 如果你的朋友被逮捕了,而你认为这次逮捕是非法的,是否可以介入去营救他?

考虑一下以下的推理链条:

1. 保护性强力可用于防止非法伤害和非法拘禁。

2. 可以用于上述事实,因为情况看起来类似于非法拘禁。

3. 可以用来保护第三方,至少可以用来保护自己的孩子。

4. 可能被用来对付警察。

因此,行为人如果认为事实如其所认识的那样,就可以使用保护性暴力,借此防止他的孩子被警察非法拘禁。

该论证的所有前提都得到了相关法源的充分支持,肯定的结论似乎也不可避免。但是上诉法院在"女王诉芬内尔案"(*R. v. Fennell*)中[④]打破了导致结论的两个关键环节,因此使自己能够回避该结论。这个判例可能并不重要,人们的主要兴趣在于该判例显示出某些法官出于现实原因的考量,是如何竭尽全力逃避既定法律原则的真实样态。

芬内尔的儿子在晚上 11 时 15 分因参与街头斗殴被捕,警方花了一段时间才制止了混乱。芬内尔坚持认为自己的儿子是无辜的,他告诉警官,如果儿子不被释放,自己就会不客气。由于警官未置可否,芬内尔动手打了警官的下巴。芬内尔因攻击警员被起诉,他辩称,如果真的有合理

---

① *Kenlin v. Gardiner*[1967]2 Q. B. 510;*R. v. Williams*(1984)78 Cr. App. R. 276.

② 9. 17.

③ Cf. section 89 of the *Police Act* 1996.

④ [1971]1 Q. B. 428.

的理由相信警方对他儿子的拘禁是非法的，自己就有理由使用合理的暴力对其予以释放。这项法律动议被初审法官驳回，并在上诉时被驳回；芬内尔被判有罪。

4-056 可以理解，法官并不喜欢父亲自己动手从警察手中救出儿子的想法，但问题是如何规避判例。上诉法院临时提出了解决方案，首先对伤害和拘留做出区分，对于伤害和拘留等并不需要先前的授权；其次，使攻击警察的罪行成为没有先前授权的无过错责任。威德瑞法官认为：①

"下级法院同意，如果逮捕实际上是非法的，上诉人就有理由使用合理的暴力使其儿子获释。我们还没讨论过这个命题，暂且假定，而不是判定，其是正确的。如果某人诚实且合理地认为子女面临迫在眉睫的伤害危险，如果仅仅因为出现了真正的事实认识错误而被剥夺了使用合理暴力进行防卫的权利，显然是不公正的。另外，如果儿童被警察拘留，而且 930
没有受到迫在眉睫的伤害危险，就不存在需要立即作出决定的紧迫性，强行解救孩子的父亲，必须承担自己制造的风险。"

因此，由于对儿子的拘留是合法的，被告对于案件事实使拘留非法的确信，无法作为抗辩事由。

如前所述，早期的司法判例认为攻击警察的罪行并不完全是无过错责任，而是在攻击的方面需要有犯罪故意。现在，人们却被告知，即使是在攻击案中，如果被告为了释放他人违反警察的规定，也是违反无过错责任的。但是法院显然仍然允许某人对警察使用暴力以保证他自己不被非法拘禁，②而且肯定允许父亲对警察使用暴力以防止他们非法伤害他的孩子。③ 简言之，对以前规则的例外判决，只针对特定案件的事实。

4-057 困扰法院的问题，本可以通过其他推理方式得到解决，而不必背离相关法律根据。芬内尔诚实且合理地认为逮捕是非法的，因此有理由使用暴力的论点含混不清：

1. 如果这意味着芬内尔不知道逮捕的相关规则，那就是他自己的问题。每个人都应该知道逮捕的相关规则，或者至少无法因为不知道而得到好处。

2. 如果这意味着芬内尔相信导致逮捕非法的事实，必须考虑这些事实是什么。警察有权以各种理由进行逮捕。

---

① *R. v. Fennell*[1971]1 Q. B. 428 at 431.

② *R. v. Iqbal*[2011]1 Cr. App. R. 317.

③ *R. v. Williams*(1984)78 Cr. App. R. 276. *R. v. Ball*(1990)90 Cr. App. R. 378. Ignorance of how much force the police are legally allowed to use would be no defence.

根据普通法,警察在场的情况下破坏治安;实施攻击行为造成实际身体伤害(如果警察怀疑他这样做);可处以5年监禁,因此属于可予以逮捕的罪行。

这些逮捕理由当然包括合理的、即使是错误的怀疑。由此得出的结论是,为了证明试图营救的行为是正当的,芬内尔必须相信,警官怀疑儿子犯了这些罪行缺乏合理性,或者没有事实可以使该警官产生合理的怀疑。芬内尔表示,"我知道我的儿子是无辜的",即使事实上是正确的,也无法排除逮捕是合法的可能性。现在几乎不可能相信被告知道或相信警官不知道或不相信引发对其儿子合理怀疑的事实的抗辩事由。这个案子的证据远远不足以让芬内尔建立起如此确信。基于该理由,上诉本可以
931 被驳回。

颁布这样的政策可能是好的,即他人无权使用暴力将其相信在法律范围内行事的人从警察的拘留中解救出来。但是,目前没有这样的立法。原则上,如果逮捕实际上是非法的,或者警察似乎过度使用暴力,就有权营救被捕者。因此,如此一来否认通常的犯意原则的适用是不恰当的。也没有必要对其加以否认,因为其也无法对芬内尔这样的潜在施救者有利。

第8节 土地防卫权

4-058 公民有权使用必要的合理暴力捍卫自己的合法财产。① 他可以使用这种暴力阻止入侵者或驱逐入侵者,重新进入土地(但须遵守第24章第10节所述的规定),以及捍卫和夺回动产(第24章第11节)。出于上述考量,暴力不仅必须对于实现该目的而言是必要和合理的,而且(根据传统司法判例的说法)必须是温和的,也就是说,必须不至于故意或鲁莽地造成死亡或严重身体伤害。② 有法源认为,为了保护自己的住宅可以造成死亡结果(第24章第9节),但鉴于最近对防卫程度相当性的关注,上述法源可能不再具有约束力(在大多数情况下,为了保护住房本身而杀人是极不相称的。防卫家庭成员可以使用不成比例的暴力,但无法使用非常不成比例的暴力)。

---

① *Canadian Pacific Railway v. Gaud*[1949]2 K. B. 239;*R. v. Burns*[2010]1 W. L. R. 2694.

② *R. v. Moir*(1828) Roscoe, Cr. Ev. (16th edn.) cited in J. W. C. Turner, *Russell on Crime*, (London: Steven & Sons, 12th edn., 1964) at 441. *Wild's Case*(1837) 168 E. R. 1132; *Taylor v. Mucklow* (1973) 117 S. J. 792.

在"检察长诉巴耶案"(*D. P. P. v. Baye*)中,[1]布鲁克法官表示:

"1971年《刑事损害法》第5(2)(b)节所载的法定抗辩规定,如果犯下本应被视为刑事损害的行为,可以用'合法理由'进行法定抗辩:'如果他为了保护属于他人的财产,而在被指控构成犯罪的行为发生时,他认为——(一)该财产需要立即得到保护;(二)所采取的保护手段在所有情况下都是合理的。'普通法上的财产防卫有不同的构成要素。如果提出普通法意义上的抗辩,法院应首先追问:被告是否声称他们使用合理的暴力是为了保护财产免遭构成或将构成非法或犯罪行为[2]的实际或即将发生的损害?如果这个问题的答案是否定的,就像在本案中一样,抗辩就不成立。如果答案是'是',法院必须继续考虑被告真诚确信的事实,然后 932
客观地确定,鉴于他们的信念,他们使用的暴力是否在所有情况下都是合理的。"

如此看来,原来认为强力必须是温和的限制已不复存在。现在的规则似乎只是规定为保护财产而使用的强力都是合理的,这意味着陪审团可以一般性地决定暴力是否必要和合理,即是否具备相当性。但是,原则上,如果没有陪审团可以采信的证明行为理性的证据,法官享有保留撤销陪审团审理的权力。

4-059　在强行带走闯入者之前,主人必须要求他离开吗?

暴力必要和合理的要求意味着必须要求侵入者离开(或停止企图进入),并在对其使用暴力之前给予合理的遵守时间,因为否则就不清楚是否有必要使用暴力。主人必须首先要求入侵者离开或停止,这并不是条死板的法律规则(尽管常常被认为是这样):[3]如果入侵者显然决心使用暴力进入,主人可以使用合理的暴力驱逐他,而不必出言警告。

4-060　如果入侵者反击怎么办?

房屋所有者(或在其授权下行事的人)可继续使用必要的合理暴力。似乎很清楚,如果被告能够通过允许侵入者留下来以避免必要性,他为了自己的安全而升级使用极端暴力就是不合理的,也是不必要的。[4]

4-061　如果这个人不是侵入者,只是占领者如此认为呢?

侵占土地和土地所有权的法律属于民法,不属于刑法,对此的认识错误可以作为抗辩事由。因此,如果占领者认为被驱逐的人是侵入者,他就

---

① [2004]1 W. L. R. 2856 at 2864.

② *R. v. Pratt*(1855) 119 E. R. 319; *Taylor v. Jackson*(1898) 78 L. T. 555; *Harrison v. Duke of Rutland*[1893]1 Q. B. 142; *R. v. Jones and Smith*[1976]1 W. L. R. 672. *Giddings v. Director of Public Prosecutions*(*N. S. W.*)(2008) 181 A. Crim. R. 536.

③ David Lanham, *Defence of Property in Criminal Law*, [1966] Crim. L. R. 368 at 372.

④ Cf. *R. v. Faraj*[2007]2 Cr. App. R. 322.

没有犯罪。在“女王诉伯恩斯案”中,[①]被告在民法意义上的错误被忽视了。被告认为自己有权利把妓女从他的汽车里赶出去。上诉法院认为,他没有权利把妓女从车里赶出去,因为他已经答应把该女士送回将其接上车的地方。上诉法院法官表示:[②]

“(1)认识到在当时情况下使用暴力必须始终是合理的,在最后不得已的情况下,当所有合理可行的替代办法均告失败时,可以强行驱逐未经许可进入车辆并拒绝离开车辆的个人。然而,如果该人作为乘客进入汽车,实际上是应汽车所有者的邀请,其依据是他们相互理解,交易完成后,将被用车送回来的地方,在上诉人单方面突发奇想的情况下使用暴力将
933 其驱逐是非法的。

(2)无论如何,在本案的情况下,诉诸自助是没有道理的,因为上诉人可以轻而易举地通过不使用暴力的方式,即仅仅通过将被上诉人送回起点,重新获得其车辆的专属所有权。”

前面提到非法,指的是民事非法性。如果上诉法院认为伯恩斯没有驱逐妓女的民事法律权利是正确的,[③]那么其错误地认为自己有权驱逐妓女,属于民事法律意义上的认识错误。另外,如果占领者错误地认为他有权向侵入者开枪,他确实犯了射击罪,因为限制驱逐侵入者的权力是刑法的一部分。这些限制规则说明,暴力必须是必要和合理的。

第 2 个关于必要性的问题,法官认为没有必要使用暴力是正确的,因为伯恩斯本可以把妓女从他的车里赶出去,把她送回他发现的地方,就像他承诺的那样。后者作为义务并非十分繁重,缺乏将妓女从车里赶出去的必要。

4-062　被侵入者纠缠的财产持有者可否要求警务人员协助?

传统上,警察一般不协助驱逐侵入者,介入所谓的民事问题。然而,有时他们也会这样做:他们可能会代表管理层把捣蛋鬼赶出足球场。2003 年《许可证法》第 143 条规定,当“牌照持有人、特定工作人员要求某人离开持牌场所时,后者需要离开相关场所”。[④] 这为警方节省了时间——如果逮捕罪犯,他们将不得不和这些家伙一道返回警察局。

---

① [2010]1 W. L. R. 2694.

② [2010]1 W. L. R. 2694 at 2698.

③ *Howell v. Jackson*(1834)172 E. R. 1435;*Constantine v. Imperial London Hotels*[1944] K. B. 693;*Sealey v. Tandy*[1902]1 K. B. 296. *Cowell v. Rosehill Racecourse Co. Ltd.* (1937)56 C. L. R. 605;*Heatley v. Tasmanian Racing and Gaming Commission*(1977)137 C. L. R. 487 at 506.

④ *Semple v. D. P. P.* [2011] P. T. S. R. 111. *Porter v. The Commissioner of Police for the Metropolis*(1999)1999 WL 852129(unreported).

4-063　学生可以把非法入侵者从大学教室里或者从他的宿舍里驱逐出去吗？

财产防卫权主要赋予所有人（占用人）。然而，看起来，即使是房产使用人（就像问题中的学生）也可以驱逐擅自闯入的陌生人，[①]尽管他无法驱逐业主或财产所有人允许进入的人。[②] 934

在担心财产受到实际损害的情况下，甚至陌生人也有可能代表财产所有者对抗犯罪者，以保护财产。如后所述，1971年《刑事损害法》允许行为人为保护他人财产而损害财产（为保护邻居的羊而杀死劫掠的狗），[③]而且如果没有充分的理由不允许以同样的理由对人使用暴力。如果狗攻击人类，为了保护人类，也可能被射杀。[④]

由于是在法官制定的法律领域，法官可以继续制定新的规则。一般认为，如果法定机构具有为特定目的进入土地的合法权利，他就可以使用合理必要的暴力驱逐试图阻挠其行动的示威者。[⑤]

4-064　可以限制闯入者的人身自由，直至其供述自己的姓名和住址吗？

答案是否定的。侵占土地通常不是犯罪，土地所有者的补救措施应该是在侵权行为中要求损害赔偿；但是法律没有赋予他查明侵占者身份的权利。该命题在“女王诉博尔案”（*R. v. Bow*）[⑥]中被忽略了。猎场看守人发现博尔和其他人携带猎枪凌晨出现在私人庄园。由于理所当然地怀疑他们偷猎，看守用自己的路虎车阻止他们逃跑，把车横在了车道上面（报告没有具体说明，但推测这条车道是该庄园内的私人道路）。博尔钻进了路虎车，松开了手刹，让其沿着车道驶向可以离开的方向。然后，他和同伴开着自己的车离开了。博尔被判根据1968年《盗窃法》第12（1）条犯有偷运输工具的罪行，上诉审维持原判并认为，博尔的目的是移除阻碍他自己离开的障碍物并不重要。

这种头脑简单的刑法解释方式令人失望。人们原本希望英国法院已经超越了这种初级阶段。法令的通过，并不是为了防止人们移走阻碍行驶的车辆，而这种解释，意味着博尔在本案中犯下了“偷车罪”。此外，还

---

① *Hall v. Davis*（1825）172 E. R. 16；cf. *R. v. Tao*［1977］Q. B. 141.

② *Dean v. Hogg*（1824）131 E. R. 937. *Holmes v. Bagge*（1853）118 E. R. 629.

③ *Wright v. Ramscot*（1666）85 E. R. 93；*Cresswell v. Sirl*［1948］1 K. B. 241. Section 9（1）（a）of *The Animals Act* 1971（a tort statute）.

④ *Morris v. Nugent*（1836）173 E. R. 252.

⑤ *R. v. Chief Constable of Devon and Cornwall Ex p. Central Electricity Generating Board*［1981］3 W. L. R. 967 at 975E，977F，982G.

⑥ ［1977］R. T. R. 6.

有罪行的默示例外的问题。所有这类立法的初步证据都应当被理解为受一般法律的制约,允许被告主张免责事由,仅仅基于"动机无关紧要"而维持定罪是不够的。如果动机合法,则可以被用来作为实质性的抗辩事由。猎场看守人可能根据1831年《狩猎法》(the *Game Act* 1831)第31条
935 逮捕了这些人,而阻碍行车道的行为在逮捕过程中也是合法的;但他没有明示他是在实施逮捕。既然如此,人们可能会认为他在法律上没有权力阻止他们开车离开。也许博尔应该在自己动手之前要求猎场看守移动路虎,但是由于猎场看守显然决定不这样做,博尔没有提出这个要求不足以成为判定他有罪的理由。博尔移动这辆车的必要性决定了移动的合法性。撇开纯粹的偏见不谈,这是简单的判例:甲把车开到地方,然后把车留在那里,唯一的目的就是阻止乙离开。认为乙为了逃跑而移动车辆构成犯罪,显然令人震惊。即使法院未能为博尔的行为找到正当理由,也存在免责问题:此前的法源明确规定,对于合法性的确信可以被用来作为抗辩事由。

4-065 人们可以设置诸如捕人陷阱之类的静态阻止装置吗?

法令特别禁止以前设置弹簧枪或陷阱来伤害入侵者的做法,唯一的例外,就是将其设置在日落和日出之间时间段的住宅。[①] 因此,一般的答案是,陷阱是非法的。即使法令中没有提到的陷阱也是非法的。例如,如果店主设置电网来电死入侵者,并且有人被杀死,这就是过失杀人。[②]

4-066 但是例外情况呢?夜间在住宅里设置陷阱合法吗?

没有明确授权行为人于夜间在住宅内安装可怕的装置,相关条款只是规定,其内容不得使这种行为成为非法。如果在夜间将这样的装置安放在住宅中,导致入侵者死亡,是否犯有过失杀人罪,或者,如果导致入侵者严重受伤,是否犯有1861年《侵害人身权法》第18条规定的故意伤害罪,同样存疑。同样地,该等人士可能根据第20条被认定为构成恶意伤人,或根据第47条[③]被定罪为攻击致实际身体伤害。非法电击他人是管理有害物品的犯罪行为,[④]所以电击器具可能会导致这方面的责任。

在该领域,法律完全可能与公众舆论发生冲突。公众不会同情那些因为为小偷设下可怕陷阱而受到惩罚的土地所有者。但是,如果被反复
936 夜盗所困扰的人在自己的房子里安装了爆炸装置,并且对此事给予充分

---

① Section 31 of the *Offences against the Person Act* 1861. Glanville Williams, *Demanding Name and Address*, (1950) 66 L. Q. R. 465.

② *R. v. Pratt*(*The Times*, 9 October 1976).

③ *R. v. Cockburn*[2008] Q. B. 882.

④ *R. v. Donald*(*The Times*, 1955).

的注意,那该怎么办呢?(在法国,某个小偷被失主杀害,他的同伴因此类装置失去了1只眼睛,事后爆发了有数千人签名的请愿,抗议对财产所有者的有罪起诉。)[1]

4-067　敷设钉子和豢养恶犬呢?

可以认为,普通法的规则是,墙上的钉子或破碎玻璃之类的东西不太可能造成严重伤害,如果该装置是固定的,在白天可见,而且在其他情况下使用是合理的,这些东西作为阻止入侵的装置是合法的。[2] 为了保护财产养狗自然理所应当,[3]但是训练恶犬不合理地守护主人的利益(咬住入侵者的喉咙)就是不合法的。根据与其相关的原则,狗的主人会犯下常见的罪行(如过失杀人)。此外,法例也有特别条文规定看守犬必须受到完全管制[4](私人住宅或农户的看门狗除外)。

第9节　住宅防卫权

4-068　在保护公民住所免于不受欢迎者的不法入侵方面,法律总是特别宽容。必要时,甚至可以杀人,因为"对住宅所有人来说,房子就是最后的城堡和堡垒"。[5] 上诉法院在"女王诉赫希案"(*R. v. Hussey*)[6]中重申了该传统规则。当时,引人注目的是,该规则被认为赋予了承租人 937
射杀对他发出退房通知的出租人(他的女房东)的权利,而该通知恰好是无效的。[7] 女房东显然认为通知是有效的,因此(房客一定知道)认为有合法的权利进入房屋驱逐房客。赫希无须害怕死亡或受伤,他只是面临着被驱逐的命运。射击权本应延伸到这种情况,这种观点有些不同寻常。"女王诉赫希案"的裁决受到了批评,但如果坚持遵循判例原则,该判例

---

① *The Times*, 27 April 1978. Michael Jefferson, *House—holders and the Use of Force against Intruders*, (2005) 69 J. Crim. L. 405 at 407.

② *R. v. Cockburn*[2008] Q. B. 882.

③ Section 5(3)(b) of the *Animals Act* 1971. *Cummings v. Grainger*[1976] Q. B. 397.

④ Section 1 of the *Guard Dogs Act* 1975. Cf. *Hobson v. Gledhill*[1978] 1 W. L. R. 215; *Kelly v. D. P. P.* [2008] EWHC 597(Admin).

⑤ *Semayne's Case*(1604) 77 E. R. 194 at 195. Henry Bracton, *On the Laws and Customs of England*, (Cambridge MA: Belknap Press of Harvard University Press, translated by Samuel E. Thorne, 1968) at 372. *Cooper's Case*(1639) 79 E. R. 1069; *Cook's Case*(1639) 79 E. R. 1063. Michael Foster, *Crown Law*, (London: Printed by W. Strahan and M. Woodfall, 1776) at 298. Catherine L. Carpenter, *of the Enemy within, the Castle Doctrine, and Self—Defence*, (2003) 86 Marq. L. Rev. 653; Christine Catalfamo, *Stand Your Ground: Florida's Castle Doctrine for the Twenty—First Century*, (2007) 4 Rutgers J. L. & Pub. Pol'y 504.

⑥ (1925) 18 Cr. App. R. 160.

⑦ *Williams v. State*, 41 So. 992(1906).

就代表了法律。在司法实践中,该判例似乎并不会得到遵守,因为法院现在要求在涉及住宅侵入的问题上,防卫的程度必须合理。“房主必须真诚确信,他需要(使用暴力),而且必须以合理的方式这样做。”①

这个要求很重要:考虑到现代法院的法官为了迎合自己的意见而改写法律的前车之鉴,没有人会被建议按照遵循“女王诉赫希案”的假设行事。僭越之前法律的做法,还可以从生命权法理学中找到进一步的支持。② 只要存在必要性,使用致命暴力的目的旨在防止入侵者严重伤害住户,这种做法就不会违反比例原则。③“使用致命暴力保护住所的理论不是为了保护住所本身,而是为了保护住所内的个人。”④

在爱尔兰刑事上诉法院审理的“检察长诉巴恩斯案”(*D. P. P. v. Barnes*)的判决中,⑤哈德曼法官表示:

“在爱尔兰没有这方面的其他明确授权的情况下,本法院希望明确指出,即便普通法允许户主仅仅因为入侵者是窃贼,无论其他情况如何,就可将其杀死,那么现在,在本司法管辖区内都不再允许继续这样做。至少在过去的70年间,司法观点一直如此。可以列举许多社会和历史原因来支持该结论,但实际上没有必要对其加以列举。《爱尔兰宪法》第40.3.1条规定:‘国家在其法律中保证尊重并尽可能通过其法律捍卫和维护公民的个人权利。’根据这些规定,某人无法仅仅因为意图偷窃非法入侵他人住宅而丧失生命,这似乎是基本的命题。尽管国家本身不会因为这样做而剥夺他的生命,但认为普通公民无论多么愤怒,都可以仅仅因为他是
938 盗贼而故意杀死他,这是荒谬的。”

4-069　如今,除了认为自己有某种权利这样做的人之外,几乎没有人被逐出住宅,而且公共政策非常清楚地表明,房屋所有者无权利对驱逐者使用极端暴力,即使驱逐是非法的。然而,在现代,窃贼被居民当场抓获的情况并不少见。废除射杀窃贼的权利,并不会影响所有者担心窃贼意图伤害或杀害他而开枪的权利。然而,这样的房屋所有者没有权利从

---

① *R. v. Faraj*[2007]2 Cr. App. R. 322 at 328.

② *Bennett v. United Kingdom*(2011)52 E. H. R. R. 101.

③ Section 5A of the *Criminal Justice and Immigration Act* 2008.

④ *People v. Morris*,516 N. E. 2d 412(1987). *People v. Eckert*,919 P. 2d 962(1996);*Falco v. State*,407 So. 2d 203(1981);*People v. McNeese*,892 P. 2d 304(1995);*Crawford v. State*,190 A. 2d 538(1963);*Lester v. State*,862 So. 2d 582(2004);*State v. Lyons*,459 S. E. 2d 770(1995);*State v. Pellegrino*,577 N. W. 2d 590(1998);*People v. Sizemore*,69 Mich. App. 672(1976). *State v. Marshall*,414 S. E. 2d 95(1992). *State v. Brookshire*,353 S. W. 2d 681(1962);*State v. Ivicsics*,604 S. W. 2d 773(1980);*State v. Bottenfield*,692 S. W. 2d 447(1985).

⑤ [2007]3 I. R. 130 at 146-147.

背后射杀逃跑的窃贼。[1] 如果没有试图通过威胁窃贼并要求他离开房屋来缓和局势，他也不可能射杀窃贼。如果窃贼使用暴力，就可以适用一般意义上的自卫规则。

法院可能认为，只有当被告采取行动保护自己或其家人免受人身伤害时，致命或极端暴力才不会严重违反比例原则。正常的私人和公共防卫规则可能会得到适用。法院将要求为保护住宅而使用的暴力必须是必要的，而不是极不相当的。但是，法院可能会认为，在自己的住所中面对入侵者的房主，即使可以轻易逃离，仍有权坚守阵地。要求某人逃离自己的家会给他的自由带来不必要的负担。因此，如果某人坚持不离开家，使用的暴力与阻止入侵者的攻击并没有严重不成比例，应该能够依靠自卫或第 3 条实施防卫。暴力是否"必要"无关紧要——即便防卫者本可以轻易逃离自己的家，从而避免冲突，但其有权不这样做。

4-070　假设防卫者看到携带凶器的窃贼正在接近他的房子；假设防卫者也可以很容易地从后窗逃脱，并通过他的移动电话报警，但决定留下来保卫他的财产；如果防卫者最终与入侵者发生了斗争并为了救自己的命而杀死了他，是否可以成立自卫？

防卫者的致命暴力似乎是必要的和适当的，只这是"没有必要"，因为他本可以逃出自己的住所，从而避免为自己辩护。[2] 但防卫者坚持自己有权拒不退却，因此认为有必要采取行动挽救自己的生命。美国联邦最高法院大法官卡多佐表示："没有人需要承担跑到荒郊野外以躲避闯入自己家中的歹徒的义务。"[3]在自己家中受到攻击的人不一定要逃跑的主张，是对防卫仅限于必要行为的一般规则的限定。其他条件是，某人有权拒绝非法的要求。如果受害人对被告说，"如果不照我说的做，我就杀 939
了你"，被告显然有权拒绝服从命令，并抵抗受害人随后对他的攻击，即使他本可以通过服从命令避免自卫的必要性。

当房屋占有者（特别是在夜间）面对可能对其本人或其家人造成严重伤害的不明入侵者时，他很容易被理解为害怕受到伤害，并且很可能被认为有理由以必要和相称的暴力进行抵抗，即使是在使用致命武器的程度上。然而，对于聚会上的不速之客，最多只能使用合理的暴力。侵入者在住宅内这个事实本身无法成为过分伤害的正当理由。

---

① *R. v. Martin*[2003] Q. B. 1; *People v. Torres*, 645 N. E. 2d 1018(1995).

② *R. v. Frankum*(*The Times*, 11 May 1972) where Cusack J.

③ *People v. Tomlins*, 213 N. Y. 240(1914). *People v. Jones*, 788 N. Y. S. 2d 651(2004). *D. P. P. v. Barnes*[2007] 3 I. R. 130 at 150.

第10节 土地重新进入权

4-071 普通法的一般原则是,行为人在行使对于特定土地(包括建筑物)的重新进入权时,可以适度使用暴力。但是,1977 年《刑法法》第 6(2)条对该原则作了限定,将犯罪成立范围扩大到相关房舍的合法权利人。因此,法律禁止工厂主使用暴力驱逐静坐的工人。这种罪行不适用于那些非基于所有或占有房地的利益或权利而享有进入权的人(因此不影响警察拥有的进入权),也不适用于流离失所的房屋居住占用人。[①] 这意味着,被错误地驱逐出其住所(从其居住的房屋、公寓、房间、旅行车等)的人仍然可以行使其重新进入住所的权利,程度与普通法相同;但房东无法在租赁期结束时使用暴力驱逐房客,除非房东希望自己入住该房屋。[②]

如此一来,结果便是,流离失所的居住者[③]和其代理人在必要的情况下可以使用合理暴力确保自己重新进入相关土地。[④] 即使其已经认识到
940 存在认识错误的持有人正在行权,进入者依然可以主张自己的权利。[⑤] 反过来,持有人可能有权对他认为自己有权拥有的财产进行防卫;[⑥]因此,双方可以相互殴打,同时任何一方都无须承担刑事责任。

第11节 动产防卫权

4-072 可以使用必要的合理暴力,以防止财产遭到不法侵害,或防止其被非法剥夺。[⑦] 如果攻击者的行为基于诚实确信(在主张权利的情况下),防卫行为当然要强调必须适度。如果攻击者是潜在的强盗,根据 1967 年《刑法法》第 3 条,如果在当时情况下是合理的,防卫者就可以对其使用极端暴力。

---

① Sections 6(1A) and 12(3) of the *Criminal Act* 1977.

② *R. v. Davidson—Acres*[1980] Crim. L. R. 50; *Haniff v. Robinson*[1993] Q. B. 419. In *Secretary of State for the Environment, Food and Rural Affairs v. Meier*[2009] 1 W. L. R. 2780 at 2788-2789. *Hemmings v. Stoke Poges Golf Club Ltd.* [1920] 1 K. B. 720.

③ Section 6 of the *Criminal Law Act* 1977.

④ *McPhail v. Persons, Names Unknown*[1973] Ch. 447 at 456.

⑤ *Blades v. Higgs*(1865) 144 E. R. 1087; *R. v. Hussey*(1925) 18 Cr. App. R. 160.

⑥ Glanville Williams, *Criminal Law: The General Part*, (London: Stevens & Sons, 2nd edn., 1961) at § 115 at note20.

⑦ *Green v. Goddard*(1704) 91 E. R. 540; *Russell v. State*, 219 Ala. 567(1929).

在“布雷德诉希金斯案”(*Blades v. Higgs*)①中,上议院接受了不合时宜的提议,即货物所有者可以使用暴力从对于财产所有权存在认识错误的持有者那里收回货物,尽管持有者已经为货物支付了对价。新南威尔士州最高法院采用了更为文明的原则,即强制收回只能用于对付通过非法侵占获得财产的人;②如果要迫使善意购买者(或恶意受赠人)放弃货物,则必须对其提起诉讼。③

第12节 减少妨害

4-073 其他形式的自助是减少妨害,如公民在公路上清除障碍物。这种权利甚至可以扩展至妨碍私人通行权的私人妨害行为。④ 想必人们有权对蓄意阻碍公路或其他交通方式的人使用合理的暴力。⑤ 丹宁法官进一步扩展了该定律: 941

“行为人如被阻止进行合法活动,均有权自助,以防止非法阻挠。”⑥

这种观点虽然超越了刑事政策,但却十分必要,可以进一步加以发展完善。在特殊情况下,减少妨害的法律规定,也许可以通过紧急避险等法定事由加以补充。 942

---

① (1865)144 E. R. 1087. *R. v. Milton*(1827)173 E. R. 1097;*Abbott v. New South Wales Mont de Piete Company*(1904)4 SR(NSW)336;*Janson v. Brown*(1807)170 E. R. 869.

② Cf. *Toyota Finance Australia Ltd. v. Dennis*[2002] N. S. W. C. A. 369, where Sheller J. A., Meagher J. A. *R. v. Mitchell*[2004] R. T. R. 14.

③ *Devoe v. Long*[1951]1 D. L. R. 203;*J. J. Riverside Manufacturing Ltd. v. E. J. W. Development Co.* [1981]5 W. W. R. 607.

④ *R. v. Rimmington*[2006]1 A. C. 459.

⑤ *Beatty v. Gillbanks*(1881-82)9 Q. B. D. 308.

⑥ *R. v. Chief Constable of Devon and Cornwall Ex p. Central Electricity Generating Board*[1982] Q. B. 458 at 470.

943

第5章 失去控制

理性只有在情感和冲动失去动力后才能控制个人。

卡尔顿·西蒙(Carlton Simon)

或者,无知是可以克服的,这种无知不可作为免责事由;还有无知是无法被征服的,这种无知可以解释为是天性使然,也可以解释为过度的激情或疾病,如愤怒所致。①

安德鲁·霍恩(Andrew Horne)

"激情也可能导致深思熟虑被扭曲,通常情况下,偏执也是如此。"在"无自制力"这个笼统的标题下,问题的讨论经常十分含糊,在其最典型的事例中:行为人深思熟虑,坚定不移地得出实际的结论,然后又非故意地做了若干与此完全不同的事情。②

伯纳德·威廉姆斯(Bernard Williams)

---

① Andrew Horne, *The Booke Called*, *The Mirrour of Justices*, (London: Matthew Walbancke, 1646) at 198. The *Mirrour of Justices* was first published in 1328 in old French: the original manuscript is in the Parker Library, Corpus Christi College, Cambridge (manuscript identifier CCCC MS 258).

② See Bernard Williams, *Voluntary Acts and Responsible Agents*, (1990) 10 Oxford J. Legal Stud. 1 at 2. [Emphasis in original.]

第1节 抗辩的范围和理由

5-001 根据传统的"挑衅"(provocation)理论,[①]被告在受挑衅的影响下实施了谋杀,这种谋杀仅仅被认为属于过失杀人。传统的"挑衅"[②] 944
抗辩,现在已经被命名为"失控"(loss of control)[③]的全新部分抗辩事由取代。2009年《验尸官和司法法》第56(7)条规定:"行为人如果提出失控的部分抗辩事由,就会被判定为过失杀人,否则就是故意杀人。"

2009年《验尸官和司法法》修改了法律,这在很大程度上是法律委员会建议的结果[④](本章的所有引用,除非有相反的表述或明确的默示,否则都适用该法)。如果抗辩成立,杀人行为将被视为自愿实施的过失杀人罪。因为凶手意图杀人或造成严重的身体伤害,因此这是故意杀人罪。其杀人行为是自主的和故意的。只有在确定了谋杀罪行的所有构成要件后,才能考虑适用部分抗辩的问题。

5-002 这听起来像是非常宽容的抗辩。在某种程度上免责被挑衅的凶手的理由是什么?

立法者认为,被激怒或极度恐惧的行为人可能非常脆弱,无法对其杀人决定进行反思。被激怒的行为人知道其正在杀害他人,打算杀死他人,并知道正在犯下非常严重的罪行,但有观点认为,严重的情绪困扰会使被挑衅者无法仔细思考自己的杀人选择。相关观点是,适当的思考和深思熟虑不至于让人失去控制,而从事后角度来看,本来不应做出杀人的决定。事后来看决定不杀人的行为人不像事后来看仍然决定杀人的行为人那样危险。尽管如此,一受到挑衅就容易失控的人对社会构成更大的危

---

① See Harold A. Snelling, *Manslaughter Upon Provocation*, (1958) 31 Australian L. J. 790; Glanville Williams, *Provocation and the Reasonable Man*, [1954] Crim. L. R. 740; James Fitzjames Stephen, *A History of the Criminal Law of England*, (London: Macmillan, 1883) Vol. Ⅲ, 63 *et seq.* Edward Coke, *The Institutes of the Laws of England: Third Part*, (London: W. Lee, 1648) at 55, Cok. Dennis J. Baker, *Reinterpreting Complicity and Facilitation Offences*, (2015) at Chapter 3; William Lambarde, *Eirenarcha*, (London: Printed by Ralph Newbery, 1588) at 239.

② Glanville Williams, *Textbook of Criminal Law*, (Stevens & Sons, 1983) at 524 *et seq.* Michael Foster, *Crown Law*, (London: Printed by W. Strahan and M. Woodfall, 1776) at 256; J. Ll. J. Edwards, *The Doctrine of Provocation*, (1953) 69 L. Q. Rev. 547; *Watts v. Brains* (1599) Cro. Eliz. 778; *R. v. Mawgridge* (1706) Kel. 119. Joshua Dressler, *Rethinking Heat of Passion: A Defence in Search of a Rationale*, (1982) 73(2) J. Crim. L. & Criminology 421.

③ Section 56 of the *Coroners and Justice Act* 2009.

④ Law Commission, *Partial Defences to Murder* (London: H. M. S. O, Law Com. No. 290, 2004); Law Commission, *Murder, Manslaughter and Infanticide* (London: H. M. S. O., Law Com. No. 304, 2006).

险,因此不应该被免责,对此不乏争议。在传统判例中,廷德尔法官(Tindal,C. J.)将这个抗辩的根据叙述如下:

"尚待考虑的主要问题是……犯人是否在因受到挑衅……极其伤心以至于一时还无法被认为是自己理性的主宰的情况下,对他人施加了致命伤害;如此一来,出于对人类弱点的同情,法律将只把这种罪行视为过失杀人罪:或者,在造成致命伤害之前,犯人是否有时间变得冷静,是否有时间让理智归位;如此一来,犯罪就等于蓄意谋杀。"①

行为人在因愤怒或极度恐惧而情绪极度不安的情况下杀人,并不像行为人在冷静状态下杀人那样应受谴责。由愤怒或恐惧引起的缺乏仔细思考和深思熟虑与被告的失控有一定的因果关系。因此,对遭受客观刺激的被告加以免责的理由是,这种刺激阻碍了理性,削弱了行为人的意志力。② 行为人想要杀人,也知道杀人是错误的,但愤怒或恐惧使其无法自
945 由做出选择。③ 在激情的喧哗中,听不见理性的声音。④ "对这样的被告来说,失控'涉及'情绪状态……这种程度会使普通人冲动行事而不加思考。"⑤从概念上讲,部分抗辩似乎是建立在类似于为胁迫抗辩的道德非强制性基础上。辩护方没有坚称被告无意杀害或造成严重的身体伤害;也没有坚称被告的杀人行为是身体上的非自愿行为,就像被当作一架机器人来操作一样。⑥ 相反,被告基于杀人行为或造成严重的身体伤害是故意和自主的,但不是完全自愿的,因为其"意志"被削弱了,而援引该抗辩事由。⑦ 经过考虑,被告可能会后悔一时冲动行事。关于胁迫所涉及的道德上的非自愿,莫里斯法官表示:"在平静的法庭中,当人们无法合理地期待即使是意志坚定和处理得当的人也能做出合理决定的时候,当然不会要求他们采取刚毅或英勇的行动。"⑧

5-003 客观的挑衅不涉及被告被迫实施谋杀,但这是强大的诱因。

---

① *R. v. Hayward*(1833)6 Car. & P. 157 at 159.

② *State v. Hannon*(2005)703 N. W. 2d 498 at 510 *per* Anderson, J.

③ See Patricia Greenspan, *Unfreedom and Responsibility*, in Ferdinand Schoeman (ed.), *Responsibility, Character and the Emotions*, (Cambridge: Cambridge University Press, 1987) at 63-80. David Wiggins, *Weakness of Will Commensurability, and the Objects of Deliberation and Desire*, (1979) 79 *Proceedings of the Aristotelian Society* 251; John Bigelow *et al.*, *Temptation and The Will*, (1990) 27 (1) American Philosophical Quarterly 39. Ian P. Farrell and Justice E. Marceau, *Taking Voluntariness Seriously*, (2013) 54 B. C. L. Rev. 1545.

④ *The Case of Richard Curtis*(1746)168 E. R. 67 at 68.

⑤ *State v. Engelhardt*(2005)119 P. 3d 1148 at 1166.

⑥ *People v. Wu*(1991)286 Cal. Rptr. 868 at 879.

⑦ *R. v. Ruzic*(2001)153 C. C. C. (3d)1 at para. 39 *per* Lebel J.

⑧ *D. P. P. for Northern Ireland v. Lynch* [1975] A. C. 653 at 670. Cf. Ronald L. Berger, *Provocation and the Involuntary Act*, (1966) 12 McGill L. J. 202.

当这种刺激与被激怒的行为人的极度愤怒或恐惧相结合时,就足以使其思考能力减弱。尽管如此,没有科学能够证明,愤怒或恐惧会降低行为人的反思能力,从而为极端失控提供免责根据,[①]尽管很明显,客观的挑衅会刺激被激怒的杀人者。这给了他们杀人的理由。 946

许多故意杀人是出于愤怒或争吵,出于嫉妒或报复。涉及的核心情绪是愤怒和恐惧。愤怒[②]显然属于"失去控制"的范畴,但恐惧似乎属于自卫或胁迫的范畴。在极少数情况下,恐惧可能会导致行为人失去控制。[③] 例如,患有"被殴妇女综合征"[④]的妇女因为害怕面临进一步的殴打,可能会失去控制。[⑤] 新的部分抗辩比传统的挑衅抗辩更关注恐惧。"愤怒"导致的失控为被告提供了部分的免责根据,因为如果愤怒没有阻止行为人正确地思考自己的杀人选择,其可能就不会像现在这样行事。"恐惧"导致的失控可能会为被告提供同样的理由,但也可能提供正当化事由。[⑥] 某种程度上,被殴打的妇女有必要杀人以防止自己被杀或受重伤,具有合理性。

5-004 当被告真的想要杀人的时候,失去控制可以成为部分抗辩事由吗?

有时人们认为不是。[⑦] 但法律现在明确了,答案是肯定的。[⑧] 因此,出发点是确定被告是有意杀死被害人,还是由于故意对被害人造成严重的身体伤害而将其杀害。不从该前提出发,就会把失控视为特殊的过失杀人罪,而不是将其视为部分抗辩事由。在确定被告犯了特定罪行后,抗辩才适用。有时人们认为,当免责事由否定了被告的犯罪故意时,犯罪与 947

---

① See Eric Y. Drogin and Ryan Martin, *Extreme Emotional Disturbance (EED), Heat of Passion, and Provocation: A Jurisprudent Science Perspective*, (2008) 36 J. Psychiatry & L. 133.

② See James R. Averill, *Anger and Aggression: An Essay on Emotion*, (New York: Springer—Verlag, 2013) at 104 *et passim*.

③ *R. v. Jewell* [2014] EWCA Crim. 414. *Williams v. State* (1996) 675 So. 2d 537; *People v. Otwell* (1967) 61 Cal. Rptr. 427.

④ *People v. Powell* (1980) 102 Misc. 2d 775.

⑤ See Elizabeth Sheehy *et al.*, *Defences to Homicide Battered Women: A Comparative Analysis of Laws in Australia, Canada and New Zealand*, (2012) 34 Sydney L. Rev. 467.

⑥ *People v. Powell* (1980) 102 Misc. 2d 775 at 782.

⑦ *Holmes v. D. P. P.* [1946] A. C. 588 at 598 *per* Viscount Simon L. C. *Eizember v. State* (2007) 164 P. 3d 208 at 236 *per* Limpkin, P. J. Similarly, *United States v. Witt* (2014) 73 M. J. 738 at 764.

⑧ *R. v. Martindale* [1966] 1 W. L. R. 1564; *Attorney General of Ceylon v. Perera* [1953] A. C. 200 at 205-206; *Lee Chun Chuen v. The Queen* [1963] A. C. 220; *R. v. Ellis* [2003] EWCA Crim. 3556.

抗辩之间存在若干重叠,但这种理论在概念上是有缺陷的。[①]

5-005 我看不出有什么理由要这样抗辩。只是为激情故意杀人找借口。如果无法否定故意(即使是醉酒,也必须否定被告的直接故意,被告才能被判较轻的基本故意犯罪),[②]为什么不废除这种抗辩呢?

这是典型的时代错误,还要追溯到17世纪。该抗辩应该被废除,但不幸的是,其死而不僵。[③] 绝大多数判例表明,引起被告精神状态的失常,不足以构成部分抗辩,因为他们在杀人的那一刻就打算杀人,而且希望被害人当场被杀。在大多数情况下,被客观激怒的被告打算并渴望在杀人的那一刻复仇。然而,这些案件表明,被告完全知道在杀人时犯下了严重的谋杀罪行。可以认为,杀死他人的决定异常重大,以至于会增强行为人的注意力和反思,足以弥补因愤怒和(或)恐惧而产生的精神波动。行为人作出的决定越重大,就越能深思熟虑。行为人在愤怒或恐惧的状态下可能不会在砸碎他人的智能手机前进行过多的反思,但会在实施谋杀前进行强烈的反思(即使这种反思是在几分钟或几秒钟内进行的)。

决定的后果越严重,约束的影响越大。在生活中,有些方面几乎毫无
948 规矩可言,但通常情况下,作出重大决定时,人们通常都会仔细考虑,并更严格地自律。行为人可能会一时冲动去买手袋,但不会一时冲动去买房子。因此,人们怀疑愤怒和恐惧是否足以推翻行为人的理性,从而为谋杀提供部分理由。这种命题的常识似乎已经影响了传统法源中业已过时的"合理关系规则"。一般情况下,该规则决定影响的严重性,但相关法源表明,如果挑衅行为与死亡结果之间不成比例,特别是以不必要的残忍方式杀死受害人的情况下,[④]法官不应认为有人可能失去控制并实施杀人行为。[⑤] 因此,与相当轻微的客观挑衅相比,残忍的杀人行为本身就是证据,[⑥]证明即使存在客观挑衅,也不存在实际失控的情况。客观挑衅的细节可能会让陪审团推断,被告的反思判断能力没有受到足够的影响,无法

---

① *State v. Bedford*(2010) 702 S. E. 2d 522; *United States v. Rusin*(1995) 889 F. Supp. 1036. Kenneth Campbell, *Offences and Defences*, in Ian Dennis(ed.), *Criminal Law and Justice: Essays from the W. G. Hart Workshop*, (London: Sweet & Maxwell, 1987) at 73 *et passim*; John Gardner, *Offences and Defences*, (Oxford: Oxford University Press, 2007) at 143 et seq.

② *D. P. P. v. Majewski*[1977] A. C. 443.

③ See Andrew Hemming, *Provocation: A Totally Flawed Defence that has No Place in Australian Criminal Law Irrespective of Sentencing Regime*, (2010) 14(1) U. W. S. Law Rev. 1; Carolyn B. Ramsey, *Provoking Change: Comparative Insights on Feminist Homicide Law Reform Criminal Law*, (2010) 100 J. Crim. L. & Criminology 33 at 57 et seq.

④ *Watts v. Brains*(1599) Cro. Eliz. 778.

⑤ East, *loc. cit. supra*, note 26.

⑥ J. W. C. Turner, *Russell on Crime*, (London: Stevens & Sons, 1958) Vol. Ⅰ at 610.

为其所实施的谋杀行为寻找免责事由。[①]

汉伦法官(Hannen,J.)用简单的语言阐述了传统的比例(合理关系)规则,他表示:“这绝不是轻微的挑衅;一定是严重的挑衅;毫无疑问,法律认为这是严重的挑衅。”[②]“曼西尼诉检察长案”(*Mancini v. D. P. P*)[③]和“福尔摩斯诉检察长案”(*Holmes v. D. P. P*)[④]中上议院的判决使司法观念发生了根本性的变化。在这两个案件中,西蒙子爵代表上诉委员会发言时指出,挑衅行为和回应之间必须有“合理的关系”。从某种意义上说,法律始终如此,但在此之前,只是将某些冒犯,例如微不足道的非冒犯性侮辱从客观挑衅的范畴中排除出去。[⑤] 失去控制既是免责事由,失去控制导致的杀人行为不必是正当的,只是可免责的。因此,挑衅行为和被告的杀人行为之间缺乏合理的关系只能作为证据,简单形式的挑衅不可能事实上导致被告失去控制。大多数形式的客观挑衅都不足以使行为人 949
丧失足够的深思判断能力,从而影响杀人的决定。杀害他人决定的严重性使陪审团可以推断,凶手虽然失去了控制,但一定作出了充分的考量,使其所作出的这个决定具备可责性。

5-006　传统的合理关系规则经常被用来引起人们对杀人方式的关注。杀人的决定,就是决定杀人,不管被害人是怎么被杀的。[⑥] 诚然,如果杀人方式特别可怕,陪审团可能会更多推断出行为人具有深思、反思或计划等主观犯意,但也可能会认为,这样的杀人手段十分可怕,被告显然失去了控制。因此,被害人被杀的方式几乎没有得到更多关注。假设行为人疯狂地连续捅刺 17 刀,杀死了遭到折磨的受害人,而实际上 1 刀就足够了。假设某处伤口有所减轻,即使导致了死亡,法官是否应该指示陪审团,他们可以认定 17 个伤口是行为人充分反思后判断(不可免责的判断)的结果,借此否认失去控制的抗辩成立?关注被害人被杀的方式的“合理关系规则”,受到了评论人士的批评,理由是与挑衅抗辩的基础不一致,即被告已经失去了自我控制。如果行为人失去了自我控制,要求保持自我控制到能够区别对待用来杀人的手段的程度,似乎是前后矛盾的。在当代,传统的比例性判例有助于注意到这个事实:由于谋杀他人与大多数形式的客观挑衅行为极不相称,因此,尽管凶手在失去控制的状态下杀人,但他们实际上并没有丧失足够可衡量的反思判断能力,从而为自己的

---

① *R. v. Ayes*(1810) Russ. & Ry. 166; *R. v. Cobbett*(1943) 28 Cr. App. R. 11.

② *R. v. Selten*(1871) 11 Cox. C. C. 674.

③ [1942] A. C. 1.

④ [1946] A. C. 588.

⑤ *Bedder v. D. P. P.* [1954] 1 W. L. R. 1119.

⑥ *R. v. Singh*[2012] N. S. W. S. C. 637.

谋杀行为提供部分免责事由,对此并非毫无争议。[①] 这种理论支持完全废除该部分抗辩事由。

5-007 这是否意味着你支持废除这种部分抗辩?

没有经验证据支持这种说法,即愤怒和恐惧会让故意杀人者丧失足够的反思判断能力,从而为像杀人这样严重的决定提供免责事由。相反,有证据表明,被激怒的谋杀往往都是有意的、受控制的决定,即使杀人者
950 会事后后悔。认为被激怒的凶手无法控制自己不去蓄意谋杀的理由似乎相当荒谬。[②] 如果你打算做某件事,而且是故意做这件事,你完全可以控制自己不做这件事。

大多数犯罪行为都与失控有关。[③] 偷窃狂无法控制自己,不是偷窃狂的贪婪小偷也无法控制自己。大多数暴力犯罪源于失控:有多少罪犯事后追悔莫及?显然存疑。再加上,大多数人即使在非常生气的时候也能控制自己。许多通奸、盗窃、破坏公物、诽谤和暴力的被害人在发现自己被不公正对待时可能会非常愤怒,但他们设法控制自己不去给挑衅者造成不成比例的伤害。因此,此类抗辩应该被废除,因为愤怒/恐惧以及随之而来的冷静思考的缺失,只是剥夺了被客观激怒的凶手的一小部分精神控制,而这是正常人应该具备的。对责任减少的部分抗辩足以保护那些因精神疾病而失去控制的人。刑法不应对那些仅仅因为无法控制自己的愤怒或恐惧而无法控制自己不杀人的人作出让步,因为他们对他人构成了巨大的威胁。这些人比其他人更危险,刑法的目的就是针对这些人。[④]

5-008 我同意你的分析,但重点从来不是杀人行为,而是失去控制。所以这不是客观的挑衅是否会激怒正常人去杀人的问题,而只是简单的挑衅是否会激怒正常人使其失去控制的问题。难道不是这样吗?

是的,正确,但重点也应该放在失去控制如何影响被告的杀人决定上。现行法律假定,失去控制会导致被告的反思判断能力下降,这对杀人

---

① See Stephen J. Morse, *Undiminished Confusion in Diminished Capacity*, (1984) 75 J. Crim. L. & Criminology 1 at 33 *et passim*.

② Wash. Rev. Code § 9A. 32. 060. Hemming, *op. cit. supra*, note 25.

③ See Michael Gottfredson and Travis Hirschi, *A General Theory of Crime* (Chicago, IL: Stanford University Press, 1990); Travis Hirschi, *Self—control and Crime*, Roy F. Baumeister and Kathleen D. Vohs (eds.), *Handbook of Self—regulation: Research, Theory, and Applications* (New York, N. Y.: Guilford Press, 2004 at 537-552).

④ See Sonja B. Starr, *Evidence—Based Sentencing and the Scientific Rationalization of Discrimination*, (2014) 66 Stan. L. Rev. 803; Christopher Slobogin, *Empirical Desert and Preventative Justice: A Comment*, (2014) 17 New Crim. L. Rev. 376; George R. Wright, *Criminal Law and Sentencing: What Goes with Free Will*, (2013) 5 Drexel L. Rev. 1.

决定有一定影响，因此提供了部分免责事由。如果认为这是部分抗辩的合理理由，剩余争议就涉及使用正常人测试问题。在失控规则上，使用具有与正常程度宽容和自律的人，是有问题的。在其他地方，“理性人”测试被用来说明法律要求的注意标准。一般人（或理性人）是细心的、有道德的、谨慎的、精于算计的、守法的。设想这些人能够完全失去对自己的控制，从而犯下可以判处终身监禁的罪行，何等荒谬！认为“正常”的人在同样的情况下也会犯这种罪，同样是不恰当的。挑衅杀人之所以受到 951
惩罚，是为了阻止人们犯罪，而法律假设，尽管可能受到严厉惩罚，但正常人都会犯罪，这是奇怪的（也是错误的）预测。

5-009 但法律并没有问：考虑到客观挑衅的严重性，被告杀人是合理吗？[①]

理性的正常人是不会杀人的，除非其杀人行为是合法并在道德上是正当的，就像其自卫时的行为一样。如果某人被强奸后不再有危险，根据当代的社会规范，合理的、正当的反应是报警。如果被客观激怒的凶手杀死他们的挑衅者或第三方是合理的（和正当的），就不会追究他们的过失杀人责任。法律认为被告杀人是不合理的，即使其失去控制也不是不合理的。因为部分被免责的谋杀是不合理和不正当的，所以凶手必须为此受到惩罚，这就是为什么其谋杀没有被减轻到故意杀人的程度。

第2节 逐渐失去控制：挑衅的累积

5-010 如果没有学者们关注那些因绝望而杀人的被殴妇女的困境，失去控制的部分抗辩将会被废除。有人认为，有必要允许受殴妇女进行部分抗辩，因为其可能不是被某一事件客观地激怒，而是被一系列挑衅行为激怒，它们最终构成客观挑衅（合格的客观诱因）。[②] 还有人认为，突 952
然失去控制的要求对妇女不利。突然丧失控制的要求已从新法律中删除，但在实践中不太可能产生太大的影响，因为事实上控制丧失是相当突然的。以客观挑衅告终的一系列持续挑衅事件与行为人在很长一段时间内失去控制之间存在概念上的差异。行为人不会在几个月、几周甚至几天内失去控制。要酝酿几周、几个月、几天，然后最终崩溃，但这似乎与暴

① *Pollock v. The Queen*[2010] H. C. A. 35 at paras. 60-61, *Masciantonio v. R.* (1995) 183 C. L. R. 58 at 69.

② R. *v. Dawes*[2014] 1 W. L. R. 947 at 961, *Com. v. Stonehouse*(1989) 521 Pa. 41 at 60-61. John W. Roberts, *Between the Heat of Passion and Cold Blood: Battered Woman's Syndrome as an Excuse for Self—Defense in Non—Confrontational Homicides*, (2003) 27 Law & Psychol. Rev. 135; Martin Wasik, *Cumulative Provocation and Domestic Killing*, [1982] Crim. L. R. 29.

露在累积的刺激下是非常不同的。缓慢燃烧的愤怒或恐惧最终会导致实际的失控,而这种失控通常是相当突然的。取消突然失控的要求对受虐妇女可能不会有太大帮助,但可能会帮助那些在崩溃前需要酝酿数个小时的男人。对妇女的主要好处是,将通过提及一系列较小的挑衅行为来帮助被殴妇女建立客观的挑衅。然而,引入"对暴力的恐惧"作为合格的启动要素很可能对受虐妇女有利。

5-011 一旦消除了突然失控的要求,很难将所涉及的失控与罪犯对于自己不犯罪的控制力普遍缺乏控制区分开来。

取消"突然失去控制"的要求和增加"对暴力的恐惧"的启动要素被认为是必要的,因为社会没有找到方法来保护通常长时间受到挑衅的受虐妇女,这些妇女可能在没有受到最终客观挑衅的情况下突然爆发。[①] 现实情况是,传统法律不适合为被殴妇女开脱,她们实际上别无选择,只能杀死施暴者。我不相信新的抗辩提供了恰当的解决方案。被殴妇女杀人是为了避免进一步的暴力,并不一定是因为其失去了控制。"持续的恐惧"更有可能导致深思熟虑的、受控制的防卫行为,而不是未经思考的暴力。事实是,在大多数情况下,被殴妇女杀人是在无法忍受的情况下绝望的结果,而不是失去控制的结果!更好的办法是修法,以便在适当情况下允许这些妇女充分自卫,因为失去控制的抗辩并不是适当的解决办法。[②]

尽管法律不再要求突然失去控制,但在突然失去控制的情况下,抗辩更有可能取得成功。[③] 抗辩的理由是,被告的恐惧或愤怒导致了失控,降低了对自己杀人决定的正确反应能力。[④] 这种精神状态很难持续几天或几个月,除非被告患有某种精神疾病。如果是后者,部分抗辩责任减少或
953 抗辩精神错乱可能更合适。

---

① See Alan Norrie, *The Coroners and Justice Act 2009—Partial Defences to Murder(1) Loss of Control*, [2010] Crim. L. R. 275.

② Section 9AD of the *Crimes(Homicide) Act of* 2005 (Vic.). Joshua Dressler, *Battered Women Who Kill their Sleeping Tormenters: Reflections on Maintaining Respect for Human Life while Killing Moral Monsters*, in Stephen Shute and A. P. Simester, *Criminal Law Theory: Doctrines of the General Part*, (Oxford: Oxford University Press, 2002) at 258. Patricia J. Falk, *Novel Theories of Criminal Defence Based Upon the Toxicity of the Social Environment: Urban Psychosis, Television Intoxication and Black Rage*, (1996) 74 N. C. L. Rev. 731.

③ *R. v. Ellis*[2003] EWCA Crim. 3556.

④ *R. v. Jewell*[2014] EWCA Crim. 414, *Williams v. State*(1996) 675 So. 2d 537; *People v. Otwell* (1967) 61 Cal. Rptr. 427.

第 3 节　其他犯罪、量刑、程序、未遂

5-012　失控如何影响谋杀以外的犯罪？

对于一般罪行，失控是责任减轻的问题，由法官在定罪后酌情考虑。[①] 没有限制规则（即使是在酒精的影响下生气和攻击别人的人，也会因为失去控制而在法律上得到若干定罪量刑考虑）。

谋杀是个例外。失去控制是法律上的抗辩，但并不一定会让被告逍遥法外。如果陪审团接受了被告的抗辩，他们就会被要求做出过失杀人的裁决（通常，过失杀人被视为谋杀罪名中的 1 项）。这是被称为故意杀人罪的形式，因为被告意图杀人或以其他方式有谋杀的主观要素。对于过失杀人，法官通常有很大的自由裁量权。

即使在理论上是可能的，但由于被告失去控制而导致的谋杀，也不会被判无期徒刑。"若有足够的证据足以提出与上述 3 种要素有关的问题，则控方必须反驳辩护方。除非原审法官认为，经过适当指导的陪审团能够合理地得出抗辩可以适用的结论，否则证据不足以达到该目的。如果是这样，抗辩的成立与否必须留给陪审团判断，而控方必须反驳。"[②]如果证据足以使理性的陪审团得出部分抗辩可能适用的结论，法院认为，如果陪审团接受了对失去控制的抗辩，或如果谋杀指控的被告被允许承认过失杀人罪，法官必须接受有罪判决中隐含的事实观点，尽管本人认为没有充分的失去控制。必须在谋杀罪法定刑基础上给予刑罚优惠——通常优惠幅度很大。除极少数例外，刑期现在可能为 4-9 年。[③]

5-013　如果被告明显是被激怒了，而且是被严重激怒了，控方会不会将指控减为过失杀人罪呢？

控方不会以故意杀人罪起诉。起诉书是关于谋杀的，如果陪审团认为合适，他们可以判定过失杀人罪。然而，根据传统的挑衅法，地方法官 954
偶尔会采取仁慈的做法，只以过失杀人罪进行审判。[④] 被指控谋杀的被告可以对过失杀人罪提出抗辩，如果被接受，当然不会有审判。当案件不属于"失控"规则的范围时，英国王室通常会接受对故意杀人罪的申诉。下文将对"失控"规则进行研究。

---

① *Attorney—General's Reference*（*No.* 95 *of* 2009）[2010] 2 Cr. App. R.（S.）83.

② *R. v. Dawes*[2014] 1 W. L. R. 947at 960 *per* Lord Judge, C. J.

③ *R. v. Ward*[2013] 2 Cr. App. R.（S.）35; *R. v. Daley*[2008] 2 Cr. App. R.（S.）534; the *Sentencing Guidelines Council*: *Manslaughter by Reason of Provocation Guideline*（London: Sentencing Council, 2005）.

④ *R. v. Symondson*（1896）60 J. P. 645.

5-014 为什么在谋杀中需要这个失控法则?如果允许法官对谋杀案件有自由裁量权,失控抗辩还有什么意义呢?

有时人们认为,即使那样,法官也会从陪审团的裁决中得到帮助。在其他犯罪中,失控可以减轻惩罚,但只有在谋杀中才会有显著的效果。因此陪审团免除了法官的若干责任。

5-015 是的,但你说法官在判决故意杀人时,实际上可以判 9 年以至于完全释放。因此,陪审团的裁决实际上并无法给量刑法官提供多少帮助。真正受到的惩罚必须取决于自己对证据中给出的事实的看法。所以我还是不明白接受陪审团的裁决有什么意义。为什么不让法官自己对失控抗辩做出判断呢?

我已经给了你正确的答案。我自己的答案是双重的。首先,过失杀人而非谋杀的定罪向公众解释了判决的宽严相济,避免了过于刺眼的标题:"杀人犯被判缓刑。"

其次,对因失控而被判过失杀人的抗辩与其他"包括在内的罪行"具有同样的功能:允许陪审团在有限的范围内参与量刑。对于大多数罪行,他们应该相信法官会作出正确的判决,但对于像故意杀人这样严重的罪行,如果有强烈的同情感,如果不允许陪审团表达减轻处罚的结论,就会给陪审团带来压力。

5-016 但是,失控并不是唯一可能强烈引起同情的原因。那安乐死呢?如果这是同情的问题,为什么不允许在陪审团认为有充分理由减轻处罚的所有谋杀案(减轻为过失杀人)中进行抗辩?

部分答案是,法律确实允许对谋杀罪的限制责任抗辩,这与失控抗辩具有相同效果。限制责任本应限于精神失常的情况,[1]但在实践中,已被延伸到其他若干强烈呼吁同情的情况,如受虐妇女实施的杀人和安乐
955 死。[2]

然而,在谋杀中,对减轻罪行的情节没有一般的抗辩。如果不是因为这将使恐怖分子和其他人在接受审判时能够利用他们所谓的冤情的证据来拖延诉讼程序,允许陪审团以一般的自由裁量权返回具有减轻情节的谋杀判决,这将是很有意义的。在决定何时建议假释时,假释委员会当然可以考虑减轻情节。

---

① Section 2 of the *Homicide Act* 1957.

② *R. v. Ahluwalia*(1993)96 Cr. App. R. 133;*R. v. Thornton*(*No.* 2)[1996]1 W. L. R. 1174. *R. v. Webb*[2011]EWCA Crim. 152. *R. v. Cocker*[1989]Crim. L. R. 740. *People v. Stuart*(2007)156 Cal. App. 4th 165 at 185. *Boyle v. State*(2005)363 Ark. 356 at 363. *Edinburgh v. State*(1995)896 P. 2d 1176 at 1180.

5-017　你认为失控是针对谋杀的抗辩。如此一来,其难道不也是对谋杀未遂的抗辩吗?

对你的问题的简短回答是,英格兰和威尔士的法院目前还没有对此加以考虑。但如果被告的判决是未遂,而不是故意杀人,可能会被从轻处罚。若干司法管辖区承认了故意杀人未遂罪的形式。① 这令人费解,因为这与逻辑给出的答案相互矛盾。法律规则的逻辑是:如果意图犯下的罪行不是谋杀,失败就无法等同于谋杀未遂,因此应将其视为故意杀人未遂。你会记得,上文提到,在英格兰和威尔士,部分抗辩只适用于被告意图杀害或造成严重身体伤害的情况。② 在谋杀未遂的判例中,必须证明被告的意图是杀死被害人,而不仅仅是对被害人造成严重的身体伤害。行为人只有在既遂的情况下才可能构成犯罪。从逻辑上讲,本案应是故意杀人未遂案,没有理由不定罪,尽管这从未在英格兰和威尔士的法院提出过。有时,法院明确表示,只有当被告的愤怒或恐惧情绪严重到否定了其杀人的直接故意时,才可以进行挑衅抗辩。③ 但是,行为人无法轻率地企图杀人,因此,当法院认定客观挑衅否定了被告的特定杀人意图时,就不可能认定被告犯下故意杀人未遂。 956

但这里还存在相反的逻辑。这不是基于法律规则,而是基于法律规则的设定理由。失控被允许作为谋杀的抗辩,(据说)只是因为谋杀有固定的刑期。④ 谋杀未遂没有固定的刑罚,因此从惩罚适用的角度似乎可以允许失控抗辩。除此之外,没有理由为谋杀未遂提供失控抗辩,正如没有理由为其他不涉及固定刑罚的罪行提供此类抗辩一样。因此,正在讨论的案件中的凶手犯有谋杀未遂罪。的确,犯罪未遂往往意味着获得较轻的量刑,但即使将故意杀人未遂贴上谋杀未遂的标签,也可以考虑到从轻处罚。⑤ 量刑法官在决定对被告的判决时,既可以考虑其行为的客观挑衅,也可以考虑其行为的不适当性。

---

① *People v. Speight*(2014)227 Cal. App. 4th 1229;*State v. Daniels*(2014)326 P. 3d 1089;*State v. Beard*(2013)313 P. 3d 105.

② *R. v. Martindale*[1966]1 W. L. R. 1564;*Attorney General of Ceylon v. Perera*[1953]A. C. 200 at 205-206;*Lee Chun Chuen v. The Queen*[1963]A. C. 220;*R. v. Ellis*[2003]EWCA Crim. 3556.

③ *Holmes v. D. P. P.* [1946]A. C. 588 at 598 *per* Viscount Simon L. C. ;*Eizember v. State*(2007) 164 P. 3d 208 at 236 *per* Limpkin, P. J. ;*State v. Rewolinski*(1990)464 N. W. 2d 401 at 412;*R. v. Maddy*(1670)2 Keb. 829;*Parker v. R.* [1964]A. C. 1369. Compare *People v. Gutierrez*(2003)112 Cal. App. 4th 704 at 708-709;*People v. Rios*(2000)2 P. 3d 1066 at 1081.

④ Dressler, *op. cit. supra*, note 4 at 422-423.

⑤ See Douglas N. Husak, *Why Punish Attempts at All: Yaffe on the Transfer Principle*, (2012)6 Crim. L. & Phil. 399;Anthony N. Dillof, *Modal Retribution: A Theory of Sanctions for Attempts and other Criminal Wrongs*, (2011)45 U. Rich. L. Rev. 647.

后者的观点是,可能的答案在于,不仅谋杀,而且谋杀未遂也属于非常严重的犯罪,这是正确的。失控的存在应在判决中得到体现,导致被告的责任被减轻为故意杀人未遂(当然,如果被告伤害了其他行为人,可能被判犯有伤人罪)。

5-018 以前,法律清楚地表明,该案不是谋杀未遂案,[①]但近年来原审法官认为情况恰恰相反,传统法源没有引起其注意。[②] 如前所述,该问题尚未在上级法院得到解决;但刑法修订委员会建议在立法上恢复传统规则。[③] 议会在2009年修正挑衅相关法律规定时忽视了该问题。

5-019 共同犯罪人和共犯是否可以自动获得抗辩?

不,2009年《验尸官和司法法》第54(8)条规定:"根据本条,行为人不应被判谋杀罪,这项事实不影响其他当事人的杀人行为是否构成谋
957 杀。"因此,共犯或共同犯罪人将不得不表明其同时也失去了控制(可能有两人同时失去控制从而共同实施谋杀的情况。这种情况可能极为罕见,但可能包括母女杀害虐待自己的丈夫/父亲的情况)。[④]

第4节 转移故意和转移挑衅(符合条件的启动)

5-020 被告被激怒去杀被害人甲但意外杀死被害人乙时,抗辩是否有效?

有效,[⑤]因为在转移故意案件中允许抗辩与在直接故意案件中允许抗辩的理由是一样的。转移性挑衅为被告提供了部分免责根据,因为极端的情绪困扰意味着杀人行为不是充分反思判断的产物。[⑥] 长期以来,人

---

① *R. v. Thompson*(1825)168 E. R. 1193;*R. v. Bourne*(1831)5 Car. & P. 120;*R. v. Beeson*(1835) 173 E. R. 63;*R. v. Thomas*(1837)7 Car. & P. 817;*R. v. Hagan*(1837)173 E. R. 445.(section 15 of the *Offences against the Person Act* 1861 having been repealed by Schedule 3 of the *Criminal Law Act* 1967).

② *R. v. Bruzas*[1972]Crim. L. R. 367. R. v. *Peck*(*The Times*,5 December 1975). *D. P. P.* (*Vic.*) *v. McAllister*(2007)177 A. Crim. R. 467;*R. v. Pepper*(2007)177 A. Crim. R. 456.

③ Criminal Law Revision Committee,*Offences Against the Person*(*Report* 14)(London:H. M. S. O.,Cmnd. 7844,1980).

④ *R. v. Maw*(1980)130 N. L. J. 1163;*R. v. Pearson*[1992]Crim. L. R. 193.

⑤ *R. v. Davies*[1975]Q. B. 691 at 700 *per* Lord Widgery,C. J.;*R. v. Twine*[1967]Crim. L. R. 710;*State v. Stewart*(2001)624 N. W. 2d 585 at 590 where Stinger,J. *State v. Coffin*(1999)128 991 P. 2d 477 at 489. *Hayes v. State*(1991)261 Ga. 439;*Rowland v. State*(1904)83 Miss. 483.

⑥ *People v. Vallejo* (2013)214 Cal. App. 4th 1033;*State v. Bellinger* (2012)47 Kan. App. 2d 776.

们一直认为，在转移故意的情况下，挑衅行为也会随之转移。[①] 转让挑衅原则也适用于2009年《验尸官和司法法》，前提是部分抗辩的所有要素都得到了满足。如此一来，由于严重的客观错误的挑衅行为，被告无法进行反思判断，所以不小心杀错了人也没有关系。那情有可原的精神状态转移到了计划之外的被害人身上。

在"女王诉肯尼案"（*R. v. Kenney*）[②]中，布鲁金表示：

"一旦有人提出，法律的真正关切是人的弱点，而不是某种以牙还牙的概念，人们可能会问，为什么应该有一般规则，即挑衅必须来自被害人，以及若干与错误有关的限制。根据该观点，既然挑衅行为和造成死亡的行为之间存在必然的因果关系，而且其他条件也得到满足，为什么无法对被害人进行挑衅呢？"

假设被告回家，发现保姆甲坐在厨房和客厅之间的门口附近，正在对被告的4岁女儿进行性骚扰。被告大喊，保姆甲放下女孩。确保女儿安 958
全后的被告愤怒异常，拿起屠刀朝甲扔去，意图杀死对方，或至少造成严重的身体伤害。当被告把刀扔向甲时，被害人乙恰好穿过敞开的门口，被飞刀击中了心脏死亡。被害人乙是被告15岁的儿子，当被告向被害人甲扔刀时，他碰巧走进了房间。被告无意杀害或伤害自己的儿子，无辜的儿子也不是挑衅的根源。被告不知道被害人乙会进入刀子的射程范围。

5-021 事实上，被客观存在的挑衅所激怒的被告，失去了控制，因此对于杀死被害人乙的行为部分免责。适用转移故意原则，因此被告无法完全免责。被告打算在没有正当化事由或合法免责事由的情况下杀死被害人甲，同时具备部分合法免责事由，而且这种意图和部分免责事由转移给了意外的被害人。此外，挑衅不必直接针对被告，也不必涉及挑衅者攻击被告本人。[③]

---

① *R. v. Gross*(1913) 23 Cox C. C. 455; *R. v. Porritt*[1961] 1 W. L. R. 1372; *R. v. Mawgridge* (1706) Kel. 119 at 131–132; *Bostick v. United States*(1992) 605 A. 2d 916. *R. v. Davies*[1975] Q. B. 691; *R. v. Viro*(1978) 141 C. L. R. 88; *State v. Mauricio* (1990) 568 A. 2d 879; *R. v. Scriva No.* 2[1951] V. L. R. 298; *contra R. v. Simpson*(1916) 11 Cr. App. R. 218 at 220. Cf. *Jabarula v. Poore & Bell*[1989] 68 N. T. R. 26.

② [1983] 2 V. R. 470 citing R. S. O' Regan, *Indirect Provocation and Misdirected Retaliation*, [1968] Crim. L. R. 319 at 322–323.

③ *R. v. Davies*[1975 Q. B. 961; *R. v. Tooley et Alios* (1709) 2 Ld. Raym. 1296; *The Case of Manslaughter*(1610) 12 Coke 87; Sir Matthew Hale, *The History of the Pleas of the Crown*, (London: Printed by E. and R. Nutt *et al.*, 1736) Vol. Ⅰ at 465. *State v. Grugin*(1898) 147 Mo. 39; *Gresham v. State*(1960) 115 S. E. 2d 191; *State v. Flory*(1929) 276 P. 458; *State v. Jones*(1980) 261 S. E. 2d 1; *State v. Coyle*(1990) 574 A. 2d 951.

5-022 如果被告故意杀死第三方呢?

如果所有要素都得到满足,就可以进行抗辩。假设乙在看了医生后发现自己是艾滋病病毒阳性。假设乙发现他的情人甲多年来患有此病,并故意不让自己知道这个事实,从而使他感染了病毒。而且乙还受到来自甲的嘲笑和奚落,她大喊:"如果我必须得这种病,你和我能感染的其他人也应该得这种病。"这使乙大发雷霆,杀死了坐在面前的乙的儿子小乙。[①] 乙的动机可能是想让甲遭受痛苦,但如果证据显示他在杀死小乙时实际上失去了控制,似乎可以提出抗辩。陪审团很可能推断,故意用艾滋病感染他人,然后嘲弄他人,这"构成了极其严重的情节",并使乙"有被不公正对待的正当感觉"。[②]

第5节 部分抗辩或部分免责

5-023 失控抗辩的根据,是被告的行为被免责还是被告的行为被证明是正当的?

更合适的观点是,它在一定程度上为被告的行为开脱。[③] 被告的行为
959 是错误和不正当的,但在一定程度上是可以免责的,因为不是反思判断的产物。关于正当行为,奥斯汀[④]写道:

"一种方案是,直截了当地承认行为人甲,确实实施了乙行为,但是争辩称一般情况下,或者至少特殊情况下,那是件好事,或者是正确的、明智的事,或者是法律允许做的事。这是在证明行为的正当性,即为实施行为找到理由:不是厚颜无耻地去做,不是为了以此为荣,或诸如此类。

另一种方案是,承认这样做不好,但认为光说甲做了乙行为,是不公平或不正确的。可以认为,只说甲做了乙行为是不公平的;也许他是受了什么人的影响,或者是被人推了一下。或者,光说他做了乙行为是不公平的;可能是部分偶然的,或无意的失误……自不待言,这些论点可以组合、重叠或相互冲突。

有理由认为,我们没有尽可能仔细地使用正当化事由和免责事由这两个词;一大堆甚至不太清楚的词,如'缓和''缓解''减轻',在部分正

---

① *State v. Stewart*(2001)624 N. W. 2d 585.

② Section 55(4)(a)and(b)of the *Coroners and Justice Act* 2009.

③ See Reid G. Fontaine, *Adequate (Non) Provocation and Heat of Passion as Excuse Not Justification*,(2010) 43 U. Mich. J. L. Reform 27;Stephen J. Morse,*The Irreducibly Normative Nature of Provocation/Passion*,(2010)43 U. Mich. J. L. Reform 193;Peter Westen,*How to Argue that Reasonable Provocation is an Excuse*,(2010)43 U. Mich. J. L. Reform 175.

④ J. L. Austin,*A Plea For Excuses*,(1957)57 Proceedings of the Aristotelian Society 1 at 2-3.

当化事由和部分免责事由之间不安地徘徊；当主张，比方说，挑衅时，对其意思存在着真正的不确定性或含混不清——他是否要负部分责任，因为他在我心中激起了强烈的冲动或激情，所以这不是真正的或仅仅是我‘自愿’的行为（免责）？还是说，或者更确切地说，他伤害了我，我有权报复（防卫）？”

霍华德教授曾坚称：“如果被害人的死亡部分是他自己的过错，判定被告犯有最严重的杀人罪是不公正的。”[①]霍华德没有列举判例或学术著作来支持他的理论，因此，很难知道他心中是否有错误，例如涉及过度自卫[②]的案件，或者他是否有根据当代道德标准认为挑衅者的挑衅是错误的传统。 960

5-024 阿什沃思[③]还讨论了一系列传统判例，根据当时的道德标准，[④]这些挑衅行为在客观意义上是错误的，他据此坚称，挑衅行为可以为杀人提供部分正当化事由。然而，将客观意义上的非法挑衅作为杀人的理由是错误的。这也许是向民事法庭寻求法律补救办法或报警的正当理由，但仅此而已。人无法被部分杀死，人死无法复生；行为人无法杀死受害人，然后争辩称一部分的杀人是正当的。必须有充分的理由，否则就是没有理由。抗辩和免责是相互排斥的。只有当潜在被害人为了保护自己的生命或肢体[⑤]而对攻击者造成必要的、相称的伤害（包括死亡）时，杀人才算正当。[⑥] 区分推定正当的行为和正当的行为也很重要。行为人可能出于所谓的假想自卫而误杀，但这并不意味着从事后的角度来看杀人行为是正当的。[⑦] 这仅仅意味着行为人被免责了，因为错误使其无法获

---

① Colin Howard, *Criminal Law*, (Sydney: The Law Book Company Ltd., 1977) at 79. George P. Fletcher, *The Storrs Lectures: Liberals and Romantics at War: The Problem of Collective Guilt*, (2002) 111 Yale L. J. 1499 at 1538.

② *Beasley v. State* (1887) 64 Miss 518; *State v. Turner* (1912) 152 S. W. 313. Stanley Yeo, *Revisiting Excessive Self—Defence*, (2001) 12 Current Issues Crim. Just. 39; John A. Pirko, *Defining the Crime of Excessive Self—Defense: Voluntary Manslaughter in Illinois*, (1983) 3 N. Ill. U. L. Rev. 217. *Excessive Self—Defence: Third—Party Problems*, (2012) 76 J. Crim. L. 456.

③ See Andrew Ashworth, *The Doctrine of Provocation*, (1976) 35 Cambridge L. J. 292.

④ Dennis J. Baker, *The Right Not to be Criminalized: Demarcating Criminal Law's Authority*, (Farnham: Ashgate, 2011) at Chap. 6.

⑤ *R. v. Keane*[2010] E. W. C. A. Crim. 2514 at para. 17., Suzanne Uniacke, *Permissible Killing: The Self—Defence Justification of Homicide* (Cambridge: Cambridge University Press, 1996).

⑥ *R. v. Howe*[1987] A. C. 417.

⑦ *R. v. Keane*[2010] E. W. C. A. Crim. 2514; *Government of Virgin Islands v. Martinez*(1985) 780 F. 2d 302; *People v. Goetz*(1986) 68 N. Y. 2d 96. Alan Norrie, *The Problem of Mistaken Self—Defence: Citizenship, Chiasmus, and Legal Reform*, (2010) 13 New Crim. L. Rev. 357; Francisco Muñoz Conde, *Putative Self—defence a Borderline Between Justification and Excuse*, (2008) 11 New Crim. L. Rev. 590; Sanford H. Kadish, *Excusing Crime*, (1987) 75 Cal. L. Rev. 257; Kent Greenawalt, *The Perplexing Borders of Justification and Excuse*, (1984) 84 Columbia L. Rev. 1897.

得足够的信息来形成谋杀的必要动机;[①]其不是要进行非法的、不正当的杀人,而是要进行合法的、正当的杀人。

然而,如前所述,"失控"部分抗辩事由的基础与自助报复无关。这也与被激怒的凶手的行为是否正当无关。"失控"这个理由被用来为被激怒的杀手开脱,是因为在杀人前无法进行充分的反思判断。此外,霍华德、弗莱彻和阿什沃思教授讨论过的若干传统案件,如果按照当时的标准来衡量,可能涉及挑衅者的客观不法挑衅,但挑衅在许多现代案件中取得了成功,在这些案件中,即使挑衅是刺激性的,也并非客观不法。诺斯[②]指出,在调查的挑衅案件中,26%的案件涉及妇女仅仅行使其合法权利离开虐待的性伴侣。因此,这些案件涉及离开伴侣过独立生活的正当行为。在若干判例中,女性离开了虐待她的伴侣后,因为建立了一段新的关系而被杀,很难说被激怒的凶手杀死前伴侣是部分正当的。[③]

根据英格兰和威尔士的全新抗辩,这种行为不算是客观挑衅,因为被
961 激怒的凶手将无法证明其合理感受到被严重不公正对待。根据2009年《验尸官和司法法》第55条,陪审团必须能够推断,如果其认定挑衅行为是不正当暴力的明示或默示威胁,或"(a)构成极其严重的情节,则挑衅行为客观意义上是不正当的,并且客观地(b)使被告有被严重冤枉的正当感觉。"但是如后所述那样,不正当的挑衅并无法使被告的反应性杀人成为正当的,因为这样的反应是不正当的。

5-025 如果行为是部分可免责的,其不是部分正当的吗?

正当的行为是较小的罪恶。正是出于这个原因,某项行为要么是正当的,要么不是正当的。即使是以错误或过度自卫[④]的方式杀人,也是可以免责的行为,而不是正当的行为,因为从事后的角度来看,被告无法主张有正当理由杀害没有真正实施攻击或只打算对人或财产造成若干轻微伤害的人。[⑤] 正当使用暴力或造成伤害是在被害人是不法行为者的情况下,按比例使用暴力或造成伤害。如果被害人只是犯了错误,被告是可以

---

① See Douglas N. Husak and Andrew von Hirsch, *Culpability and Mistake of Law*, in Stephen Shute et al. (eds.), *Action and Value in Criminal Law*, (Oxford: Clarendon Press, 1993) at 157 et seq.

② See Victoria Nourse, *Passion's Progress: Modern Law Reform and the Provocation Defence*, (1997) 106 Yale L. J. 1331 at 1348.

③ *R. v. Singh* [2012] N. S. W. S. C. 637; *R. v. Davies* [1975] Q. B. 961; and *R. v. Tran* [2010] 3 S. C. R. 350.

④ Section 21 of the *Crimes Act* 1900 (N. S. W.); *D. P. P. v. Nally* [2006] C. C. A. 128. Kan. Stat. Ann. 21-3403 (1992).

⑤ See Joshua Getzler, *Use of Force in Protecting Property*, (2006) 7 Theoretical Inquiries L. 131.

免责的,[①]因为诚实但错误的信念无法形成犯罪的必要犯罪故意。即使在防卫过当的情况下,被告正受到攻击,并有理由采取相称的防卫行为,但防卫行为与实际存在的威胁不成比例,也是没有道理的。同样,当被告真的自卫时,无意中杀死了无辜的人,也是不合理的(在后者的情况下,这起事故是可以免责的,可以援引转移自卫)。

正当化事由和免责事由是相互排斥的。没有必要为正当的行为寻找免责理由。更重要的是,对使某种回应正当的不法的回应,是正当的,前提是其是正确的。以致命暴力应对轻微攻击并不是合理的反应,因为这 962
是不同于本来是合理的反应的行为。必要的、相称的因而合理的反应将是与轻微攻击的威胁和严重程度相称的非致命暴力。如果被告想证明对被害人的挑衅行为的反应是正当的,那么这些反应必须限于采取相称和合法的行为,例如,在客观挑衅涉及挑衅者实施诸如猥亵被告的孩子等犯罪行为的情况下,可以报警。被告报警的正当行为不同于被告发现被害人猥亵自己的孩子后,在孩子不再处于危险之中,对孩子的犯罪已经结束的情况下,杀死被害人的行为。如此一来,被告没有使用必要的和相称的力量,因此其像警察、检察官、陪审员和刽子手一样行事的自助救济行为不是合法的正当行为。人无法被部分杀死;对不再构成威胁的人进行攻击,也不是合法的正当行为,因为法律认为应当由国家对其加以审判和惩罚。

5-026　你是在直接告诉我,挑衅的错误性与被告失控的正当性有关,而与被告的谋杀行为的正当性无关吗?

如此一来,被告无法主张其行为是两害相权取其轻,只能声称感到愤怒或恐惧、失去控制是合理的。被告由于缺乏冷静思考而导致的道德罪责的减少与在失控状态下所采取的行为有直接的关系,但错误的(不合理的)挑衅与其只存在间接和遥远的关系。

假设在过去 5 年里,被告的车库门每年至少被涂鸦"艺术家"破坏 8 次,被告恰好抓住了正在自己车库门上涂鸦的被害人。被告被激怒了,使用了致命的暴力,对被害人开枪。毫无疑问,被告被激怒是正当的,但杀害被害人的行为是不正当的。有许多反应是合理的,包括被告可以报警以刑事损害罪起诉被害人。[②] 或者被告本可以使用合理和相称的暴力逮

① *R. v. Williams*[1987]3 All E. R. 411;*D. P. P. v. Morgan*[1976]A. C. 182. *State v. Harp*(1989) 150 Wis. 2d 861 at 883.

② See Alec Samuels, *Provocation*, (1983) 47 J. Crim. L. 276.

963 捕被害人,虽然侵犯[①]和损害其财产属于客观错误,但并无法为其提供杀害被害人的正当化事由,也不可能为提供部分免责事由,因为非法挑衅似乎不够严重,不足以满足 2009 年相关立法第 55(4)(a)和(b)款的要求。

相反,如果不法挑衅行为是严重的,被告将能够借此使其行为部分免责,但无法部分使其正当化。如果惨遭强奸的愤怒被害人向逃跑的强奸犯背后开枪,因为强奸使其如此愤怒,以至于无法正确做出恰当反应,因而其在失去控制的情况下杀人,强奸行为无法因为挑衅的错误变得部分正当,[②]但这在一定程度上是可以免责的。此类被害人受到严重的不法挑衅,但杀害逃跑的强奸犯的行为没有正当化根据。别人错了,不等于你对了。叫警察,在强奸之前和期间采取相称的防卫措施等,都是正当的,但像陪审团、法官和刽子手一样行事是不正当的(更确切地说,受虐妇女没有理由采取"先发制人的措施",比如在丈夫睡觉时放火,但如果客观上存在严重的不法挑衅,并且其实际上失去了控制,就可以被免责)。愤怒地杀害他人不可能是部分正当的,而其他若干独立的反应,如报警,才是合理的。

5-027 伯曼和法雷尔[③]将被正当化的失去控制与被告在处于失控状态时所实施的行为是正当的还是部分正当的不同问题混为一谈。他们错误地坚称:"挑衅抗辩具有双重要求(原文如此)——激情和充分挑衅:确保只有那些既部分免责的杀人——因为发生在(失去控制的状态)——而且部分正当——的被告才能适用此类抗辩,因为这是对适当(客观意义上的不法)挑衅的反应。"认为针对这样的挑衅,被告有理由失去控制是一回事,但由此认为被告在失去控制的状态下杀人是正当的行为,则是另外一回事。伯曼和法雷尔忽视了这个细微差别。正当行为不包括谋杀或较轻的伤害或攻击罪,如果伤害或攻击不是必要和相称的防卫行为。诺里也犯了类似的错误,他坚称,非法挑衅而造成的杀人是不完美合法的。[④] 诺里坚称:[⑤]"我试图描述的是道德论证的层次性,这样杀人就有了'在不法性的整体情况下的正当性'的要素。愤怒可能是'道德上

---

① *Bloom v. State*(1900)155 Ind. 292;*State v. Plumlee*(1933)149 So. 425;*Commonwealth v. Drew*(1808)4 Mass. 391. Cf. *Pearce v. State*(1944)154 Fla. 656;*People v. Free*(1976)37 Ill. App. 3d 1050. [Hale, *op. cit. supra*, note 67 at 473; East, *op. cit. supra*, note 26 at 236; Michael Foster, *Crown Law*, (London: Printed by W. Strahan and M. Woodfall, 1776) at 291]. Stephen, *op. cit. infra*, note 102 at 186.

② *Beasley v. State*(1887)8 So 234.

③ See Mitchell N. Berman and Ian P. Farrell, *Provocation Manslaughter as Partial Justification and Partial Excuse*, (2011) 52 Wm. & Mary L. Rev. 1027 at 1066.

④ Norrie, *op. cit. supra*, note 43 at 279.

⑤ Id. at n. 11.

合适的情绪'，使杀人'在道德上不邪恶'——整体的不法与引发他的正当情感是平衡的。"但合理的失控并无法为由此造成的犯罪行为抗辩。如此一来，援引"不完美"的概念是重复的，因为当必要的条件或要求不满足时，不可能将挑衅者的错误转移到被告的错误上。 964

5-028 让我明确一下：你曾告诉我，当某人被强奸而失去控制时，失去控制本身可能是正当的，[①]即使在失去控制时所做的某些行为是缺乏正当性的？

这是正确的。认为失控是正当的是一回事，但认为在失控状态下杀人的行为是正当的，则是另一回事。

5-029 纯粹的"客观"自我克制的判例会涉及被激怒的行为人失去控制，但同时又限制了因失去控制而做的行为？

合理的自我克制涉及被激怒的行为人抵制不正当地违反刑法的诱惑。被告在愤怒或极度恐惧中做出的非法和不合理的谋杀行为是不合法的，这就是罪名从谋杀减轻为误杀的原因。被告不会因为失去自我控制而被指责，因为客观意义上失去自我控制是可以接受的；相反，被指责的是在失去控制的状态下所做的非法、不正当和不可免责的行为。

第6节 实际失控

5-030 作为谋杀抗辩的失控，不同于在其他罪行中作为减轻罪责事由的失去控制，在2009年相关立法第54条颁布之前，已经有了相当完整的法律定义。[②] 2009年《验尸官和司法法》第54条规定：

"(1)('被告')杀害他人或参与杀害他人('被害人')，在下列情况下，被告不应被判谋杀罪：

(a)被告在作为和不作为进行杀人时是由于被告丧失自我控制，

(b)自控力的丧失有合条件的启动点，而且

(c)与被告性别和年龄相同的人，在正常的容忍和自我克制程度下，在被告的情况下，可能会作出与被告相同或类似的反应。

(2)就第(1)(a)款而言，控制权的丧失是否突然并不重要。"

事实问题有时用所谓的心理术语来表达。这种情况是否超出了被告的容忍限度？其能否阻止自己的行为？或者是否失去了自制力？在"女王诉瑞琼斯案"(*R. v. Richens*)[③]中，泰勒法官(Lord Taylor, C. J.)表示：

---

① *R. v. Camplin*[1978] A. C. 705; *R. v. Duffy*[1949] 1 All E. R. 932.

② See Glanville Williams, *Textbook of Criminal Law*, (London: Stevens & Sons, 1983) at Chap. 24.

③ [1994] 98 Cr. App. R. 43 at 49.

"(一定是)暂时失去了自制力,导致被告无法克制自己不去做他所做的
965 事情。"

这些似乎是无用的或误导性的表述。根据假设,被告超过了容忍限度,因为其杀了人。如果问行为人是否能阻止自己做某事,就会让人产生荒谬的想法:这个人存在分裂的人格,前者试图行动,后者试图阻止。谈论失去自我控制是可以接受的,因为这是谈论在愤怒或恐惧的气氛中所做的行为的方式,但其意义仅限于此。基于愤怒或恐惧杀人的人可能已经失去了自我控制;愤怒或恐惧但不杀人(本意是想杀人)的人应该在一定程度上保持了自我控制;事实上的自我控制测试,给基于愤怒或恐惧杀人的测试增加了什么内容?如果说在愤怒或恐惧的影响下杀人会导致事实上的失控,那又有什么意义呢?如此一来,基于愤怒杀人的人,就像处心积虑的强盗一样,是在做自己想做的事(出于恐惧而杀人的人也一样)。行为人的情绪状态、动机和反思程度都有差异,但谈到自我控制时,这种差异并没有得到很好的表达(事实上,凶手可能表现出了足够的自制力,同时依然得以主张失去控制的抗辩:精密计算的行为人可能会一刀毙命,完全发疯的行为人则可能会造成20处伤口)。

5-031 这给我们留下了3个问题,必须得出肯定的答案,才能主张抗辩。

(1)被告是否真的失去了自我控制?

(2)被告是否因为受到客观的、严重的、错误的挑衅而丧失了自制力?

(3)正常自我克制的人,如果受到同样的客观刺激,会不会失去控制?

如果没有使被告失去控制,仅仅证明有资格启动(客观挑衅)是不够的。[①] 抗辩包括3个组成部分:事实部分和两个"重叠"客观评价部分。评估测试重叠,因为陪审团在考虑挑衅的客观性时已经考虑到客观的自我克制,也就是说,所讨论的行为是否被视为合格的启动要素。当陪审团考虑正常人是否会因为挑衅者的行为被激怒而失去控制时,也在考虑挑衅行为是否在客观意义上是错误的,是否具有严重的性质。这是一个问题的两部分:被告失去控制是否合理?如果陪审团认定导致被告失去控制的行为在客观意义上是挑衅性的,那么已经得出了一半的结论,即在客观意义上判断,在被告的情况下,拥有正常程度的容忍力和自我克制力的人很难抑制自己不失去控制。

---

① *R. v. Tran*[2010] 3 S. C. R. 350 at para. 37 quoting Glanville Williams, *Textbook of Criminal Law*, (London: Stevens & Sons, 1978) at 480.

5-032　谁承担失去控制的举证责任？

举证责任由检方承担。第 54(5)条规定："就谋杀罪的指控而言，如果充足的证据被提出以至于引出了关于第(1)款的抗辩的问题，则陪审团应该推定抗辩成立，除非检方排除合理怀疑地证明抗辩不成立。"此 966
后，第 54(6)条规定："为了第(5)款的目的，如果提出证据，而初审法官认为，陪审团在适当指导下，可以合理地得出抗辩可能适用的结论，则可提出与抗辩有关的问题的充分证据。"因此，如果证据不足以证明实际失去控制，法官可以撤回抗辩。尽管如此，法官很少就事实问题向陪审团撤回该问题，尽管法官有时告诉陪审团，失去控制的证据非常少，甚至连自己也看不到有力的证据。

第 7 节　客观(挑衅)符合条件启动要素

5-033　在新的部分失去控制的抗辩中，存在两个客观测试，但二者旨在回答同一个问题：客观意义上的挑衅是否足以削弱正常人的反应判断，以至于达到使其失去控制的程度？前者确定挑衅是否具有客观意义上的挑衅性？这是由陪审团评价的问题。陪审团需要确定，根据当代社会规范标准衡量，作为合格启动要素提出的挑衅行为是否客观意义上具有挑衅性。一旦陪审团认定存在客观意义上的挑衅性，就需要确定其是否导致被告在客观意义上失去自制能力。后者则主要关注：客观意义上的错误挑衅是否足以使与被告年龄和性别相同的正常人失去自我控制。在本节中，重点考察什么是客观意义上的不法挑衅。

5-034　法律条文的规定是什么？

2009 年相关立法第 55 条规定：

"(1)本条适用于本法第 54 条。

(2)在第(3)、(4)或(5)款适用的情况下，丧失自我控制具备符合条件的启动要素。

(3)如被告因害怕来自被害人对被告或另一身份明确者的严重暴力而失去自我控制，则本款适用。

(4)如被告因以下某项或多项事情(或两者兼而有之)而失去控制，则本款适用——

(a)构成极为严重的情况，及

(b)使被告合理产生被严重错误对待的感觉。

(5)如被告丧失自我控制是第(3)款及第(4)款所述事项的组合所致，则本款适用。

(6)在决定丧失自我控制是否有符合条件的启动要素时——

(a)被告对严重暴力的恐惧应被忽视,前提是相关恐惧因被告煽动或为适用暴力寻找免责事由所造成;

(b)如果相关恐惧因被告煽动或为适用暴力寻找免责事由所造成,
967 那么就不应该合理产生被严重错误对待的感觉;

(c)所做或所说的事情属于性背叛的事实不应予以考虑。"

新的立法似乎认为,挑衅必须是客观错误(对被告构成不合理的错误)才能算作符合条件的启动要素。第55(6)(a)款中的启动要素最容易辨识,因为其是错误的,客观意义上是挑衅性的,缺乏免责性与正当性,使他人担心会对或其他身份明确的人施加严重的暴力。令人怀疑的是,这种做法会给法庭造成重大的解释困难。

然而,新的立法有几个更一般规定,这给陪审团留下了很大的自由裁量权。在第55(4)(a)和(b)款中规定的一般条款涵盖了客观意义上是错误的挑衅,因为"构成了极其严重的情况,使被告合理产生被严重错误对待的感觉"。这些方面为陪审团提出了更复杂的评估问题。陪审团必须根据当代的规范标准来衡量挑衅行为是否在客观意义上是错误的。很明显,立法者在客观意义上考虑到错误的挑衅行为,因为陪审团必须推断极端严重的情况,以及在被告的情况下共同生活在当代英国的正常人,都有理由感到受到了严重的错误对待。挑衅不一定是刑事错误,但如果要算作挑衅,使正常人感受到被严重不公正对待,按照当代规范标准衡量,就必须是严重的错误。

5-035　这是否意味着,测试不仅仅是合格的启动要素,还是那些会激怒"普通人"、"正常人"、"一般人"或"理性人"的启动要素,因为某些形式的客观挑衅不是规范性的错误行为,因此被排除在合格的启动要素之外?

这就是新立法中部分免责抗辩的要点。失去控制本身不是免责事由,因为其是正当化事由,只有缺乏正当性的客观挑衅才能为被告的杀人行为提供部分免责事由,这部分是因为被告缺乏冷静的反思。挑衅(合格的启动要素)在客观意义上是不法的挑衅行为时,就有理由失去控制。以当代规范标准衡量挑衅肯定是错误的,但客观意义上错误的挑衅是必
968 要条件,而不是充分条件。

5-036　如果以当代社会的规范标准来衡量,合格启动要素(挑衅)必须是客观意义上错误的,为什么要排除性不忠呢?当然,在当代的规范标准下,从事性不忠和通奸行为在道德上是错误的,而且具有客观意义上

的挑衅性。[1]

当代的规范标准非常之多，以至于许多陪审员会推断通奸和性不忠是客观意义上错误的挑衅形式，但由于其被从挑衅形式（合格的启动要素）中排除出去，因此无法在新的抗辩下加以考虑。事实上，许多人一看到伴侣与情妇或与他人发生性关系就会失去控制。同样值得商榷的是，正常程度的自我克制的人在看到其伴侣和他人在床上时可能会失去控制。[2] 此外，免责的理由是被告丧失了冷静思考的能力，因此，被告在反思能力下降的情况下作出杀人决定是可以部分免责的。

根据传统法律，包括通奸和性不忠在内的某些挑衅行为被归类为客观挑衅。传统案件认为某些行为或事件是客观挑衅，包括：[3]（1）攻击自己或朋友或亲戚；（2）非法逮捕或限制他人；（3）相互争斗；[4]（4）通奸。[5] 此外，口头侮辱被排除在外。[6] 在 21 世纪的美国，除了约 10 个司法管辖区，其他所有司法管辖区都采用英国传统的普通法方法，或采用其近似变体。[7] 在最近的美国判例中，有法官表示："伊利诺伊州法律承认 4 种合理的挑衅类型，可以将 1 级谋杀减轻为 2 级谋杀：（1）重大人身伤害或人身攻击；（2）相互争吵或争斗；（3）非法逮捕；（4）与罪犯配偶通奸。'语言本身，无论多么卑鄙，都不可能构成严重的挑衅，因此应该判为 2 级谋杀，而不是 1 级谋杀。'攻击者的话必须加上严肃的相互斗争，才能被视为有减轻 1 级谋杀的可能。"[8]在美国，这些类型的挑衅在 19 世纪的法律 969
中得到了巩固，并被称为 19 世纪的 4 类挑衅。[9] 格鲁伯写道："这些配方强调了被害人行为的质量，甚至超过了被告的实际情感状态。另一端是《模范刑法典》极端情绪骚扰抗辩，即当被告'在极度精神或情绪干扰的影响下'采取行动时，将谋杀减轻为过失杀人。[10] 刑事程序法对挑衅性行

---

① In *Holmes v. D. P. P.* [1946] A. C. 588 at 598.

② See Nicola Wake, *Political Rhetoric or Principled Reform of Loss of Control? Anglo—Australian Perspectives on the Exclusionary Conduct Model*, (2013) 77(6) J. Crim. L. 512 at 520 *et seq.*

③ James Fitzjames Stephen, *A Digest of the Criminal Law*, (London: MacMillan, 1904) at 186–187 and the cases cited therein.

④ See H. A. Snelling, *Manslaughter Upon Chance—Medley*, (1957) 31 Australian L. J. 102.

⑤ *R. v. Mawgridge* (1706) Kel. 119 at 135–138 *per* Holt, C. J.

⑥ *Raven's case* (1661) Kel. 24 at 55. *Vincent v. Alpy* (1682) 3 Lev. 119.

⑦ See Aya Gruber, *Murder, Minority Victims, and Mercy*, (2014) 85 U. Colo. L. Rev. 129 at 141. Covey, *loc. cit. infra*, note 156; Joshua Dressler, *Understanding Criminal Law*, (Newark, N. J.: LexisNexis, 4th edn. 2006) at 572–573.

⑧ *People v. Moore* (2013) IL App (3d) 120275—U at 4 *per* Lytton, J. Stephen, *loc. cit. supra*, note 102; William Oldnall Russell, *A Treatise on Crimes*, (Philadelphia: P. H. Nicklin, 1831) Vol. Ⅰ at 485–488.

⑨ Nourse, *op. cit. supra*, note 80 at 1341.

⑩ A. L. I., Model Penal Code, § 210. 3(1)(b)(1985).

为的形式没有要求,因此几乎完全集中在被告的情绪状态上。”[1]

在美国的大多数司法管辖区,通奸[2]仍然被视为客观的挑衅形式。嫉妒是长期存在的挑衅行为。[3] 每年都有数以万计的人受到不忠的影响,但伴随不忠的谋杀事件却是微不足道的。[4] 300 多年以来,在英格兰和威尔士,通奸被认为是客观的挑衅;不仅被认为是挑衅形式,而且被认为是不法挑衅,是被告失去控制的正当理由。[5] 在“莫格里奇案”[6]中,有人表示:“如果男人和其他男人的妻子通奸,如果丈夫将奸夫刺死,或将其打昏,这是纯粹的过失杀人;因为通奸是侵犯财产的最高实例,[7]没有比这更大的挑衅了。嫉妒让男人感到愤怒。”在英格兰和威尔士,通奸被认为
970 是严重的错误行为,在普通法中是重罪。[8] 在 1654 年的英国,苏珊·邦蒂(Susan Bounty)可能是最后因通奸而被处决的人,但直到 20 世纪后半叶,通奸在许多欧洲国家仍然是严重的犯罪。2015 年,美国 21 个州仍有通奸罪。在 5 个司法管辖区,[9]通奸是重罪,在威斯康星州,通奸可导致不同程度的惩罚,包括无期徒刑。还必须承认,对目睹性不忠所引起的嫉妒和愤怒,既有社会学上的解释,[10]也有生物学上的解释。[11]

5-037　为什么议会决定将性不忠排除在启动条件之外呢?

一般认为,作为一般的政策事项,如果承认此类抗辩,其不仅适用于发现妻子同其他男人发生性关系而杀死妻子的男人,而且还将适用于只

---

① Gruber, *op. cit. supra*, note 106 at 138—139.

② *R. v. Greening*[1913][1913]3 K. B. 846; Wayne R. LaFave, *Substantive Criminal Law*, (West Publishing, 2nd edn., 2003) Vol. Ⅱ at 498. *Culmer v. State*(2007) 647 S. E. 2d 30. *Virtual Adultery: No Physical Harm, No Foul*, (2012) 46 U. Rich. L. Rev. 667.

③ See Pieternel Dijkstra *et al.*, *An Inventory and Update of Jealousy—evoking Partner Behaviours in Modern Society*, (2010) 17(4) Clinical Psychology & Psychotherapy 329.

④ See Adrian J. Blow and Kelley Hartnett, *Infidelity in Committed Relationships Ⅱ: A Substantive Review*, (2005) 31(2) Journal of Marital and Family Therapy 217; Bruce Elmslie and Edinaldo Tebaldi, *So, What Did You Do Last Night? The Economics of Infidelity*, (2008) 61(3) Kyklos 391. Polly Vernon, *Is anyone faithful anymore? Infidelity in the 21st century* (London: The Observer, Sunday 7 March 2010).

⑤ *John Manning's Case*(1670) T. Raym. 212; *Maddy's Case*(1671) 1 Vent. 158.

⑥ (1706) Holt K. B. 484.

⑦ See Johanna Bond, *Honour as Property*, (2012) 23 Colum. J. Gender & L. 202 at 225 *et passim*.

⑧ “Murther, adultery, stealing, incest, sacriledge, extortion, perjury, trespass, and many other of the like kind, all men will agree to be *mala per se*.” *Thomas v. Sorrell*(1673) Vaugh. 330.

⑨ 马萨诸塞州、爱达荷州、俄克拉荷马州、密歇根州和威斯康星州将通奸视为重罪。在另外 16 个州,被视为轻罪。

⑩ See Hector D. Morgan, *The Doctrine and Law of Marriage, Adultery, and Divorce*, (Oxford: W. Baxter, 1826) Vol. Ⅰ at 494.

⑪ See Achim Schützwohl, *Which Infidelity Type Makes You More Jealous? Decision Strategies in a Forced—choice Between Sexual and Emotional Infidelity*, (2004) 2 Evolutionary Psychology 121.

是在一段时间后才听说这件事并因此杀妻的丈夫。[①] 更重要的是,这种抗辩会被用来给杀害分居的配偶或伴侣提供部分免责事由。在许多男性提出部分抗辩的案件中,没有发生性不忠现象,仅仅是因为妻子/伴侣离开了他们,开始了新的生活。[②] 此外,其还被用来作为导致谋杀的家庭暴力的免责事由。据相关报道,克莱尔·沃德(Clair Ward)代表当时的政府,将排除规定的理由表述如下:[③]

"部分挑衅抗辩的历史导致了普遍的观念,即这种抗辩可能被出于性嫉妒或对不忠的报复而杀害妻子的男性滥用。这削弱了公众对刑事司法公正的信心。"

…… 971

"说实话,在这个时代,很难说男人可以因为性不忠而杀了他的妻子是正当的。这就是原因所在。如果其他要素起作用,法庭当然有机会考虑这些要素,但无法完全以性不忠为理由作出裁决。性不忠排除适用于对失去控制的谋杀的新的部分抗辩的言语和肢体行为,即谋杀失去控制。"

过去对挑衅的部分抗辩是以使男性比妇女更有利的方式演变的,这导致被殴打的妇女乃至普遍的妇女在主张抗辩方面较少取得成功。[④] 妇女很少为杀害不忠丈夫提出部分免责抗辩,但并非前所未闻。[⑤] 然而,如果这些形式的挑衅在客观意义上仍然被视为非法挑衅,[⑥]如果这种非法挑衅事实上确实导致被告失去控制,很难理解为什么对于真正的通奸和性不忠案件,不得主张相关抗辩。这项新的抗辩本来可以缩小范围,只涵盖真正的性不忠,而不是为杀害那些离开他们开始新生活的伴侣的男性提供庇护。如果不把真正的性不忠排除在合格的启动要素之外,为受虐待妇女(以及更普遍的女性阶层)更容易提出抗辩而实行的改革就不会遭到削弱。

5-038　当立法者们把性不忠排除在符合条件的启动要素之外时,是否考虑到了合理的关系(比例)规则?

这似乎隐含在克莱尔·沃德的推理中。这似乎也隐含在加拿大最高

---

① Law Commission, *op. cit. supra*, note 6 at 41-45.

② Ibid.

③ Hansard, 9 Nov 2009: Column 79.

④ Law Commission, *op. cit. supra*, note 6 at para. 4. 17. Emily L. Miller, (*Wo*) *manslaughter*: *Voluntary Manslaughter, Gender, and the Model Penal Code*, (2000) 50 Emory L. J. 665.

⑤ *Scroggs v. State*(1956) 93 S. E. 2d 583; *State v. Turner*(1997) 708 So. 2d 232; cf. *People v. Williams*(1991) 576 N. E. 2d 68; *Commonwealth v. Legg*(1998) 711 A. 2d 430. In *Holmes v. D. P. P.* [1946] A. C. 588 at 600.

⑥ Dennis J. Baker, *The Right Not to be Criminalized*: *Demarcating Criminal Law's Authority*, (Farnham: Ashgate, 2011) at Chap. 2.

法院的查伦法官对"女王诉特兰案"(*R. v. Tran*)[①]的说理中。在该案中，毫无疑问，当被告发现前妻和新男友躺在床上时，他实际上已经失去了控制。他发疯地捅了所谓奸夫17刀。查伦法官表示："上诉人认为，他分居的妻子在离婚后与其他男性发生性关系——在审判中被认定为(挑衅行为)——在法律上，这不足以成为'以杀人狂怒的形式失去控制'的免责，也不足以构成'普通的个人免责事由'。"[②]这里的基本论点支持废除
972 对所有形式的客观不法挑衅的部分抗辩，即使这种挑衅非常严重。这类似于上面提出的全部废除部分抗辩的论点。基本主张是，像决定杀害他人这样严重的决定对失去控制的理由施加了如此沉重的心理平衡，这种失去控制并无法造成充分可衡量的反思性判断丧失，从而有理由部分免责被告的杀人行为。也许立法者认为，尽管性不忠在道德上是错误的，是客观挑衅性的，但客观意义上并不构成极端严重的情况，客观意义上也不会让被激怒的行为人感到被严重不公正对待。由于总的政策是使部分抗辩尽可能不分性别，[③]议会决定不把这个问题留给陪审员处理。

5-039　如果只允许由于某种特定的挑衅行为被告才能主张丧失控制，难道不是不合逻辑的吗?[④]　行为人失去了控制，就是失去了控制。

议会没有完全废除抗辩，而是出于政治原因决定保留简短的抗辩形式。只有在极端情况下才能提供新的抗辩。议会仍然认为性不忠是错误的，但并不是构成极端严重情况的严重错误。[⑤]议会不认为这是如此严重的错误，以至于对被告的反思判断能力产生了重大影响。更重要的是，在没有性不忠的情况下：如果行为人的爱人决定离开，开始新生活，他就不会受到委屈。事实上，有些人在得知情人的性不忠后会失去控制，但他们无法因失去控制而免责(被告从第三方那里得知性不忠的消息也不会有影响，[⑥]因为排除性不忠作为一般启动要素的政策是明确的)。然而，上述讨论表明，新的法律是不一致的，因为许多其他形式的严重挑衅被允许提交陪审团。

---

① [2010]3 S. C. R. 350 at para. 19.

② *R. v. Tran*[2010]3 S. C. R. 350 at para. 7.

③ Baker and Zhao, *op. cit. infra*, note 160; Adrian Howe, *Mastering Emotions or Still Losing Control? king Public Engagement with "Sexual Infidelity" Homicide*, (2013) 21(2) Feminist Legal Studies 141.

④ See Andrew von Hirsch and Nils Jareborg, *Provocation and Culpability*, in Ferdinand Schoeman(ed.), *Responsibility, Character and the Emotions*, (Cambridge: Cambridge University Press, 1987) at 252.

⑤ *R. v. Tran*[2010]3 S. C. R. 350.

⑥ *Oldham v. State*(1911) 142 S. W. 13; *Speake v. State*(1992) 610 So. 2d 1238; *Commonwealth v. Brown*(1982) 387 Mass. 220; *Com. v. LeClair*(1999) 708 N. E. 2d 107.

5-040　当启动符合条件时，第三方传递挑衅性信息并不重要。[①]

假设，甲和她的丈夫乙去当地幼儿园接孩子。乙在幼儿园前的车里等着，甲进去接他们的小孩。当甲进入大楼时，发现有恋童癖的老师在调戏自己的孩子。甲用智能手机给乙打电话，告诉他发生了什么事，然后乙跑进去杀了老师。 973 乙被孩子被猥亵的消息激怒了，但这种挑衅的来源是妻子告诉他老师猥亵孩子的行为。由于后者将构成符合条件的启动要素（客观意义上的错误的挑衅），因此由第三方转述给被告并不重要。[②] 挑衅的来源是被告被告知的行为。

5-041　“仗义杀人”的父亲难道无法辩称，发现自己18岁的女儿与男性上床，构成了极其严重的情节，这使他合理产生被不公正对待的感觉吗？

我并不这么认为。[③] 错误的客观挑衅要求使许多情况下这种抗辩并不成立，例如男性因女儿择偶而杀害女儿，[④]或父母杀害不断哭泣的婴儿。[⑤] 被激怒的仗义杀人者认为自己遭遇不公正对待的主观感受并不算数。[⑥] 问题是具有正常的克制和控制的人（位于当代英国的社会）是否会感到受到严重的委屈，是否会认为这种情况是极其严重的。经正确指导的陪审团不太可能接受父亲发现他的成年女儿与她的男朋友发生了自愿的性行为，是极端严重的情况。也不太可能认定该父亲受到严重不公正对待，因为一般的规范标准允许成年人选择自己的伴侣，并选择是否发生性关系。

5-042　如果男人因发现17岁的儿子和自己30岁的情人鸡奸而杀了这位同性情人呢？

斯蒂芬法官曾经坚称，“看到自己儿子被鸡奸激怒了父亲”。[⑦] 然而，以当代规范标准衡量，这类行为并不是不法行为，因为涉及两名成年人进行自愿性行为。如果儿子未成年，情况就会不同。 974

5-043　这是否意味着，如果行为人不合理地任由愤怒或恐惧控制自己反思判断的能力，就要对失去控制的后果负全部责任？

正确。“不法性”要求是法律的重大变化。这意味着陪审团必须客

---

① The discussion in *Moffa v. R.* (1977) 138 C. L. R. 610 at 654.

② *State v. Copling*(1999) 741 A2d 624; *Commonwealth v. Berry*(1975) 461 Pa. 233.

③ Von Hirsch and Jareborg, *loc. cit. supra*, note 132.

④ *R. v. Mohammed*[2005] EWCA Crim. 1880. Or where a parent engages in vigilantism. *R. v. Baillie*[1995] 2 Cr. App. R. 31.

⑤ *R. v. Doughty*(1986) 83 Cr. App. R. 319.

⑥ Gardner, *op. cit. supra*, note 23 at 134 et seq.; *R. v. Dawes*[2014] 1 W. L. R. 947 at 963 *per* Lord Judge, C. J.

⑦ Stephen, *loc. cit. supra*, note 102.

观地评估这种挑衅行为。要求被挑衅的行为人有被挑衅行为严重错误对待的感觉,因为这是陪审团的评价问题,这是没有其他含义的。同样,要求挑衅构成极其严重的情况也支持该解释。强奸等严重的犯罪行为将满足相关要求,但尚不清楚哪些非犯罪的道德错误行为同样符合相关要求,但"非暴力"的犯罪行为,如对行为人进行种族攻击[①]或虐待同性恋,可能无法通过测试。

5-044 如果陪审团接受"仗义杀人"作为符合要求的启动要素呢?

法律允许陪审团根据被告认为的事实考虑,挑衅是否可以合理地被视为严重的错误挑衅形式。但陪审团没有权力决定是否可以根据事实提供抗辩,因为法官有权从陪审团的审议中排除没有确凿证据支持的案件。[②] 法官看了证据后会问自己,理性的陪审团能否就该证据得出这样的结论。不应允许陪审团在第55(4)(a)和(b)款中考虑仗义杀人是否符合条件的启动要素,因为理性的陪审团不会认定如此一来抗辩得到证明。

5-045 这是假设陪审团是由支持英国普遍价值观的正义人士组成的。如果被告来自不同的文化背景呢?[③]

文化相对主义不包括在内。刑法根据行为人所处社会的规范和标准来判断他。如果行为人选择在中国生活,他就必须遵守该国的刑法;如果选择在英国生活,也是一样的。"不,我希望,因为我有节制不喝酒,所以我也有耐心忍受喝酒:我要随遇而安;因为当行为人来到罗马时,他必须随遇而安。"[④]此外,谋杀在当今世界上几乎每个现代社会都是非常严重
975 的犯罪行为。除此之外,只有少数几个极端国家的刑法为仗义杀人提供了合法抗辩。[⑤] 仗义杀人者可能事实上失去了自制力,可能觉得自己被严重不公正地对待;拥有正常控制和克制能力的人,不会因为自己女儿与她选择的男人发生了自愿的性交而杀害成年女儿。此外,可以认为,基于文化作出让步可能造成社会分裂,而且,还可能使法院不得不同情地看待

---

① Section 3 of the *Football(Offences)Act* 1991.

② Section 54(6) of the *Coroners and Justice Act* 2009. 55(3)(4)(5); *R. v. Dawes*[2014] 1 W. L. R. 947 at 963. *R. v. Barnsdale—Quean*[2014] E. W. C. A. Crim. 1418; *R. v. Jewell*[2014] E. W. C. A. Crim. 414.

③ See Reid G. Fontaine, *The Wrongfulness of Wrongly Interpreting Wrongfulness: Provocation, Interpretational Bias, and Heat of Passion Homicide*, (2009) 12 New Crim. L. Rev. 69.

④ Henry Porter, *The Pleasant History of the two angry women of Abington* (London: Imprinted for Ioseph Hunt and William Ferbrand, 1599).

⑤ See Sara Hossain and Lynn Welchman(eds.), *Honour: Crimes, Paradigms and Violence Against Women* (London: Zed Books, 2005). M. Eisner M and L. Ghuneim, *Honor Killing Attitudes Amongst Adolescents in Amman, Jordan*, (2013) 39(5) Aggress. Behav. 405.

被告所属的若干凶残的"亚文化"。①

5-046　如果异性恋者失去控制，杀死了向他提出性要求的同性恋者呢？

法院不会认为这种情况极为严重，或认为被激怒的凶手在客观意义上有理由感到被严重错误对待。② 没有魅力的男人也会追求女性，但后者不会杀死前者。被追求者可以轻易摆脱此类遭遇。有正常克制力和控制力的人在此种境况下不会失去控制。③

如果男同性恋者试图对被告进行性侵犯（插入等），④可以将失去控制的抗辩提交陪审团。⑤ 不管攻击者/被害人的性取向如何，被提出性侵犯和被性侵犯有很大的区别。在后者的情况下，理性人会发现这种情况 976
具有极其严重的性质，无疑会有被严重错误对待的感觉。

5-047　如果女同性恋在亲吻在其看来是女性，但最终发现对方原来是与自己有血缘关系的男人之后失去控制并杀人怎么办？

这在客观意义上是错误的挑衅行为，因为不诚实使其成为不法行为，对被害人是挑衅行为。这种欺骗和单纯的吻会构成极其严重的情况，使被害人感到受到严重的不公正对待，这是令人怀疑的。然而，如果被告通过插入实施了性攻击，这就构成了严重的客观不法挑衅。⑥

5-048　如果银行职员拒绝把保险柜的钥匙交给强盗，而强盗却开枪将其打死，这会不会构成失去控制的抗辩呢？

法官将把这个问题从陪审团所考量的范围中排除出去，⑦还可能撤回

---

① *People v. Wu*(1991) 286 Cal. Rptr. 868 at 883. , Douglas, Heather, *Assimilation and Authenticity: The "Ordinary Aboriginal Person" and the Provocation Defence*, (2006) 27(2) Adelaide L. Rev. 199; Aahren R. DePalma, *I Couldn't Help Myself—My Culture Made Me Do It: The Use of Cultural Evidence in the Heat of Passion Defence*, (2009) 28 Chicana/o—Latina/o L. Rev. 1; Janet C. Hoeffel, *Deconstructing the Cultural Evidence Debate*, (2006) 17 U. Fla. J. L. & Pub. Pol'y 303; John A. Cohan, *Honour Killings and the Honour Defence*, (2010) 40 Cal. W. Int'l L. J. 177 at 203 *et passim*; Neal A. Gordon, *The Implications of Memetics for the Cultural Defence*, (2001) 50 Duke L. J. 1809; Damian W. Sikora, *Differing Cultures, Differing Culpabilities? A Sensible Alternative: Using Cultural Circumstances as a Mitigating Factor in Sentencing*, (2001) 62 Ohio St. L. J. 1695.

② See *R. v. Meerdink*[2010] Q. C. A. 273; Cynthia Lee, *Masculinity on Trial: Gay Panic in the Criminal Courtroom*, (2013) 42 Sw. L. Rev. 817.

③ Section 13(3) of the *Crimes Act* 1900 (Australian Capital Territory); Section 158 of the *Criminal Code Act* (N. T.); *R. v. Hajistassi*[2010] S. A. S. C. 111.

④ *Green v. The Queen*(1997) 191 C. L. R. 334. *Green v. The Queen*(1997) 191 C. L. R. 334 at 408.

⑤ *R. v. Martin*[2011] V. S. C. 217; *R. v. Hansford*[1987] 33 C. C. C. (3d) 74; *Patrick v. State* (2012) 104 So. 3d 1046.

⑥ *R. v. McNally*[2014] Q. B. 593. *State v. Tizard*(1994) 897 S. W. 2d 732.

⑦ *R. v. Dawes*[2014] 1 W. L. R. 947 at 956-954; and 965, *Stingel v. The Queen*(1990) 171 C. L. R. 312.

对事实问题的抗辩，因为抢劫犯携带枪支的证据表明有预谋。[①] 符合条件的启动要素需要不法行为，即使不法性的概念扩大到包括道德错误。这种情况下并不存在客观意义上的错误挑衅。

5-049 如果被告失去自我控制是因为害怕来自被害人的严重暴力，可以主张失控抗辩，因为这是合条件的启动要素。但是，自卫不是提供了更合适的抗辩吗？

如果被告的抗辩条件明确的话，可以这样做。在"女王诉阿卢瓦利亚案"（*R. v. Ahluwalia*）[②]中，被告在忍受了丈夫多年的暴力和羞辱之后，在卧室里扔了汽油并点燃，因此杀死了丈夫。杀害熟睡丈夫的妇女无法主张是自卫。即使"突然"失去控制的要求已从失去控制的法律中删除，但被殴打的妇女可能很难证明恐惧使实际上失去了控制。可能会先发制人，因为担心自己会遭遇再次殴打，但先发制人所涉及的深思熟虑和计划

977 意味着，很难证明这些殴打是失控造成的。不过，受虐妇女可以证明其一直处于恐慌和恐惧的状态，因此最终崩溃。（但是，在此，有人"抓拍"的想法让人联想到突然的画面，而不是渐变的失控。如上所述，渐变的挑衅积累与缓慢或持续失去控制是不一样的。后者很难概念化。）对其实施的个人攻击最终会构成极其严重的情况，会给人以被严重不公正对待的合理感觉，但最终失去控制很可能是突然的。

第 8 节 错误的符合条件启动要素

5-050 不合理的错误会阻止被告进行抗辩吗？

这取决于不合理的错误是否与挑衅的存在有关，还是与挑衅是否在客观意义上具有挑衅性的问题有关。行为人冷静思考[③]的能力因愤怒和恐惧而减弱，这取决于行为人的主观心态。如果被告真的很生气，因为认为抓到了保姆对 4 岁的孩子进行性骚扰，仔细检查就会发现，保姆只是在用绷带来治疗几分钟前从秋千上摔下来的孩子的伤口，被告就会因为对实际事实的无知而得到部分的免责。[④] 如果被告把事实正确地解释出来，不管被告的错误是什么，错误就会导致客观的挑衅。这在"康涅狄格

---

① *R. v. Jewell*[2014]EWCA Crim. 414.

② (1993)96 Cr. App. R. 133;*R. v. Thornton*(*No.* 2)[1996]1 W. L. R. 1174.

③ *R. v. Dryden*[1995]4 All E. R. 987. ,Russell D. Covey,*Temporary Insanity*:*The Strange Life and Times of the Perfect Defence*,(2011)91 B. U. L. Rev. 1597 at 1642-1643.

④ *R. v. Brown*(1776)1 Leach 148.

州诉扬兹案”(*State v. Yanz*)[①]中得到了很好的体现。在这个案件中,[②]鲍德温法官(Baldwin J.)表示:

“当男人发现他的妻子在通奸时,盛怒之下,杀死了妻子的情人,法律证明陪审团认定这是过失杀人是正当的。这是因为,在盛怒引起的天然感情冲动之下,突然做出的这种行为,无法公正地暗示恶意,而恶意是谋杀罪的必要要件。这种激动是确信的结果,从亲眼所见的证据来看,行为人相信真的存在通奸行为。这种如此(真诚地)形成的确信,激发了无法控制的激愤。此种确信,虽然是错误的,但所引起的情绪,和通奸行为真实存在时行为人的情绪是一样的。”

至于是否存在主观上客观的挑衅,这种不合理但却是真正的错误,将为被告提供部分免责事由。但是,错误越不合理,陪审团就越不可能接受被告实际上犯了这个错误这一事实。

5-051　这是有道理的,但对于挑衅是否在客观意义上有严重的或非法的认识错误,是否重要?

并不重要,因为挑衅的严重性和错误性由客观评价决定。因此,仗义 978
杀人者无法仅仅声称他误认为自己成年女儿违抗包办婚姻是客观的挑衅而提出抗辩。

同样,如果特定挑衅已经被明确排除在合格的启动要素范围之外,那么被告关于其存在的错误认识将无济于事。假设被告回到家,发现被害人,也就是他的妻子和园丁甲在游泳池里裸泳。被告认为妻子和甲有奸情,但事实上,就在被告发现两人在游泳池里之前,被害人正站在游泳池附近喷洒杀虫剂,不慎将杀虫剂洒到了自己和甲的身上。意识到毒药的危险,被害人和甲决定脱光衣服,跳进游泳池,尽快把毒液洗掉。火上浇油的是,当被告发现两人在游泳池里赤裸相对时,他们正笑着想把毒液洗掉。被告大发雷霆,杀死了妻子。基于这些事实,被告对挑衅的存在出现了真正的认识错误,这是理性人可能犯的错误。然而,由于性不忠不再被视为客观挑衅(符合条件的启动要素),[③]因此被告无法主张此类抗辩事由。

如果被告认为存在的挑衅在客观意义上是足够严重的不法挑衅,关于挑衅存在的真正认识错误只能被用来否定被告的可责性。也就是说,

---

① (1901)50 A. 37 at 39.

② *State v. Yanz*(1901)50 A. 37 at 39.

③ See Dennis J. Baker and Lucy X. Zhao, *Contributory Qualifying and Non—Qualifying Triggers in the Loss of Control Defence: A Wrong Turn on Sexual Infidelity*, (2012) 76(3) Journal of Criminal Law 254.

根据2009年《验尸官和司法法》,在被告当时所处的情况下,普通人必须认为相关挑衅是合条件的启动要素(客观意义上是严重的和错误的挑衅)。在若干司法管辖区,法院犯了错误,对于客观挑衅存在的认识错误也必须是合理的。[①] 挑衅行为是否在客观意义上足以成为部分抗辩的启动要素,这与被告是否认为存在符合条件的挑衅截然不同。后者是主观的问题,前者是客观的问题。主观的问题很简单:被告是否认为存在合条件的挑衅?客观的问题是:被告所相信存在的这种挑衅,是否会让身处类似环境中与被告性别年龄相同的正常人感到愤怒并因此失去控制?

5-052 这是否意味着"正常克制者"测试并不要求被告的错误必须是合理的?[②]

如果被告认为事实是(合理与否),则可以对其进行检验。[③] 客观自我克制测试所要排除的是自我控制的异常缺陷,而不是观察错误或对事实的推断错误。

这对于醉酒有着重要的现实意义,因为行为人在喝酒或吸毒的影响
979 下实际上很容易误解他人的意图。一度,英国法院已经准备好允许醉汉提出挑衅抗辩,并对抗辩的合理性不加限制。[④] 最近,司法对醉酒者的错误更加严厉;[⑤]但仍有人认为,既然醉酒只是减轻罪责的问题,那么即便醉酒并不是一般意义上自我控制能力相关的特征,仍然可以将其作为证据加以考虑。

第9节 复 仇

5-053 当行为人故意采取报复行动时,可能会完全控制自己的行为。[⑥] 可能不想承受复仇杀人的后果(谋杀定罪),但可能会权衡利弊,选择承担后果。可能宁愿进监狱,也不愿放弃复仇的机会。然而,关于失去控制的法律假定恐惧或愤怒有可能剥夺行为人冷静思考的能力。据说,正是这种部分丧失能力为部分免责提供了理由。与此同时,法律承认被告对自己的行为具有很大的控制力,因为允许对其认定过失杀人定罪。

---

① *Dandova v. State*(2003)72 P. 3d 325.

② *R. v. Ghazlan*[2011]V. S. C. 178.

③ *R. v. Manchuk*[1938]S. C. R. 18, East, *op. cit. supra*, note 26 at 241.

④ *R. v. Letenock*(1917)12 Cr. App. R. 221; *R. v. Raney*(1944)29 Cr. App. R. 14; *R. v. Wardrope*[1960]Crim. L. R. 770.

⑤ *R. v. Hatton*[2006]1 Cr. App. R. 247; *R. v. O' Connor*[1991]Crim. L. R. 135; *R. v. O' Grady*[1987]Q. B. 995.

⑥ *R. v. Clinton*[2013]Q. B. 1.

过失杀人的定罪是允许的,因为被告的部分不加考虑的决定被纳入了故意杀害他人的一般决定中:行为人不是不受控制的机器人。愤怒或恐惧可能会导致行为人处于无意识状态,但这种情况的出现概率很可能是微乎其微的。[①]

5-054 如此一来失去控制不就是报复吗?

布莱克斯通将挑衅杀人描述为"突然的报复行为"。[②] 法律报告中的大多数案件都涉及部分出于报复动机的杀人,但不予以强调。"报复"概念是指有计划、冷血的报复行动。2009年相关立法第54(4)条规定:"如果在杀人或作为杀人行为人时,被告出于报复的考虑而采取行动,则第(1)款不适用。"议会采取了该预防措施;因为担心取消直接要求会将抗 980
辩扩大到报复性杀人。

如果被告为了杀死对手而寻求挑衅,谋杀的罪名将不会因此得到减轻。[③] 如此一来,因果关系的要求很难限制抗辩,因为如果在发生挑衅之后发生杀人(特别是在立即发生的情况下的行为),[④]除非有预谋的证据,否则很容易推断出因果关系。[⑤] 因此,如果某人不小心或轻率地[⑥]招致对自己的攻击,可以将该攻击作为失去控制的部分抗辩的合条件启动。"(如果被告)为自己创造了抗辩条件,但这样做是无可指责的,就没有什么理由剥夺他的抗辩。正如行为人没有作出因果关系的加功一样。"[⑦]然而,如果煽动攻击的目的是利用那次攻击作为合条件的启动来为杀死挑衅者开脱,抗辩将不可用。[⑧]

---

① *R. v. Parent*[2001]1 S. C. R. 761 at para. 10. *R. v. Richens*[1993]4 All E. R. 877.

② See William Blackstone, *Commentaries on the Laws of England*, (Oxford: Clarendon Press, 1769) Vol. Ⅳ at 192.

③ Section 55(6)(b) of the *Coroners and Justice Act* 2009. *Richard Mason's Case*(1748) Fost. 132; *R. v. Mawgridge*(1706) 84 E. R. 1107; *R. v. Lynch*(1832) 172 E. R. 995; *R. v. Selten*(1871) 11 Cox C. C. 674; *R. v. Kirkham*(1837) 173 E. R. 422, *per* Coleridge, J. *R. v. Johnson*[1989]1 W. L. R. 740; *R. v. Dawes*[2014]1 W. L. R. 947 at 962, Lord Judge, C. J.

④ *R. v. Ibrams*(1982) 74 Cr. App. R. 154.

⑤ *Masciantonio v. R.* (1995) 183 C. L. R. 58 at 80.

⑥ Foster, *op. cit. supra*, note 87 at 135. *R. v. Yasso*(*No.* 2) (2004) 148 A. Crim. R. 369 at 383. Joachim Herrmann, *Causing the Conditions of One's Own Defence: The Multifaceted Approach of German Law*, [1986] B. Y. U. L. Rev. 747; *R. c. Penno*[1990]2 R. C. S. 865; Jenny Morgan, *Provocation Law and Facts: Dead Women Tell No Tales, Tales Are Told About Them*(1997) 21 Melbourne University L. Rev. 237.

⑦ *State v. Edwards*(2006) 717 N. W. 2d 405 at 417 *per* Anderson, C. J. citing Paul H. Robinson, *Causing the Conditions of One's Own Defence: A Study in the Limits of Theory in Criminal Law Doctrine*, (1985) 71 Va. L. Rev. 1 at 8.

⑧ *R. v. Dawes*[2014]1 W. L. R. 947 at 962 *per* Lord Judge, C. J.; *R. v. Edwards*[1972]3 W. L. R. 893.

5-055 被告随身携带武器的证据是否足以推断其打算杀人?

如果陪审团认为失去控制仅仅是使用武器的免责事由,携带武器的人将面临无法为失去控制抗辩的危险。但没有规则仅仅因为被告身上有武器就排除了他。即使携带着致命武器,但如果在被挑衅之前没有使用
981 武器的意图,主张失去控制抗辩是能够成功的。[①]

法律试图区分冷血愤怒下的杀人,即在权衡利弊后故意杀人,以及头脑发热时根本没有权衡利弊的冲动杀人。在过去,这种区别通常取决于被告对挑衅事件的直接反应。尽管新的抗辩已经取消了突然失去控制的要求,但在突然失去控制的情况下,抗辩更有可能成功。如果挑衅事件是最近发生的,这可能是有力的证据,证明被告在杀人时受到了强烈的影响。

不得复仇的要求,很可能会给被殴打的妇女设置进一步的障碍。可以举个事例。在判例中,两姐妹和她们的母亲不得不面对残暴而酗酒的父亲。当父亲发飙的时候,家人把他打趴在地上,姐妹们决定,如果父亲再施暴,她们会杀了他。结果,这位父亲又实施家庭暴力,姐妹中有人刺死了他。如果严格适用法律,这可能构成谋杀,因为存在蓄意策划;但陪审团作出了过失杀人的裁决。这位 21 岁的姐姐被判入狱 3 年,经上诉维持原判。[②] 根据新的法律,除非能够证明复仇只是情况要素,而且杀人是出于恐惧,最终导致失去控制,否则无法成立失去控制抗辩。

第 10 节 客观自我克制

5-056 第 2 个评价问题直接涉及推定存在"一般人"的行为,即与被告年龄和性别相同的理性人。虽然性别不太可能对正常状况产生影响,但议会对此采取了很好的措施。[③] 与此相关的是 2009 年《验尸官和司法法》第 54(1)(c)和(3)款之规定:

"如果与被告性别和年龄相同的人具有正常程度的容忍和自我克制,并且在被告的情况下,可能以与被告相同或类似的方式作出反应,被告不应被判谋杀罪。

在第(1)(c)款中,'被告的情况'是指被告的所有情况,但与被告行为的唯一相关之处在于,与被告的一般容忍或自我克制能力有关的情况
982 除外。"

---

① *R. v. Fantle*[1959] Crim. L. R. 584. Cf. *People v. Hovey*(1988)44 749 P. 2d 776.

② *R. v. Maw*(1980)130 N. L. J. 1163.

③ *Masciantonio v. R.* (1995)183 C. L. R. 58 at 66 to 67.

5-057　这种评估测试是否要求陪审团确定挑衅是否足以使正常人实施杀人行为？

这样的测试是没有意义的，因为“正常程度的宽容和自我克制”的人不会杀死他人，除非是在正当防卫。[①] 如果采取合法的正当防卫行动，就会根据自卫法得到充分的抗辩。这种挑衅只需足以使普通人失去对其行为和理性的控制。

5-058　这是否意味着陪审团只需要发现足以使“正常程度的容忍和自我克制”的人失去控制的客观的启动要素就可以？

只需证明，客观（合条件的启动）挑衅足以使“正常程度的容忍和自我克制”的人失去控制。陪审团不考虑客观（启动）挑衅与被告失去控制的后果之间是否存在合理的关系（比例），因为被告失去控制的后果是被告实施了不正当的谋杀行为。在法律上不正当的杀人行为并不是具有“正常程度的容忍和自我克制”的人的行为，无论客观意义上的不法挑衅有多严重。然而，失去控制本身可能是具有客观自我克制的人的行为；因此，重点必须是失去控制，而不是在行为人处于失控状态时所实施的特定行为（或其后果）。问题不在于杀人是否客观意义上是其他人会做的事，而仅仅在于先前的失控是否是正常人会遭受的状况。

5-059　这意味着年龄和性别可以被视为影响被告宽容或自我克制的能力的要素，而不需要考虑其他的个人特征或属性？

正确。陪审团决定与被告年龄和性别相同的正常人[②]是否会像被告那样行事；他们根据这些理性人的意见作出决定。其必然结果是，法官无法将与被告相同年龄和性别的普通人的行为作为法律事项告诉陪审团。法官无法在法律上指示陪审团，相同年龄和性别的普通人不会这样做，因 983
为把抗辩留给陪审团同时指示陪审团从事如此困难的认定，是无意义的。这实际上等于不把抗辩问题留给陪审团处理。然而，如果没有充分的证据证明存在抗辩的要素，法官不应将抗辩提交陪审团。这些证据必须“能够合理地支持成立抗辩所需的推论”。[③]

5-060　法律是否允许陪审团赋予普通人以被告的特征？

历史记录将有助于你的理解。在“女王诉坎普林案”（*R. v. Camplin*）[④]中，迪普洛克法官征得其他上议院法官对该特定问题的同意，对此作了如

---

① *R. v. Brown*（1776）1 Leach 148；*People v. Jaspar*（2000）98 Cal. App. 4th 99. *State v. Head*（2002）255 Wis. 2d 194；*R. v. Clegg*［1995］1 A. C. 482.

② *R. v. Tran*［2010］3 S. C. R. 350 at para.

③ *Charron J. R. v. Tran*［2010］3 S. C. R. 350 at para. 41.

④ ［1978］A. C. 705 at 718E. the pre—*Act* decisions in *Attorney—General for Jersey v. Holley*［2005］2 A. C. 580；*R. v. Smith*［2001］1 A. C. 146.

下解释：

“我认为，就1957年相关立法第3条规定由陪审团单独决定的问题，向陪审团作出适当指示的原则如下：法官应说明如何适用该条款，然后，应该向陪审团解释，问题中提到的与被告性别年龄相同的理性人是有自制力的人，但在其他方面，这样认为会影响对被告的挑衅的严重性的判断；问题不仅是理性人会在同样的情况下被激怒而失去自我控制，而且是其是否会像被告那样对挑衅作出反应。”

在他的其他观点中，迪普洛克法官明确指出，“普通人”是由理性人转变而成的，而不是通过观察来发现的。普通人拥有所有人都有权期望其同胞在社会中像今天一样行使的控制权。[①] 这涉及价值判断，并应由陪审团作出。在对理性人的行为，甚至是“孕妇或15岁的男孩或严重驼背的人”如何利用合理的自我控制力做出反应，进行判断时，不得提供其他证据。[②]

理性人的行为究竟为何，并不存在所谓的事实证据，这是显而易见的，因为这样的证据将是求证的问题（专家证人在没有首先确定对象是理性人之前，无法选择他们所适用的行为范例）。该段的措辞并未对显示孕妇等人的行为方面的证据是否可接受的问题作出结论，但迪普洛克法官的意思可能是，这是不可接受的；2009年《验尸官和司法法》也得出
984 了同样的结论。

5-061 我想我现在很迷茫。首先，我不明白为什么会出现“年龄和性别”。这是标准，不是吗？当然，希望年轻人和女性能像成年男性一样克制自己，以免失去自我控制。事实上，没有证据表明人类的雌性比雄性危险小或更危险，[③]因此，这不应在法律上具有相关性。[④]

实属清流的观点。年龄的法律相关性，首先在“女王诉坎普林案”中得到确认，而该判决可能部分源自对过失相关法律规定的类推。过失在很大程度上取决于年龄的判断和经验问题，而失控则涉及自我控制，在不涉及杀人的基本问题上，这种控制应与获得杀人的身心力量同时获得。

---

① *R. v. Camplin* [1978] A. C. 705 at 717A. Lord Morris regarded the reasonable person as a “mythical person”：(at 719H), evidently meaning an imaginary person.

② *R. v. Camplin* [1978] A. C. 705 at 716E, 727F.

③ See Thomas F. Denson *et al.*, *A Functional Polymorphism of the MAOA Gene Is Associated with Neural Responses to Induced Anger Control*, (2014) 26(7) Journal of Cognitive Neuroscience 1418, Kira S. Birditt and Karen L. Fingerman, *Age and Gender Differences in Adults' Descriptions of Emotional Reactions to Interpersonal Problems*, (2003) 58(4) J. Gerontol. B. Psychol. (2003) 237. [Kevin Smith *et al.* (eds.), *Homicides, Firearm Offences and Intimate Violence* 2010/11 (London：Home Office, 2012)]

④ *Masciantonio v. R.* (1995) 183 C. L. R. 58.

然而，人们认为陪审团可以考虑到年轻人，而且有强有力的证据表明他们更容易冲动。[①] 就年龄而言，该规则正确地朝着宽大的方向运作。

像“女王诉瑞文案”（*R. v. Raven*）[②]这样的判例，根据新法律可能会得出不同的结论。在本案中，自称援引了“女王诉坎普林案”判决的伦敦法官，裁定对于身体年龄为22岁但精神年龄只有9岁的男性，须参照“与被告有着22年相同生活方式但心理年龄与被告相同的理性人”进行审判。这意味着，如此一来，必须假定理性人是存在智力缺陷的！他也许是想问：被告是否表现得像9岁的理性孩子那样？或许关注心理年龄的该判决作为对坎普林判决的延伸是合理的。同时，可以认为，“心理年龄”的概念只是智力测验表现的方便表达，[③]在法律上或心理学上通常都不被视为实际年龄的替代。不过，这项裁决是对智障人士的仁慈让步。 985

5-062　这意味着低智商会影响被告的自我克制能力吗？

不，如果仅仅是被告的心理年龄的指标，可能被认为是，但一般来说，就被告的正常自我克制的一般能力而言，没有相关性。然而，在其他情况下，如果智力低下导致被告在判断挑衅是否真的存在时犯了事实认识错误，智力低下也会被考虑在内。关于挑衅存在的真正错误与关于其是客观意义上错误[④]还是客观意义上严重[⑤]挑衅的不合理错误是可以区分的。因此，没有证据表明，法院会允许“在所有被告的情况下”该要素被用来对客观测试进行个性化或部分主观化。[⑥] 问题是：在被告的情况下，普通智力的人会相信被害人的行为是严重不法的挑衅吗？被告的情况仅仅是指案件的事实。如果被告的情况是，4岁时曾被老师猥亵，陪审员就必须询问，具有正常智力的英国人，是否会把这个事实视为“构成极其严重的情况”，以及是否会合理导致“遭遇严重错误对待的感觉”。

5-063　很难理解为什么议会在2009年《验尸官和司法法》中列入

---

① See Kira S. Birditt and Karen L. Fingerman, *Do We Get Better at Picking Our Battles? Age Group Differences in Descriptions of Behavioral Reactions to Interpersonal Tensions*, (2005) 60(3) J. Gerontol. B. Psychol. 121; Dennis J. Baker, *Should Unnecessary Harmful Nontherapeutic Cosmetic Surgery be Criminalized?* (2014) 17(4) New Crim. L. Rev. 587 at 614 *et seq* and the works cited therein.

② [1982] Crim. L. R. 51.

③ See Mark J. Cherry, *Ignoring the Data and Endangering Children: Why the Mature Minor Standard for Medical Decision Making Must be Abandoned*, (2013) 38(3) J. Med. Philos. 315 at 323; *Miller v. Alabama* (2012) 132 S. Ct. 2455 at 2469.

④ *R. v. Nelson* (1992) 13 C. R. (4th) 359.

⑤ The Law Commission (LAW COM No. 304), *Murder, Manslaughter and Infanticide*, (London: H. C. 30, T. S. O., 2006) at para. 5. 43.

⑥ See Peter Westen, *Individualizing the Reasonable Person in Criminal Law*, (2008) 2(2) Criminal Law and Philosophy 137. *R. v. Mrzljak* [2005] 1 Qd R. 308. Cf. *People v. Elmore* (2014) 59 Cal. 4th 121.

了性别问题。[①] 性别不应该是完全无关的吗？因为往往会助长那种长期以来一直是性别歧视挑衅要素的父权制家长式的定论吗？

迪普洛克法官表示，就抽象的自我控制能力而言，似乎存在或可能存在某种性别差异。该主张如果得到认真提出，将对妇女不利。这可能会导致概括的观点，即如果行为人的血液中含有雌激素而不是雄激素，他就更容易抑制自己的暴力行为；因此，女性如果屈服于暴力的冲动，那一定比男人更应该受到谴责！在这里参考性别会得出矛盾的结论。事实上，没有人会愿意追求这样的推理。

迪普洛克法官提到孕妇并不意味着怀孕涉及特殊的法律考虑；事实
986 上，他的观点正好相反。没有人认为孕妇作为阶层不适当地容易遭受暴力。根据 2009 年《验尸官和司法法》，怀孕只是存在的事实之一，有时可能导致悲剧。女性可能会因怀孕而沮丧，也可能会杀死拒绝的前情人，但这仅仅是让人非常愤怒的情况的事例。陪审团可能不得不考虑这类情况，例如，男性陪审员可能不得不把自己想象成孕妇，这听起来可能很奇怪，但要他们把自己想象成被抛弃的孕妇，比女性陪审员想象自己是被妓女嘲笑为阳痿的青年要容易得多。[②]

在"女王诉雷诺兹案"（*R. v. Reynolds*）[③]中，被告之所以能够援引限制责任的部分抗辩，是因为患有经前综合征和产后抑郁症。[④] 女性在经期的情况下可能会失控，但如果环境影响了她的宽容或自我克制的总体能力，根据 2009 年《验尸官和司法法》，这种情况是无法被考虑的。在"女王诉坎普林案"[⑤]中，西蒙法官试图找到若干理由来引入"理性的女性"概念，他认为，如果女性被告在被激怒时正处于经期或正处于更年期，这"可能"与挑衅有关。女性正在或即将来月经的事实与特定的启动要素无关（或者几乎不可能有关）。这可能会影响自我控制和克制的能力，因为这会使女性急躁；但这通常被认为是由第 2 个客观测试来决定的，在月经期和非月经期的女性之间没有差别；更年期也是如此（当然，更年期也会影响男性）。认为证据可证明，被告在某种程度上因自身的

---

① Ministry of Justice, *Murder, manslaughter and infanticide: proposals for reform of the law: Summary of responses and Government position*, Response to Consultation CP(R)19/08 at para. 77-78. Susan S. M. Edwards, *Anger and Fear as Justifiable Preludes for Loss of Self—control*, (2010) 74(3) J. Crim. L. 223 at 237-238.

② *Bedder v. D. P. P.* [1954] 1 W. L. R. 1119.

③ [1988] Crim. L. R. 679.

④ See Bernadette McSherry, *The Return of the Raging Hormones Theory: Premenstrual Syndrome, Postpartum Disorders and Criminal Responsibility*, (1993) 15 Sydney L. Rev. 292; Katherine K. Baker, *Gender and Emotion in Criminal Law*, (2005) 28 Harv. J. L. & Gender 447.

⑤ [1978] A. C. 705.

构造而被激怒，并非因与挑衅有关的理由被激怒，是不容许的，因为规则是被告的特有易怒性、敏感性或易激动性并不影响关于正常人的一般自我控制能力的问题；新法规确实对此进行了明确规定。以上便是2009年《验尸官和司法法》第54(3)条的全部立法目的。"我们由于不同的原因被激怒"，爱默生表示；[1]但法律有一般刺激的概念。由于这些原因，关于月经和更年期的意见必须被认为是与新法令不一致的。

5-064　哪些条件和特征会影响被告的一般自我克制能力，但被立法排除在外？

正常人的自我控制能力被认为不受特定被告的个人特征或属性的影
响，无论它们是什么。如前所述，年龄和性别是唯一的例外。酒精依赖综 987
合征、[2]智力残疾、[3]身体残疾、[4]迷醉、[5]物质成瘾、[6]耳聋、[7]奥赛罗综合征、[8]脑震荡、[9]脑损伤、[10]严重抑郁、[11]创伤后应激障碍、[12]社会和文化适应、[13]智力低下等个人特征或归因属性将不被考虑，因为这些条件影响被告的一般自我克制能力。如果公认的健康状况影响了被告的一般自我克制能力，适当的抗辩就是减轻责任这一抗辩事由。

5-065　你是在告诉我，被告控制自己对挑衅反应的总体能力，应该被视为独立于被告的个人特征之外吗？

虽然被告只有一条腿，但仍可以(或应该能够)控制自己的脾气，其他人也一样；但人的残疾可能决定了激怒的环境。由此得出的结论是，除年龄和性别外，特征或属性只能在与挑衅的客观严重性有关的范围内加

---

① See Ralph Waldo Emerson, *Complete Works of Ralph Waldo Emerson*, (Cambridge: Riverside Press, 1903) at 222.

② *State ex rel. Harper v. Zegeer*(1982) 170 W. Va. 743.

③ *R. v. Dryden*[1995]4 All E. R. 987; *R. v. Humphreys*[1995]4 All E. R. 1008.

④ *Bedder v. D. P. P.* [1954]1 W. L. R. 1119.

⑤ *R. v. Asmelash*[2014]Q. B. 103; *R. v. Newell*(1980) 71 Cr. App. R. 331.

⑥ *R. v. Morhall*[1996]A. C. 90.

⑦ *R. v. Roberts*[1990]*Crim. L. R.* 122.

⑧ *State v. Maraschiello*(2000) 88 S. W. 3d 586.

⑨ *People v. Tolds*(2011) Not Reported in Cal. Rptr. 3d, 2011 WL 1134463; *People v. Mora*(2010) Not Reported in Cal. Rptr. 3d, 2010 WL 4059937.

⑩ *Luc Thiet Thuan v. R.* [1997]A. C. 131.

⑪ *R. v. Smith*[2001]1 A. C. 146. Benjamin J. Sadock *et al.*, *Kaplan and Sadock's Comprehensive Textbook of Psychiatry*, (Philadelphia: Wolters Kluwer Health/Lippincott Williams & Wilkins, 9th edn., 2009.) at Chap. 13.

⑫ See Heathcote W. Wales, *Causation in Medicine and Law*: *The Plight of the Iraq Veterans*, (2009) 35 New Eng. J. Crim. & Civ. Confinement 373 at 392.

⑬ *R. v. Mohammed*[2005]E. W. C. A. Crim. 1880. *Hill v. State*(1956) 38 Ala. App. 404; *Leary v. United States*(1967) 383 F. 2d 851.

以考虑。被告没有表现出正常的自制力,无法仅仅因为有条人造腿,或者是阳痿,就有权被判过失杀人罪。同样,有证据表明妇女患有受虐妇女综合征,这可能表明进一步殴打的威胁对她来说是特别具有挑衅性的威胁,但对总体自我控制能力的影响无法被考虑。因此,这些要素只有在表明鉴于被告的个人情况而对其特别具有挑衅性的情况下才能提出。

5-066 从被告的情况出发,哪些情况可能是相关的?

在进行挑衅和冷却时间已经过去的情况下,较小的事件可能会再次
988 引发挑衅,如果没有以前发生的事件,其可能不足以构成启动因素。[①] 若干启动要素(如经常遭到暴力丈夫的殴打)可能导致极大的恐惧;因此,面对新一轮攻击而杀人的人,将有权根据其行为的整个情况受到审判。

5-067 陪审团能否将被告的文化和意识形态信仰作为其生活环境的一部分?难道陪审团无法认为行为人的文化、宗教或其他意识形态环境会使其更容易受到某种冒犯吗?

当然不是。举个事例,白人极端主义分子因轻微挑衅而杀害黑人,而这本身并不是客观挑衅。假设被害人插队占用被告即将使用的停车位。由于被害人是黑人,被告是白人极端主义者,被告完全失去控制并杀死被害人。被害人通过占用停车位而伤害了被告,但没有客观的挑衅,因为这不构成极其严重的情况,也不会使位于英国的正常人感到受到严重的不公正对待。这种挑衅对被告来说尤其严重,因为对世界的看法扭曲,而且是种族主义偏执狂,但被告自己的种族主义并没有使被害人的轻微挑衅行为在客观意义上更加严重。被害人的行为必须与被告扭曲的世界观分开来考虑。同样,如果被告被灌输相信仗义杀人是正当的,他就无法用他的文化环境来解释对他的挑衅的(主观)严重性。因此,在以下情形中:(1)意识形态信仰使某些东西具有严重的主观挑衅性;(2)意识形态信仰损害了被告的一般自我克制能力,被告的思想环境更容易受到影响,因此无法考虑这些要素。

曾有在英国的意大利人因一句针对他的女朋友的话而被激怒杀人,如果根据英国标准评判,就会忽略了这样的侮辱在地中海国家被认为比在英国要严重得多的事实。[②] 意大利人(像那些因其文化、种族、宗教、性取向而受到嘲弄的人)[③]可能会在法律上得到对其有利的考虑,这不是因为作为意大利人,他特别容易激动,而是因为有些侮辱对他来说比对英国人更痛苦。但是,必须承认,这种区别是有益的。在新的抗辩中发现的其

---

① *R. v. McCarthy*[1954]2 Q. B. 105.

② *R. v. Semini*[1949]1 K. B. 405.

③ *R. v. Camplin*[1978]A. C. 705 at 717 *per* Lord Diplock.

他限制意味着口头侮辱不太可能成为启动要素。以合理的陪审团的常规标准来衡量,这种挑衅的情况并不十分严重。 989

5-068　在新设立的部分抗辩中发现的两个客观问题在某些地方似乎是重叠的,因为被告的特殊情况,使其认为自己遭受到严重的挑衅,可能会影响其一般意义上的自我克制能力。这是对的吗?

举个事例,被告发现被害人猥亵自己的孩子。假设被告自己是儿童性骚扰的被害人。被告根据新的部分抗辩的第1种客观观点,认定被害人骚扰的孩子在客观意义上是错误的挑衅行为,因为这是极其严重的情况,会使正常的父母感到受到严重的错误对待。在第2种情况下,被告的特殊情况是自己小时候就被猥亵了。[①] 他的个人情况可以被认为影响了正常自我克制的一般能力,导致这种挑衅行为对其特别具有挑衅性。

5-069　你之前告诉我,性不忠作为客观的挑衅形式被法律排除在外,但会不会发展到挑衅的严重程度呢?

如果性不忠被排除在合格的启动要素之外,则其对特定被害人的严重性是不相干的考虑要素。有不正常的决定表明情况并非如此。在"女王诉克林顿案"(*R. v. Clinton*)[②]中,法官认为被告是在得知与他形同陌路的妻子开始了一段新关系而感到不安的情况下被激怒的。从技术上讲,这不是通奸案件,因为克林顿的妻子已经离开了他,和父母住在一起,几周前就结束了和克林顿的关系。事实并不表明妻子的新关系是在离开婚姻之前开始的。然而,法官认为,克林顿的情况是,他因发现妻子的新关系而感到愤怒,并且根据2009年《验尸官和司法法》第54(1)(a)、(b)和(c)款这可被视为对其控制行为的能力产生了某种影响。对法律的更好解释是,根据2009年《验尸官和司法法》第55(6)(c)款,性不忠被明确排除在符合条件的启动要素之外,因此,根据2009年《验尸官和司法法》第54(1)(a)、(b)和(c)款,既无法被视为符合条件的启动要素,也无法被视为被告的情况之一。因此,性不忠作为被告的情况之一,无法用来将不适格的挑衅扩大为适格的挑衅。[③]

在"女王诉克林顿案"[④]中,承认3个促成要素:

1. 性不忠[这是不符合条件的启动要素,因此无法由陪审团审议:第55(6)(c)款]。 990

2. 嘲笑克林顿威胁要自杀。据称,克林顿在告诉与其形同陌路的妻

---

① *Com. v. Martin*(2010)607 Pa. 165,*Green v. The Queen*(1997)191 C. L. R. 334.

② [2013]Q. B. 1.

③ Baker and Zhao,*op. cit. supra*,note 160.

④ [2013]Q. B. 1.

子他打算自杀时,后者刺激了他。据称,当克林顿先生以自杀相威胁以获得关注和同情时,克林顿夫人说:"你是不是找骂。"这种挑衅并没有明确排除在合格启动要素之外,但并不满足客观的合格启动测试。在客观判断时,这似乎不是一句话,可以认为"构成了极其严重的情节",从而使被告有"被严重错误对待的正当感觉"。克林顿先生对他的妻子做出这样的威胁是错误的。考虑到克林顿先生对克林顿夫人大喊大叫,骂脏话,并发出自杀威胁,夫人在激烈的争论中用类似的言语侮辱来回应,这几乎不算是错误的。

3. 克林顿害怕自己照顾自己的孩子(显然,后者不会为杀人提供客观的启动要素,因此有理由将其从下级法院的陪审团中撤回)。

法官认为,性不忠(不符合条件的启动要素)可以留给陪审团认定,当潜在的合条件启动要素(如刺激被告关于他的自杀计划,被告对抚养他的孩子的恐惧,等等)可供选择的环境过于温和,不足以单独作为构成"极其严重的情况"的要素。法官认为,性不忠可被视为可能导致正常克制的人失去控制的情况之一。实际上,这意味着,如果克林顿能够证明自杀嘲弄本身就符合抗辩的启动条件,陪审团可能会被要求考虑自杀是否足以阻止正常克制的人在被妻子的性不忠激怒的情况下进行控制。其结果将是,性不忠将被视为促成条件的启动要素。显然,这是不对的。在"所有被告的情况"中,适用范围非常有限,在许多情况下不太可能适用。

5-070 如果克林顿的情况是刚刚赢得了1500万英镑的国家彩票,并刚刚找到了新的女朋友,法官是否会认为这与客观意义上不够严重的轻微挑衅有关,不足以使其本身具备抗辩条件?

他很可能已经确定了相关情况和不相关情况之间的区别。假设克林顿曾3次成为通奸的被害人,他以前的每次婚姻都因通奸而以离婚告终。还假设在每次案件中,家庭法院都在离婚和解中将他的大部分财产交给了他的妻子。如果没有明确排除性不忠作为合条件的启动要素,被告的情况——他是多次性不忠的被害人——每次都会失去他的大部分财产,这是相关的情况。这些情况可能表明,为什么他更容易受到特殊的挑衅性不忠。但即使在这些事实下,这种情况也是无关紧要的,因为2009年《验尸官和司法法》第55(6)(c)款明确排除性不忠作为符合条件的启动
991 要素。在"女王诉克林顿案"中,性不忠并不是关于自杀威胁的嘲讽的相关情况。[①] 如果自杀嘲弄本身并不是符合条件的启动要素,就不能提出该部分抗辩。不符合条件的启动要素无法与不符合条件的挑衅性情况相

---

① R. *v*. *Biddle*[2011]NSWSC 1262.

结合形成符合条件的启动要素。[1] 行为人的背景情况，只能用来解释为什么被告特别容易受到“合条件的挑衅”，而无法解释为什么其特别容易受到“不符合条件的挑衅”。

稍微改变一下“女王诉克林顿案”的事实。即使克林顿夫人被发现在床上与假设的 15 岁继子发生了推定的双方同意的性交（即使孩子同意了，法律认为他的同意因他的不成熟而无效），错误的性不忠方面也是无关紧要的。根据这些假设事实，对儿童的性虐待本身就是符合条件的挑衅，而虐待也涉及性不忠的事实可能会加剧这种挑衅，但后者是无关紧要的情况，因为被明确排除在符合条件的挑衅形式之外。因此，如果继子年满 18 岁并表示同意，就不会有符合条件的挑衅行为，因为没有涉及未成年人的性犯罪，而性不忠本身并不是符合条件的挑衅。此外，如果克林顿先生发现他 18 岁的儿子和 35 岁的陌生女人躺在床上，他很可能不会被激怒。同样，如果克林顿女士在婚外情中感染了艾滋病病毒，并且故意感染了克林顿先生，感染本身就会被算作是符合条件的挑衅，性不忠的背景将是无关紧要的情况。毫无疑问，性不忠会增加刺激，但这既是多余的，也是不相关的。这是多余的，因为故意让他人感染艾滋病病毒，本身就是符合条件的挑衅。

5-071　新的抗辩仅仅是指可能引发符合条件的挑衅的情况吗？

2009 年相关立法明确回答了相关“情况”是否可以是对特定条件启动要素产生影响的问题；如果情况影响到挑衅的严重性，则可以加以考虑，但挑衅必须作为符合条件的挑衅形式独立存在。在被告所具有的特定情况下，要求激发（限定性启动）的客观要素导致正常的自我控制的人，允许陪审团把挑衅的情况视为“正当地感受到遭遇错误对待”。陪审 992
团没有必要评估理性的警官是否会失去控制并杀死恋童癖者，因为警察受过逮捕人犯的训练，不会恣意执法。不过，如果该名警务人员的情况是发现恋童癖者骚扰自己的子女，而该名警务人员在过去曾是强奸儿童的被害人，则陪审团会考虑这些额外的情况，以便作出适当的评估。陪审团可以推断，这将使特定的警官感到遭遇严重的错误对待。如果该名警察对儿童来说是个陌生人，过去从未成为强奸儿童的被害人，即使发现恋童癖者性骚扰或强奸儿童的情况极为严重，这名警官也不会有理由感到自己受到严重的伤害。他们也没有相关的情况会加剧对无关警官的挑衅。

在相关案件中，考虑到行为人是独腿的事实，法院认为敲打行为人的拐杖可能是挑衅。[2] 残疾是他的痛处。过去所带来的所有痛苦和不便，

---

① Baker and Zhao, *op. cit. supra*, note 160.

② *R. v. Raney*(1944) 29 Cr. App. R. 14.

在对方攻击标志残疾的东西时,转化为愤怒。从这个角度来看,性本身也可能属于此类情况,就像西蒙法官在"女王诉坎普林案"中给出的事例那样,女性被嘲弄成妓女。[①]

第11节　非紧迫性威胁和防卫过当

5-072　惊慌失措的人所采取的行动可能远远超出了自身安全所必需的范围。[②] 假设行为人对1次攻击反应过度,在自卫缺乏正当性的情况下杀死了对手。原则上,其仍有权主张失去控制这个抗辩事由,将自己罪行减轻为过失杀人。对打击做出反应的人通常是在恐惧和愤怒中做出反应的,现在很明显,失去控制的防卫并不仅仅局限于愤怒中的行动。恐惧和愤怒都会释放荷尔蒙,使身体为暴力行为做好准备,而且都会导致暴力:

"没有哲学,只能看到
愤怒、恐惧和疾病;
尽管可能燃烧,也可能冻结,
993 他们两个都一样。"[③]

过度的自卫行为可以将谋杀减轻为过失杀人,这已经得到了海外法院的承认,在"女王诉麦金尼斯案"(*R. v. McInnes*)[④]中,显而易见的是,"尽管如此,寻求自卫抗辩失败所依据的事实……可能会证明(被告)是在挑衅下行事的"。早在2009年《验尸官和司法法》颁布之前,就已经确定,即使被告没有受到打击,认识到遭遇攻击也可能构成挑衅。[⑤] 由此看来,在每个案件中,如果被告认为必须保护自己免受严重暴力的威胁,[⑥] 但由于某种原因超出了自卫的限度(因为担心的攻击不够紧迫或严重,不足以证明自卫杀人是正当的),情况仍然可以等于失去控制。失去控制的抗辩将是可行的,被告不仅对杀人的必要性出现了真正的认识错误,而且错误地认为杀人不是过度(不成比例)的反应。[⑦]

---

① [1978] A. C. 705 at 724E. Lord Morris at 721E.

② *R. v. Thompson* [2013] E. W. C. A. Crim. 1746.

③ Samuel Taylor Coleridge, *Biographia Literaria*, (London: Rest Fenner, 1817) at Chap. 2.

④ [1971] 1 W. L. R. 1600 at 1608.

⑤ *R. v. Kessal* (1824) 171 E. R. 1263; *R. v. Greening* (1914) 9 Cr. App. R. 105; *R. v. Letenock* (1917) 12 Cr. App. R. 221; *R. v. Semini* [1949] 1 K. B. 405 at 409; *R. v. Cornyn* [1964] Crim. L. R. 484. *R. v. Hopkins* (1866) 31 J. P. 105; *R. v. Ahluwalia* (1993) 96 Cr. App. R. 133.

⑥ Section 55(3) of the *Coroners and Justice Act* 2009.

⑦ Williams, *op. cit. supra*, note 94 at 543. 2009; R. *v. Van Dongen* [2005] 2 Cr. App. R. 38.

在“女王诉道斯案”(*R. v. Dawes*)[①]中,法官表示:

“我们强调,在失去控制情况下的合条件的启动要素与自卫是有区别的,后者与任何形式的暴力威胁有关。显然,如果被告真的害怕严重暴力,在自卫的情况下,他自己的反应可能更加极端。综合考虑这些要素,在法庭程序中,代理被告行事的人很可能会将自卫作为对谋杀指控的完整回应,而且有时很少或根本不在乎被告在失去控制的抗辩中的答复。正如已经指出的那样,在法庭上作出的决定(不论法官是否认为这是明智的)对法官没有约束力,而且,如果法定条件成就,失去控制的判断应留给陪审团。我们几乎总是建议,如果要将失去控制抗辩提交陪审团审议,实践中的做法应是,在陪审团拒绝承认被告的行为是自卫之后,将其留给陪审团考虑。”

5-073　新设立的抗辩包括害怕暴力这一启动因素,为受虐待的妇女等人提供了部分自卫抗辩,因为其往往无法主张自卫抗辩。诺里教授指出:“如果受虐待的女性因为害怕暴力而杀害她的伴侣,这种行为往往不会让被告进行自卫,要么是因为反应过度,要么是因为很难主张该行为是为了应对迫在眉睫的暴力。”[②]当然,这名受虐女子仍须证明自己确实失去了控制。在许多受虐妇女案件中,被告实际上不会失去控制。此外, 994
还将有若干受虐待的妇女,她们的行为不成比例,但可能主张充分的抗辩,而不仅仅是部分的抗辩。澳大利亚若干州的法律改革直接解决了该问题。拉姆齐(Ramsey)在以下段落中总结了澳大利亚改革的要点。[③]

维多利亚州法律改革委员会的报告建议采取两个措施——改革自卫法,使其更多地吸收妇女的经验,并对过度自卫采取部分抗辩,为那些诚实但不合理地相信必须采取致命行动的被告提供减刑措施。在这两种情况下,被告的行为很可能是基于恐惧的,尽管愤怒的存在不会否定该主张,除非构成了“有预谋的报复欲望”,也许该自卫建议最重要的特点是坚称,“被告认为需要采取行动的信念是合理的,如此一来,危险不是立即发生的,而是不可避免的……”。维多利亚州法律改革委员会动议的其他值得注意的方面是相称性,而维多利亚州改革前的法律并没有明确规定相关方面的问题。维多利亚州法律改革委员会拒绝施加严格的相称性要素,原因是施暴者与其攻击者之间存在着共同的体型和力量差异,而且

---

① [2014]1 W. L. R. 947 at 962.

② Norrie, *op. cit. supra*, note 43 at 285.

③ Ramsey, *op. cit. supra*, note 25 at 73-74. Victorian Law Reform Commission, *Defences to Homicide: Final Report* (Melbourne: Victorian Government Printer, 2004); New Zealand Law Commission, *The Partial Defence of Provocation*, *Report* 98 (Wellington: Law Com., 2007).

妇女可以使用武器或选择非对抗性的时机来打击施虐者,以缩小这种差异。

简言之,维多利亚州法律改革委员会的建议基本上是将先发制人的打击视为可能合理的,视情况而定,如果死者对被告构成持续的、非法的死亡威胁或严重伤害的话。该建议证明具有影响力。2005 年在维多利亚州法律中颁布的自卫条款追随了维多利亚州法律改革委员会的动议,忽略了比例性或迫近性的要求,而 2008 年西澳大利亚州的杀人修正案明确,使用致命暴力保护自己或他人免受有害行为(包括不迫在眉睫的有
995 害行为)的人,得以主张自卫抗辩。[1]

5-074 对于其他司法管辖区不同程度上承认的自动规则(其在英格兰若干较传统法源中也有所暗示),[2]可以认为,每当被告在私力防卫中使用暴力,但超过被允许的私力防卫限度时,就有权被判过失杀人而不是谋杀。[3] 然而,这条规则只适用于紧急性要求得到满足的情况。该规则得到了通说的支持,[4]并被麦考利和其他印度刑法委员[5]以及 1833 年刑法委员接受。[6] 因此,被许多外国法典加以确定。[7] 爱尔兰共和国[8]和澳大利亚高等法院[9]已将其作为普通法的某项声明予以接受;在维多利亚州,如果杀人是因逮捕罪犯或甚至保护财产时使用过多暴力而造成的,也应予以减轻。[10] "在需要采取自卫或预防重罪或拘捕重罪犯的行动的情况下,采取行动的人的行为超出了这种情况的必要性,并杀死了侵害者,则犯罪是过失杀人而不是谋杀。"正如麦考利和《印度法典》的其他委员所指出的那样,当使用适度暴力是完全合法的时候,由于过度使用暴力而将行为人视为谋杀犯是太极端了。可以认为,其比因受到挑衅而愤怒

---

① Section 9AD of the *Crimes Act* 1958(Vic.); Section 9AH; and *D. P. P. v. Edwards*[2009] VSCA 232; *R. v. Creamer*[2011] V. S. C. 196.

② See Peter Smith, *Excessive Defence—A Rejection of Australian Imitative*, [1972] Crim. L. R. 525; Sean Doran, *The Doctrine of Excessive Defence: Developments Past, Present and Potential*, (1985) 36 N. Ir. Legal Q. 314.

③ *R. v. Clegg*[1995] 1 A. C. 482.

④ Foster, *op. cit. supra*, note 87 at 277; East, *op. cit. supra*, note 26 at 243; Hale, *op. cit. supra*, note 67 at 485; Blackstone, *op. cit.*, *supra*, note 169 at 185.

⑤ See Hannah More Trevelyan(ed.), *The Works of Lord Macaulay*, (London: Longman's, Green & Co., Vol. Ⅶ, 1866) at 505.

⑥ *Fourth Report of Her Majesty's Commissioners on Criminal Law*, (London: H. M. S. O., 1839) 271 art. 40.

⑦ *R. v. Rolle*[1965] 1 W. L. R. 1341.

⑧ *People v. Dwyer*[1972] I. R. 416.

⑨ *The Queen v. Howe*(1958) 100 C. L. R. 448; *R. v. Walden*(1986) 19 A. Crim. R. 444.

⑩ *R. v. McKay*[1957] V. R. 560.

的凶手更不应受到惩罚,因为防卫人有权使用某种暴力,而且可能很难对何时停止做出冷静的判断。该原则应同样适用于企图预防犯罪[①]或紧急避险或被胁迫而杀人的情况,如此一来,致命的暴力无法被完全免责,但仍应被减轻责任。然而,法院对现代英国法律承认该规则的企图异常抵制,[②]上议院明确拒绝了该做法。后者的方法对受虐待的妇女几乎没有帮助,除非因害怕暴力而被杀害。后者至少会使其依赖于对失去控制的部分抗辩。

因此,根据目前的法律,针对谋杀指控主张自卫抗辩的抗辩律师应始终仔细考虑是否应将自己的抗辩置于失去控制的替代方案上。

5-075 如果被告没有提出抗辩,法官是否需要指示陪审团失去控制?

抗辩律师很清楚奥尔德斯·赫胥黎的名言:几个免责事由总是不令人信服。如果被告称自己没有动手打人,那么如果要说如果被告打人了,那是被刺激的,就会对被告的可信度造成致命的伤害。因此,一般原则 996
是,在被控谋杀的问题上,如果证据显示陪审团在适当的指导下可以合理地得出抗辩可能适用的结论,法官应就该问题指示陪审团。如果不这样做,且陪审团判定谋杀罪成立,如果有足够的证据可以作出误杀判决,就无法维持定罪。[③] 如此一来,上诉法院将以过失杀人罪取而代之。[④]

第12节 失控和精神错乱

5-076 对"正常"的人来说,失去控制传统上是抗辩事由。不正常的人可以借此寻求庇护,但只有在与适用于正常人同样的条件下。[⑤] 如果他们想要让陪审团考虑自身的异常,就必须提出适合他们的抗辩——精神错乱或责任减轻。[⑥]

后面的抗辩现在载于1957年《杀人罪法》(the *Homicide Act* 1957)

---

① *R. v. Clegg*[1995]1 A. C. 482.

② *R. v. Clegg*[1995]1 A. C. 482 following *Palmer v. The Queen*[1971]A. C. 814.

③ Section 54(6) of the *Coroners and Justice Act* 2009.

④ *R. v. Cambridge*[1994]1 W. L. R. 971; *Mancini v. D. P. P.* [1942]A. C. 1; *R. v. Porritt*[1961]1 W. L. R. 1372; *Lee Chun Chuen v. The Queen*[1963]A. C. 220; *R. v. Robinson*[1965]Crim. L. R. 491; *Rolle v. The Queen*[1965]1 W. L. R. 1341; cf. *R. v. Bonnick*(1978) 66 Cr. App. R. 266.

⑤ *R. v. Smith*[2001]1 A. C. 146; *Contra*, *Attorney—General for Jersey v. Holley*[2005]2 A. C. 580. Section 54(3) of the *Coroners and Justice Act* 2009 makes it clear that mental disorder is not to be considered.

⑥ *People v. Elmore*(2014) 59 Cal. 4th 121; *People v. Mejia-Lenares*(2006) 135 Cal. App. 4th 1437 at 1453; *Com. v. Busanet*(2012) 618 Pa. 1, 54 A. 3d 35 at 53.

(经2009年《验尸官和司法法》第52条修正),大大减轻了有某种程度精神障碍者的谋杀罪责任。抗辩甚至可能包括难以控制自己的行动,只要是由于精神功能的异常,①这是由公认的医疗条件引起的。②

法院允许被告同时提出失去控制和减轻责任等抗辩,如果其中任何一项成功,都将导致谋杀减轻为过失杀人。③ 为了量刑,法官可以问陪审团,他们是以前者还是后者为由作出裁决的,④但陪审团的裁决可能是基
997 于双重理由。⑤

5-077 严格来说,除非陪审团认为,即使有证据表明责任减轻,一般人也会像被告那样做,否则如此一来被告不能成功地以失去控制为由抗辩。回顾一下,第54(3)条规定"被告的情况(如精神疾病)"指的是被告的所有情况,但与被告的行为唯一相关的情况是对被告的容忍或自我克制的一般能力的影响。换言之,减轻责任的证据在法律上不会有助于作出失去控制的裁决。毫无疑问,在实践中可以成立。在综合抗辩失去控制和减轻责任方面的成功对被告在量刑方面有好处:这很可能导致比
998 单独为失去控制抗辩更宽松的结果。⑥

---

① *R. v. Bryce*[1960]2 Q. B. 396.

② Section 2(1)(a) of the *Homicide Act* 1957.

③ *R. v. Campbell* [1997] 1 Cr. App. R. 199;*Luc Thiet Thuan Appellant v. The Queen* [1997] A. C. 131;*R. v. Taylor* [2003] EWCA Crim. 2447;*R. v. Walker* [2009] EWCA Crim. 1829;*R. v. Gilliatt* [2007] 1 Cr. App. R. (S.)78. *R. v. Andrews* [2003] E. W. C. A. Crim. 2750. *R. v. Ellis* [2003] E. W. C. A. Crim. 3930.

④ *R. v. McPherson*(*The Times*,18 June 1963).

⑤ *R. v. Wright*[1995]16 Cr. App. R. (S.)877;*R. v. Holford*(*The Times*,29,30 March 1963);*R. v. McPherson*(*The Times*,18 June 1963),*R. v. Ahluwalia*(1993)96 Cr. App. R. 133,*R. v. Evans*[2009] E. W. C. A. Crim. 2243,R. D. Mackay,*Pleading Provocation and Diminished Responsibility Together*,[1988] Crim. L. R. 411.

⑥ *R. v. Wright*[1995]16 Cr. App. R. (S.)877. *R. v. Zebedee*[2013]1 Cr. App. R. (S.)37.

第 6 章　同意和诱捕 999

何时才能俘获芳心，还要看暴力或谎言的力道。

亚历山大·蒲柏(Alexander Rope)①

在刑事法学中，好的规则是，不增加犯罪，使事情尽可能少地成为刑法的适用对象，并尽可能多地信任民法的运作，以预防和纠正错误。最好不要将被告的行为或部分行为，悉数作为犯罪处理：对同意者不构成侵害：只要他愿意，就不存在犯罪。②

---

① The Vicar of Wakefield,(Edinburgh:Oliver & Boyd,1823) at 175. 相关译文参考了[英]亚历山大·蒲柏:《呆厮国志》，李家真译，商务印书馆 2022 年版。——译者注

② *The Queen v. Middleton*(1872—75) L. R. 2 C. C. R. 38 at 54*per*Bramwell,B.

第1节 同意的重要性

6-001 首先,从消极方面和积极方面开始讨论犯罪中的“同意”(consent)的概念。

1. 消极同意:未经对方许可,不得已为了其利益对其施以行为。借此可以保护我们免受那些自认为比我们还清楚自己的爱操心的人的干扰。该原则的例外情况(对于理性的成年人而言)范围很窄,其中最重要的例外情况,将在下一章中说明。

2. 积极同意:如果行为人同意(在一定的法律范围内),①则无论是否对其有利,都可以对此从事特定行为。正如我们可以决定不想对自己做什么一样,我们也可以决定要对自己做什么。同样,该原则并非没有例
1000 外。

积极同意原则的事例:行为人在打橄榄球时默示同意被对方撞击,在参与拳击时默示同意受到对方的打击,在拜访牙医时默示同意牙齿被打孔甚至被拔出。这些同意可防止该行为成为攻击行为。同样,乘客同意乘坐飞机旅行,意味着不属于受到非法监禁;出于医学研究目的自愿服用有毒药物的人类“豚鼠”并不是投毒罪的被害人。

辩护事由的细节由法官决定。否定同意的责任在于检控方。尽管控方提供的针对被告的殴打、强奸或其他侵害该人的证据通常足以减轻,甚至干脆让被告承担向陪审团方面证明自己不存在同意的证明责任。② 使用暴力或暴力威胁,或对他使用某些严重欺诈行为以防止他提出异议的证据,足以否定同意,无须再质询被害人是否同意。

6-002 同意可以追溯吗?如果所谓被害人事先并没有同意,但现在不想把事情弄大?

法律不允许被害人这样做。如果警察认为被害人受到恐吓,他们可以将罪犯绳之以法。另外,如果他们认为起诉无法达到目的,可以暂时不起诉。

第2节 同意的表示和无效

6-003 对同意很难定义。同意做某事,与希望或想做某事,是不一样的。假设我的同学要我在圣诞节早晨和她一起为无家可归的人施汤。

---

① *R. v. Brown*[1994]1 A. C. 212.

② Section 75(2)(a)—(f) of the *Sexual Offences Act* 2003.

我内心虽然“不想”参与，但仍然同意提供帮助。我这样做是因为同学要我做志愿者。我参与慈善活动是因为我不想得罪她，甚至偷偷希望能够和她约会，但我更愿意在家中打开礼物并享受盛宴。正如我不断告诉你的那样，我不想去，但我同意去。每个去的人都同意去，除非他被强迫，或存在其他无法分身的客观原因。每个读者都会将上述陈述视为对“同意”概念的使用。但是我并没有直接给这个概念下定义。

由于侵害人身和财产的罪行通常需要犯意，因此，检控方不仅应证明被害人不同意，而且还应证明被告知道被害人不同意或可能不同意（“可能不”是因为了规定“轻率”），在强奸和某些其他严重性犯罪的情况下， 1001
被告仅需对被害人是否同意存在“过失”进行证明即可。[①]

如果明确表示同意，很少出现问题。关于默示同意，如果存在以下所有情况，则被告有权推断所谓被害人的同意。

1. 所谓被害人明知，在场的被告正在或意图针对其身体（或财产）采取行动。原告对明知的要求源于“同意”的含义。“同意”表示同意某事。行为人无法在真空中同意。但是必须知道行动的详细情况——这是问题所在，将在下面回到这个问题。

2. 所谓被害人有能力表示拒绝同意。这意味着失去知觉的人无法同意[②]（除非出现关于他先前的同意在失去知觉后仍然有效的问题）。[③] 还意味着，尽管知道正在发生的事情，但如果无法表示同意或者意志能力被压制，也不存在同意。

3. 所谓被害人未表示拒绝。拒绝同意可以通过象征性地（用言语或手势）或通过身体抵抗来体现。在可能的情况下，如果没有这种强烈抵抗，如果这种拒绝在不同意的情况下则是可以预期的，则可能会否定所谓被害人拒绝同意（甚至是对性提议的象征性抵抗）。

6-004　举例说明：如果医院告诉病人要进行某种手术，病人未表示异议，且允许自己被带到手术室，通常会被认为已经征得他的同意，其内心对手术将信将疑的事实显得无关紧要。[④] 类似地，可以拒绝，却顺从了性交要求的女性，即使感到不愉快，也还是同意性交的。内心喜欢与否，没有法律意义。在这些情况下，原告确实同意或者被告有权假设其同意 1002
并不重要。

---

① Sections 1-4 of the *Sexual Offences Act* 2003；*D. P. P. v. Morgan*［1976］*A. C.* 182.

② *R. v. Stein*（2007）179 A. Crim. R. 360；*The Queen v. J. A.*［2011］S. C. C. 28；*R. v. Bree*［2008］Q. B. 131；*R. v. Camplin*（1878）1 Cox C. C. 220；*R. v. Lang*（1976）62 Cr. App. R. 50；*R. v. Malone*［1998］2 Cr. App. R. 447；*R. v. Francis*［1993］2 Qd. R. 300；*R. v. Blayney*（2003）87 S. A. S. R. 354.

③ *R. v. Pike*［1961］*Crim. L. R.* 114，547；*R. v. Meachen*［2006］EWCA Crim. 2414.

④ Cf. *O' Brien v. Cunard SS Co.*（1891）154 Mass. 272.

在以下几种情况下，尽管似乎已经表示同意，但会被剥夺法律效力。

1. 某些会影响选择的有效性的情况。法律规定，如果同意是明显由于错误或某种恐惧而产生的，则“无效”（这两种无效反映在上面的规则1和2中。认识错误导致被害人所给予的同意与被告实际所做的事情无关，而胁迫产生的恐惧会阻止被害人表示拒绝）。

2. 被害人因为心智不健全而无法以正常方式进行选择，属于被法律剥夺同意“能力”的人，这种无能力人士主要是指未成年人和某些精神错乱的人。①

3. 公共政策规则剥夺了所有人对某些被视为不道德或社会危害行为做出同意的法律能力。②

尽管“公共政策”这个名称仅用于第3种情况，但前两种情况都包含了公共政策要素。所有这3个方面都存在哲学和法律问题。对其的讨论将占据本章的其余部分。下面，将从基于恐惧做出的同意开始。此类同意在许多方面都缺乏法律意义上的确定性，并为法官提供了很多扩展刑法适用范围的机会。

第3节　缺乏自由而放弃同意

6-005　2003年《性犯罪法》第74条明确规定：“就本部分的立法目的而言，如果行为人自愿，且有能力做出自由选择，则表明同意。”能力问题暂且不提。先考虑一下“自由”的概念。威胁是否一定要使其完全凌驾于被害人的意愿之上，还是足以使其实质上凌驾于被害人的意愿之上？如果女性被固定在地上并被强奸，将没有抵抗的自由。她的身体受到限制，拒绝与被告发生性行为的决定已被行为人压制。这里不仅有身体上的非自愿性，而且有道德上的非自愿性。如果没有受到身体的束缚，但被告知如果不遵守要求，将受到严重伤害或杀害，在这种情况下几乎没有拒绝的自由。③ 在许多其他情况下，可以认为被害人没有完全不受束缚的
1003 自由表达拒绝意思，但是被害人的自由并没有受到很大的束缚。实际上，在某些情况下，受到威胁的伤害可能很小，以至于无法主张被害人的自由有什么实质意义。

说到对人的一般干预，而不仅仅是强奸，同意的压力可能会表现为各种说服的形式——求助于被害人的良心允许对其进行医学实验；实验者

---

① *R. v. Cooper*[2009]1 W. L. R. 1786.

② *R. v. Brown*[1994]1 A. C. 212.

③ *R. v. Ruzic*(2001)153 C. C. C. (3d)1 at para. 39, *per* Lebel J.

援引其科学根据；如果女性不同意性交，男性以分手相威胁；许以好处。有时，这类诱因可能被视为道义上的不当行为，或被视为法定威胁而适合起诉，[①]而没有得出这样的结论：例如在法律上否定了被害人的同意。例如，雇主无权未经允许就对涉嫌盗窃的雇员进行搜查，但可以征得其同意对雇员进行搜查，但该雇员意识到，如果他拒绝同意，雇主很可能会报警。这个时候认为同意因此无效是荒谬的。

生活中的许多决定都是在罪恶之间做出选择的结果。选择一门不喜欢的课程，因为另外的选择仍然令人反感。简言之，这种不愉快的选择不会破坏选择的现实或同意的存在。

6-006　但是，在极端情况下，威胁引起的恐惧会使同意在法律上无效。如果说用刀子威胁女性来进行性交的男人不是强奸犯，显然不值得公众舆论称赞。用暴力压制女性和用严重的威胁来防止其抵抗两者之间的界线太过模糊，无法作为法律定义的基础。应将后者视为妇女在强迫下同意的案件，还是应将其视为未真正同意而仅是屈从、默许或顺从的案件，纯粹是个表达问题。但是无论如何表述，都不存在法律上的同意。

威胁不必是极端暴力。常识表明，因为相信无论如何都无法摆脱对方的强制，最终选择屈服其所实施的行为，不属于法律意义上的同意，即使导致其屈服的暴力程度很轻且不会造成伤害。[②]

假设警察非法要求犯罪嫌疑人留下指纹。[③] 如果警官将犯罪嫌疑人的手指按在扫描仪上，犯罪嫌疑人通过将手指放在扫描仪上的位置进行合作，可以认为是种攻击行为，因为犯罪嫌疑人认为，如果抵抗就会遭到警方的暴力。被告可以针对警官援引同意无效的相关抗辩。 1004

6-007　威胁不一定要对被害人施加威胁：对被害人子女的威胁就足够了。[④] 还可能是通过行为默示：如果入侵房屋的人命令女屋主与其进行性交，则无须以明确的威胁来支持他的要求。从过去的行为中可能默示：女性可能从不愉快的经历中知道抵抗是没有用的。[⑤] 还有像“黑帮强奸”那样，可能由数字代号表示。[⑥] 如果行为人利用了他人给被害人引起的恐惧状态，那将与诱发他本人的恐惧状态没有区别。

---

① Section 2(1) of the *Sexual Offences Act* 1956.

② *R. v. Hallett*(1841) 173 E. R. 1036; *R. v. Day*(1841) 173 E. R. 1026.

③ Section 61 of the *Police and Criminal Evidence Act* 1984.

④ Cf. *R. v. Garrett*(1988) 50 S. A. S. R. 392.

⑤ *R. v. Jones*(1861) 4 L. T. 154. *State v. B. H.*, 834 A. 2d 1063(2003); *R. v. Bourne*(1952) 36 Cr. App. R. 125.

⑥ *R. v. Hallett*(1841) 173 E. R. 1036; cf. *R. v. Hodgon*[1962] Crim. L. R. 563; *Whittaker v. Campbell*[1984] Q. B. 318(taking conveyance).

在后者的情况下,并不存在对被告提出威胁的要求,事实是,没有必要进行威胁。重要的不是威胁,而是作为受害人的女性的信念,即如果不顺从会发生什么。如果是出于对暴力的恐惧而服从性交,并且男性行为人知道(或应该知道),女性被害人的同意就被宣告无效,即使该男性没有采取行动引起恐惧,也具有强奸的犯意。在威胁与使用暴力无关的情况下,传统和适当的观点是,通过威胁进行性交不是强奸。

6-008 这样的概念岂不是太狭隘吗?如果女性内心受到某种"束缚"(constraint),屈服于男性而与其性交,就足以证明不存在法律意义上的同意吗?

制定狭义规则的原因之一是威胁的权重差异很大,程度最轻的威胁只不过是协商不成而已。强奸是严重的罪行,经常会受到非常严厉的判决,因此,重要的是,强奸判决应仅适用于最为严重的情形。

我刚刚提出的关于适当规则的意见,得到了除"女王诉奥留布甲案"(*R. v. Olugboja*)①之外的所有法源的支持,该案更进了一步。在该案中,你上面提到的"束缚"的想法被初审法官接受,而上诉法院并未予以强烈拒绝。奥留布甲的举止非常不道德和霸道,如果存在以粗暴的方式(但不是强奸)发生性行为的罪行,他肯定会成为相关犯罪人。如果女被害人提供证据表明其担心奥留布甲使用暴力,并且法官给予陪审团常规法
1005 律指示意见,其甚至可能被判犯有强奸罪,并且不会有人对此提出批评。但是,被害人显然没有被问及一个至关重要的问题,即您为什么脱下裤子?对强奸罪做出有罪认定的根据非常多变,缺乏刚性,以至于现在似乎根本找不到支持有罪判决的稳定限制条件(可惜,2003年相关立法第74条并未具体规定,在被害人的同意被认定无效之前,被害人的自由需要面临多大的干扰)。

如果要概括"女王诉奥留布甲案"的事实,就不能不冒造成不公正印象的风险。被害人是位16岁的女孩。和被告基于特定社会关系开始交往;并且承认发生过性行为。导致检控方难以基于正常原则认定强奸罪的证据是,被害人在奥留布甲的指示下脱下了自己的裤子。奥留布甲没有以暴力相威胁,而且被害人显然在审判中没有表示担心被告对自己使用暴力;她不抗拒插入,尽管因为担心插入后奥留布甲会在体内射精而作出挣扎,被告因此起身作罢;在奥留布甲带她回家后,她向母亲、警察和医生举报了奥留布甲的同伴(曾在不久前强奸了她)的举动,但没有揭发奥留布甲(甚至称奥留布甲从来没有碰过自己,尽管这显然是虚假的)。

---

① [1982]Q. B. 320. Cf. *R. v. Aiken*(2005)157 A. Crim. R. 515. *R. v. Sutton*(2008)187 A. Crim. R. 231;*Holman v. The Queen*[1970]W. A. R. 2 at 6.

6-009　主审法官通过将“束缚”作为消除同意的依据，向陪审团介绍了某项创新。“您将……决定是否对被害人的意志造成了束缚，从而使您得以认定被害人对自己脱下裤子与被告发生性行为，实际上，不同意。”显然，法官没有向陪审团说明他所考虑的“约束要素”，但是其大概是被害人和女友被两名被告欺骗，乘坐被告的车来到事件发生的平房；依靠被告或他的同伴再次开车才能回家；被害人有理由相信自己不会马上被送回家；以及刚刚看到奥留布甲的同伴将她的朋友拖入卧室强奸了。

多恩法官（Dunn L. J.）在上诉法院的判决中表示：[①]

“我们认为，在没有进一步指示的情况下，同意是否存在的问题不应交由陪审团认定……应指示他们同意或不给予同意的普通含义，如果需要，应举例说明同意与屈从之间的区别；每个同意都涉及屈从，但这绝不意味着屈从包含同意[②]……在较不常见的情况下，即在不涉及暴力或暴 1006
力恐惧的威胁之后进行性交的情况下……考虑到所有相关因素，（陪审团）应被指示着眼于性交之前被害人的心理状态。尤其是导致该行为的事件及其对事件的反应，后者显示出事件对受害人的思想的影响……如此一来，很难在真正的同意和纯粹的屈从之间划定界限。在给定案件中，应由陪审团对此加以决定……以这种方式看，本案法官没有误导陪审团。最好不要在解释犯罪时使用‘束缚’概念，但是，只要法官使用‘束缚’概念，法官就将其与‘恐惧’概念联系起来，如此一来，这个词似乎并非例外。”

这些言论令人不安，因为这表明法官在指示陪审团时存在重大疏漏，表达了一系列陈词滥调而没有给予实际的法律指示。法院认为，即使恐惧并非来源于对于暴力（或恐怕是缺乏暴力的强制）的担心，也可以导致强奸中受害人同意无效；然而，法院没有做出努力来说明产生这种影响的恐惧或威胁的种类。从广义上讲，威胁只是行为人甲的陈述，即如果乙以其他特定方式行事，他将以乙不愿看到的方式行事；而显然这使得陪审团成为至高无上的立法机构，去决定性侵案件中何种此类陈述将使被告甲成为强奸犯。此外，法院似乎认为，陪审团可以在没有任何界分标准的情况下将同意这种心理状态与“屈从”区分开来。判决惊人地误解了在这个问题上引用的法源。

如果原告不害怕暴力，法院显然没有直接证据表明原告确实害怕什么。如果被害人认为只有屈从才能最快回家，行为人是否被判犯有强奸罪？

---

① *R. v. Olugboja*［1982］Q. B. 320 at 332. Cf. *R. v. B*［2013］2 Cr. App. R. 29.

② *R. v. Ramsay*（1999）S. K. Q. B. 173.

6-010 但是,强奸的法律定义是未经同意即属非法性交。当然,必须将这个问题留给陪审团去判断威胁是什么,是否存在真正的同意。

那是法院进行诉讼的理由,但忽略了围绕该问题的法律发展历程以及对于同意加以界定的哲学困难。

老派学者将强奸定义为涉及以暴力、恐惧或欺诈行为侵害妇女意愿的行为,[①]但实际上,此类案件的范围不外乎是同意受害人的"意愿"或同意被恐惧(暴力)或欺诈行为(就有关行为的性质而言)所破坏。从"意志"到"同意"的转变发生在19世纪,因此1976年的《性犯罪(修正)法》纯粹是宣告性的,所做的更改只是为了明确表明与失去知觉的女性(无
1007 论哪种方式都没有"意愿")进行性交都可以被当作强奸。显然,这表明法院无意让陪审团自由决定受害人是否存在"真正的"同意。

6-011 关键是必须自愿给予同意。因此其在每种情况下是否都必须是事实问题。

是的,在某种意义上一切都取决于证明或否定自愿同意的意愿,只存在否定同意的司法检验标准。由于某些压力而没有给予同意,也被视为是自愿的。[②] 在决定什么样的压力足以使同意无效时往往涉及政策问题,并且必须由法律规则提供指导。

自愿与非自愿区别的矛盾之处在于,(自愿的)正向概念,即自愿带有否定含义(缺乏相关的威胁或恐惧),而负向的单词(非自愿)具有肯定的含义。下文将看到的与胁迫有关的立法也是如此(在该法中,区分作为推理的指导同样无用);这些概念在证据法中存在相同的解读技巧,在该法中,其与认罪联系使用。认罪是"自愿的",因此可以作为证据,如果不是"非自愿的",则意味着"有权者的承诺,威胁或压迫的结果"。在这3种情况下,"自愿"除了否定某些要素的存在之外,没有其他意义。

在可能威胁到同意的暴力以外的威胁中,最有力的候选者,便是监禁或起诉的威胁(无论是出于正当理由还是恶意)。

6-012 在南非的某起案件中,[③]作为被告的警察被判处无期徒刑,理由是该警察以提起恶意诉讼相威胁,违反妇女意志与其发生性行为,从而使该警官面临强奸罪的指控。但是在英格兰,法官在类似案件中,却判处涉案警察强奸罪无罪。[④] 就性侵犯罪而言,这很重要。判例中曾有见习警官发现年轻人犯了轻罪,给了他选择去法庭或接受鞭打的机会。年

---

① *R. v. Lang*(1976)62 Cr. App. R. 50.

② *R. v. B*[2013]2 Cr. App. R. 29.

③ *State v. Volschenk*(1968)(2)P. H. H 283(D).

④ *R. v. Kirby*,(1961)*The Times*(December 19).

轻人选择了被鞭打,并被该警察击打裸露的臀部。结果,这名警官被指控实施了相关性侵犯行为。虽然案件并没有说明青年的年龄,但无论如何案情都没有争论,因为涉案警官完全认罪。①

回到强奸中同意的状态认定,如果承认存在监禁的威胁,就需要对威胁加以限制,暂时的限制显然不能成立。但如果被告扬言要把他认识的患有幽闭恐惧症的人锁在狭小的空间里,临时约束就足够了,因为这样的威胁可能足以压制这种被害人的意愿。即使在"女王诉奥留布甲案"中,也存在隐含的威胁,即如果被害人不屈服,则将其晚上留在平房中,那也不应算是足够严重的威胁,以使威胁者犯有如强奸这般严重的罪行。即使从事实的角度来看,该案也不应被视为法定威胁,相关法律在该案判决时仍然有效。② 1008

在"女王诉奥留布甲案"的裁决所催生的法律剧变之前,至少可以合理地确定经济压力不足以推翻同意的成立。"贫穷而不是我的本意,使我表达了同意"的看法,迄今为止,法律都不承认(如果其被法律承认,没有独立收入的在工厂车间或办公桌前工作的人,都可以提起非法监禁诉讼;因为在执行工作时,他在心理上被束缚在这个地方)。一直以来,衡平法院所谓的不当影响也不足以否定同意;行为人以曝光女性过往生活相威胁,强迫其屈服于他的令人厌恶的关注,构成性侵犯或强奸罪,这是闻所未闻的。如果某位女性为了避免自己的父母被告知过去的大麻使用情况而不情愿地同意与被告进行性交,似乎仍然属于自由选择进行性交。这似乎是个问题,即为使被害人屈服于威胁而施加的压力是否等于或大于抵抗的压力。如果被害人坚称自己无论如何都不想与被告发生性行为,威胁就必须严重到迫使其同意的程度。如果威胁是微不足道的,则可以认为被害人的意愿并没有被完全压制。鉴于强奸的严重性,那些因为行为人扬言要透露若干过去的八卦而表示同意的人似乎是自由选择同意进行性交。勉强同意仍然是同意。③

6-013　在"莱特诉布莱德尔案"(*Latter v. Braddell*)④这个民事案件中,法院裁定,当情妇要求女佣进行体检以查看是否怀孕时,并没有对其实施攻击。女佣在含泪的抗议下接受了检查,后来,她对女主人的攻击之诉并没有得到法院的支持。也许有经济上的压制,也许有不当的影响,但

① 136 J. N. P. 264.

② Section 2(1) of the *Sexual Offences Act* 1956.

③ *Holman v. The Queen*[1970]W. A. R. 2 at 6. Cf. *Michael v. Western Australia*[2008]183 A. Crim. R. 348.

④ (1881)50 L. J. Q. B. 116,448.

都没有破坏侵权法上的同意。但是,必须说,甚至"莱特诉布莱德尔案"也是审理"女王诉奥留布甲案"的法院认为刑事陪审团可以基于"适当指导"认定缺乏同意的参考判例之一。不难设想,陪审团在刑事案件中可以无视民法中确立的一般原则,即使在涉及诸如强奸之类的严重罪行时也是如此。

在本书的先前版本中提到,"女王诉麦考伊案"(*R. v. McCoy*)①中的判决被认为是错误的,但现在,对此无法继续维持明确的意见。该案现在可以被称为性骚扰的极端情况,即在工作场所滥用经济权力。

空姐违反了公司的规章制度,经理麦考伊为其提供了被鞭打的选择,作为禁飞处分的替代,被禁飞意味着工资损失。空姐接受,并且在羞辱的情况下被实施了鞭打。当然有理由认为,刑法应该处理这种行为。具体的论证方法是,麦考伊违反了他对雇主,即公司的责任,将赋予他的权力
1009 转变为了自己的利益。处理这类不当行为的方法是,制定法规以禁止雇主及其代理人通过对雇员施加某些社会上不受欢迎的处罚或替代处罚(尤其是性行为)来滥用其所掌握的经济权力。由于没有关于该主题的具体法规,②如果雇主或其经理严重滥用职权的案件出现在法庭上,法官很可能会通过操纵同意原则来表示反对。但是,回到"女王诉麦考伊案",如果从涉案女雇员的角度审视此事,则可以认为其以符合自己利益的方式行使了麦考伊赋予的选择权。假设麦考伊在正常情况下会命令该空姐停飞,而这本来是他应有的适当权力,而所发生的是,他以非金钱的方式受贿,没有正确履行职责。空姐则认为,鞭刑的痛苦要比正式处罚更可接受,而且她从被提供的选择中受益。麦考伊的真正罪行是滥用职权获得性的满足;像他这样的行为需要出于公共原因而受到惩罚,但最好通过特殊规定来解决。

6-014 该判决无法与攻击罪的原则相吻合,因为首先,由于伤害的严重性,造成的伤害似乎不足以引起消极同意,③其次,应认为经济压力不足以否定同意。法院表示:"原告的同意并不真实,因为没有自由自愿地给予同意。"但这是已经考虑到的谬误,认为人们可以在不考虑自愿性概念的情况下不考虑其技术性法律含义而做出推论。

假设经理提出,要么双方性交,要么空姐停飞,并且空姐接受了前者。如果她的同意被认定为无效,经理将被判强奸罪,这是荒谬的。如果该空

---

① [1953]2 S. A. 4.

② Cf. section 15 of the *Employment Rights Act* 1996.

③ *R. v. Brown*[1994]1 A. C. 212. *The King v. Donovan*[1934]2 K. B. 498. Cf. *R. v. Wilson*[1997]Q. B. 47.

姐当时说“不”,他本不敢强行与之性交,因为他本不想犯下严重的刑事罪行或强奸妇女。他正试图犯下某种较小的错误:也就是说,他正在寻求某种贿赂(毕竟,他之所以提出要约,是因为他想获得双方同意的性交/性行为,而不是因为他要进行未经双方同意的性交)。申言之,假设是空姐主动提出以性行为作为回报,以换取经理改变让她停飞的意图。此时,贿赂行为的主动权来自女性,但她的心态与以前完全相同:接受性行为, 1010
以摆脱本可以合法施加的惩罚。可以认为她的同意不是“真实的”,应该被忽略吗?

然后,回到整体观点,即最好的政策是将强奸限于以暴力或在暴力威胁下进行的行为(这是其通常的含义)。[①] 这可能还扩展到涵盖不是以暴力相威胁但威胁要造成的损害大于或等于被害人如果不遵守要求将遭受的性侵犯的情况,因为如此一来,可以认为无法合理预期被害人会抵抗威胁。例如,被告可能威胁要举报被害人犯下 50 万英镑的欺诈行为;被害人,作为律师意识到自己可能会被判入狱多年。她还相信,如果受到起诉,将背负恶名,终生无法逃脱。与此相伴的是,她还可能担心会在监狱中遭到脱衣搜身,被卫兵反复强奸,被顽固的罪犯殴打,并被拒绝定期与孩子见面。可以认为,这位律师受到的威胁程度足以否定法律意义上的同意:她的同意遭到破坏,因为从她的角度来看,受到威胁的伤害的严重性等于或大于从事不必要的性交所可能造成的伤害。

6-015　在“女王诉艾肯案”(*R. v. Aiken*)[②]中,被告提出可以不报告作为受害人的女士的入店行窃行为,条件是该女士为他提供性服务。绝大多数人可能更愿意被指控入店行窃,而不是与陌生人进行不必要的性交。在像“女王诉艾肯案”这样的案件中,可以认为被害人可用的替代方法比强奸或性侵犯更好。他们自由地同意“由于非暴力威胁而发生性行为/攻击,并且……在合理的情况下,可以……预期会抵抗这种威胁”。[③] 1011

其他极端的情况是被告威胁要在“脸书”(Facebook)等社交媒体上传其前女友的性爱视频。[④] 有些人会对这种威胁甘之如饴,因为他们可能本身就是暴露狂。但是许多人会发现这种威胁难以抗拒。屈辱和隐私的严重丧失可能使某些人难以承受。没有可以保护此类被害人的隐私或勒索罪。威胁要透露行为人的过去是一回事,而威胁要把非常亲密的图像上传到互联网上则是另一回事。

---

① Cf. *R. v. Shaw*[1996]1 Qd. R. 641.

② (2005)157 A. Crim. R. 515 at 521.

③ Section 65A of the *Crimes Act* 1989NSW.

④ Cf. *R. v. Davis*[1998]N. J. No. 16, *R. v. Stender*[2004]188 C. C. C. (3d)514.

现在已经被废除的 1956 年《性犯罪法》第 2(1)条规定：[①]

“以威胁或恐吓手段诱使妇女在任何地方进行非法性交都是犯罪行为。”

6-016 颁布 2003 年《性犯罪法》后，该罪行没有被取代。这在法律上留下了空白。该条款应被替换，因为在许多情况下，强制措施不会取消被害人的同意。根据现行法律，除非法院裁定完全不愿意，否则此人将不对犯罪负责。但是，勉强同意仍然是同意。那些利用勉强同意的人，不如打算未经同意进行强奸的人，在道德上应受谴责。因此，不应将他们视为强奸犯。在美国，大多数州都通过颁布刑事胁迫类型的罪行来解决这种行为。[②] 将这种行为视为强奸是更可取的。强奸和通过插入而攻击是非常严重的罪行，但如果被害人为自己的利益而选择同意，即使是勉强同意，也不应对行为人予以起诉。

1956 年法令第 2(1)条的罪行与 2003 年《性犯罪法》第 1-4 条所定罪行之间的重要区别，是在威胁方面。“威胁或恐吓”没有被定义，被认为包含的内容不只是传统上削弱普通法同意的威胁。“恐吓”大概涵盖了隐含的威胁。但是，即使非暴力威胁也必须有一定的限制，可以合理地
1012 认为，如果威胁不是使同意无效的威胁，则必须是能够压制普通妇女反抗的威胁，不能只是从受害人处撤回利益的威胁。威胁要造成的伤害的程度(如潜在的困扰和对将自己的性爱视频上传到互联网等的实际恐惧等)必须与和胁迫者进行性行为的危害进行平衡。

如果男人对背叛自己的情妇(或女性对被其作为性工具的叛逆男孩)说，除非恢复同居关系，否则将失去貂皮大衣，或者被赶出高级公寓，而此举被作为犯罪处理，显然是无法想象的。提出不再给予自己无义务支付的某种好处，并不足以成为否定同意的威胁。对于接受好处的人来说这种好处究竟多重要，不是，也不应该成为问题。情妇的公寓可能是她唯一的住所，但这并不是说情夫驱逐的威胁是 2003 年《性犯罪法》第 1-3 条所界定的犯罪中所指的威胁。[③] 男人有权离开未与之结婚的女子，并且如果男子告诫情妇，她目前行为的必然结果是两人关系破裂，如果他因此成功地改变了情妇的态度并且恢复了性交，男子就犯了罪的观点，显然

---

① Section 57(1) of the *Crimes Act* 1958(Victoria).

② See Michal Buchhandler—Raphael, *Criminalizing Coerced Submission in the Workplace and in the Academy*, (2010) 19 Colum. J. Gender & L. 409 at 439 et passim; and Patricia J. Falk, *Rape by Fraud and Rape by Coercion*, (1998) 64 Brook. L. Rev. 39 at 89 et seq. Stuart P. Green, *Theft by Coercion: Extortion, Blackmail, and Hard Bargaining*, (2005) 44 Washburn L. J. 553 at 558 et seq. Joel Fienberg, *Victims' Excuses: The Case of Fraudulently Procured Consent*, (1986) 96 Ethics 330.

③ Section 2(1) of the *Sexual offences Act* 1956.

是错误且考虑不周的。甚至威胁要剥夺妇女有权获得的东西也不一定足以否定同意(债务人的威胁是不还所欠的1000英镑)。[①]

但是"女王诉奥留布甲案"认为,所有此类案件都可以通过模糊的"适当法律指导"留给陪审团。这是刑事法院将重要的法律政策问题留给陪审团的可悲趋势的又一体现。

使用非暴力胁迫进行性行为的人应受到刑事谴责,但不得定强奸罪。那些使用大笔贿赂或普通的威胁获得妇女的"同意"进行性交的人与强奸犯在纯粹意义上是不同的。这种角色很卑鄙,但他不是强奸犯。他只是提出要约,而受要约人可以选择对此加以拒绝。他使用不道德的威胁/要约获得被害人进行性交的同意,但仅使用可以抵抗的威胁。他试图诱使被害人与他进行自愿的性交,但不敢用暴力抓住被害人。相反,他使用不道德的手段试图说服被害人与他进行自愿的性交,因为他不想进行"非自愿的"性交。他留下了足够的自由度,以使被害人可以拒绝他的提 1013
议。具有自治能力的成年人必须为自己的幸福承担若干责任。假设行为人说,如果提供性爱,他就不会举报对方的小额偷窃行为,此时对方可以说:"不,谢谢,你举报吧,但我不会和你睡。"因此,被害人仍然可以说"不",她没有被剥夺这种选择权。不道德的说服不构成刑事犯罪。[②]

第4节　误认同意

6-017　众所周知,欺诈可以使同意无效,但不仅限于欺诈。欺诈可以诱使原告犯某种事实错误,但原告也有可能自发犯错,从而引发了同样的法律问题。原告关于正在发生的事情的错误在多大程度上使他的同意无效或被排除在外?

考虑一下男性为了对方同意实施性行为而对女性作出虚假陈述的情况。如果他实际上是穷人,却称自己是有钱人,则很少有人会认为女性的同意无效,从而使该人犯有强奸或攻击罪。一般认为,这两种犯罪都只有在受害人不同意的情况下才能构成。什么情况下(如果有的话)欺诈的严重程度可以达到被认为破坏了"真实"的同意?

以前的观察结果给出了答案,即同意永远具有特定意味。如果一个人同意了甲,未必会因此而同意乙;相反也是如此。如果一个人不同意

---

① *Michael v. Western Australia* 2Cf. *Michael v. Western Australia* [2008] 183 A. Crim. R. 348 (Steytler P., Miller J. A. with EM Heenan A. J. A. dissenting), *Per contra*, section 319(2)(a) of the *Criminal Code* (Western Australia).

② *R. v. Aiken* (2005) 157 A. Crim. R. 515 at 521.

乙,未必不会因此而不同意甲。如果被害人允许被告与其发生性行为(甲),被害人没有自动同意被告将自己暴露于艾滋病病毒感染的风险之下(乙)。但是,后者是独立的错误。如果被告已经告诉过情人自己的艾滋病人身份,那么其情人很可能已经允许被告在采取预防措施的情况下进行性交:因为被告是她的情人,所以与同意有关的并不是性交,而是艾滋病。[①] 可以认为,在强奸案中,问题在于妇女是否同意与男性进行性交。如果不知道该行为是性交,或者如果对于男性身份存在错误认识,就
1014 意味着缺乏同意,否则就是同意。必须考虑到语言的意蕴,仅仅因为女子误解了男子的某些特征(职业前途,已经切除了输精管,打算结婚,没有性病),就认为该女性不同意,这是不恰当的。如果自愿性交的副作用是被害人受到其他某种形式的伤害,而其不同意这种伤害,则应将造成该伤害的行为定为刑事犯罪。因此,没有必要将强奸的严重罪行夸大以涵盖一般的欺骗手段。

6-018 在涉及 1861 年《侵害人身权法》第 20 条的"女王诉克拉伦斯案"[②]的讨论中,已经解决了相关的法律问题。别忘了,事实是克拉伦斯知道自己正在遭受性病的痛苦、与妻子发生性关系,并因此将疾病传播给她。上诉法院认为克拉伦斯因没有攻击行为,没有触犯上述立法第 20 条所规定的罪行,妻子的同意不会因克拉伦斯未公开自己的病情而受到抵销。史蒂芬法官明确认为,强奸和攻击犯罪的规则是相同的。因此,他强调:"迄今为止,破坏妇女同意的效果而将事实上同意的关系转变为强奸的唯一的欺诈行为,是关于行为本身的性质或对行为人身份的欺诈。[③] 我自己更愿意认为,本案中根本不存在同意,因为该女性同意的行为不是实际完成的行为。"

将行为归类为强奸仅是因为男人没有告诉女性他有病,这很可笑。女性故意将疾病传播给男人,也会犯同样的道义罪行;但是女性无法强奸。许多实力雄厚的银行家、大律师和名人都经常光顾高级妓女,[④]不管对方是否有艾滋病毒,只要使用预防措施,都愿意和她们睡觉。这显然不属于不愿意与潜在的艾滋病人性交的情况,很多人都会铤而走险。这是他们不同意故意和不必要地暴露于艾滋病毒的判例。

假设男性小白脸采取预防措施,但是受够了和自己睡觉的老女人,因

---

① *R. v. B*[2007]1 W. L. R. 1567 at 1571.

② (1889)22 Q. B. D. 23.

③ Section 76 of the *Sexual Offences Act* 2003.

④ See Russ Buettner and Ray Rivera, *Behind the Emperor's Club Escort Service*, (New York: New York Times, 7 April 2008).

此决定在使用安全套之前在上面刺上针孔。[①] 这样做的目的是通过让其感染艾滋病,给这些欺骗丈夫的妇女好好上一课。他的目的不是性侵犯。 1015
取而代之的是,他旨在通过性行为取悦她们,这样他才能达到使她们感染艾滋病毒的别有用心的目的。假设他成功实现了他的邪恶结局。说他的顾客不想发生性行为是荒谬的。这些人还同意接受感染艾滋病的风险,因为如果有足够的钱来支付男性小白脸的费用,就一定对艾滋病有一定的了解,并且一定意识到了,就艾滋病,至少就感染艾滋病风险而言,男性小白脸和妓女属于高危人群。[②] 这种人也会知道,预防措施无法保证绝对的安全。被告的刑事犯罪是,故意使被害人遭受严重的身体伤害。如此一来,被告并没有强奸被害人,因为交易的性方面受到了受害人的欢迎。的确,如果他对客户说,"我在安全套上扎了小洞,以便你可以感染艾滋病",对方就不会同意性交。但是,其拒绝接受的仅仅是感染的风险,其希望性交,但希望将风险降到最低。

6-019　被害人没有在性方面受到伤害,因为希望进行性交,其所受到的是非性方面的伤害。性交仅仅是被告使被害人遭受严重身体伤害的手段。被害人同意性交,但不同意其附带的伤害。最好将这种危害他人的行为定为对他人的非性犯罪。重点不应放在实现该目的的无害手段上。如果行为人给一块美味的巧克力棒下毒以杀死被害人,他将被判谋杀。他没有使用暴力杀死被害人或被害人同意吃巧克力都不重要。伤害是实际的杀戮,构成犯罪的是杀人行为,而不是给他人巧克力的行为。同 1016
样,如果海洛因成瘾者甲与海洛因成瘾者乙共用针头,而未透露自己是艾滋病感染者,乙因此受到感染。根据 1861 年《侵害人身权法》第 18 条或第 20 条,他可能应承担责任。显然,强奸罪只是惩罚完全不同类型的伤害的手段。同样,如果疾病不是通过自愿性行为传播,就可能产生传播疾病的法律问题。

在"女王(应受害人的申请)诉检察长案"[*R.* (*on the application of F*) *v. D. P. P.*][③]中,被害人同意性交,条件是被告在射精前退出。但是,"在插入之后不久,行为人告诉被害人,自己将体内射精,'因为你是我的妻子,如果我愿意,就可以这样做'"。[④] 这导致被害人怀孕。法官裁定,如果被告违反合意中涉及性交的条件,则该违反将完全排除对整个交易

① *R. v. Hutchinson*(2013)105 W. C. B. (2d)806.

② Cf. *R. v. Lee*(1991)3 O. R. (3d)726.

③ [2014]Q. B. 581.

④ *R.* (*on the application of F*) *v. D. P. P*[2014]Q. B. 581 at 588. *Assange v. Sweden*(2011)108 (44)L. S. G. 17;*R. v. McNally*[2014]2 W. L. R. 200.

的同意。"被害人被剥夺了与最初同意性交所基于的关键特征相关的选择。因此,受害人的同意被否决了。"①该判决在理论上似乎是错误的,因为被害人没有被强奸。被害人不同意怀孕,但同意性交。在被害人如果知道被告会(故意或无意地)射精,就不会进行性交的案件中,被害人通过与所爱之人性交度过了一段美好时光,将强奸应用于这种情况是对犯罪的过度扩张。强奸是成文法中最严重和最具侮辱性的罪行之一,需要特殊条款将纯粹形式的强奸与有条件同意性交的案件区分开。后者涉及非性错误,即被告故意使被害人遭受自愿性交的不良副作用之一。从概念上讲,后者的危害要比被迫进行未经双方同意的性交本身要小得多。当行为人被强奸时,还会导致进一步的有害后果,因为被害人可能感染性病或被害人可能怀孕。这些将是量刑法官要考虑的加重要素。但是主要的错误和伤害是不必要的性交本身。

在"女王诉奎瑞尔案"(*R. v. Cuerrier*)②中,加拿大最高法院裁定:"不诚实的行为必须涉及性交的同意,并且包括处于艾滋病感染者或未
1017 披露该状态。未披露艾滋病感染者的身份,就无法获得对方真正的同意。不能仅同意进行性交。相反,必须是同意与艾滋病毒阳性的伴侣进行性交。"如前所述,这种推理是错误的。加拿大法院还裁定:"只有在存在严重人身伤害的重大风险时,同意才会无效。"③根据后者的观点,克拉伦斯不会被判犯有强奸罪,因为将被害人暴露在感染"性病"的风险之下,并不属于严重的身体伤害。按照相反的说法,其将对强奸负责,因为艾滋病感染是严重的身体伤害。④ 在该管辖区,未公开性传播疾病是否会破坏同意,取决于其危害性和传播风险的严重性。⑤ 但这种方法没有区分性伤害和普通伤害。

6-020 斯蒂芬法官设定的规则在一定程度上削弱了否定同意存在的观点。如果获得同意,则必须控制自发错误以及欺诈产生的错误;实际上,"女王诉克拉伦斯案"没有欺诈行为。澳大利亚高等法院认为:

"在考虑表面上的同意是否不真实时,正是由于误解的错误才使事实如此。产生重大错误的不是欺诈,而是错误本身。"⑥

---

① *R.* (*on the application of F*) *v. D. P. P.* [2014] Q. B. 581 at 594 *per* Lord Judge, C. J.

② [1998] 2 S. C. R. 371.

③ *R. v. Mabior* [2010] M. J. No. 308.

④ *R. v. Dica* [2004] Q. B. 1257.

⑤ *R. v. T.* (J. A.) (2010) B. C. S. C. 766. Cf. Jonathan Herring, *Mistaken Sex*, [2005] Crim. L. R. 511 at 517.

⑥ *Papadimitropoulos v. The Queen* (1957) 98 C. L. R. 249 at 260, *per* Dixon C. J., McTiernan, Webb, Kitto and Taylor J. J.

6-021　国会是否可以通过立法制定一项较为轻缓的犯罪，规制违反同意的条件所造成的较小程度的伤害或困扰的罪行？

似乎需要这样的立法，违反同意的条件可能不会导致被害人被强奸，但可能导致其染上性传播疾病。就性传播疾病而言，法律上没有空白，因为被告可能会根据 1861 年《侵害人身权法》被指控犯罪。但是，将这些罪行适用于被告使被害人怀孕的情况是很奇怪的。

下面将更详细地讨论斯蒂芬法官早就确定的两种基本错误，因为其已经被以法定形式提出。[①] 1018

6-022　针对行为性质的认识错误判例，是看似不太可能在现实中存在的"女王诉福莱特利案"（*R. v. Flattery*），[②]福莱特利假装进行外科手术，诱使妇女服从与其性交。尽管报告并不完全清楚，但可以认为该妇女不知道该行为的客观性质。福莱特利被判犯有强奸罪。

本案中，妇女屈服了，没有提出抗议。没有通过大喊大叫来寻求帮助，而是接受了发生的事情，也许发现了所谓的手术出乎意料的愉快。在通常的强奸案中，遭到暴力抵抗或惊恐的妇女与因被欺骗而幸福地屈服的妇女之间存在很大的事实差异。在后者的情况下，只要发现事实真相，就会感到精神上的不适，[③]尽管当然可能遭受怀孕或感染疾病的身体后果。仍然有理由认为，在错误如此严重的情况下，缺乏同意的基本要素之一。

另外，刑事上诉法院在"女王诉威廉姆斯案"[④]中的裁决显然是错误的。威廉姆斯是位游吟大师，通过假称性交是呼吸疗法说服女学生与其进行性交。法院认定威廉姆斯的强奸罪名成立。如果该名女子对性一无所知，并认为其指导老师所做的仅仅是改善肺部的锻炼，则该定罪符合法律原则。然而，如果该女子了解生活的事实并愿意相信性行为的好处之一是改善呼吸，即使天真无邪的她可能没有意识到行为人的动机与唱歌无关，她也没有误解行为的性质。[⑤]

由于法院没有对此问题进行调查，因此该裁决必须被认为是不合理的。已经提到的澳大利亚高等法院的判决，是经过对相关法源的全面审查之后作出的，对这一点进行了证明：

"强奸是未经妇女同意对其实施的有意性行为：有意性行为是插入的

---

① Section 76 of the *Sexual Offences Act* 2003.

② (1876—77) 2 Q. B. D. 410. *R. v. Case*(1850) 169 E. R. 381.

③ See Dennis J. Baker, *The Harm Principle vs. Kantian Criteria for Ensuring Fair, Principled and Just Criminalisation*, (2008) 33 Austl. J. Leg. Phil. 66 at 78 *et seq*.

④ [1923] 1 K. B. 340.

⑤ *R. v. Mobilio*[1991] 1 V. R. 339.

客观事实;所涉问题是同意;这种同意要求妇女对即将发生的事情,行为人的身份以及他正在做的事情的性质有认识。但是一旦同意得到理解并
1019 且是实际的,诱因就无法破坏其现实性并使人犯有强奸罪。”①

6-023 如果被害人同意仅出于医疗诊断目的而插入仪器,放射线科医生是否会为将超声仪器插入被害人阴道而承担强奸的责任?②

不会,因为医生没有使用阴茎。但是,如果违反 2003 年《性犯罪法》第 2 条,他将承担攻击罪的责任。

6-024 如果放射线医生仅是在做自己的工作,但是在插入超声探头后“突然”出现了性刺激,该怎么办?

如果插入仪器的唯一原因是需要提供医疗诊断,则医生不应对插入造成的伤害负责。假设他的性兴奋是按照医学要求做的事情的副作用,因此,必须证明他执行该程序的目的不是性目的。他可能不是出于寻求性兴奋的目的而进行该程序,但是如果他因进行常规医疗程序而对性感到兴奋,则始终存在为自己的性满足而执行不必要的程序的危险。但是无法惩罚他可能做的事。③

如果他进行合法的医学检查并以寻求性满足为双重目的进行检查,则根据事实,他将因插入和性侵犯而承担刑事责任。④ 重要的是要专注于他插入仪器的目的,⑤而不是考虑他的事后的想法。但是,如果可以证明他部分出于性目的而继续进行该程序,则他应负责出于性目的继续进行插入。⑥

从被告出于性动机继续手术的那一刻起,患者的同意就消失了。如果被告继续求医的部分原因是为了获得性满足,则不应继续进行医疗程序;相反,他应该停止手术,并请其他医生接管。他辩称,在开始该程序时,不是出于性目的而行事,如果他继续执行该程序部分是为了寻求性满
1020 足,那是没有道理的。患者的同意涉及整个插入过程;如果该同意仅适用于医疗程序,则当医生开始出于非医疗目的行事时,该同意即告无效。不

---

① *Papadimitropoulos v. The Queen* (1957) 98 C. L. R. 249 at 261. Cf. *R. v. Devonald* [2008] EWCA Crim. 527.

② *R. v. Mobilio* [1991] 1 V. R. 339; *R. v. Green* [2002] EWCA Crim. 1501; *R. v. BAS* [2005] Q. C. A. 97; *R. v. Chen* [2003] B. C. S. C. 1363.

③ See Dennis J. Baker, *Punishment Without a Crime: Is Preventive Detention Reconcilable with Justice*, (2009) 34 Austl. J. Leg. Phil. 120.

④ *R. v. Kumar* (2006) 150 S. J. L. B. 1053. Cf. *State v. Chabot*, 478 A. 2d 1136 (1984).

⑤ *R. v. Green* [2002] EWCA Crim. 1501.

⑥ Section 79(2) of the2003 *Act. Kaitamaki v. The Queen* [1985] A. C. 147; *R. v. Schaub* (1994) 138 S. J. L. B. 11. Cf. *State v. Baby*, 946 A. 2d 463 (2008); *People v. Dancy*, 124 Cal. Rptr. 2d 898 (2002); *State v. Bunyard*, 133 P. 3d 14 (2006).

幸的是，大多数此类性侵犯都将被掩盖为合法的医疗程序。

在“女王诉洛辛斯基案”（*R. v. Rosinski*）[1]中，洛辛斯基为满足自己的淫荡目脱下受害人的衣服，并用某种液体擦拭受害人的身体，使其相信这对于治疗是必要的。从报告中还不清楚他是否假装自己具有医学资格，但是当有罪判决作出后，许多缺乏资质的人都声称可以治愈。洛辛斯基被判犯有攻击罪，上诉法院维持了原判。

6-025 同意无效规则既适用于性侵犯，[2]也适用于强奸。对于性侵犯而言，正如对于强奸而言一样，欺诈行为必须涉及行为的性质或行为人的身份；申言之，由洛辛斯基引发的受害人的认识错误可以被认为与行为的性质有关。她认为这是医疗方法，而洛辛斯基的目的是满足性欲。另外，受害人的认识错误与客观事实无关，而仅与被告的想法有关。[3]

与同意有关的错误学说的基础是同意甲的人不同意乙的事实。同意被切除阑尾的人未同意在其无意识的情况下被切除输精管（即使他有意识，他也不知道外科医生在做什么）。因此，斯蒂芬法官通过主张“同意的行为不是所完成的行为”来解释否定同意存在的学说。[4] 但是在“女王诉洛辛斯基案”中，原告确切地知道被告做了什么，其知道洛辛斯基在自己的身上涂抹液体。要说被害人不同意，如果说这样认为的基础在于“行为的本质”，就会导致该观念具有明显的形而上学性质。如果对被告的所作所为的真正反对是他是欺诈者并且侵犯了被害人的隐私，他的行为就会因缺乏同意而构成攻击行为。

6-026 你是在告诉我，如果被害人了解基本的“行为性质”（例如，其阴道正被超声仪器插入），则她同意被通过插入而攻击？

这是合乎逻辑的结论。但是，就2003年《性犯罪法》第1部分规定的核心犯罪而言，该法第76(2)条提供了解决方案。根据该款，毋庸置疑，“如果被告故意就有关行为的性质或目的欺骗被害人，则被害人不同意该行为”。本款中的“目的”是指被告的行为目的。如果被害人不知道 1021
被告的行为目的，则被告坚称被害人了解该行为的基本客观方面，即背上擦油的客观性质，抚摸乳房的客观性质，[5]或个人隐私部位被超声探头插入的客观性质，是不构成抗辩的。被害人必须充分了解被告寻求性满足的事实。

---

① (1824) 168 E. R. 941.

② Section 3 of the *Sexual Offences Act* 2003.

③ *Bolduc v. R.* (1967) 63 D. L. R. 2d 82; *R. v. Richardson* [1999] Q. B. 444.

④ *R. v. Clarence* (1889) 22 Q. B. D. 23 at 44.

⑤ *H. K. S. A. R. v. Chan Wai Hung* [2000] H. K. E. C. 504.

6-027 假设被告要求几个妇女参加某项乳腺癌调查,使他能够准备一套出售给医生的计算机软件。假设他抚弄受测试女性的乳房只是为了这个目的。如果他故意就自己的医疗资格而非其行为目的欺骗了被害人,是否需要因为违反 2003 年《性犯罪法》第 3 条,承担对相关妇女实施性侵犯的刑事责任?

看来他并没有实施性侵犯。[①] 他的行为是为了医疗而不是性的目的。他的被害人没有被"有关行为的(医疗)性质或目的"欺骗。

然而,法院认为,未经对方同意而触摸其服务于性目的的身体部位,是不雅侵犯。众所周知,女性的乳房有两个核心功能:(1)可以用来给婴儿喂奶;(2)吸引男性。乳房被认为是女性的隐私部分,通常不会公开展示。乳房通常也不像"手"那样让陌生人和熟人接触。陌生人之间的握手在社会中很常见,但触摸乳房却不常见。如果是为了提供治疗的合法目的,有医疗资格的人可以触摸女性的乳房。在"女王诉塔巴沙木案"(*R. v. Tabassum*)[②]中,上诉法院认为,这是"不雅的"性侵犯,即妇女因错误地相信被告具有医疗资格,同意其抚摸自己的乳房。在该宗案件中,被告曾要求数名妇女参与乳癌调查,以便为医生准备一套计算机软件。被告告诉被害人他有适当的医疗资格,但他的医疗知识有限。尽管如此,被告似乎没有性动机。他似乎是想通过开发软件来赚钱,增加自己被医学院录取的概率。

上诉法院表示:[③]

"除非原告同意,否则被告触摸陌生女性乳房的行为在本质和属性上都是非法和不雅的侵犯。至于证据,如果陪审团接受了,就表示被害人同意,因为被害人错误地认为被告在克里斯蒂医学院受过医学方面的训练,
1022 因此,触摸是出于医学目的。既然不是这样,就没有真正的同意。他们同意出于医疗目的的触摸而不是不雅行为,也就是说,同意该行为的本质而非其属性……正如所言,这种接触表面上是不雅的。被告是否有性动机或意图无关紧要。"

6-028 该判例的事实不支持有罪结论,因为乳房接触并不是天生的不良行为。此外,没有证据支持塔巴沙木进行了性侵犯,而不是单纯和纯粹的攻击的说法。证据表明他确实是在尝试建立科学数据库。根据 2003 年《性犯罪法》,无法主张他"故意欺骗被害人有关行为的性质或目的",仅仅是因为他欺骗了他的医疗资格。如果有证据表明塔巴沙木为

---

① *R. v. Richardson*[1999]Q. B. 444.

② [2000]2 Cr. App. R. 328.

③ *R. v. Tabassum*[2000]2 Cr. App. R. 328 at 336-337.

自己的性满足而采取了部分或全部行动,则该决定将是有根据的。[1] 但事实证明并非如此。该判决与"女王诉理查德森案"[2]也不一致,后者的裁判结果是,牙医没有侵犯他的病人,因为他只是在暂停执业期间为他们治疗。被告关于自身资质的谎言不影响其行为的本质或目的。

在"女王诉塔巴沙木案"中,法院错误地定义了"不雅"的概念。并不是每次欺骗性的触摸具有性功能的身体部位都是不雅的。如果非注册医生只是为了赚钱,并打算提供适当的医疗服务,他基于医疗目的而检查乳房、阴茎和阴道的行为就与性无关。如果这样的医生假装注册医师是为了继续行医,因为他有很多抵押贷款,需要钱,他的欺诈就不影响其行为的性质和目的。化妆师在模特的裸露的身体上对身体进行化妆,文身师在胸部和臀部进行文身,人体穿孔师刺戳乳房或其他私人部位,也不是不雅的(或性行为)(如果他只是将此作为工作的一部分来谋生)。

6-029 如果塔巴沙木声称他是在测试治疗软膏的安全性,而实际上他是在测试化妆品的安全性呢?他把治疗软膏擦在有多种功能(包括性功能)的身体部位,这是否使他的实验成为性行为?

显然不是。现在应该很明显了,"女王诉塔巴沙木案"并没有区分医疗行为和性行为。被塔巴沙木欺骗的妇女了解乳房检查的本质。塔巴沙木关于他的资格的谎言不影响其行为的本质和目的。对拥有医疗资格的欺诈是就个人属性的欺诈,而不是对没有这些个人特质的行为人所做事情的性质或目的的欺诈。[3] 1023

6-030 你的意思是说,来自次大陆、拥有假医学学位的江湖骗子,进行了1次十分重要的外科手术,却搞得一团糟,还不构成严重伤害罪?

在规制合理的法律体系中,这位庸医应该是有罪的。[4] 当行为人没有足够的资格来执行某一特定的医疗程序时,他对其不适格的隐瞒与他所执行的行为的性质和目的有关,是有争议的。熟练的外科医生所做的手术与没有资格做这种手术的人所做的手术在根本上是不同的(前者是治疗,后者是屠杀)如果这个人是有资格的,但没有注册,或者只是轻微不合格,他的行为的性质和目的就不算是对被害人的隐瞒。[5]

被告严重不合格,致使被欺骗的被害人遭受严重人身或者实际人身伤害的,应当承担加重攻击的责任。他不应该依靠病人表面上的同意作

---

① *R. v. Tabassum*[2000]2 Cr. App. R. 328 at 337.

② [1999]Q. B. 444.

③ Cf. *R. v. Wellard*[1978]1 W. L. R. 921.

④ Section 49 of the *Medical Act* 1983 Section 49 of the *Medical Act* 1983; *R. v. Grimshaw*(1984) unreported. Section 38 of the *Dentists Act* 1984.

⑤ *R. v. Richardson*[1999]Q. B. 444.

为抗辩,因为他试图治疗的性质和目的与病人同意对所做的治疗有根本的不同。认为自己同意或接近接受标准的治疗;不会让被害人的生命和健康受到非医务人员的威胁(性侵犯不是问题,因为劣质手术本身不具有性的本质)。

6-031 如果嫖客没有付钱就跑掉了,那该怎么办?

他没有犯强奸罪,因为被害人没有在行为的性质和目的上被欺骗。[①]妓女知道自己被要求进行性交,并同意进行性交——这是共识。她也同意甲行为(性交),即使不同意乙行为(没有报酬)。嫖客的身份也不是问题,两人达成了合意。[②]

如果要将这类欺诈行为定为犯罪,则应通过制定某项特别规定来实现。[③] 不涉及像纯粹意义上的强奸那样严重的性侵犯。这种错误的根源似乎更多地与欺诈有关,而不是性侵犯,[④]这个混蛋没有什么特质能够排除妓女和他睡觉的合意。如果嫖客事先声明"我不打算付钱给你",妓女就不会提供服务。妓女的损失是金钱上的。这不是妓女无论如何都不会和嫖客上床的案件。妓女完全愿意提供服务,但期望得到报酬。她们不愿意接受的是嫖客不付款,而不是不同意与其性交。

第5节 行为者身份上的错误

6-032 在普通法上,假冒行为并没有把性交行为变成强奸,尽管是侵犯(奇怪的区别)。女性如果相信这个男人是自己的丈夫,就会同意这样做,这样就不会被认为是被强奸了。[⑤] 1868年王室法院的判例重申了该规则。[⑥] 这是完全合乎逻辑的。如果男人假装是受害人的丈夫与其上床,并且与其发生性关系,受害女性会像实际上对方是丈夫一样愉快地接受性交。这看起来完全不像强奸,因为强奸最初是基于暴力概念,且通常仍然涉及暴力。但是,对此漏洞缺乏法律规定,自然会引起公众的强烈抗议。如前所述,以欺诈手段发生性行为的法律不能针对该男性,因为该男性没有对自己的身份作虚伪陈述,而仅仅是依靠受害人女性的自发错误。

---

① *R. v. Linekar*[1995]Q. B. 250; *R. v. Jheeta*[2008]1 W. L. R. 2582 at 2590. Cf. *Michael v. Western Australia*[2008]183 A. Crim. R. 348.

② *R. v. Linekar*[1995]Q. B. 250 at 257.

③ Section 57(2) of the *Crimes Act* 1958(Vic.); *R. v. Rajakaruna*(2004)8 V. R. 340.

④ Section 2 of the *Fraud Act* 2006.

⑤ *R. v. Saunders*(1838)173 E. R. 488; *R. v. Jackson*(1822)168 E. R. 911; *R. v. Clarke*(1854) Dears C. C. 397; *R. v. Dee*(1884)15 Cox C. C. 57; *R. v. Williams*(1838)173 E. R. 497.

⑥ *R. v. Barrow*(1868)L. R. 1 C. C. R. 156.

因此,议会通过在1885年的某项法律中加入特定条款进行干预,现在以2003年的《性犯罪法》第76条为代表:

“(1)如果在对犯罪行为的起诉过程中,本条适用于证明被告实施相关行为,且具备第(2)款中规定的具体情节,即可结论性地推定:

(a)被害人不同意行为人实施相关的行为,并且;

(b)被告不相信被害人同意自己实施相关的行为。

(2)相关抢劫包括:

(a)被告就有关行为的性质或目的,故意欺骗被害人;

(b)被告冒充被害人认识的人,故意诱使被害人同意有关行为。”

如果证明被告从事了相关的行为,故意在行为性质或用途等方面欺骗被害人,或者故意冒充行为人的熟人诱导被害人同意,便成为推定被害人不同意以及被告不相信被害人同意相关行为的无法反驳的证据。这实 1024
际上是刑法的某项实质性原则,因为第76条禁止被告声称他有合理的理由相信被害人会同意,无论其是否实施了欺骗。

很难理解被告有合理的理由相信被害人是同意的,即使他是在冒充被害人认识的熟人。假设被告在海上遇难,被困在荒岛上1年。最终他被人救起并带回英国,却发现未婚妻正在和别人约会。他不想毁了女友的新生活,但又很想再见到自己的女友,所以晚上潜入她的卧室,假装自己就是女友现在的男朋友,实施了性交。他能说自己有合理的理由相信女友会同意其是现在的男朋友并和自己做爱吗?

6-033 他可以这么做,但因为他冒充的是被害人认识的人,所以无法反驳的“不同意”推定是适用的。不管他是否有合理的理由相信对方同意,都假定行为缺乏同意,而且他知道对方没有同意。他“冒充”被害人认识的人,在他知道被害人存在认识错误的情况下,表现得像被害人所错误认识的人一样。与1885年和1956年法令不同,2003年的《性犯罪法》适用于假冒女性的情人。1885年时英国议会大概认为,找情人的女性不值得受到特别保护以防止其被骗;1956年的立法则进一步巩固了此前的立法规定。

当被害人被欺骗时,同样的关于不同意的无可辩驳的推定也适用于该行为的性质和目的。如果医生为了自己的性满足而将超声探头插入被害人的阴道,不可否认的是,被害人是不同意的。同样地,如果法院认定,被告检查病人的乳房以寻求性满足,就可以适用“不同意”这个无可辩驳的推定。是否有合理的理由相信被害人是同意的问题将不予考虑,因为假定没有人同意。控方所要做的就是证明被害人实际上在行为的性质和目的上受到了欺骗。

6-034 在莫泊桑的短篇小说《罗斯》(Rose)①一书中,有个俏皮的故事,讲的是男人假扮成女性,扮演侍女,为他的情妇洗澡。如果洗澡涉及性侵犯他的情妇,他是否有罪?

原则上无罪。但法院另有判决。② 女主人对她的"女仆"的性别所犯的错误是性别归属上的错误,而不是身份上的错误,因此即使是身份上的错误也不会使其同意无效。在现代社会中,如果男人在酒吧里假扮成女性引诱其他男人,这种情况就会发生——这听起来难以置信,但有些男人
1026 确实被这样的人欺骗了。被害人可能会发现他的错误,如果在酒店房间里的遭遇进展到更亲密的遭遇,但那时他可能已经被他认为是女性的男人性骚扰了。

6-035 我应该想到人的性别非常重要,应该作为身份识别的属性。

我个人的观点是,如果针对行为人的某些特征,即使是像性别这样重要的特征产生的认识错误被当作是针对身份的错误,法律就会变得不精确,殊不可取。如此一来,哪里才是尽头?30 岁的女性假装 22 岁,是否可以被涵盖进去?在现实世界中,性别等特征对大多数人来说是显而易见的。

身份和属性之间的区别是由民事法庭确定的。只有当基于认识错误下的人,把甲当成了乙,混淆了两人身份的时候,才会发生身份错误。当你认为男人是女性时,这不是身份错误,除非你认为他是某个特定的女性;或者你相信不具备资质的人是具备资质的医生,除非你相信他是其他真正的医生。无论如何,这就是合同法中身份错误的含义,③该概念在刑法中没有理由不同。

6-036 这个人犯了什么罪?

没犯任何罪。英国刑法中并没有规定通过欺诈使人屈服于肉体关系的罪行。应该有,但没有。如果被告的性别不影响他的身份,一定会影响性行为的性质和目的,不是吗?性行为就是性行为;这样的行为不会仅仅因为抚摸者是男人而不是女性就变成性行为。

然而,有异常的法源却提出了相反的建议。在"女王诉德沃纳德案"(*R. v. Devonald*)④中,被告鼓励被害人(成年男性)在网络摄像头前进行自虐。被告假装成 20 岁的名叫"凯西"(Cassey)的女性,在网络摄像机

---

① Paul Alexis*et al.*,*Les soirées de Médan*:*nouvelles*,(Paris:Charpentier,1880).

② *R. v. McNally*[2014]2 W. L. R. 200 at 207;J. A. R. *v. Hutchinson*(2013)105 W. C. B. (2d) 806.

③ See Glanville Williams,*Mistake as to Party in Law of Contract*,(1945)23 Can. B. Rev. 271;380.

④ [2008]EWCA Crim. 527.

前鼓励被害人自我虐待(自慰)。这个虚拟的人物是被告发明的,因为他想羞辱被害人(被告是为了复仇,因为被害人抛弃了他的女儿)。由于凯西只存在于网络空间,被害人的同意并不会因为被告模仿了被害人“认识”的人而无效。2003 年《性犯罪法》第 76(2)(b)款只适用于被告模仿了被害人实际上认识的人。被害人不认识凯西,因为后者只存在于网络空间。

这个案子本不该被提交给法庭解决。被害人并非完全无辜。人们必须对自己的行为负责。互联网电缆另一端的人可能是 12 岁的女孩。因此,被害人不应该把自己暴露给整个世界;特别是他不知道谁在网络的另一端。除此之外,被告的行为是应该受到谴责的,所以上诉法院以典型的方式决定做一点自己的发明创造。上诉法院认为陪审团可以得出结论,认为被害人在自慰的目的上受到了欺骗。特别值得一提的是,认为被害人“被欺骗了,认为他沉迷于与年轻女子的性行为,并为其提供性满足,他与该女子存在网上的性关系”。法院认为被害人被欺骗了,因为他认 1027
为他这样做是为了给 20 岁的女性提供性满足,而不是给男人提供报复的满足。

6-037　法院的分析是错误的,因为如此一来,该行为的目的和性质是不可分割的,它们是一体的。这个行为的目的是性:被告想让被害人参与性活动。被告别有用心是为了报复,但他的主要目的是让被害人参与性活动。被告别有用心的目的并没有改变他要求被害人执行的行为的目的或性质。他的目的是让被害人进行性行为。更重要的是,被害人知道他被要求进行性行为,他知道他所做的本质和目的是性行为。[①] 被害人意图进行性行为,并且知道他所做的事情的确切性质。别有用心的观众并没有改变行为的性质或目的。被告的隐秘动机不是性——他只是在寻求报复。

进一步而言,被告的性别没有任何影响。如果被告要求 20 岁女性在网络视频摄像头前面引诱被害人从事性行为是为了报复,是否会导致不同的结果?倘若这位女性因为目睹受害人自慰而获得快感呢?如果她的间接故意是为朋友寻求报复,这是否有价值?如果电话性爱的女性是谎称自己为 21 岁体操运动员的 65 岁老妪,情况是否有所不同?任何人都需要为自己的愚蠢负责。如果要从事网上色情活动,就要想到自己的行为可能会被录制下来并传到网上,全世界的人都可能看到,抑或网络那端可能是任何人。而此人参与活动,可能会基于各种目的或动机(因此,德

---

① Section 76 of the2003 *Ac*; *R. v. Jheeta*[2008]1 W. L. R. 2582 at 2590. *R. v. B*[2013]2 Cr. App. R. 29.

沃纳德案的被害人知道自己正在从事的是色情行为,他只是不知道自己为什么会被要求这样做)。

第6节 无行为能力、精神错乱和同意

6-038 就性犯罪而言,被害人的同意只有在有足够能力作出知情选择的情况下才有效。[①] 行为人很多时候无法同意,因为在身体上没有
1028 能力,比如在昏迷或半瘫痪的时候。即使行为人在身体上无法表达的同意,也可能存在默示的同意。例如,为了帮助女患者从手术中恢复过来,医院用药物使其陷入昏睡。如果她的丈夫在其昏迷的时候去医院看望,握着她的手,亲吻她的额头,则无须承担性侵犯的责任。显然,丈夫有理由相信妻子会喜欢他在她康复期间给她的关爱、安慰和支持。然而,被告有合理理由相信身体上无行为能力的人(身体上无法以任何方式表达其意愿的人)同意的案件,则属罕见。

在该条的其余部分的重点将是精神上的无能。行为人可能因为醉酒而精神失常,也可能仅仅是因为患有某种精神疾病或精神障碍。行为人的智力可能低于正常水平,或者患有精神疾病,因此无法同意发生性行为,但维多利亚时期英国最高法院正确地认为,这种可能性的范围非常有限。[②] 智力迟钝的人很容易让位于“动物本能”,这不是目的。[③] 澳大利亚法院称,对于缺乏同意性交能力的女性:

“必须证明其没有足够的知识或理解力来理解:

(a)拟议要做的是让男性器官插入自己身体的客观事实,或者,如果没有得到证明;

(b)拟议的插入行为涉及性关系,不同于性质完全不同的其他行为。[④]

在相关判例[⑤]中,莫斯特因法官(Mostyn J.)表示被害人应该对下列内容有所‘了解和认识’:

行为的机制;

存在健康风险,特别是性传播感染;和

男人和女性之间的性行为可能导致女性怀孕。”

---

① Section 74 of the *Sexual Offences Act* 2003.

② *R. v. Morgan*[1970] V. R. 337. *R. v. Barratt*(1873) L. R. 2 C. C. R. 81.

③ *R. v. Barratt*(1866) L. R. 1 C. C. R. 39; cf. *R. v. Fletcher*(1859) 169 E. R. 1168 at 1172.

④ *R. v. Morgan*(1970) V. R. 337.

⑤ *D Borough Council v. AB*(2011) 161 N. L. J. 254 at para. 42.

6-039 这太过分了。智障人士应该能够在不完全了解怀孕的所有影响的情况下维持性关系。[①] 如果所谓的被害人给予了所能给予的同意,就应该有意义。此外,许多性行为不涉及性交,因此怀孕或感染性传播疾病的风险将不成问题。例如,男人可能会抚摸有智力障碍的女性的胸部等。如此一来,必须证明被害人理解爱抚等行为是出于性目的,并对 1029
此表示喜欢。

要求必须比莫斯特因法官所建议的要低。降低要求有两个原因。首先,这是必要的,以防止与自愿但缺乏性自主权的女孩性交的男性被判强奸罪;其次,为了不禁止对低智商的女性和男性的性表达,这是必要的。[②] 每项罪行都有削弱被告自由的作用,但是,如果行为人因某项经双方同意的活动而被定罪,其实际结果不仅是限制他的自由,而且也限制与他行动的人的自由。必须非常小心地允许智障人士有若干性自由。

6-040 2005年《心理能力法》第2节规定:"如果行为人在紧急的时刻,因为精神或大脑功能方面的缺陷或干扰,而没能力为自己去做关于某事的决定,这个人就缺乏关于某事的能力。"同样,精神障碍的定义非常广泛。[③] 如果行为人的无行为能力与公认的精神疾病有关,他将受到2003年《性犯罪法》第30-37条所规定的具体罪行的保护。

这些罪行包括那些由于"精神障碍"而无法在知情的情况下选择是否同意性行为的人。

例如,2003年《性犯罪法》第30(1)条规定:

"(1)满足下列条件即属犯罪,如果——

(a)故意触碰他人,

(b)触摸带有性的意味,

(c)因精神障碍或与精神障碍有关的理由而无法拒绝;及

(d)知道或有理由被期望知道他人罹患精神障碍,而由于精神障碍或与精神障碍有关的原因,该人很可能无法拒绝。

(2)他人无法拒绝,如果——

(a)缺乏选择是否同意触摸的能力(是否因为他对所做之事的性质或可合理预见的后果缺乏足够的了解,或由于其他原因);或

(b)无法向行为人传达这样的选择。"

被害人无法理解性行为的本质,这可能不是无法在知情的情况下选

---

① *Re F.* (*Mental Patient*:*Sterilisation*) [1990] 2 A. C. 1.

② *Re F.* (*Mental Patient*:*Sterilisation*) [1990] 2 A. C. 1.

③ Section 1 of the *Mental Health Act* 1983 (as amended by section 1 of the *Mental Health Act* 2007).

择是否要进行性行为的唯一原因。被害人可能完全理解拟议的性活动的性质,但可能缺乏理解可以同意或反对的能力。[1] 被害人可能理解提议的性交可能导致怀孕或感染性病,但可能同意性交,因为错误地认为如果不这样做,就会受到伤害。如果是被害人的精神障碍导致犯了这样的错
1030 误,将受到2003年法第30-37条的具体规定的保护。同意通常是在有选择的条件下。被害人是否有能力权衡相关信息,以便在知情的情况下做出是否同意的选择?[2] 行为人的同意只有在能够理解该行为及其后果并足够理解可以选择同意或不同意的情况下才是有效的。

6-041 在"女王诉库珀案"[3]中,被害人有精神病史。被害人前往社会精神健康队资源中心,接受法医精神科顾问医生的诊治。精神科医生认为,最好强制其住院。被害人结束了与精神病医生的会谈。离开中心后,被害人在中心停车场与被告(该名被告亦是精神健康队资源中心的使用者)会面。被害人告诉被告,其曾在精神病院进进出出多年,还告诉他,想离开这个地区(克罗伊登),因为人们在追她,会伤害她。被告告诉她他可以帮忙。被告出售了被害人的移动电话及单车,然后将其带到朋友的房子中,并多次鼓励其吸食快克可卡因。当被害人进入这栋房子的浴室时,被告闯了进去,将其逼到墙角并要求她为他口交。被害人处于非理性状态,这导致其错误地认为,如果不遵从被告的口交要求,将无法在不受伤害的情况下摆脱困境。要不是这个荒谬的信念,受害人是不会听从的;而该信念是由精神错乱引起的。换句话说,受害人缺乏确定如果不服从,是否会被迫这样做的精神能力:

"被害人产生了非理性的恐惧,认为自己需要离开克罗伊登,因为生命受到了威胁。如此一来,为了逃离克罗伊登,她把自己置于上诉人的控制之下,发现自己被和他关在一起,由于无理性的恐惧,她既无法拒绝性行为,也无法表达这种拒绝。"[4]

在上议院,黑尔大法官表示:[5]

"关于行为能力的判例法在一段时间内已经认识到,为了能够作出决定,有关人士不仅必须能够理解与作出决定有关的信息,而且还必须能够
1031 '权衡(该信息)以作出选择'……如果行为人误以为上帝命令其发生性关系,而完全能够理解这种行为,可能无法自主地做出选择。"

---

① *R. v. Cooper*[2009]1 W. L. R. 1786.

② Section 3 of the *Mental Capacity Act* 2005.

③ [2009]1 W. L. R. 1786.

④ *R. v. Cooper*[2009]1 Cr. App. R. 211 at 225.

⑤ *R. v. Cooper*[2009]1 W. L. R. 1786 at 1793 quoting *Re C*(*Adult*:*Refusal of Treatment*)[1994]1 W. L. R. 290 at 295;*Re MB*(*Medical Treatment*)[1997]2 F. L. R. 426 at 433.

在这个判例中,被害人的非理性信念导致其同意了被告的口交请求。其并不想和他发生口交,但却形成了非理性的信念,认为这是摆脱自己处境的唯一方法。黑尔表示:"'出于其他原因'这几个词[①]显然能够涵盖很多情况,在这些情况下,行为人的精神障碍可能会剥夺他做出自主选择的能力,尽管他可能对做出自主选择的相关信息有足够的理解。"由于精神分裂症,被害人被剥夺了自主选择的能力。

6-042　黑尔接着提到:[②]

如果只需要智力上的理解,或许更容易理解能力测试可能是"行为特异性",而不是"个人特异性"或"情境特异性"。这里的原告确实知道什么是"口交"……一旦接受这个选择是自由意志的锻炼,和精神障碍可能剥夺行为人的自由意志在许多不同的方式,在许多不同的情况下,精神错乱的人可能是非常能够锻炼情况而不是另有选择。这里的被害人,即使在激动和兴奋的状态下,也可能完全有能力决定是否与没有把置于2007年6月27日发现自己处于脆弱和可怕的境地的人发生性关系。问题是,在当时的状态下,其是否能够选择是否同意被告对她的触摸要求。

"视具体情况而定"的说法起不了多大作用。以"女王诉库珀案"的情况为例。如果理性人不会通过提供口交的方式对库珀的要求做出反应,那么,存在胁迫要素(如果在浴室接近行为人和要求口交本身构成默示威胁的话),并没有告诉我们为什么被害人没有拒绝的能力。如果其他人如此一来会拒绝,被害人不拒绝的唯一解释就是有智力障碍。易言之,被害人遵从了被告的口交要求,即使在同样的情况下,理性人是不会遵从的,因为被害人的精神障碍使其无法对自己所处的境况作出正确的评估。 1032

第7节　迷醉和同意

6-043　对于饮酒、摄入(其他)药物和同意并没有特别的规则。当病人处于严重的迷醉状态而无法理解时,签署的手术同意书显然毫无价值。如果男人为了使女性屈服于他的愿望,而用毒品使昏昏欲睡,以至于不知道发生了什么事或身体上无法抵抗,当然会不同意,因此他可能有罪,这是2003年《性犯罪法》规定的犯罪行为。还有某项涉及准备行为的法定犯罪行为。2003年《性犯罪法》第61条针对的是那些让他人吸毒,以便自己或他人可与被害人进行性行为的行为人。如果甲给乙投毒,

① Section 30(2)(a) of the *Sexual Offences Act* 2003.

② *R. v. Cooper*[2009]1 W. L. R. 1786 at 1794.

以使他本人或丙可以爱抚受害人的乳房或将其强奸,无论是否发生性行为,甲均应承担责任。[①] 假设甲给乙下药,但在实施强奸之前就被警察发现。由于乙已被迫吸毒,即使没有机会强奸,甲也将根据《刑法》第61条承担责任。

6-044 酒精也是迷醉物品。如果男人试图用烈酒来勾引女性,那会怎么样呢?

如果结果是像刚才所说的那样导致女性的意志受到压制,那么行为人如果成功,就将构成强奸罪。但是酒精通常的作用仅仅是降低自我控制能力,所以通常不愿发生性行为的女性可能对性行为没有抵抗力。醉酒的女性可能知道发生了什么,身体上也可以表达异议,但酒精会消除正常的顾虑。[②] 如此一来,醉酒者同意性行为,因为醉酒同意仍然是同意。[③] 但是,如果被害人的醉酒状态使其暂时失去进行性交的选择能力,就不存
1033 在同意,"因为被告的心态存疑,如果发生性交,其将被作为强奸处理"。[④]

在"女王诉波里案"(*R. v. Bree*)中,上诉法院表示:[⑤]

"如果控诉人自愿甚至大量饮酒,但仍然能够选择是否性交,并在饮酒时同意这样做,这就不是强奸。也许应该强调,作为实际的现实问题,同意的能力可能在所谓的被害人丧失意识之前就消失了。然而,这种情况是否存在,是特定事实,或者更准确地说,取决于在特定场合中所涉及的个人的实际精神状态。"

重要的是,法院应确定被害人的精神能力丧失是否使性交成为非双方自愿的行为。被告必须有合理的理由相信醉酒的被害人是同意的。被害人可能是完全清醒的,意识到发生了什么,但可能太陶醉了,无法抵抗。[⑥] 如果被害人完全意识到正在发生的事情,并且在她的头脑中并没有同意,但是由于太过陶醉而无法抗拒或传达没有同意,实际上并没有同意。除非被告能使陪审团相信有理由同意,否则他将承担法律责任。[⑦]

---

① *R. v. Hakki*[2006]1 Cr. App. R. (S.)46.

② *R. v. Bree*[2008]Q. B. 131. Cf. *R. v. Kamki*[2013]EWCA Crim. 2335; Peter Westen, *The Logic of Consent* (Burlington VT: Ashgate Publishing, 2004); Alan Wertheimer, *Consent to Sexual Relations*, (New York: Cambridge University Press, 2003) at 232 *et passim*; Sharon Cowan, *The Trouble with Drink: Intoxication, (In) Capacity, and the Evaporation of Consent to Sex*, (2008) 41 Akron L. Rev. 899.

③ *R. v. Bree*[2008]Q. B. 131; *R. v. Kamki*[2013]EWCA Crim. 2335.

④ *R. v. Bree*[2008]Q. B. 131 at 140.

⑤ [2008]Q. B. 131 at 140; *R. v. Kamki*[2013]EWCA Crim. 2335.

⑥ *R. v. Blayney*[2003]140 A. Crim. R. 249.

⑦ *R. v. Wright*[2007]EWCA Crim. 3473; *R. v. Francis*[1993]2 Qd. R. 300 at 305; *C v. T*(1995) 58 F. C. R. 1 at 18, the court (quoting Cussen J., R. v. *Lambert*[1919]V. L. R. 205 at 213); Cf. *R. v. Cooper*[2009]1 W. L. R. 1786.

被害人应该有足够的条理来理解被要求发生性行为。如果完全理解被要求做的事情的本质,并同意做,其就是同意的。如果知道同意做什么,并决定去做,以后就不能辩称,“我真的很后悔做了那个决定,要不是因为我喝醉了,我就不会‘同意’了”。

6-045　正如往常一样,刚才所说的问题,需要面对司法的反复。在新西兰的判例中,警方怀疑司机喝酒。司机坚称自己是清醒的,为了对此加以证明,他卷起袖子让医生取了血样。检测结果显示血液中的酒精含量为170毫克。之后,这名男性成功地获得了来自医生的损害赔偿,理由是他喝得太醉了,不可能对医生实施的所谓攻击做出同意。

6-046　如果被害人记不起自己是否同意,该怎么办?

这个案子还应该交给陪审团,因为可能有其他证据表明其没有同意。在“女王诉H案”(*R. v. H*)[①]中,16岁的女孩在新年庆祝活动中与朋友们喝了1升伏特加后醉倒,和朋友们走散了,被3个从未见过的男人带走了。上了汽车后座,被其中某个男性强奸。女孩不记得对那个男人说了什么,但记得不想和他发生性关系。主审法官接受了辩护方提出的不作 1034
答辩的理由,即被害人不记得是否同意。主审法官还认为,没有足够的证据证明无行为能力。上诉法院认为:“有足够的强奸证据留给陪审团。被害人后来坚称当时上车时其不想发生性行为,并在性交过程中告诉过该男性下车。”

被害人不需要证明自己向被告传达了异议。此外,控方不需要证明被害人没有拒绝的能力。“为了获得有罪判决,毫无疑问,必须有若干证据表明缺乏同意才能进入陪审团。证据将取决于案件的具体情况。”[②]在“女王诉H案”(*R. v. H*)案中有充足的证据供给陪审团。当时的情况是,被害人是16岁女孩,以前从未见过被告,并告诉被告不想发生性行为,并在被告发生性行为时要求其离开。如果行为人能提供证据证明被害人在精神状态良好的时候没有同意,很难说在精神状态不佳或无意识的时候表示了同意。[③]

第8节　性侵犯和可反驳的假设

6-047　在前面几节中,主要讨论了性犯罪的同意问题。在接下来的章节中,讨论将更多地集中在非性属性的身体伤害上。在开始讨论之

---

① [2007]EWCA Crim. 2056.

② *R. v. Malone*[1998]2 Cr. App. R. 447;*R. v. H*[2007]EWCA Crim. 2056.

③ *R. v. Blayney*[2003]140 A. Crim. R. 249.

前,有必要考虑下述几种情况,这些情况都包含在2003年《性犯罪法》第75节中所提出的可反驳的假设中(如前所述,第76节中的假定是结论性的,因此无法反驳)。

该法第75条规定:

"(1)如果根据本法对于违法犯罪行为提出指控,并证明

(a)被告实施了相关行为;

(b)第(2)款所指明的情况存在;及

(c)被告知道这些情况存在,原告是没有同意采取相关行动,除非足够的证据证明他是否同意,被告被认为不合理地相信被害人是同意的,除非有足够的证据证明他合理地相信被害人是同意的。

(2)存在如下情况——

(a)在相关行为发生时或在该行为开始之前,对被害人使用暴力,或
1035 使被害人担心会对其立即使用暴力;

(b)在有关行为发生时或该行为开始之前,使被害人担心正在对他人使用暴力,或即将对他人使用暴力;

(c)在有关行为发生时,被害人被非法拘禁,而被告没有被非法拘禁;

(d)在采取有关行动时,被害人睡着了或没有意识;

(e)由于原告的身体缺陷,在采取有关行动时,被害人未能告知被告是否同意;

(f)未经原告同意,为被害人开了或使其服用了某种物质,而该物质就其服用或服用的时间而言,在有关行为发生时能够使被害人陷入昏迷或意志薄弱。"

6-048　对于强奸指控,检控方必须证明女方不同意,还是辩护方必须证明女方同意?

证明责任落在了检控方身上,就像在插入型性侵和其他性侵案件中一样(与2003年《性犯罪法》中的其他罪行一样)。

控方确定性行为实际上是在以下情况下发生的:被害人被非法拘禁,无意识或身体上无法以另外的方式传达自己的同意,或者在麻醉药品的影响下进行,或如果在性行为发生之前就已遭受暴力,则假定被害人没有同意(在许多情况下,当违法行为发生时,将不止上述情况),控方还必须证明被告知道发生了性行为。证明责任无须被告承担,而是要求他拿出证据反驳不同意的假设。证据必须足够有力,才能使同意成为问题。即使被告有足够证据反驳不同意的假设,控方仍可根据第74条的规定,以正常方式证明不同意的情况。

这不是被告出示证据证明没有暴力或被害人没有昏迷等问题，因为检控方已经证明了相反的情况。如果检控方没有证明特定情况的存在，就不会产生推定。被告只需要出示证据，表明尽管有暴力、无意识等情况，被害人还是同意了。

6-049　暴力：被告可以通过提出证据证明紧接性行为之前的暴力行为都是双方自愿的，从而反驳被害人不同意的假设。例如，被告可能能够提出令人信服的证据，证明他和被害人经常进行双方同意的施虐受虐。 1036
如果暴力行为不是在性行为发生之前立即实施的，就不存在推定。这可能是因为，迫在眉睫的伤害威胁会压倒被害人的意愿。如此一来，有理由假定被害人不同意。[①] 如果威胁是未来的暴力，则情况就不清楚，最好按照第 74 条的正常方式加以检验。也许正是出于这个原因，对财产的威胁不足以构成不同意的假设。在一般情况下，只要被告使用了暴力，就会产生推定。花痴经常在公共场合抓住单身女孩并强奸她们。紧抓女孩身体不放的行为，就足以构成暴力，从而推定缺乏同意。[②]

非法拘禁：议会决定将非法拘禁列入可反驳的推定名单，这是不足为奇的。许多罪犯认为有必要以性侵犯为目的非法拘禁被害人。[③] 这些被告把被害人当作俘虏，因为这使他们更容易强奸被害人。常见的情况是，男人开着汽车去接醉酒的年轻女子，她们在晚上喝酒时和朋友走散了，然后被强奸（其他常见的情况是，男性将分居的妻子/女友囚禁起来，目的是强奸）。

很难想象，如果被告能够提出证据，表明非法拘禁并没有损害被害人的同意，这种情况下的假设是什么。奇特的事例可能是被告把自残的女友关起来，因为后者威胁要自杀。被告可能会提出精神不稳定的证据，使法庭相信他有充分的理由将其拘留。如果他的证据被接受，将不会被认为不同意相关的性行为。然而，根据 2003 年相关立法第 74 条，被害人仍有可能被起诉，以证明没有同意。 1037

6-050　无意识：妇女经常在睡着或喝得不省人事时被强奸。[④] 一般

---

① *R. v. Dagnall*(2003) 147 S. J. L. B. 995.

② *R. v. Dagnall*(2003) 147 S. J. L. B. 995.

③ *Attorney—General's Reference*(*Nos.* 7, 8 *and* 9 *of* 2009) [2010] 1 Cr. App. R. (S.) 67; *R. v. CV* [2010] EWCA Crim. 695; *R. v. Brand*[2009] EWCA Crim. 2878; *Attorney—General's Reference*(*No.* 73 *of* 2008) [2009] EWCA Crim. 913; *R. v. Harris*[2007] EWCA Crim. 3472; *R. v. Keown*[2010] EWCA Crim. 2385.

④ Cf. *R. v. Blacklock*[2006] EWCA Crim. 1740; *R. v. Johnston*[2003] All E. R. (D) 266; *R. v. Larter*[1995] Crim. L. R. 75; *R. v. Mayers*(1872) 12 Cox C. C. 311; *R. v. Young*(1878) 14 Cox C. C. 114. *Banditt v. The Queen*(2005) 224 C. L. R. 262.

认为,被害人在被猥亵或强奸时,应当保持无意识状态。[①] 在2004年总检察长参考文件第104号文件[②]中,被害人醒来后发现一个男性正在插入自己的身体。很难想象在这样的案件中,被告能够拿出有力的证据来反驳下列假设,即被害人不同意在无意识的情况下发生的性行为。在"女王诉派克案"(*R. v. Pike*)[③]中,被告经其情妇同意将其麻醉,这样做的目的是满足他与不省人事的女性性交的性变态心理。在这类案件中,证据责任由被告承担。辩护方必须拿出证据来反驳被害人不同意的假设。如果行为人在有意识的时候没有同意,在无意识的时候就很难同意。

身体残疾:如果行为人酩酊大醉,身体无法移动或"沟通"的同意或异议,将被推定为不同意与被告发生性行为。仅仅证明被害人在身体上无法移动或抵抗被告的进攻是不够的。必须证明在身体上无法沟通。因此,如果卧病在床,但能够说话和思考,并能够沟通,就不会导致不同意的推定。被告可以反驳该假设,证明他与自己的女友/妻子发生了性行为,他们经常发生性行为,而女友因酗酒和吸毒而瘫倒在地。如果遇到的是陌生人,被告很难反驳不同意的假设。

麻醉药品:在"女王诉米琴案"(*R. v. Meachen*)[④]中,有证据表明双方在发生性关系之前都同意服用麻醉药品。根据本款,只有在未经被害人同意的情况下,被害人才被推定不同意提供毒品。这项规定的目的是对付最近的药物辅助强奸现象。花痴症患者有时会使用诸如迷奸药之类的药物来麻痹他们的被害人,这样他们就可以与被害人进行非经双方同意的性行为。[⑤] 被害人也可能被骗自行服药。这种假设也适用于行为人故
1038 意在别人的饮料中加入酒精使昏迷的情况。

第9节　未成年人

6-051　关于未成年人同意和代表未成年人同意的相关法律规定并不完全明确,但是1969年《家庭法改革法》第8条规定了确定的尺度:

"(1)已满16岁的未成年人同意接受外科、医疗或牙科治疗,如未经同意而构成对其人身的侵犯,其效力应与已满16岁的未成年人相同;如未成年人已根据本条对治疗给予有效同意,则无须取得其父母或监护人

---

① *R. v. Lines*(1844)174 E. R. 861;*R. v. Hughes*(1841)173 E. R. 1038.

② [2005]1 Cr. App. R. (S.)117.

③ [1961]Crim. L. R. 114,547. Cf. *R. v. Evans*[2009]1 W. L. R. 1999.

④ [2006]EWCA Crim. 2414.

⑤ *R. v. Wright*[2007]1 Cr. App. R. (S.)661. (2007)13(5)*P. C. &L.* 417.

的同意。

（2）在本条中，‘外科、内科或牙科治疗’包括为诊断目的而进行的程序，本条适用于一切治疗的辅助程序（特别是包括注射麻醉剂），就如同适用于该种治疗一样。

（3）本条内容不得被解释为使本应在本条未颁布的情况下有效的同意无效。”

该节的特别目的是澄清法律，以使医生放心。仅限于“治疗”，不仅包括（如所说的）诊断程序，还包括预防程序。独立于本条，16岁以上的年轻人可以同意献血、器官移植、整形手术或医学实验，即使这些不是“治疗”（这可能被认为是悬而未决的问题）。无论如何，他都可以在18岁时这样做，因为18岁正是法定成年年龄。[①]

6-052　假设16岁以上的青少年拒绝接受手术：他的父母能同意吗？

该条没有提到，但其合理的含义是，当青少年达到16岁时，只有他才能同意接受治疗。

6-053　那么16岁以下的人可以同意吗？

孩子可能太小了，以至于说他理解别人提出的建议并能同意，都是不真实的。决定年龄有时被称为“谨慎的年龄”。

一般来说，16岁以下的人可以同意身体接触，因此（根据更合适的观点）可以同意治疗。此外，（比方说）15岁的女孩，如果知道生命的真相，就可以同意医生给服用避孕药物[②]或输血。[③] 英国上议院规定，只要充分了解自己授权的内容，未成年人可以代表自己同意接受某些医疗程序。[④]
这意味着16岁以下的女孩可以不经父母同意而同意堕胎。然而，如果孩 1039
子缺乏理解授权的能力，她的父母几乎有绝对的权利为其做决定。这项权利只有在特殊情况下才会被推翻。[⑤]

特别棘手的问题是在需要移植的病人家属中寻找肾脏。当捐赠者是近亲，尤其是同卵双胞胎时，移植器官的存活率最高。但是，当提供器官移植的问题出现时，可能会在家庭内部引起许多不快，而且大多数外科医生只有在说服捐赠者，如果不允许他帮助自己年迈的至亲至爱的亲人，他

---

① Section 1 of the *Family Law Reform Act* 1969.

② *Gillick v. West Norfolk and Wisbech AHA*[1986] A. C. 112; *R.* (*on the application of Axon*) *v. Secretary of State for Health*[2006] Q. B. 539.

③ *E*(*A Minor*)(*Wardship*: *Medical Treatment*)[1993] 1 F. L. R. 386.

④ *Gillick v. West Norfolk and Wisbech AHA*[1986] A. C. 112.

⑤ *MAK v. United Kingdom*[2010] 2 F. L. R. 451 at 466; *O and J*(*Children*)(*Blood Tests*: *Constraint*)[2000] 2 W. L. R. 1284.

会觉得被剥夺了权利后,才会进行活体捐赠者的器官移植。另外,成功的移植手术通常会让捐赠者感到非常满意,而不成功的移植手术可能会带来自我谴责。这个问题应该被看作医学道德问题,而不是法律控制的问题,只要年轻人已经到了可以自由判断和同意的年龄,他放弃器官的同意应该是有效的。

6-054 如果16岁以下的孩子同意,父母能否决吗?

如果16岁以下的孩子针对对其身体的某种介入给出了在其看来是有效的同意,从原则上讲,父母禁止这种介入并不能使它成为非法。

显然,父亲如果禁止他年幼的女儿发生性行为,这并不会使与其发生性关系的男友成立强奸,因为强奸需要性伴侣的反对,父母的不同意无关紧要。出于同样的原因,当孩子做出有效的同意时,就其而言,似乎不可能对其成立所谓攻击。这意味着父母无法禁止医生在征得女儿同意的情况下为其堕胎。[1] 同样明显的是,父母无法禁止挽救生命的治疗。孩子是否有能力给予必要的同意,将取决于孩子的成熟度和理解力,以及需要同意的行为性质。[2]

6-055 如果16岁以下的未成年人根据普通法,可以做出自主意思表示,那么《家庭法改革法》中为16岁以上的未成年人制定的相关条款又有什么意义呢?

该条似乎可有可无,但给了医生一定程度的安慰。

6-056 家长可否代表未满16岁的子女给予同意?

对于16岁以下的孩子,家长当然有一定的权力给予同意,但限制是值得怀疑的。如果孩子没有能力自己同意,他的父母就有权利代表他同
1040 意。如果他没有拒绝同意的能力,他们也有权不代表他同意。

在"MAK诉大不列颠联合王国案"(*MAK v. United Kingdom*)[3]中,9岁的女孩因为被当地医生怀疑遭受家庭虐待,被要求离开父母的监护,并被送进医院。然而,后来发现,这名女孩患有罕见的血液疾病,从而在其皮肤上留下了淤青。在发现该情况之前,医院的医疗小组采集了这名女孩的血液样本,并拍摄了包括隐私部位在内的照片。

欧洲人权法院表示:[4]

"本案中,患者9岁。目前还没有迹象表明有能力同意医疗干预。因

---

① *Gillick v. West Norfolk and Wisbech AHA*[1986]A. C. 112;*R.(on the application of Axon)v. Secretary of State for Health*[2006]Q. B. 539.

② *E(A Minor)(Wardship:Medical Treatment)*[1993]1 F. L. R. 386.

③ [2010]2 F. L. R. 451 at 466.

④ *MAK v. United Kingdom*[2010]2 F. L. R. 451 at 466.

此,在进行医疗干预之前,必须得到申请人或其妻子的同意。申请人离开医院时通知医务人员,在他的妻子大约 1 小时后到达之前,不应进行进一步的检查。他的妻子在给医院的电话中证实了这些指示。

……

鉴于父母的明确指示,决定进行验血和拍照的唯一可能的理由是,具备紧急事项的必要性。在这方面,法院不接受政府的意见,即社会迫切需要治疗儿童的症状。没有证据表明孩子的情况很危急,或者在的母亲到来之前的情况正在恶化或可能恶化。此外,没有迹象表明有疼痛或不适。最后,没有理由相信孩子的母亲会拒绝同意,即使同意了,医院也可以向法院申请命令,要求进行检测。如此一来,法院找不到理由,不顾 9 岁女孩父母的明确意愿,对进行验血并拍下的私密照片,而让独自住院。"

至于治疗程序,人们普遍认为,父母可以在孩子太小、还不懂得该怎么做的时候,代表孩子表示同意。在孩子超过定义不清的"谨慎年龄"时,理想的做法是父母和孩子同时同意。如果孩子到了同意的年龄还不同意,情况也很清楚:如此一来,医生的手很可能会被法律束缚。[①] 然而,如果孩子不满 16 岁,而父母坚持让他接受挽救生命的治疗,法院很可能会认为孩子还没有达到"自由裁量年龄"(即使他已经达到了),并允许父母的同意凌驾于孩子的不同意之上。

6-057　那么 16 岁以下儿童的父母可以拒绝让他接受挽救生命的治疗吗?

不可以。如果低于自由裁量权年龄的孩子需要挽救生命的治疗,如果他的父母拒绝给他治疗,他的医生很可能会寻求法院的声明。 1041

在一个罕见的案例[②]中,年近 16 岁的男孩和他的家人是耶和华见证人。这个男孩得了白血病,需要输血救命。但遗憾的是,这个男孩由于宗教原因拒绝输血。他的父母认同他的宗教信仰,因此他们也拒绝同意输血。男孩情况危急,需要治疗。法院认为,该男孩不了解他的决定的含义,因此认为他拒绝同意是无关紧要的。普通的父母会认为不让孩子接受救生治疗是为了孩子的最大利益吗?[③] 如果不是,"耶和华见证会"的父母不给孩子这样的待遇又有什么关系呢?法院表示,孩子的福利"要求医院有权进行治疗,包括进行输血"。

---

① Cf. *E*(*A Minor*)(*Wardship*:*Medical Treatment*)[1993]1 F. L. R. 386.

② [1993]1 F. L. R. 386. *L*(*Medical Treatment*:*Gillick Competence*)[1998]2 F. L. R. 810; cf. *Queensland v. B*[2008]2 Qd. R. 562.

③ *E*(*A Minor*)(*Wardship*:*Medical Treatment*)[1993]1 F. L. R. 386.

6-058 如果15岁的女孩因为错误地认为没有隆胸的人身不会成功而想要隆胸，那该怎么办？

在“博瑞尔诉哈默案”（*Burrell v. Harmer*）①中，文身师给两名12岁和13岁的男孩做了文身，导致他们的手臂发炎并疼痛。地方法官判定他的攻击行为造成了实际的人身伤害，驳回了他对男孩们同意的抗辩，理由是他们不理解这种行为的性质；上诉维持了原判。

这些孩子没有料到会有这样痛苦的结果。但很难理解，同意原则如何能够理性地区分外科医生和文身师，同样也很难想象，如果涉及外科医生和正统外科医生，法院的态度会是相同的。当然，法官们是出于保护男孩不受文身者伤害的愿望，为此，他们准备改变“同意”的概念。法官们认为把这个问题留给议会解决会更好；事实上，议会在两年后采取了行动，将未成年人（18岁以下的人）的文身定为某项具体的罪行。② 下面我们将看到，在同意原则的后期发展中，文身甚至对成年人来说都是非法
1042 的。

根据危害原则③和“女王诉布朗案”④中规定的有限同意原则，许多不必要和有害（非治疗性）的整容手术（目前被伪装成治疗），实际上是违反1861年《侵害人身权法》第18条、第20条和第47条的刑事攻击，危害原则不仅支持将有害和不必要的手术定为犯罪，而且得到了判例的支持。下面将讨论英国著名的“女王诉布朗案”。但现在可以强调，问题不仅在于成年人是否可以同意不必要的有危害性副作用的手术，而且还在于未成年人能否作出同意本身的这个问题。

6-059 法院应该小心，不得允许医生把不必要的治疗装扮成必要的治疗，⑤因为医生从进行这种手术中获得了经济利益，只有在病人已经得到至少两个儿童心理学家的评估，并且只有在其年满16岁的情况下才允许其作出同意。如果有证据表明，孩子因为对自己的形象缺乏安全感而感到极度焦虑，那么适当的治疗方法肯定是心理咨询。因此，一个孩子不应该仅仅为了美容而同意做隆胸手术。更好的补救办法是把孩子交给儿童心理学家。

---

① [1967] Crim. L. R. 169.

② Section 1 of the *Tattooing of Minors Act* 1969, applied in *Harvie v. Stewart*(2010) G. W. D. 27-533. Brian Hogan, *Modernising the Law of Sexual Offences*, in P. R. Glazebrook (ed.) *Reshaping the Criminal Law: Essays in Honour of Glanville Williams*, (London: Steven & Sons, 1978) at 180.

③ Dennis J. Baker, *The Right Not to be Criminal: Demarcating Criminal Law's Authority* (Farnham: Ashgate Publishing, 2011).

④ [1994] 1 A. C. 212.

⑤ [1994] 1 A. C. 212.

不必要的整容手术具有长期危害的高风险,应被定罪。因为它涉及对他人的不正当伤害。它是有害的,很有可能导致严重的并发症,在某些情况下,损害可能发生在医疗执行数年后。其错误性在于外科医生知道医学,知道并发症的高发生率,知道此类手术是不必要的,知道它具有严重伤害的高风险,并且知道它是非治疗性的;但是这些医生为了赚钱而愿意造成伤害。当外科医生仅仅因为一个脆弱的病人要求进行危险的非治疗性有害美容手术时,就侵犯了成人和未成年患者的人格尊严。

非治疗性整容手术在直接意义上是有害的,因为它会造成身体伤害。它也可能在间接意义上有害,因为其加强了以名人或种族主义的外表作为首选的社会规范。以孩子为例。可能是父母逼着孩子遵守这些荒谬的美容标准。[①] 看来有害的整容手术已经逃避了刑事定罪,因为医学界已经按照传统和惯例将其合法化。警察和检察官接受培训,以追踪传统上被称为犯罪的行为,并且往往错过了以社会伪装存在的行为中的犯罪行为。医学界把它装扮成真正的治疗行为,掩藏了不必要的整容手术中包含的犯罪危害。 1043

然而,强有力的证据证明整容手术对心理有好处,这将有助于证明,合理安全的整容手术形式不应被视为成年人犯罪。这种心理上的好处是可以充分证明病人有很高的风险去承受整容手术带来的轻微伤害。有些情况下,由于心理和精神治疗本身并不能提供足够的治疗,所以需要手术治疗,但这种情况很可能极为罕见。例如,在必要的情况下切除肢体,防止“身体完整性识别障碍”(BIID)患者将手放在铁路线上自行截肢。

很明显,父母不应该同意非治疗性干预,因为很明显这可能会对孩子产生不利影响,但是对于什么会对孩子产生不利影响,可能会有不同的意见。在一起涉及特殊医疗程序的案例中,[②]澳大利亚家庭法庭的德骚法官(Dessau J.)允许年仅10岁男孩的父母代表他同意他接受激素替代治疗成为女孩。这个决定似乎有些太过,法官不应该被允许为这么小的孩子同意这种改变生活的程序。许多患有性别认同恐惧症的孩子长大后就会摆脱这种症状,所以最好等到孩子至少15岁或16岁时再看他是否能摆脱这种症状。如果孩子在15岁或16岁的时候仍然可以接受这种治疗,[③]所以没有必要让10岁的孩子接受这种治疗。

当人们希望对某一动议作出司法裁决时,他们可以通过将孩子交由

---

① See Dennis J. Baker, *Should Unnecessary Harmful Nontherapeutic Cosmetic Surgery Be Criminalized*, (2014) 17 New Crim. L. R. 587.

② [2011] Fam. C. A. 248.

③ *Re*: *O*(*Special medical procedure*) [2010] Fam. C. A. 1153.

法院监护来实现。① 许多巡回法院的法官有权在监护程序中采取行动,在紧急情况下,一般可以几乎立即作出裁决。对孩子有适当兴趣的人都可以申请,孩子本人也可以通过他的朋友申请。法院根据其认为的儿童最大利益行事。为了对父母施加影响,该程序比地方法官作出的支持地方当局的照顾令更可取。②

6-060 导致自己的孩子受到严重的或实际的身体伤害的母亲,能否依靠自己的同意作为抗辩?

不能,母亲无法代表孩子同意。孩子自己也无法同意,因为伤害太大了。

1975 年,某尼日利亚妇女在两个儿子(分别为 9 岁和 14 岁)的家庭仪式上,经两人同意,在他们的脸颊上留下了切口,结果被中央刑事法庭
1044 判处犯有 1861 年《侵害人身权法》第 47 条的罪行,最终虽然被无罪释放,但法官发出警告,不要让来自尼日利亚或"非洲其他地方"的人再次犯同样的错误。③ 正如将在下面看到的,从那以后,上议院一直认为,即使完全有能力的成年人也无法同意实际的身体伤害。④ 如果自然人无法同意自己受到实际的身体伤害,⑤父母更无法代表其同意受到这样的伤害。

尽管人们表达了许多怀疑,但合理的观点是,父母可以授权对孩子做(或父母认为)不违背自己利益的事,甚至是违背自己利益的事,只要这些事对他人有足够的好处,而且对孩子没有严重的损害——尽管在这两种情况下,如果孩子足够大,能够理解所涉及的问题。当然,如果手术涉及不正当的身体伤害(以及更严重的身体伤害——无论是什么),而没有实现孩子的利益,不知情或不同意就无法成立。

第 10 节 "知情同意"和手术

6-061 在民法意义上,同意这个法律概念的限制对医生来说是非常重要的,但是,以医生没有充分告知病人手术的性质或效果为理由对其

---

① *Re A*(*Children*)(*Conjoined Twins*:*Surgical Separation*)[2001]Fam. 147 at 179-180. Section 100 of the *Children Act* 1989; *A Local Authority v. DL*[2011] Fam. Law 26; *Re F*(*Adult*: *Court's Jurisdiction*)[2001]Fam. 38 at 43.

② Section 31 of the *Children Act* 1989 as applied in *A and D*(*Non Accidental Injury*:*Subdural Haematomas*)[2002]1 F. L. R. 337.

③ *R. v. Adesanya*(*The Times*,16,17 July 1974).

④ *R. v. Brown*[1994]1 A. C. 212.

⑤ *R. v. Brown*[1994]1 A. C. 212.

进行刑事起诉是不太可能的。

假设病人同意手术,但没有意识到手术会使他阳痿。他是否“同意”? 即使病人被认为不会同意,外科医生也不会为此承担刑事攻击的责任。但有时外科医生可能被迫承认,他知道病人没有意识到手术的某种副作用的可能性。如果病人能够起诉或起诉他们不知道的所有副作用,对外科医生来说显然会有很大的危险。

美国法院已经发展出“知情同意”的原则:不基于对相关事实的正确理解的同意就不是同意。① 虽然这个建议可能在一定程度上得到了接受,但是在适用时也需要非常谨慎。

6-062 根据民法,外科医生有职业义务和合同义务向病人提供有关手术的合理信息。② 无论是否如此,都不应将其视为代表刑法。没有什么能阻止病人把自己交给外科医生,而不去询问该怎么办;换句话说, 1045
只要认为有必要,他一般都会同意做这种手术。③ 即使他同意做某项手术,手术也不会因为外科医生没有告诉他手术的效果而变成刑事攻击。

假设(与上述论点相反)外科医生需要做若干披露,期望他列出可能的不良影响并告知他的病人手术的完整利弊得失是错误的。病人寻求医疗建议时,不可避免地要把自己交给医生。病人常常处于高度情绪化的状态,如果外科医生给他讲述过去的医疗灾难,他可能会被吓得不知所措。④ 做出艰难的医疗决定的是医生,而不是病人。医生不应负刑事责任,即使他不适当地将治疗程序的风险描述至最低。

从事人体医学实验的医生,其行为可能比以治疗为目的的医生受到更严格的审查。如此一来,显然没有必要不使病人惊慌。⑤ 作为良好的实践,此类医生应作充分披露。与此同时,利用刑法来控制所需披露的信息的数量似乎是错误的。这种必要的法律控制当然可以由民法来规定。

6-063 虽然法院可能会对医生给予很大的考虑,虽然原则上医生

---

① See Jaime S. King and Benjamin W. Moulton, *Rethinking Informed Consent: The Case for Shared Medical Decision—Making*, (2006) 32 Am. J. L. & Med. 429; Peter J. Buenger and Brittany H. Southerland, *Health—Consent for Surgical or Medical Treatment*, (2008) 24 Ga. St. U. L. Rev. 161.

② *Chappel v. Hart*(1998) 195 C. L. R. 232 and *Rogers v. Whitaker*(1992) 175 C. L. R. 479.

③ See P. D. G. Skegg, *English Medical Law and Informed Consent: An Antipodean Assessment and Alternative*, (1999) 7 Med. L. Rev. 135; Sirko Harder, *Medical Non—Disclosure and Hypothetical Consent*, (2009) 20 K. C. L. J. 435.

④ See William P. IrvReprinted in Jay Katz, Joseph Goldstein and Alan M. Dershowitz (eds.), *Psychoanalysis, Psychiatry and Law*, (New York: Free Press, 1967) at 716.

⑤ See Bernard M. Dickson, *Information for Consent in Human Experimentation*, (1974) 24 U. Toronto L. J. 381; Maxwell J. Mehlman and Jessica W. Berg, *Human Subjects Protections in Biomedical Enhancement Research: Assessing Risk and Benefit and Obtaining Informed Consent*, (2008) 36 J. L. Med. & Ethics 546.

与不合格的执业者之间的同意原则没有区别,但人类正义并不总是遵循逻辑规则。法官可能会对不具备资质的行为人做出反应,因为他们对别人的身体有可疑的行为,而同意原则是有足够的延伸性的,可以使定罪得到维持。

第 11 节　同意与公共政策

6-064　刑法与道德的关系一直是人们讨论的热点。这通常涉及下列问题,即社会是否有权通过法律干涉单独的行为,或在自愿的成年人之间进行不影响第三方的行为。[①] 本章的其余部分将在若干有限的情况下
1046 考虑这个问题。我们不再关注引起厌恶和犯罪,如裸露癖[②]问题的法律关系和法律改革,也不再关注如与控制毒品、赌博等相关问题相关的公共政策,而只关注多大程度上针对谋杀过失杀人和攻击等犯罪,基于公共政策,被害人同意具有其重要性。

在这个问题上,立场不同的双方,可以大体等同于意志自由主义和"威权主义"哲学之间的区分界限。

意志自由主义者支持个人自治。[③] 所有人都珍视自己决定生活的权利,而不是让别人替自己做决定。该原则产生了第 26 章第 1 条中所述的两个假定:(1)未经本人同意,不得对其从事特定行为;(2)经本人同意,可对其从事特定行为(在该条中,主要讨论第 2 个假定)。英国法院并没有明确地阐述该原则,但有美国法官却清楚地表达了该原则。施罗德法官宣称:"英美法以彻底的个人自决为前提。"[④]

6-065　对于英国法律来说,这种论调实属夸大。"女王诉布朗案"[⑤]和"女王诉斯通案"[⑥]等案件表明,英国法院对该原则的忠诚有限,而且往往似乎更感兴趣的是为该原则找出例外,而不是将其予以落实。换句话说,他们经常倾向于相反的哲学,即专制主义(法律道德主义)或家长主

---

① See Dennis J. Baker, *The Right Not to be Criminalized: Demarcating Criminal Law's Authority*, (Farnham: Ashgate Publishing, 2011) at Chap. 5 & 6.

② See Dennis J. Baker, *The Impossibility of a Critically Objective Criminal Law*, (2011) 56(2) McGill L. J. 349.

③ See Jules L. Coleman and Allen Buchanan (ed.), *In Harm's Way: Essays in Honour of Joel Feinberg*, (Cambridge: Cambridge University Press, 1994).

④ *Natanson v. Kline*, 350 P. 2d 1093 at 1104(1960).

⑤ [1994] 1 A. C. 212.

⑥ [1977] 2 W. L. R. 169.

义作风,[①]这也有两个前提。与本章有关的是,即使得到行为人的同意,如果对他不利或被认为是反社会的,也不得对他从事相关行为(下一章要讨论的其他问题是,如果为了他自己或公共利益的需要,如立法机关或法院所见,即使未经他的同意,也可以对他采取行动)。

意志自由主义观点的主要哲学倡导者是19世纪以密尔为代表的个人主义,[②]他们主张,只有法律可以恰当地用来对付个人,只是为了防止他伤害他人。在20世纪最著名的主张是由"沃尔芬登同性恋和卖淫委员会"(the Wolfenden Committee on Homosexuality and Prostitution)提出的,[③]尽管他们和密尔都没有在双方一致同意造成伤害的情况下考量该原则。[④] 1047

法律道德主义者关心的是他们眼中的社会或传统伤害,以及意志自由主义者认为的更明显、更毋庸置疑的伤害。在当前的语境下,德夫林法官提出了法律道德主义最著名的观点。在他看来,如果基本社会道德受到侵犯,对于使用暴力的人来说,被使用暴力的人的同意并不能使其免责。[⑤]

6-066　的确,有时基于公共政策考虑,同意被认为无效。但是,仅仅是违反"基本的共同道德"就会使同意无效,这种说法太过分了。[⑥] 如果是这样的话,私通就会牵涉到人身攻击(至少是对那个人的人身攻击),或者在舆论比现在更反对的时候,就会牵涉到人身攻击。男性之间的相互手淫也是如此。公共政策学说的范围需要仔细考虑,现在必须认真考虑。从人类所知的个人状况的最极端的改变开始:死亡。

---

① See Joel Feinberg, *The Moral Limits of the Criminal Law: Harm to Self*, (New York: Oxford University Press, Vol. Ⅲ, 1986); John Kleinig, *Paternalism*, (Manchester: Manchester University Press, 1983).

② J. S. Mill, *On Liberty*, (London: John W. Parker & Son, 1859).

③ *Report of the Committee on Homosexual Offenses and Prostitution*, (London: Home Office, Cmd. 247, 1957) at paras. 13 and 61.

④ See Cf. the magisterial work of Joel Feinberg, *The Moral Limits of the Criminal Law: Harmless Wrongdoing*, (New York: Oxford University Press, Vol. Ⅳ, 1988) at 165*et seq.*; Feinberg Vol. Ⅲ, *op. cit. supra*, note 174 at 175-305.

⑤ See Patrick Devlin, *The Enforcement of Morals*, (Oxford: Oxford University Press, 1965) at Chap. 1.

⑥ See Dennis J. Baker, *Moral Limits of Consent as a Defence in the Criminal Law*, (2009) 12 New Crim. L. Rev. 93; Hamish Stewart, *The Limits of Consent and the Law of Assault*, (2011) 24 Can. J. L. & Juris. 205.

第12节 教唆自杀

6-067 基督教传统以及由此普通法对人类自杀悲剧的反应,便是谴责。自杀被认为是犯罪,这带来了许多后果。

欧洲文化中对自杀的迷信恐惧部分源于异教。自杀是罪的概念并非源于《圣经》,而是由圣奥古斯丁发明的,后者很清楚地说明了这样做的理由是什么。若干基督徒选择在受洗后立即结束他们的生命,因为他们相信这是避免犯罪和进入天堂的唯一可靠的方法。为了防止这种对信徒的屠杀,奥古斯丁教导人们,自杀本身就是罪,比活着的人可能犯下的任何罪都要大。因此英国法律将自杀定义为重罪:"自杀者"(felo de se)的财产被没收,使他的家庭陷入贫困;他的遗体也无法得到基督教的安葬。即使这些无情的做法被放弃,自杀在法律上仍然等同于出于特定目的自我谋杀,在某种程度上,包括企图/未遂法则。①

1961年《自杀法》第1条修改了该法律,其中规定"根据法律,特此废除自杀是犯罪的规定"。结果,企图自杀不再是犯罪;此外,在这些情况
1048 下,也不存在转移故意的问题。如果被告朝自己的脑袋开枪,意图自杀,但射偏并杀死了被害人,这就不是像过去那样谋杀被害人了,尽管被告可能会因为重大过失而被判过失杀人罪。

6-068 1961年《自杀法》(经修正)②并没有完全将宗教禁止自杀的规定从法律中抹去,因为明确继续将相当大的责任强加于自杀者或将要自杀者以外的人。根据普通法,煽动或协助他人自杀的人,即犯煽动及教唆他人犯罪的罪行,可从死者的假定罪行中扣除。这种看待问题的方式已经不可能了,但是自杀行为实际上延续了传统的法律,将鼓励或协助他人自杀或企图自杀定为法定犯罪,可以简称为"教唆自杀"。对该罪行可判处非常严重的刑罚,即监禁14年,以惩罚那些出于自己的邪恶目的而诱使他人自杀的人;但措辞并不局限于恶意的情况。无论自杀或企图自杀是否发生,都可能构成犯罪。③

---

① See Glanville Williams, *The Sanctity of Life and the Criminal Law*, (New York: Alfred Knopf, 1957) at Chap. 7; Norman St John—Stevens, *Life, Death and the Law*, (London: Eyre and Spottiswoode, 1961) at Chap. 6; Maximilian Koessler, *Comparative Aspects of the English Homicide Act of* 1957, (1960) 25 Mo. L. Rev. 107 at 143. Legal rules have never prevented a high rate of suicide.

② Section 59 of the *Corners and Justice Act* 2009; Section 59 of the 2009 *Act* section 2(1) of 1961 *Act* and section 1 of the *Criminal Attempts Act* 1981.

③ Section 1(1B) of the *Suicide Act* 1961.

6-069　决定不去阻止别人自杀,是否属于教唆他人自杀?[①]

不属于,因为教唆中不包括作为共犯形式的不作为。行为人如果对于饥饿者拒不提供食物,或者拒绝提供医疗帮助而自愿导致受害人的死亡,就有可能被判过失杀人罪,但条件是必须违反了重要的法律作为义务。

此外,该罪行明确要求被告做某些积极的作为。被告必须做出"能够[②]鼓励或协助他人自杀或企图自杀"的行为。[③] 被告必须以其行为意图鼓励或协助自杀或企图自杀。

假设被害人问被告是否可以借他的枪去打猎。再假设被告知道被害人已经失去了工作和丈夫,并且欠下了巨额债务。被告有点怀疑,因为他不记得被害人曾经打猎,但并未坚持。被害人用枪自杀。 1049

被告需要对此人的自杀结果负责吗?不需要,因为他只是轻率。被告不打算协助被害人自杀。

6-070　原则问题是:如果行为人可以合法自杀,为什么他人帮助他就是犯罪呢?

我能解释一下吗?因为仍然认为自杀是不道德的。不再惩罚自杀未遂是因为惩罚不太可能起到威慑作用,只会加重自杀未遂者的抑郁,使其更有可能再次自杀。这些理由并无法阻止帮助者受到惩罚。

6-071　是的,但是为什么法律要剥夺绝症患者获得他人帮助以控制死亡时间和方式的权利呢?

存在惩罚协助自杀的年轻人(他们可能会经历暂时的困难阶段,他们的自杀对父母来说是残酷的打击),或者是那些劝说他人自杀,或者是利用欺骗,或者是出于自私的原因协助自杀的行为人的判例。但是,医生(或者,在极端情况下,甚至是亲属)应该被禁止为在巨大痛苦中死去的人提供他所寻求的通往来生的通行证,这显然是明智和人道的。

如果人们只是在万不得已的情况下帮助他人自杀,就有可能免除他们的责任。这项豁免只适用于在最后不得已的情况下被迫自杀的人。如果被害人是健康的(或还有很长的生命),免责不应适用。[④] 健康的残疾人(即使是严重残疾)不应该被区别对待,其他健康的人都有很长的生命。重要的考虑是"加速"的概念。"如果被告只是帮助被害人加速即将

---

① *Joseph v. State*(2001) 26 P. 3d 459; *R. v. Adomako*[1995] 1 A. C. 171; *R. v. Evans*[2009] 1 W. L. R. 1999.

② Section 2A(2) of the *Suicide Act* 1961.

③ Section 2(1)(a) of the *Suicide Act* 1961.

④ *Brightwater Care Group(Inc.) v. Rossiter*[2009] W. A. S. C. 229.

到来的死亡(应该有令人信服的医学证据表明,被害人最多只能活几周或月或两个月),因为被害人处于巨大的痛苦中,故被告的行为在道德上不应受到谴责。不应该继续将那些仅仅帮助他人在很短的时间内将他们的死亡提前的人定为犯罪,因为他们仅仅因为被帮助的人受到疾病的折
1050 磨,卧床不起,没有生活质量而采取行动。基本上,这样的人只能活几个星期或几个月,这样他们才能忍受疾病的折磨。这只是在最极端的情况下才会发生的事情,因为现代止痛药在很多情况下可以缓解大部分的疼痛。

就伤害原则而言,如果被害人的自杀是为了避免被巨大的痛苦折磨几个星期所造成的更大伤害,被害人就不会受到伤害。巨大的痛苦没有意义,因为无论如何都会在不久的将来死去。如果疼痛是长期康复的一部分,这种情况下的自杀是不被允许的。利用刑法使被害人不可能在没有他人帮助的情况下自杀,可以迫使在没有他人帮助的情况下提前自杀。被害人如果知道大限将至,即使仍然有一定的生活质量但仍可能会自杀,因为其清楚,自己将被迫在巨大的痛苦中生存数周,到时候将无法寻求帮助自杀。

6-072 上述免责,只适用于单纯帮助被害人自杀的情况(例如,被告仅仅开车带被害人去安乐死诊所等)。如果被告为了让被害人摆脱痛苦而动手将其杀害,其就应该承担谋杀的责任。立法者显然不希望到处杀害他人,因为这可能会影响他们的精神健康,也可能有危险的脱敏作用。立法者不希望人们对杀戮变得麻木不仁(如果有主动的安乐死,应该由有医学资格的人在专门的安乐死诊所进行)。这不应该在普通的医院或普通的医生中进行,因为他们工作的环境中,职业文化必须是拯救生命,而不是结束生命。我们也不想把社会化的"救生员"变成"生命终结者"[①](无论如何,按照法律规定,那些提供帮助的人可能要在监狱里待上
1051 14 年)。

第 13 节 同意杀害和死亡契约

6-073 自然人无法同意自己的死亡。该规则并不是基于功利主义

---

① See Thomas L. Hafemeister and Nicole A. Stockey, *Last Stand—The Criminal Responsibility of War Veterans Returning from Iraq and Afghanistan with Posttraumatic Stress Disorder*, (2010) 85 Ind. L. J. 87; David Wilson, *From cure to kill* (London: The Guardian, Monday 8 February 2010).

的考虑，尽管这种考虑有时会对其加以支持。[①] 在以世俗为主导的法律中，这是神权政治的残存；宗教（“先验的”）的观点仍然是其主要支持。

6-074 在征得同意的情况下杀死自然人与协助他自杀有什么区别？

前者通常是谋杀，而后者仍然是刚刚考虑的法定犯罪。二者之间的区别就是犯罪者和从犯之间的区别。如果医生，为了加速他的垂死病人的死亡，经病人同意后注射毒药，这将是谋杀；[②]但是，如果医生把毒药放在病人身边，病人服用了毒药，这就是自杀，医生的罪行就是1961年《自杀法》中的教唆罪（不是教唆谋杀）。虽然这是理论上的区别，但经同意而杀人有时也会变成协助自杀。[③]

这种区别可能被认为与道德无关，因为两种情况下，医生都是协助病人死亡。但可以肯定的是，如果被害人请求被告帮他去死，被告可能会理智地说：“我不赞成你的提议，也不会为你做这件事。但你有权按照自己的意愿行事；既然你病了，你自己又没有自杀的工具，我倒不介意把这些东西给你。”除此之外，病人自己服用毒药的事实有助于减轻人们对他可能并不真正同意的恐惧。和同意被杀相比，自杀显然更是自我决定的行为，而且其需要更坚定的意志。[④]

这个问题可能会再次被提出，在罹患绝症的情况下，否定医生以这种方式帮助病人的权利是否有社会价值。几次试图修改法律的尝试都失败了，但由于教会和医疗行业本身的联合反对，这些尝试都失败了。医生们担心，如果法律允许他们终止病人的生命，即使得到同意，他们也会失去病人的信任。[⑤] 1052

6-075 传统态度的唯一缓颊是，根据德夫林法官的裁决，[⑥]即使副作用是缩短患者的生命，医生也有权使用药物来减轻疼痛。该结论基于因果关系学说，颇为可疑，因为其规避了所涉及的价值判断。但是，此类法官指示的实际效果值得欢迎。可以认为，如此一来使用止痛药是有必要的，这也可以得到其他理由的支持。减轻疼痛是必要的，而且医生预见

---

① See Terrance C. McConnell, *Inalienable Rights: The Limits of Consent in Medicine and the Law*, (Oxford: Oxford University Press, 2000) at 44*et seq*.

② *R. v. Cox*(1992) 12 B. M. L. R. 38.

③ *R. v. Robey*(1979) 1 Cr. App. R. (S.) 127.

④ Feinberg Vol. Ⅲ, *op. cit. supra*, note 174 at 344*et seq*.

⑤ See Penney Lewis, *Euthanasia in Belgium Five Years after Legislation*, (2009) 16 Eur. J. Health L. 125; Raphel Cohen—Almagor, *Euthanasia Policy and Practice in Belgium: Critical Observations and Suggestions for Improvement*, (2009) 24 Issues L. & Med. 187. Penney Lewis, *Assisted Dying and Legal Change* (Oxford: Oxford University Press, 2007).

⑥ *R. v. Bodkin Adams*[1957] Crim. L. R. 365.

到病人在濒死时减轻这种疼痛很可能甚至几乎肯定会有副作用,都不重要。在疾病的最后阶段,即使医生知道为了减轻疼痛而服用一定量的药物会加速病人的死亡,但仍然可以合法地服用。[①] 但是,医生可能不会故意选择一定剂量的药物,这样做与减轻疼痛无关,仅仅是为了杀死病人而设计的[②](最新的研究表明,如果使用得当,用于缓解疼痛的药物无法加速晚期病人的死亡)。[③]

在尽积极努力延长终末期疾病患者生命的责任方面,人道主义情感可以占上风。医生无法仅仅因为在疾病的晚期,不管病人是否要求,如果没有采取特殊的措施来延长注定要死亡的生命,就将面临谋杀、过失杀人或教唆自杀等罪名的指控。[④] 这可以建立在他没有主动缩短寿命的基础上,他不干预的决定如此一来是合理的。[⑤] 这似乎也不涉及协助自杀的问题,病人自己放弃进一步生存的斗争。[⑥]

6-076 如果两个情人订立了自杀的合意,而其中有人幸存下来,情况会怎样?

必须区分两种形式的死亡契约(自杀契约):杀人—自杀契约和双重
1053 自杀契约。

杀人—自杀契约是甲与乙之间的某项合意,即甲必须先杀死乙,然后再自杀。如果甲履行了前者,然后未能完成自杀,则根据 1957 年《杀人法》,他的责任从谋杀(按照普通法)降低为过失杀人罪。

两方都同意自杀的双重自杀合意,在法律分析上是相互教唆自杀的案件。因此,生还者的责任在于 1961 年《自杀法》(教唆自杀),而不是《杀人法》(杀人)。

6-077 这两种死亡契约之间的界限究竟是如何划分的?

可以再次通过简单应用共犯原则给出答案。这取决于谁会杀人。如果丈夫和妻子同意自杀,他们封闭车库,坐在车里,其中 1 人启动了汽车引擎,如果丈夫活了,妻子死了,丈夫的罪行将取决于谁发动了汽车。如

---

① The Bishop of Exeter's sermon printed in[1960]*B. M. J.* 128;Pope Pius XII's remarks reported in *The Times*, 18 September 1958. Dr. Coggan. H. D. Coggan, *On Dying and Dying Well*: *Moral and Spiritual Aspects*, (1977) Proc. R. Soc. Med. 75 at 76.

② *R. v. Cox*(1992) 12 B. M. L. R. 38. Section 6(4) of the *Criminal Law Act* 1967.

③ See Susan A. Fohr, *The Double Effect of Pain Medication*: *Separating Myth from Reality*, (1998) 1 Journal of Palliative Medicine 315.

④ Cf. *Brightwater Care Group*(*Inc.*) *v. Rossiter*[2009] W. A. S. C. 229.

⑤ Cf. *Airedale NHS Trust v. Bland*[1993] A. C. 789. On passive and active euthanasia, Gwen M. Sayers, *Non—Voluntary Passive Euthanasia*: *The Social Consequences of Euphemisms*, (2007) 14 Eur. J. Health L. 221.

⑥ *Brightwater Care Group*(*Inc.*) *v. Rossiter*[2009] W. A. S. C. 229.

果他这样做了,他将在普通法上犯有谋杀妻子的罪行,尽管存在自杀合意,根据 1957 年《杀人法》第 4 条,他的罪行将被减为过失杀人罪。如果妻子发动了汽车,她将构成自杀,而根据 1961 年的自杀法,丈夫犯下的是教唆自杀的罪行。

6-078　但他们中谁发动了汽车,谁幸存了下来,可能纯粹只是意外。

毫无疑问,但是行凶者和从犯之间的区别使得调查成为必要。

这两项法规之间没有什么实际的区别,但是在起诉书中必须提到适当的法规。[①] 自不待言,自杀合意需要达成合意。例如,如果丈夫告诉妻子他将通过服用药片自杀,而妻子则表示将加入他的行列,双方都服用了药片(二者之间既不存在协助也不存在鼓励),但一人幸存。幸存者,仅凭这些事实无法被定罪。这仅仅是两个同时自杀的决定的判例,每个决定都是合法的。

第 14 节　同意和身体伤害:争斗

6-079　在决斗中杀人是谋杀,受害人的同意不被认为是对该指控的抗辩。[②] 法官们甚至反对拳脚相向(无论是作为公开的表演,还是作为愤怒的表现,或者是作为解决争端的方式),并认为,一般而言,参与斗殴 1054
人员的同意也无法作为抗辩。根据检方的参考资料(1980 年第 6 号),[③] 如果参与斗殴的人员打算造成实际的人身伤害或对人身伤害采取轻率行动,就犯有攻击(或加重攻击)罪。

虽然大多数斗殴总是不被允许的,但是关于禁止的范围却有不同的说法,且对于合意争斗行为的反对,在不同的时间有不同的理由。有时可能考量的是对参与斗殴的人员造成的严重伤害,有时则考虑公开争斗可能会导致人们无所事事甚至沉溺于赌博。上诉法院没有把这项法律建立在明确和全面的基础上。法院认为,即使是在私下场合两人拳脚相向的情况下,打架也是非法的;即使没有在更大范围内破坏和平的问题;即使不涉及严重的身体伤害的问题;即使这是双方自愿为解决争端而进行的争斗——如果在这种情况下,有意或造成了实际的身体伤害;而且,法庭显然认为,鼻子流血和脸上的瘀伤是“实际的身体伤害”。如此一来,所

---

① Section 2(4) of the *Suicide Act* 1961.

② *R. v. Rice*(1803) 102 E. R. 719; *R. v. Cuddy*(1843) 174 E. R. 779; *R. v. Gnango*[2011] 1 All E. R. 153.

③ [1981] Q. B. 715 applied by the House of Lords R. *v. Brown*[1994] 1 A. C. 212.

有当事方都犯有侵犯他人的罪行,因此,作为政策,同意进行争斗在法律上是无效的。

这种以政策为依据而否定同意的广泛学说属于司法发明,目的是超出攻击犯罪的立法原意来对其加以适用。将某项旨在防止攻击行为的罪行变成某项赋予法官和陪审团自由裁量权以惩罚他们认为不当行为人的罪行。由于这是总检察长的参考资料中的观点,并不涉及具体判例,法院认为没有必要假装其只是在陈述现行的法律。与此直接有关的判例的法律权威性较低,而其他案件则表明适用法律的范围较窄。判决书中提到的唯一相关的英国判例是 19 世纪关于职业拳击赛的裁决,这类斗殴有相当大的死亡风险或严重的身体伤害,并且比两个争吵的青少年之间的拳打脚踢(这是特别提及的场合)提出了更严重的社会问题。

6-080 法院的观点是,在任何从公共利益角度衡量无法将同意作为抗辩事由的情况下,都无法接受受害人同意这个抗辩,"在缺乏合理根据的情况下,认为人们应该试图造成,或应该造成彼此实际的身体伤害,不符合公共利益"。

这些都是泛泛之词,但如果该决定被解读为仅限于不受监管的斗争,那么该政策是可以理解的。这种战斗所造成的伤害可能比战斗人员打算或考虑的要大,例如严重的脑损伤,并往往引起公众的担忧,可能蔓延到更加混乱;而警察在镇压的过程中可能自己也会受伤。此外,当社会允许给予和接受挑战去战斗时,接受挑战就容易被作为"荣誉"强加在行为人
1055 身上。的确,法院通过接受《公共秩序法》,为处理重大的公共秩序混乱提供了强有力的武器;但是现在,通过扩大人身攻击法的适用范围,地方法院可以借此镇压情节不太严重的斗殴。

6-081 那拳击和其他运动项目呢?

兰恩法官在刚才引用的那句话之后补充说:

"所说的一切并不是要质疑正当进行的游戏和运动、合法的惩罚或改造、合理的手术干预、危险的表演等的合法性。这些明显的例外,在惩罚和纠正的情况下,因涉及行使法律权利,所以是正当的,或在为了公共利益或其他情况下,因为必要,所以是正当的。"①

除处罚或改造外,本清单所列项目的合法性通常取决于同意,如此一来,同意是允许的。② 虽然该清单是一系列项目的声明,且法院宣布为非法的人身伤害不会扩展到清单中的事项,但令人不安的是,事实上,该清单可能会扩大该声明。如果不是有"明显的例外",该决定可能会被认为

---

① *Attorney—General's Reference*(*No.* 6 *of* 1980)[1981]Q. B. 715 at 719.

② *R. v. Billinghurst*[1978]Crim. L. R. 553.

仅限于在斗殴中造成的伤害。但是,“明显的例外”似乎意味着,法官已授权他们自己宣布,造成任何伤害,即使是经同意,也都是非法的,除非他们为了公共利益准备接受“明显的例外”;而“为了公共利益”仅仅意味着法官对该活动的认可。传统上他们赞成拳击,据推测,这是“为了公众利益所需要的”。

6-082 为什么需要拳击?没有公众利益反对难道不是问题的关键吗?虽然现在人们对这项运动中头部受伤的问题产生了严重的怀疑。

了解和评价传统法源需要一定的社会史知识。中世纪的格斗对格斗者来说有很大的风险,因此被认为是非法的,除非是在国王的命令下进行的。[①] 友谊性质的争斗中较轻微的危险被容忍了。福斯特(Foster)认为,[②]棍术和摔跤都是合法的。“这确实是战斗的表象,但实际上只不过是力量和灵巧的友好表现……它们是男子汉的娱乐,能够锻炼力量、技能和身体,使人适合防卫。”伊斯特[③]评论道:“如果危险的可能性是判定运 1056
动和娱乐是否合法的标准,许多常见运动必须被禁止,而且其以前从未被认为是非法的。”因此,一切都取决于法院在事后对过失杀人的指控作出裁决时,认为所使用的武器是合法的还是非法的,而这取决于明显的危险程度。自然人不能同意被危险武器杀死的危险,即使是在友谊性质的争斗中。[④]

在警察力量薄弱的时期,对这些问题的看法往往混淆了人身危险问题和大批反对观众的意见。例如,在谈到中世纪的格斗时,伊斯特(East)表示:“它们聚集了一大群不守规矩的人,并不总是与公共安宁相一致,而且很少以不流血的方式结束。”[⑤]

大多数的讨论都集中在所谓的职业拳击赛上。波洛克以当时的文献为基础,认为复辟王朝和18世纪初的职业拳赛是剑战,剑是单刃的“阔剑”,而不是绅士手中的小剑。[⑥] 到了18世纪后期,比赛变成了拳击比赛,没有人戴手套。即便如此,拳台上的伤亡还是很常见的,因为规则很少且无效,而且打斗几乎达到了残忍的极限。奇怪的是,最初反对这些斗争的理由仅仅是其使大量公民荒废了工作。福斯特,在之前引用的段落

---

① See Sir Michael Foster, *Crown Law*, (London:Printed by W. Strahan and M. Woodfall, 1776) at 260.

② Id. at 260.

③ See ir Edward Hyde East, *A Treatise of the Pleas of the Crown*, (London:Printed by A. Strahan, for J. Butterworth, 1803) at 268.

④ *Sir John Chichester's Case*(1646) 82 E. R. 888, in East, *ibid*.

⑤ Id. at 270.

⑥ *Notes*, (1912) 28*L. Q. Rev*. 125.

之后,补充道:“我谈论职业和公众拳击比赛,或其他此类努力,将不会被理解……开展这些比赛是为了赚取利润,无法服务于有价值的目的,相反鼓励了懒惰和堕落。”他反对的是对抗赛,也就是现在所说的观赏性运动,主要是因为其鼓励赌博。这是符合时代精神的。同样,1739 年[①]通过了某项立法,以“限制和防止赌博的过度增长”。法律文本中写道:“大量为小奖牌、奖品和金钱而举行的赛马活动,极大地助长了懒惰的风气,使王国中许多卑劣的臣民陷入贫困。”著名的拳击比赛反对者博拉弗法官,进一步增加了反对拳击的理由:

“毫无疑问,所有这些争斗都是非法的,没有同意可以使其合法化,而且所有国民都在场也不会使它们不构成犯罪。这是非法集会……虽然麻烦不是很大,但是在伦敦附近,这些争斗所导致的犯罪数量是巨大的。”[②]

6-083 尽管存在法律的敌意和零星的起诉,专业人士之间的争斗在所有阶层中仍然非常受欢迎。地方法官可能会亲自出面干预,禁止打
1057 架,但在其他地方,他们会以欣赏观众的身份出席。争斗往往是由贵族和商人赞助的,成千上万的人目睹战斗。[③] 虽然人群偶尔也会闹哄哄的,但他们也经常参加此类比赛和板球比赛。骚乱发生的原因是旁观者为了不使自己输掉赌注,可能会割断绳子,强行结束打斗。但这绝不是一成不变的事情。

尽管人们反对拳击运动的原因是希望下层社会的人能保持他们的地位,但随着时间的推移,态度有所软化,拳击运动员的高死亡率和高伤亡率就成了其他值得关注的问题。由于这些原因,法官们认为,徒手格斗不仅是非法集会,而且是过失杀人,甚至是相互攻击,即使没有死亡和暴乱,也都可以被起诉。[④] 虽然有人主张,攻击的前提仍然是被害人不同意,但战斗人员的同意并不是抗辩事由。即使比赛不是为了奖励,而是在一群观众面前进行,规则也仍然适用。[⑤]

可以有把握地认为,这种所谓的职业拳击赛的特殊规则,随着引起的公众行为的各种形式的消失,已经过时了。当然,战斗是为了钱的事实不再足以使之成为非法:职业拳击和摔跤是为了钱。无论如何,认为仅仅因为观众可能不守规矩就可以对战斗人员提出攻击指控的观点是不合逻辑的,就像现在认为球迷在足球比赛中的暴力行为使球员有相互攻击的责

---

① 13 Geo. 2 c. 19.

② *R. v. Billingham*(1825)172 E. R. 106. Borrough J.

③ See John Ford, *Prizefighting: The Age of Regency Boximania* (London: Newton Abbot, 1971).

④ *R. v. Perkins*(1831)172 E. R. 814; *R. v. Lewis*(1844)174 E. R. 874; *R. v. Hunt*(1845)1 Cox C. C. 177.

⑤ *R. v. Coney*(1881—82)8 Q. B. D. 534.

任一样。[①] 在这种暴力发生时，仅仅被用来作为将实施者视为犯有公共秩序罪的理由。

6-084 仍然存在其他使争斗非法的理由。比较清楚的是，如果具体情况导致可能造成（至少）、实际造成或导致更大的[②]身体伤害。这既是其中的理由，也是唯一的理由，因为为了赢取奖金进行的搏击存在相互的殴斗行为。[③] "训练有素的拳击运动员的拳头是危险的武器，他们无法随意使用拳头互相对抗。"[④]这里的法院采取家长式的观点，否定自决权。

为了保持拳击运动这项活动的观赏性，"昆斯伯里规则"（the Queensbury rules）被创制出来，旨在保障拳击运动足够安全，并服务于合法目的。1890 年，该规则对 1865 年已经制定的拳击比赛规则加以改进。 1058
即使是早期的规则，也在判例中有所反映。1866 年[⑤]和 1878 年，[⑥]陪审团被法官指示，如果仅仅是展示拳击技巧，身体接触就是合法的；但是法官们仍然坚持认为，如果参与争斗者打算战斗到筋疲力尽为止，那就是刑事犯罪。同样地，棍术、摔跤和击剑等运动，如果合理地进行，仍然是合法的。

时至今日，对合意殴斗的起诉几乎不为人知，尽管像全能摔跤这样激烈的形式已经在公众面前展现出来。在没有法律干预的情况下，格斗已经作为某项观赏性运动逐渐复兴。

6-085 近年来，医学界对拳击运动所涉及的风险的看法越来越强硬。[⑦] 与其他运动如赛车和足球相比，[⑧]拳击不是最危险的，但死亡和受伤并不少见；而且拳击手的目标是通过击倒对手的大脑造成至少暂时的伤害，而在其他运动某项目中没有提到对人造成伤害的意图。然而，立法禁止的努力没有成功。拳击运动的抗辩者认为，拳击鼓励了人类自卫的艺术，是攻击或挫折的发泄手段，公众将之视为奇观。这些论点在法庭上

---

① Baker, *op. cit. supra*, note 168 at 101*et seq.*

② Cf. *R. v. Jobidon*[1991]2 S. C. R. 714; *R. v. Camelon*[2011]O. J. No. 1182, at para. 100.

③ *R. v. Coney*(1881—82)8 Q. B. D. 534, *per* Stephen, Hawkins, and Matthew J. J.

④ *R. v. Coney*(1881—82)8 Q. B. D. 534 at 547.

⑤ *R. v. Young*(1866)10 Cox C. C. 371.

⑥ *R. v. Orton*(1878)14 Cox C. C. 226. Cf. *Pallante v. Stadiums Pty. Ltd.* [*No.* 2][1976]V. R. 331; *R. v. Raabe*(1985)14 A. Crim. R. 381.

⑦ See C. Constantoyannis and M. Partheni, *Fatal Head Injury from Boxing: A Case Report from Greece*, (2004) 38 British Journal of Sports Medicine 78; C. D. Herrera, *The Search for Meaningful Comparisons in Boxing and Medical Ethics*, (2004) 30 J. Med. Ethics 514; Mario F. Mendez, *The Neuropsychiatric Aspects of Boxing*, (1995) 25 The International Journal of Psychiatry in Medicine 249.

⑧ See Steven T. DeKosky*et al.*, *Traumatic Brain Injury—Football, Warfare, and Long—Term Effects*, (2010) 363 N. Engl. J. Med. 1293.

没有被采纳,因为检察官不再觉得有必要对此事感兴趣。

在“女王诉布朗案”中,穆斯塔尔法官表示:①

“试图推断为什么职业拳击似乎可以免于起诉的失败,表明在这类案件中,法院是在作价值判断,且不依赖于一般的同意理论。为了钱,不是娱乐或个人进步,每个拳击手都试图给对手造成比自己遭受的伤害更大的伤害,并且致力于通过给对手造成严重的脑损伤,使其丧失知觉,进而提前结束比赛,或通过打击上腹部,损害对手的中枢神经系统,进而暂时终止比赛,或使对方皮开肉绽以致符合第 20 条之规定。拳击手表现出技巧、力量和勇气,但没有人假装认为他们对自己或他人有好处。旁观者获得娱乐,但没有收获身体和精神上的好处,而后者被视为参与男性运动的成果……根据我的判断,最好将此视为其他特殊情况,因为社会选择容忍,所以其目前处于普通暴力法之外。”

在 21 世纪,社会是否愿意容忍这种现象还不清楚。② 在“女王诉布
1059 朗案”③中,上议院明确保留法官(当然,在陪审团的协助下)对自愿伤害(包括严重身体伤害)免于定罪的权力。法院承认了若干例外情况,包括:(1)外科手术;(2)装饰;④(3)正确地进行比赛;(4)危险的特技和表演;(5)赛马;⑤(6)行为人可能冒着严重身体伤害的危险,因为其同意承担感染艾滋病毒的风险。⑥

6-086　这是否意味着法院可以随机扩展上述名单?

在起草“女王诉布朗案”的名单时有些松懈;但似乎出现的情况是,在被广泛解释的身体伤害问题上,上议院中的 3 位法官现在已经完全采取了司法家长式作风。布朗案的多数派上议院法官,未经仔细审查即接受了兰恩法官在检方参考资料中对法律的陈述(1980 年第 6 号),⑦虽然兰恩法官提到他听到过“有趣的法律和哲学辩论”,但审判中听不到哲学的声音。法院没有用任何表述来支持这样的观点,即只要不伤害别人,人们有权用自己的身体做他们喜欢做的事情。

---

① *R. v. Brown*[1994]1 A. C. 212 at 263.

② British Medical Association, *The Boxing Debate* (London: British Medical Association, 1993).

③ [1994]1 A. C. 212.

④ *R. v. Wilson*[1997]Q. B. 47.

⑤ *R. v. Jones*(1986)83 Cr. App. R. 375.

⑥ *R. v. Dica*[2004]Q. B. 1257; *R. v. Konzani*[2005]2 Cr. App. R. 198.

⑦ [1981]Q. B. 715.

第15节　同意和期望的伤害

6-087　法院惩罚故意对他人造成一定(相当不确定)程度伤害的人,即使不是在争斗中,对方的同意也没意义。对于构成严重人身伤害或危及生命的伤害,存在大量判例。但如后所述,轻微的伤害,也可能被处罚。①

然而,没有直接的法源认为自然人伤害自己,甚至是严重自残的行为,属于犯罪。这不可能是攻击罪,其前提是存在罪犯和被害人。② 传统的残害罪依然存在;③但是,并没有记录表明,自己对自己造成伤害,或试图这样做,被提出此类指控。惩罚他给自己造成较轻程度的伤害是不合逻辑的,特别是如果只是试图伤害自己。④

至于什么是残害,古代的观念认为是使行为人无法为保卫自己或国家而战斗的永久性的伤害。⑤ 由于残害规则的基础是,国王对他的臣民 1060
的战斗能力有利益,所以可以理解的是,被害人同意不能成为对残害的指控的抗辩事由。这一点被普遍接受。然而,唯一能对此产生影响的判决,是"女王诉赖特案",⑥库克法官的记录如下:

"年轻强壮又活泼的无赖,为了使自己变成残疾,从而有更多的筹码去乞讨,或者为了不参加劳动得到解脱,于是让自己的同伴把他的左手砍掉了;他们两人都被起诉、罚款,并因此交付了赎金。"

6-088　人们会注意到,双方都参与了阴谋诈骗公众的行为。尽管如此,即使被伤害者不被定罪,同伙也很可能会被定罪。

在21世纪,自我伤害并不少见。精神失常的人,年轻人,特别是年轻女孩,⑦会从事各种自虐和自残行为,从把别针插在自己的腿上到割腕。⑧有些人因为吞咽异物,必须接受持续的手术治疗。这种类型的自残不同

---

① *R. v. Brown*[1994]1 A. C. 212.

② Section 18 of the *Offences against the Person Act* 1861.

③ *R. v. Povey*[2009]1 Cr. App. R. (S.)42. Cf. *The King v. Lee*(1763)168 E. R. 128;*The King v. Tickner*(1778)168 E. R. 196;*R. v. Akenhead*(1816)171 E. R. 308.

④ Feinberg, *loc. cit. supra*, note 177.

⑤ See Sir Edward Coke, *Institutes of the Laws of England*, (London: Printed for E. and R. Brooke, Pt Ⅰ, 1794) at 288a; James Fitzjames Stephen, *Digest of Criminal Law*, (London: MacMillan, 1904) at 165.

⑥ (1603) Co. Lit. f. 127 a-b; (1613) 1 East P. C. 396.

⑦ See Keith Hawton and Athony James, *Suicide and Deliberate Self—harm in Young People*, (2005) 330 B. M. J. 891.

⑧ See Stacy S. Welch, *A Review of the Literature on the Epidemiology of Parasuicide in the General Population*, (2001) 52 Psychiatr. Serv. 368; Armando Favazza, *Bodies Under Siege: Self—mutilation in Culture and Psychiatry* (Baltimore: John Hopkins University Press, 1996).

于准自杀,因为并不一定导致自我折磨者企图自杀。[①] 是否被起诉,尚不可知。[②]

如果承认自残不是犯罪,结论应该是那些鼓励[③]或帮助和教唆的人,[④]如果其本人没有造成伤害,也是无罪的。鼓励者不应该构成第 18 条规定的"造成"严重身体伤害罪的教唆犯,因为自残者随后的自愿行为切断了可归责的因果关系链。[⑤] 鼓励者或协助者作为从犯是无罪的,因为没有犯罪,甚至没有"女王诉伯恩案"中如幽灵般的犯罪。否则,主张《自杀法》第 2 条所规定的将教唆作为犯罪就是不必要的。法律上并没有教唆的规定。然而,如果自残属于自杀未遂的结果,那么就可以适用
1061 1961 年《自杀法》中的教唆规定对其加以处罚。

6-089 当伤害是由他人造成时,情况就不同了。源自 19 世纪的重要法源支持这样的观点,即对他人造成相当于伤残或危及生命的伤害是非法的(残废可能总是涉及严重的身体伤害,因为必须使被害人失去为保卫自己和国家而战斗的能力)。[⑥] 然而,法院后来扩大了该规则,使其现在涵盖实际的身体伤害。

"女王诉多诺芠案"(*R. v. Donovan*)[⑦]进一步放松了法律的限制。该案涉及虐待(性冲动与性虐待)。多诺芠鞭打 17 岁的女孩,以满足自己的性欲。在被控犯有普通殴打和猥亵(性侵犯)罪时,他提供证据证明该女孩已同意。从判决书的摘要来看,同意的证据似乎是有说服力的;然而陪审团判多诺芠有罪,也许是因为他们不赞成多诺芠的做法。他们实际上认定,女孩没有同意。该判决在因误导而提出的上诉中被撤销,但刑事上诉法院有机会裁判一般性问题,即该女孩的同意如果成立,是否将成为法律上的某项抗辩。上诉法院表达的意见是,"如果殴打很可能或计划对相对方造成身体伤害",相对方的同意将无法作为抗辩:

"为此,认为身体伤害有其通常的意义,包括损害或伤害,从而侵犯了检方所需要保障的健康或舒适。这种伤害或伤害不一定是永久的,但毫

① See E. David Klonsky, *Non—suicidal self—injury: An introduction*, (2007) 63 Journal of Clinical Psychology 1039.

② See Dennis J. Baker, *The Moral Limits of Criminalizing Remote Harms*, (2007) 10 New Crim. L. Rev. 370.

③ Section 44-46 of the *Serious Crime Act* 2007.

④ Section 8 of the *Accessories and Abettors Act* 1861.

⑤ *R. v. Kennedy*(*No.* 2) [2008] 1 A. C. 269. Glanville Williams, *Finis for Novus Actus*? (1989) 48 Cambridge L. J. 391 at 398.

⑥ See Glanville Williams, *Textbook of Criminal Law*, (London: Stephen & Sons, 1978) at 538 *et seq.*

⑦ [1934] 2 K. B. 498.

无疑问,一定不仅仅是暂时的和微不足道的。”①

在制定这条一般规则(这完全是凭空而来)时,法庭可能受到了影响,就像陪审团一样,因为厌恶被告的行为。法官行使了区分同意的活动和不同意的活动的特权。施威特法官(Swift J.)表示:②“对于拥有普通智力的人来说,没有什么比把他的行为与参加那些‘男性娱乐活动’的人的行为相提并论更荒谬、更令人厌恶的了。”虽然刑法本身反对同性恋的偏离,但没有具体规定异性性虐待。法院裁定,被害人的同意无法作为“身体伤害”的抗辩事由,甚至包括对安慰的干涉,因此实际上建议扩大攻击法的适用范围,以涵盖性行为。

6-090　判决的理由如下:

“如果某项行为本身就是犯罪行为,不能因为被造成损害的人同意这样做,就被认定为合法。每个人都无法许可他人犯罪。因此,就刑法而言,如果被指控的行为本身就是非法的,就没有必要证明被伤害的人没有同意,以取得对不法行为者的定罪。然而,有许多行为本身是无害和合法的,只有在未经受影响的人同意的情况下才成为非法。”③ 1062

对此,存在明显的反对意见,即同义反复。前 3 句话的意思是,如果不经同意的行为是犯罪,同意就不是抗辩,而最后一句话的意思是,如果行为只有在未经同意的情况下才构成犯罪,同意才是抗辩。这种前提无助于案件的裁决。

法院接着表示:“作为一般规则,尽管存在明确例外,但是使用暴力殴打他人以至可能造成身体伤害,是非法的。”对于这个命题,法源并没有给出明确意见。如果这种看法是正确的,那么职业拳击比赛显然不具备合法性,选手的目标就是将对手打昏,因此应该被视为犯罪行为。这个命题适用于被害人不同意的情况,也适用于在不受管制的争斗中造成的伤害,但是否适用于在征得同意的情况下发生的性殴打需要考虑。无论如何,无法从所陈述的事实中推断出现实意义上的身体伤害具有可能性。

6-091　检方参考资料(1980 年第 6 号),④接受了对“女王诉多诺芠案”的批评,即其推理是重复的,但没有进一步反对。此外,法院的一般性原则声明显然是为了同意该判决。上诉法院与“女王诉多诺芠案”中的法院一样,从前提出发,认为所有身体伤害行为,除非是为了公众利益,否则都是非法的;如果接受这个主张,由于没有人认为施虐狂的殴打是为

---

① *R. v. Donovan*[1934]2 K. B. 498 at 509.

② *R. v. Donovan*[1934]2 K. B. 498 at 509.

③ *R. v. Donovan*[1934]2 K. B. 498 at 506.

④ [1981]Q. B. 715.

了公共利益,所以这种殴打只能是非法的。但是,该主张被批评为不重视个人的自主性。正确的问题,不应该是双方合意的争斗行为满足了何种公共利益,而是是否存在对其加以反对的公共利益。

法律干预是最有可能的方式,像在“女王诉多诺芰案”和晚近的“女王诉布朗案”[①]中一样,相关行为被认为是违背道德规范的行为。[②] 上议院在“女王诉布朗案”中的决定,可以被理解为对身体伤害的同意无效,除非可以提出若干免责事由,就像外科医生进行必要的手术一样。

在“女王诉布朗案”中,一群同性恋施虐狂自愿地对彼此实施狂热的暴力行为,并从遭受暴力和痛苦中获得了性满足。根据1861年《侵害人身权法》第20条和第47条,上诉人被传讯,罪名是在生殖器和对方身体
1063 的其他部位造成伤害和实际身体伤害。

6-092 原审法官表示,同意不属于故意造成超过一定限度的伤害(实际或更大)的可行的抗辩事由。上诉人向上议院提出上诉,但没有成功。法官认为:

虽然检控方必须证明未经同意才能确保对单纯的人身伤害定罪,但没有正当理由的人伤害他人或对他人造成实际身体伤害不符合公众利益,而且在没有这种理由的情况下,被害人的同意对1861年法令第20或47条的指控而言无法成立抗辩事由。[③]

上议院认为,满足施虐狂的欲望,无法给上诉人提供给对方造成实际身体伤害的充分理由。如果这些伤害构成了严重的人身伤害,上议院就有理由不允许同意作为“女王诉布朗案”中的抗辩。[④] 该伤害程度是本应划定界限的地方,而不是实际身体伤害的程度。上诉人对彼此实施了暴力行为,包括将他们的包皮和阴囊钉在一块木板上,将热蜡灌入尿道,向阴囊部位滴蜡,用手术刀切除包皮。[⑤] 很明显,滴蜡的结果不会比实际的身体伤害更大。用尖刀和钉子将包皮和阴囊钉在木板上,显然会造成伤害,但很可能还没有造成严重的身体伤害。

上议院应区分实际身体伤害和严重身体伤害,因为在实际身体伤害的情况下,同意应可成立抗辩。我们显然不希望在断臂、挖眼等情况下让同意成为抗辩,因为造成伤害的人依赖他人的同意来如此不人道地对待

---

① [1994]1 A. C. 212, where the Lords applied *R. v. Donovan*[1934]2 K. B. 498.

② *Jones v. Randall*(1774)98 E. R. 954 at 956; *Shaw v. D. P. P.*[1962]A. C. 220 at 268.

③ *R. v. Brown*[1994]1 A. C. 212 at 233, *per* Lord Templeman; *per* Lord Jauncey(at 243); *per* Lord Lowry(at 253–254), all three quoting Lane C. J. in *Attorney—General's Reference*(*No.* 6 *of* 1980)[1981]Q. B. 715 at 719.

④ Baker, *op. cit. supra*, note 179.

⑤ *R. v. Brown*[1994]1 A. C. 212 at 246.

他的同胞，显然是不对的。当然，如果行为人根据对方的同意戳瞎她的眼睛，就会被判有罪，但同意者无须承担刑事责任，同意者不是行为人，所以除非以眼还眼，否则不会承担责任。施虐者是施害者，受虐者是被害人。施虐狂两者都是，因为他们会相互伤害。

6-093　如前所述，实际的身体伤害似乎涵盖了一切，从微不足道的不适一直到一颗破碎的牙齿。除此之外，即使是最严重的实际身体伤害，也不足以严重到拒绝同意的抗辩。“女王诉布朗案”的意思是，同意不仅在更严重形式的实际身体伤害案件中，如牙齿折断，而且在轻微的伤害案件中，都无法作为抗辩事由。但我们认为，最好是在导致死亡或严重身体伤害时划清界限，因为更高的门槛会提供更坚定的指引。这将防止法院认为即使在伤害很小的情况下，同意也是无效的错误看法。[①] 1064

人们可能会强烈怀疑，对自愿实施的不道德行为进行罕见的审判是否能够达到社会目的。[②] 此外，如果法律规定得非常宽泛，通常只被用于对付合意僭越社会越轨行为的情况时，是可以对其提出抗辩意见的，借此可以限制检控方、法官和陪审团的偏见。上诉法院在“女王诉威尔森案”中清楚地说明了这点。[③] 在该案中，男性在妻子同意的情况下，用烧红的烙铁将自己姓名的首字母刻在妻子的屁股上。最高法院认为，与施虐狂不同的是，这种做法不具有攻击性。[④] 如果烙印行为未经双方同意，法院会得出这样的结论吗？法院认为，被告不是为了造成伤害而造成伤害，而是为了达到装饰的目的。正常情况下，良好的动机不能作为抗辩，但如果能与公认的抗辩联系起来，就可以产生作用。

而且罗素法官（Russell L. J.）表示：[⑤]

“本院坚定地认为，认定上诉人从事的活动构成犯罪不符合公共利益。根据一般判断，夫妻双方在婚姻住所的隐私范围内进行自愿活动通常不是刑事调查的适当事项，更不用说刑事起诉了。因此，原审法官没有充分考量本案的事实，错误地认为根据‘女王诉多诺芰案’和‘女王诉布朗案’，他不得不裁定同意不是抗辩……在该领域，根据我们的判断，法

---

① *R. v. Jobidon*[1991]2 S. C. R. 714；*R. v. Camelon*[2011] O. J. No. 1182, at para. 100. *R. v. Brown*[1994]1 A. C. 212 at 276.

② See Cheryl Hanna, *Rethinking Consent in a Big Love Way*, (2010) 17 Mich. J. Gender & L. 111；Vera Bergelson, *Consent to Harm*, (2008) 28 Pace L. Rev. 683；Kelly Egan, *Morality—Based Legislation Is Alive and Well: Why the Law Permits Consent to Body Modification but Not Sadomasohistic Sex*, (2007) 70 Alb. L. Rev. 1615.

③ [1997] Q. B. 47.

④ *R. v. Wilson*[1997] Q. B. 47 at 50, *per* Russell L. J.

⑤ *R. v. Wilson*[1997] Q. B. 47 at 50.

律应逐案发展,而不是固守传统的主张,在生活不断变化的时代,可能会不时出现法源没有明确规定的例外情况。"

6-094 法院认为,被告的抗辩事由是被告无意伤害他的妻子,而只是想加以装饰美化。在这个层面上,烙印和文身没有什么不同。有人认为,文身和整容手术可能与施虐受虐不同,因为前者涉及为了长期利益而进行的1次性伤害,这种观点有一定的道理。相反,施虐者只伤害受虐者1次是不够的;每次受虐者想要刺激时,他都要对受虐者施加同样的伤害。最初的伤害不会带来长期的好处。然而,如果重复伤害只涉及实际的身体伤害,则同意可以构成抗辩。这种反复出现的受伤和疼痛情况可
1065 能比许多奥林匹克运动员以及其他以劳动为生的人所经历的要少。

6-095 这不是矛盾吗?10岁的孩子可以同意接受诸如隆胸等美容手术造成的严重身体伤害,而成年人却不得对远不及严重身体伤害的身体伤害表示同意。

的确十分奇怪,但这就是立法的政治与社会过程的一部分。影响力巨大的医疗界以必要治疗为名,将缺乏必要性的危害性美容行为合法化,没有人会有闲心追问为什么医生会进行不必要且缺乏合理性的医疗行为。针对未成年人和成年人,每年会发生成千上万起整形医疗纠纷,其中大多数其实都不符合"女王诉布朗案"的相关检验标准。

6-096 如果某人同意受伤害,而造成这种伤害的是人身攻击(例如,因为相当于严重的身体伤害),他是造成对自己的这种伤害的罪行的从犯吗?

没有相关法源讨论这个问题。① 如果行为人同意自残不应负刑事责任的观点被接受,他就应该以同样的理由同意自残不应负从犯责任。法律有一定的理由针对造成严重身体伤害的他人,而不是针对寻求伤害这样的反常者。② 在"女王诉怀特案"③中,库克法官提出:年轻强壮又活泼的流氓,为了使自己变成残疾,因而有更多的筹码去乞求,或者在不做劳役的情况下得到解脱,于是让自己的同伴把他的左手砍掉了;因此,他们两人都被起诉、罚款和赎罪。霍恩曾说过:"残害会导致社会成员的缺乏,或导致成员的骨头被折断,或是被砍断,使其衰弱,从而使其无法战斗。"④

---

① *R. v. Wright*(1603)Co. Lit. f. 127 a-b;(1613)1 East P. C. 396.

② Baker, *op. cit. supra*, note 179.

③ (1603)Co. Lit. f. 127 a-b;(1613)1 East P. C. 396.

④ Andrew Horne, *The Mirrour of Justices*, (Washington:John Byrne & Co., translated into English by W. H. of Gray's Inn, 1903) at 45. Cf. *R. v. Tickner*(1778)1 Leach 187; *R. v. Lee*(1763)1 Leach 51; *R. v. Mills*(1783)1 Leach 259; *R. v. Hunt*(1825)1 Mood. C. C. 93.

在"佐治亚州诉巴斯案"[①]中，布赖森告诉巴斯（医生），他要割下手指以获得保险金。医生拒绝切断布赖森的手指，但接受了前者的付款，向其手指注射了麻醉剂，这样当布赖森试图切断自己的手指时，就不会感到疼痛。巴斯还给布赖森橡皮止血带，以阻止可能的出血，并告诉他使用的方法。此后，第三方，特雷森，应布赖森的要求，使用电锯切断了他的 4 个手指。摩尔法官认为巴斯作为从犯负有刑事责任，因为他协助了残害行为， 1066
是残害行为的实施煽动者。基于造成的伤害程度，被害人同意不提供抗辩事由。摩尔法官不仅担心巴斯故意促成的不可告人的欺诈未遂，还担心某人使其自己丧失对社会造成的伤害能力。他提出：[②]

"政府对尚未成为公诉犯罪的财政负担和公民的健康深感关切。同样，政府需要公民的服务，正如英国国王需要公民的服务一样。"[③]

自杀或自残曾经是犯罪，但这已不再是生效的法律。1861 年《侵害人身权法》取代了传统的致残罪，并没有以将自残定为犯罪的罪行取而代之。自残需要医疗处遇，而不是刑法应对。如果自残行为是为了便于保险诈骗等其他犯罪，适当的刑法应对措施是仅对实施了其他犯罪行为的自残者定罪。同样，某人不应因允许他人伤害自己而作为从犯承担责任。

像"佐治亚州诉巴斯案"这样的案例中的伤害，不是真正治疗性手术的固有方面或副作用，也不是合理的装饰，因此不能用同意作为抗辩事由。即使外科医生遵循安全医疗程序（根据医学规则进行手术），出于真正的医学原因，比如为了阻止坏疽的扩散而需要切除手指，也会使用同样的方法，但当手术的目的是促进保险欺诈，而不是治疗目的时，患者的同意就不能被用来作为抗辩事由。这样的外科医生不是为了医疗目的，而是为了促进非治疗原因。这种肆意的手术在法律上是不正当的，因为手术在治疗上是不必要的，并且会导致严重的伤害。这样的外科医生并不能依赖医疗必要性的一般辩护理由。只有病人同意，并不足以消除为保险欺诈而截掉健康手指的错误。相反，外科医生给同意的病人造成了不必要的严重身体伤害。

第 16 节　不计后果的伤害行为和同意

6-097　"同意只属于程度有限的抗辩事由……因为行为人无法合

---

① (1961) 120 SE2d 580.

② *Bass v. State* (1961) 120 SE2d 580 at 586.

③ Baker, *op. cit. supra*, note 139.

法地同意不寻常的暴力,如果他要求他人杀死他,他的要求就不是防卫。出于同样的原因,冒严重的风险是非法的:比如死者要求他人向他开枪,
1067 以测试他身上的盔甲,但不幸的是,测试失败了。"[①]风险取决于所涉损害的严重性,也取决于发生损害的可能性。导致轻微的身体伤害的高风险可能被免责,而轻微的严重的身体伤害可能不被免责。如果被告不顾后果地使被害人遭受实际的身体伤害,则无法通过证明被害人同意承担风险来为自己免责。[②] 假设被害人给自己准备了一针海洛因,并要求被告把针注射到被害人的胳膊上。如果被告预见到海洛因可能会对被害人造成实际的身体伤害,就无法以提出的同意作为抗辩。如果行为人不是不顾后果地给被害人注射,而仅仅认为他是出于娱乐目的而提供帮助,他就不必对因殴打/伤害而引起的意外伤害负责。[③] 新西兰上诉法院指出:[④]"在涉及艾滋病的案件中如果存在不顾后果的感染传播,只要充分履行告知义务,那么同意就是答案。"有人认为,这些案件无法与诸如"女王诉布朗案"这样的高层级法源相调和,[⑤]因为行为人的同意无法消除不计后果的刑事伤害行为。

6-098 你是在告诉我,如果被告不属于轻率行事,即使造成非常严重的伤害,也无须承担责任吗?

在"女王诉米琴案"[⑥]中,女性受害人在小酒店里遇到了男性行为人,并把他带回家过夜。当晚,两人进行了令人非常不安的性活动,包括男人将手指插入女性的直肠。当他把手指插入女性的直肠后,因为动作幅度
1067 过大,导致女性受了重伤,并不得不接受直肠造瘘手术。毋庸讳言,如果没有得到对方同意,被告把他的手指插入那名妇女的直肠,将构成攻击罪。殴打行为并不违法,因为被害人的同意使之合法。[⑦] 同意并不足以使实际的身体伤害合法,但被告并不希望或没有预见被害人将遭受实际的身体伤害。上诉法院正确地认为,"控方有必要证明罪犯有意造成某种身体伤害或不顾后果地造成这种伤害"。[⑧]

---

① J. H. Baker, *The Reports of Sir John Spelman*, (London: Selden Society, 1978) at 312; *R. v. Emmett*(1999) *The Time*; *Sir John Chichester's Case*(1646) Aleyn 12. Cf. *R. v. McLeod*(1915) 34 N. Z. L. R. 430 at para. 30; *State v. Hiott*(1999) 97 Wash. App. 825.

② *R. v. Barnes*[2005] 1 W. L. R. 910. Cf. *R. v. Lee*[2006] 3 N. Z. L. R. 42.

③ *R. v. Meachen*[2006] EWCA Crim. 2414 at para. 39; *R. v. Slingsby*[1995] Crim. L. R. 570. *R. v. Evans*[2009] 1 W. L. R. 1999; cf. *R. v. Kennedy*(*No.* 2) [2008] 1 A. C. 269.

④ *R. v. Lee*[2006] 3 N. Z. L. R. 42 at para. 220.

⑤ [1994] 1 A. C. 212.

⑥ *R. v. Meachen*[2006] EWCA Crim. 2414 at para. 39.

⑦ *R. v. Slingsby*[1995] Crim. L. R. 571.

⑧ *R. v. Meachen*[2006] EWCA Crim. 2414 at para. 37.

6-099　如果被告在进行自愿活动时意外杀死被害人呢？

在新西兰的传统判例“女王诉麦克莱德案”（*R. v. McLeod*）[①]中，神枪手在表演自己的绝技的过程中，邀请观众嘴里叼着香烟，作为射击目标。邀请被接受了，麦克莱德瞄准了烟头，想要把烟头打飞。如果不是在被告开枪之前，这位自告奋勇的协助者自行移动了他的头部，子弹就不会射进他的脸颊，他也就不会受伤。上诉法院认为，如果助演者死亡，被告将构成过失杀人，因为“其在危险的情况下使用了致命武器”。可能有人怀疑使用致命武器这个事实本身是否足以成为该判决的理由，因为使用该武器不是为了造成伤害。此外，如果表演中的某些风险要素足以使其在普通法上成为非法，那么许多其他的表演和耐力表演也会受到同样的谴责。

根据英格兰和威尔士的现行法律，如果检方能够证明被告预见到受害人很有可能会被杀死或重伤，他将承担“轻率过失杀人罪“的责任。[②]如果被告预见被害人可能会遭受实际身体伤害，他将承担1861年《侵害人身权法》第47条的严重攻击罪的责任。只有在“非法行为”和“危险行为”要求都得到满足的情况下，推定过失杀人原则才适用。因为在“女王诉麦克莱德案”中的行为仅仅是危险的，[③]而不是非法且危险的，所以被告无法被判犯有“非法行为”过失杀人罪。此外，他的行为属于“危险的表演”例外，因此，不管造成多大的伤害，同意都能提供充分的抗辩。如 1069
果被告做了某个非法的危险行为，将被害人暴露在实际身体伤害的危险之下，被害人的同意就无关紧要了。[④]

6-100　同意是对过失杀人的指控的抗辩吗？

如果被害人默示同意是在共同犯罪活动中产生的，法院很可能不允许提出抗辩。[⑤]

在过失案件中，同意几乎不会成为问题，因为不会影响被告的思想。当行为人在对方同意的情况下对其进行纯粹的殴打时，同意就是抗辩事由，因为否定了被告的犯罪故意。被告可以认为，“我没有‘非法地伤害’被害人，因为他同意受到伤害的风险”。被告无法坚称他没有“伤害”被

---

① *R. v. McLeod*[1915]34 N. Z. L. R. 430.

② *R. v. Lidar*[2000]*Archbold News*3；*Gray v. Barr*[1971]2 Q. B. 554 at 557. *R. v. Emmett*(*The Times*, 15 October 1999).

③ *R. v. Lamb*[1967]2 Q. B. 981.

④ *R. v. Stein*(2007)179 A. Crim. R. 360；*R. v. McIntosh*[1999]V. S. C. 358；*The Queen v. J. A.*[2011]S. C. C. 28.

⑤ *R. v. Wacker*[2003]Q. B. 1207 at 1217. Kay L. J. *R. v. Willoughby*[2005]1 W. L. R. 1880 at 1885.

害人,因为他实际上伤害了被害人,如果被害人要求被告用酸使他失明,他可能不会错伤了被害人,但他肯定会伤害他。[1] 被害人是永久残疾,这是客观事实。被告犯了严重罪行的行为。[2] 他没有错,因为他想伤害他。然而,法律认为他冤枉了被害人,因为法律认为,被告故意或轻率地造成被害人实际人身伤害或更大伤害的,同意并不构成抗辩。如果伤害小于实际的身体伤害,则可以提出同意的抗辩,以表明他的行为是出于合法的目的,因为法律认为这足以否定错误的意图。在强奸等性犯罪的情况下,同意可以否定犯行的存在。同意改变了行为的性质,因为将强奸转化为无伤大雅的做爱行为(在后者的情况下,被告也可能没有不法意图。但情况并不总是如此:被告可能故意与被害人发生性关系,希望对方不同意,然而不为他所知的是,对方是同意的。由于他企图强奸被害人,所以他是有责的;被害人同意,意味着被告不可能完成强奸罪的犯行)。

如果被告没有预见伤害的可能性,他怎么能坚称他没有因为他认为被害人是同意而错伤了被害人呢?如果同意没有进入他的头脑,就无法
1070 用来为他的行为抗辩。在大多数情况下,如果被告没有预见到伤害的风险,那么被害人可能也没有预见到,因此无法主张被害人同意了他认为不存在的风险。被害人并非仅仅因为理性人预见到了伤害的危险而默示同意暴露于被伤害的危险之中。[3] 在"女王诉维克尔案"(*R. v. Wacker*)中,[4]58 名非法移民在被贩运的集装箱内窒息身亡。被害人是否默示同意承担窒息的风险是值得怀疑的。可以认为,他们唯一想到的风险是他们可能会在英国边境被抓住。被告既没有想到这个风险,也没有考虑被害人是否已经默示同意承担这个风险。[5]

6-101　在故意伤害不被豁免的情况下,是否有特殊的例外导致轻率伤害的行为可以免责?

如前所述,在"女王诉布朗案"中,多数人认为,经同意施加实际的身体伤害是非法的,除非是在法院作为公共政策而设立的例外之一中。如果该行为属于既定的例外情况之一,即使被告故意使被害人遭受实际身体伤害,他也可以作为抗辩事由提出同意。这在拳击比赛中得到了清楚的说明。

---

[1] *R. v. James*(1980)70 Cr. App. R. 215.

[2] Section 18 of the *Offences against the Person Act* 1861.

[3] *R. v. Slingsby*[1995]Crim. L. R. 571.

[4] [2003]Q. B. 1207.

[5] Cf. *R. v. Sullivan*[2011]N. L. C. A. 6.

跟踪[1]和性乱交[2]在公共政策上是可以豁免的。[3] 随意的性行为是如此普遍，以至于对人身自由的限制太大，刑法的扩张范围太大，以至于试图监管那些经常有“一夜情”的人，并从事其他具有非暴力性质的危险性行为。[4] 这些人中的许多人都预见到，性爱可能会给他们带来严重的感染，比如艾滋病病毒。如果行为人与他人发生性关系，他认为他人可能患有艾滋病，他默示同意有被感染的危险。那些随意发生性关系的人无法因此而被定罪。这种例外类似于体育中赛马和危险的壮举的例外，因为 1071
伤害者只有在轻率地造成身体伤害时才被豁免。例如，如果投球手掷出板球，不小心击中了击球手的眼睛，从而使他失明，击球手的同意（他心甘情愿地打板球，且知道这样的伤害是有可能发生的，这表明其同意）将为投球手提供抗辩。如果投球手故意将球投向击球手，纯粹是为了给他造成严重伤害，只有在造成的伤害小于实际身体伤害的情况下，同意才会成为抗辩。

如果被告故意使被害人感染艾滋病毒，那么被害人的同意不会为他提供抗辩的事由。假设被害人知道被告是艾滋病载体。假设被害人还要求被告把他受感染的血液抽入注射器，然后让他给注射。因为被告故意要用艾滋病感染被害人（构成严重的身体伤害），所以他无法依靠被害人的同意来为自己的行为抗辩。同样地，如果艾滋病病毒携带者自愿性交，目的是使对方感染艾滋病病毒，被害人同意被感染将不能成为抗辩事由。[5] 当被告轻率地冒着感染被害人的风险时，他不承担责任，因为双方都应该能够承担这样的风险。如果感染者甚至不知道自己是携带者，将他定罪就太过分了，因为从事随意性爱的人都知道这种风险。如果人们愿意，他们应该能够承担这样的风险。

第17节 同意、手术和装饰

6-102 前面的讨论表明，同意损害的效力是法律中的灰色地带。

---

① See David Bell, *Bodies, Technologies, Spaces: On "Dogging"*, (2006) 9(4) Sexualities 387.

② See Meg Barker and Darren Langdridge, *Whatever happened to non—monogamies? Critical Reflections on Recent Research and Theory*, (2010) 13(6) Sexualities 748.

③ *R. v. Dica*[2004] Q. B. 1257; *R. v. Konzani*[2005] 2 Cr. App. R. 198. Margo Kaplan, *Rethinking HIV—Exposure Crimes*, (2012) 87 Ind. L. Rev. (forthcoming).

④ See Raymond Ku, *Swingers: Morality Legislation and the Limits of State Police Power*, (1999) 12 St. Thomas L. Rev. 1. R. v. Lee[2006] 3 N. Z. L. R. 42 at para. 212 *et passim*.

⑤ Sections 18 and 20 of the *Offences against the Person Act* 1861. *R. v. Konzani*[2005] 2 Cr. App. R. 198.

由法官宣布所有形式的手术的合法性,无法产生足够的确定性;当然,上议院“女王诉布朗案”中慷慨同意的“合理的手术干预”似乎证实了该意见。当然,实际上,如果出现这样的问题,法院都会赞成,几乎毫无例外。

人们对不必要的整容手术存有疑虑。然而,许多危险和不必要的整容手术已被接受为合法。许多人因为抽脂而死亡,[①]然而,甚至没有去除最危险的脂肪。许多程序被认为是合法的,包括性别变化。从男性到假女性性器官的转变涉及阉割:阴茎和睾丸被移除,假阴道由阴囊构成。现在的所谓阉割,在普通法中被作为残害,因为这样做被认为会降低被阉割
1072 者的战斗意愿。然而,男性——“女性”性别的改变是由合格的外科医生公开进行的。如果提出该问题,手术可以被支持为有利于病人的精神健康;奥摩若德法官(Ormrod J.)基于该理由接受了手术的合法性抗辩。[②]现在,没有人怀疑前额白质切除术的合法性,这样做可以切断大脑的额叶,改变某些精神疾病患者的性格(然而,这种情况现在会被“女王诉布朗案”认定,因为移除行为人的心智能力显然是对身体的伤害),治疗也给许多美容手术提供了精神支持,但不是全部。丰胸、隆鼻、拉皮、提拉眼睑、耳部整形等的正当性在于,病人很高兴,且可能在社会上更有竞争优势,而不是手术具有精神上的必要性。

从身体健康的年轻人身上通过手术切除健康肢体已被证明是精神病的必需品。[③] 那些遭受身体完整性认同障碍的人渴望手术切除他们健康的四肢。在苏格兰的一个案件中,外科医生切除了一位健康的年轻人的脚,因为病人表示他无法认同自己身体上的这只脚,这给他带来了极大的烦恼和心理痛苦。外科医生没有被起诉,所以不知道病人的同意是否是有效的抗辩。[④] 显然,从不同意的人身上摘除肢体是普通法上的残害,也会导致严重的身体伤害。如果行为人的脚或腿被切除,他就永远残疾了。“女王诉布朗案”的意思是,如此一来,同意并不构成抗辩。在极端情况下,可以提出医疗必要性的抗辩,但在许多情况下,精神上的伤害不太可能超过长期的身体残疾(如果手术涉及切除行为人的腿,这也意味着这个人需要护理人员帮他洗澡、做饭、打扫等)。医学上的明显的需要是移植器官,如肾脏。没有人对在成年捐献者身上进行的移植手术的合法性

① See Frederick Grazer, *Fatal Outcomes from Liposuction*: *Census Survey of Cosmetic Surgeons*, (2000) 105 Plastic & Reconstructive Surgery 436; Susan F. Ely, *et al.*, *Deaths Related to Liposuction*, (1999) 340 N. Eng. J. Med. 1471.

② *Corbett v. Corbett* [1971] P. 83 at 99.

③ See Tim Bayne and Neil Levy, *Amputees By Choice*: *Body Integrity Identity Disorder and the Ethics of Amputation*, (2005) 22(1) Journal of Applied Philosophy 75.

④ Id. at 75.

表示过严重怀疑，在这种手术中，成年捐献者身上成对器官中的一个被摘下来，以挽救他人的生命。 1073

6-103　考虑到“女王诉布朗案”，在控制导致病人永久（和不必要）残疾或毁容的手术方面刑法是否没有可接受的地位存疑。如果手术无故使病人永久毁容或致残，则刑法应当发挥作用。很难将“女王诉多诺芰案”中的打屁股行为与允许有医疗资格的人为金钱报酬而执行的某些程序相协调。只要价格合适，整容外科医生能提供危险和不必要的手术吗？[①] 看来是这样，在大多数情况下，医疗行业本身的控制是足够的，但也可能存在若干极端的情况（如病人沉溺于整容手术，重复的手术可能导致长期的健康问题）。[②] 应该援引刑法的地方，医务人员不应该被授权来帮助人们永久地使自己残疾或毁容。外科医生的目标不是让他的病人永久毁容或残疾，但如果预见长期残疾或毁容作为手术的几乎肯定的后果，他就不应该这样做。也就是说，除非是医学上的需要。如果外科医生为防止坏疽扩散而切断病人的腿，他可以认为这种行为是必要的，提供了救生治疗。但是，如果他仅仅因为病人不想要的腿就切断病人的腿，他就很难满足作为抗辩的必要性。[③]

6-104　威尔逊[④]不是医生，在英国社会中，烙印也不是普通的装饰品。你前面说过，他的行为可能有别于施虐狂，因为他伤害他的妻子并不仅仅是为了伤害。但施虐狂无法如此主张吗？为什么动机重要？

医疗案件可以根据两个理由加以区分：（1）医疗需要；（2）严重的身体伤害（或实际的身体伤害）只是提供治疗的手段。

同意的门槛必须非常高。不必要的整形手术所造成的身体创伤可能比在“女王诉布朗案”中看到的更严重。行为人能够同意不必要的危险的整容手术，如重复隆胸手术和反复整容。这种不必要的整容手术的好处不如挽救生命的手术或矫正严重毁容所需的手术有价值。这种整容手 1074
术只是给那些自恋的人提供了心理上的好处。是什么使整容手术在道德上被允许？手术涉及故意的暴力，可能会造成严重的身体伤害，但手术的目的是促进病人的长远利益。短期的伤害（伤害、疼痛等）都只是达到目的的手段，目的是给病人心理上的刺激。

---

① See John Naish, *When Looks Can Kill* (London: The Daily Mail, 25 January 2011).

② See Virginia L. Blum, *Flesh Wounds: The Culture of Cosmetic Surgery* (Los Angeles: University of California Press, 2003).

③ See David Veale, *Outcome of Cosmetic Surgery and "DIY" Surgery in Patients with Body Dysmorphic Disorder*, (2000) Psychiatric Bulletin 218.

④ *R. v. Wilson* [1997] Q. B. 47.

6-105 这看起来像是沙上堆塔。假设威尔逊在他妻子的额头上烙上了大大的“W”。法院会认为这种装饰符合公众利益吗？

如果是这样的话，这个判决几乎肯定会有所不同。装饰案件似乎与整容手术一样，伤口、烧伤等，都是达到装饰的手段。一旦伤口或烧伤愈合，同意者就能享受到长期的好处——有装饰。唯一不同的是，装饰通常是由没有医学资格的人做的。然而，用于实现装饰的过程通常只会导致同意者遭受表面的创伤。即使整容手术是在医疗控制的环境中进行的，但本身就更危险。整容手术使用更极端的手段（侵入性手术）来达到装饰的目的。从同意者的角度来看，这种装饰（更丰满的胸、更年轻的脸等）带来的是长期的好处。社会似乎也承认，这些极端形式的装饰对那些渴望装饰的人有益。当然，如果整形手术发生可怕的错误，可能会给同意者带来永久的痛苦。

6-106 但是施虐受虐狂不仅仅是为了互相伤害而互相伤害，伤害也是获得性满足的手段，不是吗？

他们就是这么争论的。施虐受虐狂可能会争辩称，参与者在施虐受虐活动中的目的仅仅是获得性满足。但是，每次他们想要达到性满足的别有用心时，他们都需要互相伤害。每次接受者想要得到施虐受虐的快感时，都要重复这种伤害。两者是分不开的——性满足只有在受到伤害时才能实现。相反，装饰只涉及一次性伤人、焚烧等，这将带来长期的好处。阻止人们不断地对他人造成严重的身体伤害，仅仅因为他们想要重复的短暂的性刺激，这并非不合理。然而，该论点似乎不应适用于实际的身体伤害。那些经常因吸烟和酗酒而对自己造成实际身体伤害的人不应被判定为刑事犯罪，向他们提供伤害工具的人也不应被判定为刑事犯罪。同样，职业运动员经常使他们的身体受到实际的身体伤害，但都能恢复正常。

据称，如果施虐受虐者只是对对方造成实际身体伤害，则不应援引刑
1075 法。把这些人关进监狱，完全是在浪费纳税人的资金。这类伤害是暂时的（多诺芠的情妇的屁股无疑没有永久受伤），微不足道，不值得惩罚。这种伤害的短暂性质意味着，与反复饮酒和抽烟不同的是，重复实施不会导致比实际身体伤害更严重的伤害。

第18节 自愿冒险：危险特技、运动和马术

6-107 前面的讨论集中在故意伤害的地方。现在转向那些“被害人”故意承担受伤（或死亡）风险的人。被告唯一的目的是做若干事情，

如他所知,涉及伤害他人的风险,而他人同意承担风险。

根据检控方的参考资料(1980 年第 6 号),[①]法院甚至准备支持“危险的表演”。在这里并不存在关于合理性的限定条件,但仅仅依靠疏漏是不明智的。法官总是可以通过指出兰恩法官只是赞同这种展览的“公认合法性”,而没有说明“公认合法性”走了多远,击败这一论断。

6-108　但是,为什么为了公众的利益需要举行危险的表演呢?[②]

与危险的壮举和表演有关的法律,如攀爬垂直表面,在飞机机翼上叠罗汉或悬挂滑翔机上的重力定律的短暂挑战,都是模糊的。当然,如果整个事件是合理的,就没有犯罪;但是,即使认为法律不合理,也可以认为法律也不会介入吗?如果法院有权认为对故意造成的伤害的同意不具备法律效力,刑法一般情况下也并没有规定在行为上可以合法地产生哪些危险,而这些行为不仅不具备进攻性,而且缺乏伤害的故意性。

一劳永逸的方法是,没有且从来不存在所谓自我过失杀人罪。自杀总是意味着故意自杀:[③]实际上(虽然不是在法律理论上)是自寻死路。规定过失自杀没有任何意义。[④] 煽动或帮助他的人,都无法因为自杀者不是犯罪者而犯过失杀人罪,也无法因为没有犯罪而作为从犯被判有罪。

这在“女王诉派克案”中被忽略了。[⑤] 派克在女伴的同意下对其实施 1076
了麻醉,或者鼓励她自行注射了麻醉剂,对此证据并没有明确说明。他的目的是满足他与失去知觉的女性性交的变态心理。麻醉剂是完全不恰当和危险的麻醉剂,会导致死亡。原审法院的希西伯里法官(Hilbery J.)指示陪审团,鉴于必要的犯罪故意,无论被告是自己注射麻醉剂还是提供麻醉剂让死者服用,都可能被判过失杀人罪。

6-109　法院没有把重点放在过失杀人罪上,而且这项裁决明显违背了原则。由于这起案件可能涉及意外死亡,而非派克杀人,因此其应该被判无罪。

的确,根据“女王诉伯恩案”[⑥]和“女王诉寇干案”[⑦],行为人可能成立并不存在的罪行的从犯,也可能通过无辜的间接正犯实施犯罪。但是,即

---

① [1981]Q. B. 715.

② See Mark Hughes, *Human Cannonball Killed After Missing Safety Net* (London: The Telegraph, 26 April 2011).

③ *R. v. HM Coroner for the City of London Ex p. Barber*[1975]1 W. L. R. 1310.

④ See Glanville Williams, *Criminal Law: The General Part*, (London: Stevens & Sons, 2nd edn. 1961) at 393-394.

⑤ [1961]Crim. L. R. 114, 547. Cf. *R. v. Evans*[2009]1 W. L. R. 1999.

⑥ (1952)36 Cr. App. R. 125.

⑦ [1976]Q. B. 217.

使对这些判决进行最为宽泛的解读,也不适用于目前我们所讨论的情况。为了论证起见假设,根据这两个判例,如果被指控的正犯可以提出个人抗辩,而不具备类似抗辩的从犯却需要承担相关刑事责任。困难不在于女方是否具备自己的抗辩事由,问题是缺乏犯行。自1961年《自杀法》颁布以来,即使是故意自杀也是完全合法的行为,过失自杀则始终不违法。1961年的《自杀法》明确规定,教唆是犯罪,没有法律规定教唆自杀是犯罪。如此一来,"伯恩案"和"寇干案"不应被认为是使行为人作为从犯而有罪。

无罪代理理论也不会影响这个问题。无法主张派克借情妇之手杀死了情妇,因为无罪代理的学说还没有延伸到过失行为。① 此外,当被指控的代理人是无辜的,因为该行为是完全合法时,使用该学说是不恰当的。该原则仅适用于此情况,即要不是因为代理人没有过错或具备某种抗辩事由,代理人的行为就是非法的。

6-110　除了这些技术上的争论之外,如果事实上的过失杀人的从犯被定罪,那将是不幸的,因为这将意味着那些帮助登山者、游艇手和其他人适应轻率远征的人,如果有人死亡,都可能会被判过失杀人罪。从来没有出现过此类起诉,如果有,对于法治来说也是灾难性的。②

上述推理只有在被告没有从事杀人行为时才对其有帮助。如果他这样做了,就必须另辟蹊径寻找抗辩事由。③ 解决办法是,抓住检方参考资
1077 料(1980年第6号)中唯一完全宽松的措辞。④ 即法律允许"危险的表演"。人们已经注意到,自由主义可能是虚幻的,因为兰恩法官提到"公认的合法性"。但是,如果危险的表演是真正允许的,危险的特技也必须被允许。换言之,在这些案件中,"承担风险"必须是过失杀人罪的抗辩事由。或者,法院总是有可能将活动的价值,与参与的自愿性结合在一起,作为排除过失的理由。

适当的规则应该是,普通法不适用于需要技能或耐力的专长活动。总是有人喜欢这样的事情,很少有人会把保护生命作为最有价值的生活方式。"当然",罗伯特·路易斯·斯蒂文斯(Robert Louis Stevenson)表示,"对生活的热爱,体现在高山登山者的危险绳索上,或者猎人骑马飞跃高耸的栅栏时,而不是体现在那种饭来张口,仅仅为了保持健康才不得

① Cf. *R. v. Millward*(1994)158 J. P. N. 715.

② Cf. *R. v. Evans*[2009]1 W. L. R. 1999.

③ *R. v. Stein*(2007)179 A. Crim. R. 360.

④ [1981]Q. B. 715.

不每天行走一定距离的生物身上”。① 这些活动之所以受到重视,不仅是因为其带来了许多困难,往往是因为危险。摩托车比赛和斗牛就是明显的适例。这些活动之所以吸引参与者和观众,正是因为存在风险——尽管组织者费尽心思尽量减少风险。同样的道理也适用于那些深入幽深洞穴,或者自由降体跳伞,或者去野外漂流的人。对刑事法院来说,最合理的政策是与这些问题划清界限,其应当认定受害人同意冒死亡的危险(斗殴中的这种同意除外)是过失杀人罪的抗辩事由。② 除非法律放弃对该领域的控制,否则法院将面临某项令人反感的任务,即在人们可能合法地或不可能合法地对自己的身体造成的风险之间作出事无巨细的决定。

6-111　该主张不仅应该为野外运动者接受,而且应该为电影“特技演员”和马戏团艺人接受。在这些表演中,每天都要冒险,有时也会发生意外,但警察却没有注意他们。

这些危险的行为不应受到普通法中过失杀人部分的控制,这似乎是由于议会本身的领域非常有限。1933 年《儿童和青少年法》第 23-24 条规定,禁止 16 岁以下的人从事危险表演;③1952 年的《催眠法》允许地方当局或其他授权公共娱乐场所的机构管理催眠术表演;后者第 3 条规定不得在 18 岁以下的人身上演示催眠术。

在结束这场讨论时可能会注意到,议会并没有将自愿和自我指导的过失完全排除在刑事打击的范围之外。1974 年的《工作场所健康和安全法》规定,雇员有义务照顾自己。长期以来,人们一直认为,员工可能会因没有使用护目镜等安全预防措施而被适当追究责任,至少在理论上是这样的:工厂的工人在感到不舒服或妨碍收入时,会受到很大的诱惑,不使用护目镜,因此,家长式的考虑占了上风——尽管对雇员的起诉可能非常罕见。执法是由主要使用说服手段的检查员执行的。对一般市民采取 1078
安全预防措施是不同的,因为在这方面,执法工作必须由警方执行,因为警方在处理与公共秩序无关的事宜时,并没有很好地加以运用。然而,经过激烈的辩论后,议会规定骑摩托车的人必须戴防撞头盔,在车辆上必须系安全带。④ 对国家卫生服务的压力一般不是禁止危险活动的理由,如果是的话,就有充分的理由宣布酒精消费为非法,也有理由宣布拥有大城市的私人汽车为非法,因为总的经济利益将是巨大的。⑤ 然而,当安全防

---

① Robert Louis Stevenson, *Essays*, (New York: C. Scribner, 1906) at 49.

② Cf. *R. v. Gnango*[2011]1 All E. R. 153.

③ *Children(Protection at Work) Regulations* 1998/276.

④ Sections 14-18 of the *Road Traffic Act* 1988.

⑤ See Dennis J. Baker, *Collective Criminalization and the Constitutional Right to Endanger Others*, (2009) 28 Crim. Just. Ethics 168.

范措施很简单,因果关系很大时,医学论证可能会超过基于个人自由的论证。

6-112 很多运动不都是危险的壮举吗?

像足球这样的游戏,虽然与争斗或比赛有很大的不同,但有共同的特点,那就是球员之间按照规则使用暴力。玩家对使用适度暴力的同意当然是有效的。法庭是否会,或者是否应该因为对参与者的危险而对游戏进行控制,这个国家还没有进行过讨论。在橄榄球比赛中,发生严重伤害的可能性很小,但这种伤害仅仅是冒险运动的副作用。足球比赛的参与者并不是有意伤害他们的同伴。

在实践中,法律问题一旦出现,就会触及实际给予的同意的限度。① 似乎只有在游戏规则范围内的暴力才得到同意,而在这些规则之外施加的暴力,如果是故意的而不是意外,就构成伤害罪。② 然而,如果运动员的行为意图是在运动范围之外造成伤害,他可能会被判定为人身伤害或过失杀人罪。③ 游戏的界限只能通过规则来确定,因为有必要确定被告的行为是在同意之内还是之外,或者是轻率的。④

6-113 在赛马比赛中没有游戏规则,同意的限度将如何确定?

大多数年轻人都知道,参与粗野的赛马活动的副作用之一是有人可能会受伤。参与赛马的人在明知自己有受伤的危险时,默视同意承担受
1079 伤的危险。⑤ 如果伤害不是赛马的可预见的后果,就无法主张被害人是在自愿冒风险。

在"女王诉琼斯案"⑥中,一群男孩抓住两个男孩,把他们高高地抛向空中。当他们触地时,身受重伤。事实是被害人在抗议,并试图逃走。很明显,如果被害人表示不要将他扔到空中并试图逃跑,他是没有同意被扔在空中的。然而,有人认为,男孩们是否真的相信被害人是同意的,这个问题应该留给陪审团来决定。在"女王诉阿特金斯案"(*R. v. Aitken*)⑦中,3名皇家空军宪兵在一次聚会上大量饮酒后,搞恶作剧。他们点燃了其他两名宪兵的防火服。而后者则把这当作笑话。晚上晚些时候,被告决定放火焚烧另外某个宪兵的防火服。该人虽然挣扎,但已经醉得无力

---

① *R. v. Barnes*[2005]1 W. L. R. 910. *R. v. Ciccarelli*(1989)54 C. C. C. (3d)121.

② *R. v. Barnes*[2005] 1 W. L. R. 910; also *R. v. Anderson*[2000] 40 C. R. (5th) 329; *R. v. Krzysztofik*[1992]79 Man. R. (2d)234; *R. v. Brown*[1994]1 A. C. 212 at 266.

③ *R. v. T. (G.)*[1996]18 O. T. C. 73.

④ *R. v. Moore*(1898)14 T. L. R.

⑤ *R. v. Aitken*[1992]1 W. L. R. 1006.

⑥ (1986)83 Cr. App. R. 375.

⑦ [1992]1 W. L. R. 1006.

自卫。火焰迅速燃烧起来，受害人被严重烧伤。法院认为，问题不在于被害人实际上是否同意，而在于被告是否真的相信他同意。由于警官们相信（即使不合理地）被害人是同意的，所以被告可以进行同意的抗辩。

如果被害人不愿意参与开玩笑的活动，就无法主张其同意参与恶作剧相关的预期风险。如果他不想成为恶作剧的一部分，并试图抵制等，就不会有默示的同意。但是当被告在被害人是否同意的问题上犯了不合理的错误时，被告就可以进行抗辩。[①]

6-114　如果被告的信仰是完全不合理的，陪审团就不必承认他实际上持有这样的信仰。[②] 在“女王诉P案”（*R. v. P*）[③]中，被告对他的过失杀人罪提出上诉。在该案中，被告和其他青年将学校同事从桥上推入河中。被害人因不会游泳被淹死了。被告声称被害人只是被当作恶作剧扔进河里，而死者同意被扔进河里。上诉法院正确地认为，陪审团可以得出结论，认为没有受害人同意。证据显示，当被扔进浑浊的河里时，受害人是不同意的，而且被告实际上并不相信他是这样的。因此，从事危险活动的免责例外与本案缺乏相关性。 1080

第19节　诱　捕

6-115　美国法院设立了“诱捕”，即所谓的“警察陷阱”（entrapment）抗辩，即行为人主张，自己并非“倾向”犯罪，而是由警方或其卧底积极煽动所致。[④] 英国法院则一般驳回被告的此类抗辩。[⑤] 这是否是正确的态度，见仁见智，但必须承认，的确很难起草、适用可行的相关规则。

当然，如果罪犯不是犯罪计划的主要推动者，而且如果没有受到诱惑，就可能不会犯下罪行，诱捕可以被用来作为减轻处罚的理由。如果卧底特工只是假装在市场上购买毒品或淫亵等物品，而不是为了说服被告的不情愿而采取特别的劝说手段，诱捕抗辩甚至都无法被用来作为减轻

---

① *R. v. Jones*(1986) 83 Cr. App. R. 375.

② Cf. *D. P. P. v. Morgan*[1976] A. C. 182.

③ *R. v. P*[2005] EWCA Crim. 1960.

④ *Soriano v. State*, 248 P. 3d 381(2011); *U. S. v. Theagene*, 565 F. 3d 911(2009); *Jacobson v. U. S.*, 503 U. S. 540(1992). George Fletcher, *Rethinking Criminal Law*, (Boston, Little, Brown, 1978), at 541–544. Dru Stevenson, *Entrapment and the Problem of Deterring Police Misconduct*, (2004) 37 Conn. L. Rev. 67; Derrick A. Carter, *To Catch the Loin, Tether the Goat: Entrapment, Conspiracy and Sentencing Manipulation*, (2009) 42 Akron L. Rev. 135.

⑤ *R. v. Sang*[1980] A. C. 402; *R. v. Jones*[2010] 2 Cr. App. R. 69.

情节。[1] 法院承认双方同意的犯罪行为(如涉及性爱、酗酒、吸毒和赌博等)。[2] 如果不对犯罪嫌疑人进行若干测试,一般是查不出来的。警方卧底经常需要打入犯罪组织,他们必须对相关犯罪活动表现出一定的热情。

法官有时会用"代理教唆理论"(agents provocateurs)坚决反对警方的观点。[3] 在这个意义上,人们不应该诱使他人犯罪。作为明确的原则,如果以影响"犯罪质量"的方式雇用了告密者,则必须在审判时披露这个事实。[4] 然而,当警务人员提供"根据所收到的资料"行事的证据时,被告无法对其进行诘问,以确定他的线人的身份;因此,如果被告指称自己受到不公平的欺骗,而警方予以否认,被告则可能很难证明自己的观点。

6-116 法院可否因警方滥用程序而中止诉讼?

法院只排除在特殊情况下通过诱捕获得的证据。法院必须平衡对罪
1081 犯的抓捕和惩罚的要求与不滥用程序的要求。如果滥用程序是严重的,将使刑事司法系统名誉扫地。[5] 法院考虑若干要素,以确保公平的平衡。尼古拉斯(Nicholls)在检方参考资料(2000年第3号)中表示:[6]

"在这个问题上,有价值的法律指导应该是,考虑警方是否给被告提供了不寻常的犯罪机会。我强调'不寻常'这个词。总体而言,这项测试的标准是,警方在被告犯罪前的行为是否超出了在当时情况下对他人的预期。"

法庭会平衡多项考虑要素,以确定警方是否做得太过分,包括罪行的性质(警方应证明没有合理的替代方法可供选择,以挫败某类罪行)[7]以及警方是否有诚意。他们有合理的理由针对被告吗?或者他们的行为仅仅是为了报复?等等。然而,最重要的考虑是警察参与犯罪的性质。[8] 警察用了多少时间来鼓励被告犯罪?

"诱惑力越大,警方的提议越强烈,越坚决,法院就越容易断定警方逾越了边界:他们的行为很可能导致通常会避免这类罪行的人犯罪。在评

---

① *R. v. Thornton*[2003]EWCA Crim. 919 at paras. 23-26;*R. v. Mayeri*[1999]1 Cr. App. R. (S.) 304.

② *R. v. Jones*[2008]Q. B. 460. Cf. *State v. Nero*, 1 A. 3d 184(2010).

③ *Nottingham City Council v. Amin*[2000]1 W. L. R. 1071.

④ *R. v. Birtles*[1969]1 W. L. R. 1047.

⑤ *R. v. Latif*[1996]1 W. L. R. 104 at 112, *per* Lord Steyn.

⑥ [2001]1 W. L. R. 2060 at 2069 quoting McHugh J. R*idgeway v. The Queen*(1995)184 C. L. R. 19 at 92.

⑦ *Re Attorney—General's Reference*(*No.* 3 *of* 2000)[2001]1 W. L. R. 2060 at 2079, *per* Lord Hoffman.

⑧ *Re Attorney—General's Reference*(*No.* 3 *of* 2000)[2001]1 W. L. R. 2060 at 2075, *per* Lord Hoffman.

估警方引诱的权重时，要考虑被告的情况，包括他的脆弱性。这是认识，即对行为人可能是重要的诱因，但对他人可能并非如此。如果警方的行为与一般的买卖双方一样，不论是合法或非法，被告所进行的交易通常不会被视为令人反感。”①

不能仅仅因为警方像普通民众那样给被告提供了实施犯罪的机会，就主张警察造成了犯罪。② 如果警官只是要求从涉嫌贩毒的人那里购买可卡因，就无法主张他鼓励了被告犯下本来不会犯下的罪行。这样的被告愿意把毒品卖给以自愿顾客自居的人。如果警方向涉嫌贩毒的人提供大量的经济刺激，鼓励他开始种植大麻，他们就会越界。有必要证明被告犯罪仅仅是因为执法官员鼓励他这样做。③ 1082

6-117　霍夫曼法官在检方参考资料（2000 年第 3 号）中表示：

“一个很好的判例，便是‘诺丁汉市议会诉阿明案’（*Nottingham City Council v. Amin*）。阿明先生拥有 1 辆出租车，但在诺丁汉没有出租执照。两个便衣警察看到他半夜在诺丁汉街头开车，向他招手，他停下来，应警官的要求，同意把他们带到指定的目的地。到达时，警察付了车费，然后指控阿明无照驾驶出租车……警察在把出租车拦下来时表现得和普通市民一样。他们没有挥舞 50 英镑的钞票，也没有假装很痛苦。”④

6-118　能否排除通过诱捕获得的证据？

也许。根据 1984 年《警察和刑事证据法》第 78（1）条，法院可以排除证据，“如果考虑到取得证据的情况，承认证据将对诉讼的公正性产生不利影响”。在允许证据被采纳会导致不公平的情况下，第 78 条将提供补救办法。如果被告声称他是被诱骗的，如果没有执法人员的鼓励和刺激，他就不会犯罪，适当的补救办法就是中止诉讼程序。这样的被告认为审判他是不公平的，并不是认为不法行为的证据会使对他的审判不公正。然而，效果可能是一样的。⑤ 霍夫曼法官表示：“如果申请根据第 78 条排除证据，实质上是以诱捕为由申请中止，法院应适用准予中止的原则。”⑥ 1083

---

① *Re Attorney—General's Reference*（*No.* 3 *of* 2000）[2001] 1 W. L. R. 2060 at 2070, *per* Lord Nicholls.

② *Re Attorney—General's Reference*（*No.* 3 *of* 2000）[2001] 1 W. L. R. 2060 at 2075, *per* Lord Hoffman.

③ *Nottingham City Council v. Amin*[2000] 1 W. L. R. 1071 at 1076–1077, *per* Lord Bingham.

④ [2001] 1 W. L. R. 2060 at 2075–2076, *per* Lord Hoffman.

⑤ Article 6（1）of the *European Convention for the Protection of Human Rights* 和 *Fundamental Freedoms*, *Ramanauskas v. Lithuania*（2010）51 E. H. R. R. 11.

⑥ *Re Attorney—General's Reference*（*No.* 3 *of* 2000）[2001] 1 W. L. R. 2060 at 2075; 2092.

第 7 章　避　险

在所有人类机制中，都允许为了较大的善，实施较小的恶。

奥利弗·哥德史密斯（Oliver Goldsmith）[①]

① The Works of Mr. Pope,（London：W. Bowyer, Vol. I, 1717）at 125，相关译文参考了［英］奥利弗·哥尔斯密：《威克菲尔德的牧师》，金德明译注，上海译文出版社 1986 年版。——译者注

7-001　被告违反法律的行为情节较轻，可能是减轻或免除惩罚的理由，但通常不是否定犯罪成立的抗辩事由。虽然从公众的角度来看，可以理解为被告受到诱惑的强大吸引力，但是仍然认为他做错了，并且通过定罪来表达社会的否定评价，即使随后被告便会获得绝对的释放或实质上的自由。但有些情况——“紧急避险”（necessity）、“胁迫”（duress）以及自卫——（至少在某些情况下）被告有权被判无罪，而不仅仅是在处罚问题上得到宽大处理。

第1节　避险的理论

7-002　我们习惯上所说的“必然性”（necessity）概念有特殊的意义。从字面上看，从必然性，即没有选择的意义上来说，特定的行为从来都不是必须的。有些选择总是存在的，即使其中之一是面对自己的死亡。在法律语境中，其对应概念，即“紧急避险”（necessity）涉及这样的判断，即在特定情况下，遵守法律条文的罪恶在社会意义上要大于违反法律条文的罪恶。换句话说，为了实现更大的利益，必须违反法律。

7-003　但善永远无法从恶中产生。

如果我举个事例，证明善从看似邪恶的事物中产生，你是否会认为表面上的邪恶并不是真正的邪恶？因为，如果是这样，我显然永远也不会反对你的主张；但这个命题将是毫无根据的，因为这是不言而喻的。

当然，应该非常谨慎地对待寄希望于行善而实施公认的邪恶的行为。一般来说，这样做是没有道理的。避险原则涉及存在正当化事由的情况。1084

7-004　避险永远无法证明违反法律是正当的吗？

如下所述，对紧急避险抗辩是有争议的。法官们对其持怀疑态度，因为他们担心可能产生颠覆性的适用效果。但是，如果承认这种抗辩事由的有效性，那么在避险时被违反的只是法律条文，或者表面的法律规定。如果避险是法律上的正当化事由，则法律本身并没有真正被破坏。

7-005　有人认为好的动机不是抗辩事由。紧急避险与此有何不同？

避险者是出于良好的动机。不属于避险原则的良好动机，不是对刑事指控的抗辩事由，①虽然这可能是刑罚减轻情节。

7-006　但英国法承认这种抗辩吗？

存在两种观点：

---

①　*Chandler v. D. P. P.* [1964] A. C. 763；*R. v. Jones*[2007] 1 A. C. 136.

1.紧急避险不是一般的抗辩事由,而是针对某些特定罪行的定义所承认的抗辩事由。[1] 好几部法律专门都规定了这种抗辩,至少在一定程度上,比如《1974 年污染控制法》,[2]就允许以“在紧急情况下,为了避免对公众的危险”作为抗辩事由。但英国议会通常缺乏想象力。英国立法中更常见的立场是,对紧急情况只字未提,但可能会包含若干宽泛的词汇,让法院有理由将情况解读为紧急避险。例如,如果存在过失、不合理甚至轻率的问题,则可以考虑紧急避险(被指控驾驶的男性辩称,为了避免碰撞,他不得不逆行)。甚至可以认为,行为人在紧急情况下开车的事实,是决定其驾驶是否没有得到应有谨慎注意的要素。[3] 刑事损害要求无正当理由造成损害;因此,如果发生铁路事故,闯入无人居住的房屋打电话求助的乘客,可能会辩称,他对门的损坏不构成犯罪,因为他有合法的理由。或者,如果前面提到的乘客为了寻求帮助而劫持了 1 辆摩托车,他消耗汽油的行为就不会被认为是不诚实的,因此也就不会被认为是盗窃,不诚实是盗窃定义的一部分。如果某项法令禁止“故意”做某事,法院认为这个词意味着只有在“没有合法理由”的情况下,该行为才是非法的。[4] 建立在最后这句话基础上的论点的弱点在于,(非常合理地)认为
1085 不允许不被法律承认的抗辩。[5] 相反地,可以很有力地指出,为了确保在罪行的定义中隐含一般意义上的合法的正当化事由,不应该要求使用“非法”这样的表述。[6] 更为宽泛的用语是“没有合理的正当化事由或免责事由”,明确地承认没有被法律认可的法律意义上的正当化事由。

2.紧急避险或两害相权取其轻和未成年、精神错乱、自卫和胁迫一样,是刑法中的一般抗辩事由。在英国普通法中,主要承认的事例是医疗避险,[7]并得到了包括詹姆斯·菲茨詹姆斯·斯蒂芬爵士在内的许多学者的支持。[8] 如果罪行的定义中恰好有“非法”概念或其他此类表达方式,而没有可以用来作为抗辩事由的概念,则认为紧急避险可以作为这种情况的正当理由,是没有道理的;因为无论是否加入“非法”概念,往往都

---

① See P. R. Glazebrook, *The Necessity Plea in English Criminal Law*, (1972) 30 Cambridge L. J. 87. In *D. P. P. for Northern Ireland v. Lynch*[1975] A. C. 653 at 691.

② *R. v. S*[2012] 1 W. L. R. 3081.

③ *Wood v. Richards*(1977) 65 Cr. App. R. 300.

④ *Rice v. Connolly*[1966] 2 Q. B. 414.

⑤ *R. v. Tegerdine*(1982) 75 Cr. App. R. 298.

⑥ Cf. the discussion R. *v. Quayle*[2005] 1 W. L. R. 3642 at 3673.

⑦ *Gillick v. West Norfolk and Wisbech AHA*[1986] A. C. 112; *Re: F(Mental Patient: Sterilisation)*[1990] 2 A. C. 1 at 73-77; *Re A(Children)(Conjoined Twins: Medical Treatment)(No.* 1)[2001] Fam. 147.

⑧ James Fitzjames Stephen, *A Digest of Criminal Law*, (London: MacMillan & Co., 1904) at 24.

只是立法措辞的漏洞。此外,要说危急情况可以作为成文法下的“合法免责事由”,就必须假定法律承认危急情况是正当化事由。① 如果是这样的话,没有理由认为的可用性应该取决于法律条文。

7-007 传统理论中将紧急避险作为抗辩事由的例子不胜枚举。② 通常给出的具体事例是拆除房屋以防止火力蔓延,以及进入他人土地挖掘战壕和堡垒以对抗敌人。一般还承认,在发生火灾的情况下,囚犯可以合法地离开监狱,尽管根据没有提到避险抗辩的法规,越狱属于罪行。正如法官强调的那样,这名囚犯“不会被绞死,因为他会被烧死”。在“女王诉佛格萨案”③一案中,法院表示:

“根据规定,囚犯越狱本是重罪。但是,如果监狱着火了,而人们越狱是为了救自己的命,理性的法律可以免责,但是法律的规定却与此相反。因此,陪审员在处理因为害怕暴风雨而逃离监狱,以防被淹死的问题时,判定囚犯不应该坐等被淹死,而且他们的判决后来被认为是正确的,他们 1086
没有做坏事;他们这样做是出于紧急避险,否则就会受到严厉的惩罚。”

威尔斯法官曾经说过,“为了拯救生命或扑灭火灾,市政管理可能会被破坏”。④ 人们可能会认为,他提到市政管理和火灾只是为了说明问题,以避免详细讨论。在海上的风暴中,为了乘客的安全,货物可能会被抛弃。⑤ 在危险或必要的情况下,有权在岸上着陆(即使在那些地方认为是非法入侵他人物业),⑥旅行者如果发现公路(包括人行道)“无路可走”,可以在毗邻的土地上行驶。为了防止火势蔓延,烧掉一片石南花也是合理的。⑦

在所有紧急避险的事例中,拯救生命当然是最有力的。德夫林法官在一起民事案件中表示:

“人的生命安全与财产安全属于不同的价值维度。这两点是无可比拟的,拯救生命的避险一直被认为是对他人财产造成必要损害的适当理由。”⑧

---

① Cf. *R. v. Quayle*[2005]1 W. L. R. 3642 at 3673-3674. *R. v. Bourne*[1939]1 K. B. 687. *Putnam v. Colvin*[1984]R. T. R. 150.

② See Glanville Williams, *Criminal Law: The General Part*, (London: Stevens & Sons, 2nd edn. 1961) at 724-725.

③ (1551)1 Plow. 1 at 22 at the Earl of Wilt, Sir John Bake. Cf. *State v. Lovercamp*, 43 Cal App 3d 823(1974); *United States v. Bailey*(1980)444 US 394.

④ *R. v. Tolson*(1889)23 Q. B. D. 168 at 172.

⑤ *Mouse's Case*(1608)77 E. R. 1341.

⑥ Cf. *Perka v. The Queen*[1984]13 D. L. R. (4th)1.

⑦ *Cope v. Sharpe*[1912]1 K. B. 496.

⑧ *Esso Petroleum Co Ltd. v. Southport Corp.* [1956]A. C. 218 at 228.

最近有若干法源支持该抗辩事由。[①] 在这些判例中注意到，正如在其他地方一样，法院在追究刑事责任方面表现出来的热情，与其承认适当抗辩的意愿，完全不是一回事。

7-008 如果法院在适当的案件中可以作出绝对免除责任的决定，是否还真的需要以紧急避险进行抗辩？

绝对释放在很大程度上证明了被告行为的正当性，虽然属于技术上的有罪判决，但其在大多数情况下可以被取消。尽管如此，从被告的角度来看，这并不是完全令人满意的解决方案：

如果谋杀罪名成立，法院无法免除责任。在这里，唯一的可能就是赦免，关于这一点，莫里斯(Morris)法官在"北爱尔兰总检察长诉林奇案"(*D. P. P. for Northern Ireland v. Lynch*)[②]中的言论值得引用：

最不可取的是出现只有通过特权赦免才能得出公正结论的情况。如果在适用时出现适用上述法律原则的案件，我将感到遗憾。更理想的办法，似乎是想办法避免这些原则和办法的适用。

1087 如果被告被认为行为正确，即使是技术性定罪也显得令人反感。

像医生这样的专业人士希望在执业过程中遵守法律(部分但不完全是因为害怕受到纪律处分)。他特别想避免的是定罪，而不是罚款。许多非专业人士也有同样的感受。

当法院作出绝对释放判决时，无法像在宣告无罪的案件中那样裁定控方支付费用。因此，被告可能面临巨额负担。

法院具有决定是否释放的自由裁量权，而且可能无法确定是否会这样做。在若干法官看来，法律已被违反，这项事实对他们产生了强烈的影响。而且，受到惩罚的可能性，可能会抑制人们按照社会期望的方式行事。

在讨论的该阶段，显然避险的抗辩涉及行为的道德该基本问题。避险的概念很容易被污名化，因为暴君和叛乱分子同样援引这个抗辩：

"魔鬼如是说，而暴君的免责，激发了他的邪恶行为。"[③]

尽管可能不会像英国一样对于紧急避险理论津津乐道，但其他国家已经普遍将其作为政府行动的正当性事由。然而，在一般刑法的适用当

---

① *Re A*(*Children*)(*Conjoined Twins*:*Medical Treatment*)(*No.* 1)[2001] Fam. 147. Cf. *R. v. Rodger* [1998]1 Cr. App. R. 143.

② [1975]A. C. 653 at 672E.

③ John Milton,*Paradise Lost*,(London:Peter Parker,1667),Book 4,390.

中,无法将紧急避险作为对法律完全无视规则的理由。[①] 规则意味着取代个人判断,个人判断被经验认为是不可靠的。只有在规则的适用将是灾难性的情况下,才能承认避险,而且在真正的紧急情况下,只有在承认该抗辩并不危及一般规则的地步,才能对其加以承认。在各种各样的情况下,违反交通法规是非常方便和安全的,比如明智地超速或小心地闯红灯。无法承认获得重要约会的紧急避险,因为承认这种避险将破坏规则,并损害该规则所服务的重要目的。 1088

7-009　紧急避险抗辩是否可以针对严格责任犯罪加以提出?

当然可以。[②]

第2节　避险抗辩

7-010　纯粹意义上的避险抗辩在医疗避险案件中得到了发展。[③] 在"女王诉沙勒案"(*R. v. Shayler*)中,伍尔夫法官表示:"除了若干医学判例外,法律倾向于将胁迫和避险视为同一事物。"这是过于简单化的说法,因为两种抗辩事由是截然不同的。为胁迫情况进行抗辩的理由是,损害者的"意愿"受到了压制。提出该抗辩事由的被告必须证明,其采取行动是为了避免迫在眉睫的伤害,否则伤害是不可避免的;采取行动是因为威胁压倒了自己的意愿。[④] 例如,如果被告被银行抢劫犯用枪指着,开车拉着被告逃跑,这样的被告可能会辩称,他只是在被迫的情况下协助抢劫犯。

情境所迫抗辩的依据是"道德的非自愿性",被告只有在意志被压制的情况下才能犯罪。的确,在一些避险情况下,行为者的思想会不可抗拒地被外部压力所压制,但在其他避险情况下,情况并非如此。例如,在许多医疗避险的情况下,外科医生不采取行动是因为其意志被压制了。"紧急避险抗辩的依据是,有关行为不被视为有害,因为在比较两种罪恶时,选择避免更大的危害是合理的。"[⑤]然而,情境所迫案件的重要性在

---

① *Southwark L. B. C. v. Williams*[1971]Ch. 734;*R. v. Jones*[2007]1 A. C. 136;*R. v. Burns*[2010]1 W. L. R. 2694. *R. v. Quayle*[2005]1 W. L. R. 3642;*R. v. Altham*[2006]1 W. L. R. 3287;*State v. Otis*,151 Wash. App. 572(2009);*State v. Hastings*,118 Idaho 854(1990). *People v. Windus*,81 Cal. Rptr. 3d 227(2008). *City of Garden Grove v. Superior Court*,157 Cal. App. 4th 355(2007). Cf. *State v. Poling*,207 W. Va. 299,(2000).

② *Santors v. C. P. S*[1971]EWHC 550;*D. P. P. v. Mullally*[2006]EWHC 3448;*R. Martin*[1989]1 All E. R. 652.

③ *Re F*(*Mental Patient*:*Sterilisation*)[1990]2 A. C. 1.

④ R. v. Z[2005]2 A. C. 467.

⑤ *Re A*(*Children*)(*Conjoined Twins*:*Medical Treatment*)(*No.* 1)[2001]Fam. 147.

于,兼具胁迫抗辩和避险抗辩的要素。

紧急避险抗辩的要素包括:

(1)事实上,犯罪行为必须是必要的,以避免否则不可避免和无法弥补的罪恶;

(2)没有为达到目的而采取超出合理避险的行动;

(3)施加的罪恶与避免的罪恶并非不相称。①

这两种抗辩的共同要素似乎包括:

1089 (1)没有排除抗辩的立法意图;②

(2)被告按照他认为合理的事实行事;③及

(3)被告对引致避险的情况没有责任。④

虽然伤害不一定是迫在眉睫的,⑤但必须没有其他可用的合法替代办法来避免。比例原则要求要避免的损害必须大于犯罪行为将造成的损害。被告还应当有合理的理由相信他的犯罪行为是必要的,并且能够成功地避免更大的伤害。

第3节 作为杀人根据的紧急避险

7-011 紧急避险原则是功利主义哲学的表达,但功利主义并不会对我们的思想施加无可争议的影响。许多人选择坚信人权或基本价值;至少有时,这些利益不仅仅是功利主义考量的一部分,而是取而代之。例如,医生无法为了挽救其他病人的生命而强行从不情愿的病人身上采血,即使血型很罕见,而且无法以其他方式获得血液。这个特殊的结论也许可以与功利主义理论相协调,即如果能够有强制献血的计划,就必须通过适当的法律安排来实现,而不是留给个别医生任意的决定。还有人指出,承认重要的价值并不完全排除避险抗辩,因为,首先,在估计利益平衡时可以特别重视这些价值,其次,这些价值的存在对没有出现这些价值的情况的确定而言并无影响。⑥ 无论如何,理论上的困难并不比侵权行为法

---

① *Re A(Children)(Conjoined Twins:Medical Treatment)(No.1)*[2001] Fam. 147 at 240 *per* Brooke L. J. quoting James Fitzjames Stephen,*A Digest of Criminal Law* (London:Macmillan,1887).

② *R. v. Quayle*[2005]1 W. L. R. 3642.

③ *R. v. Bourne*[1939]1 K. B. 687;*R. v. Z*[2005]2 A. C. 467. Cf. *R. v. Williams*(1984)78 Cr. App. R. 276;*Beckford v. The Queen*[1988]A. C. 130;*R. v. Wilson*[2006]EWCA Crim. 1880.

④ *R. v. Shepherd*(1987)86 Cr. App. R. 47;*R. v. Sharpe*[1987]Q. B. 853.

⑤ *Re A(Children)(Conjoined Twins:Medical Treatment)(No.1)*[2001]Fam. 147 *per* Brooke L. J. at 239.

⑥ See Paul H. Robinson,*Criminal Law Defences:A Systematic Analysis*,(1982)82 Colum. L. Rev. 199.

更大,因为在侵权行为法中,避险抗辩相对而言是成立的。为了表明立场,刑法典至少应明确在自决的个人权利方面(下文将讨论),人权至高无上。人权提出的主要问题,便是生命权。

上面给出的若干避险的事例似乎是可以接受的,因为其涉及明确的社会偏好。特别是,现在所有人都同意财产权受制于社会利益,不再相信财产权神圣不可侵犯。[①] 但我们中的许多人确实相信生命的神圣性—— 1090
所有人对自己生命的"自然权利"——因此相信杀戮是绝对错误的。[②] 因此,在该领域,避险抗辩(如果允许的话),适用范围也非常狭窄。

7-012 但是行为人可以为了自卫而杀人,这不正是避险的事例吗?

不是,自卫与避险有重叠,但两者并不相同:

与避险不同,自卫不涉及价值平衡。行为人不仅可以通过自卫的方式杀人,而且他可以杀死一定数量的攻击者来单独保护自己。

另外,自卫只针对攻击者(自愿或非自愿)。除了极少数的例外,攻击者是不法分子,而根据紧急避险原则被采取行动的对象,可能不是攻击者或不法分子。

如前所述,"女王诉伯恩案"[③]的判决,可以被视为避险抗辩的事例,尽管其不是杀人案件,而是堕胎案件。在英格兰,该判决对堕胎案件的判决可能已不再重要,因为其现在受1967年《堕胎法》管辖,该法似乎取代了普通法的抗辩。与此同时,该决定仍然是避险原则的很好的事例。

7-013 如果父母杀死了自己严重残疾的婴儿,这种抗辩可能适用吗?

当然不适用。[④] 当然,有人可以争辩称,这种婴儿的生命价值,甚至对他自己来说,是微不足道的或消极的,如果父母被迫抚养他,他们可能无法生育其他(正常的)孩子。但这并不是适用通常理解的避险原则的理由。与胎儿不同,儿童出生时被视为拥有绝对的生命权利。[⑤] 此外,并无紧急事故。据说畸形新生儿有时会在妇产医院得到谨慎处理,但是必须等待公众舆论具体化,然后法律才能作出规定[⑥](让畸形婴儿死亡的问

---

① See Jeremy Waldron, *Community and Property – For Those Who Have Neither*, (2009) 10 Theoretical Inq. L. 161.

② See Cf. Judith Jarvis Thomson, *Realm of Rights*, (Cambridge MA: Harvard University Press, 1990) at 176 *et seq*.

③ [1939] 1 K. B. 687.

④ Cf. *R. v. Latimer* [2001] 1 S. C. R. 3.

⑤ See Ronald Dworkin, *Life's Dominion: Argument About Abortion and Euthanasia*, (New York: Knopf, 1993).

⑥ See Marvin Kohl, *Infanticide and the Value of Life*, (New York: Prometheus Books, 1978).

1091 题当然是不同的)。

通常的观点是,避险无法作为针对谋杀罪指控的抗辩事由。[①] 如果接受其作为针对谋杀罪的抗辩,一定是基于非功利主义的学说;但是在严重的紧急情况下,这是完全可以接受的吗?如果你被绳子绑在失足坠落的登山者身上,而你们都无法改变这种情况,切断绳子可能并不光彩,但这是错的吗?难道至少拯救一条生命不是社会所希望的吗?再举个事例,如果你驾驶飞机时发动机坏了,选择在街上(你可以预见这样会杀死或伤害若干行人),而不是在拥挤的体育场降落,这不是错误的,而是值得赞扬的行为。

7-014 但是在割断绳子的情况下,你只是把自己从那个无意识地把你拖向死亡的人身边解放出来。对于飞机的例子,你不想杀死人;你只要尽量减少你必须以这种或那种方式进行的杀戮行为。问题是你是否可以基于计划好的理由而故意杀人。

我们确实认为,生命权几乎是至高无上的价值,除了为了拯救其他生命,或者也许是为了拯救巨大的痛苦或苦难外,否则杀人一般都是不正当的。人们对蓄意杀人的反感非常强烈,根本不愿考虑其中的功利主义原因。

但是,这种令人信服的理由是,船长在船即将沉没时的行为。他可以决定谁可以先坐进救生艇;他可以禁止过度拥挤;那些不被允许进入救生艇的人将不可避免地与船共同沉没,这并没有什么影响。船长在选择谁该活下去的时候,并没有杀害那些留在船上的人。即使他用左轮手枪指着船上的若干乘客,他也不会有罪,即使他必须开枪,他也不会有罪。

7-015 在这里,船长或指挥官正在行使职权,无论如何,他是在保护他人免受实际上是危险的攻击。这并不支持紧急避险的一般性抗辩。

案件涉及行使权利这项事实,并不意味着无法将其视为避险。此外,避险情况不一定是一般意义上的攻击。

假设船从一开始就过于拥挤,如果要避免翻船,就必须牺牲掉船上的若干人。这种情况,真实出现在"美利坚合众国诉福尔摩斯案"(*United States v. Holmes*)中。[②]

福尔摩斯是一艘失事船舶的船员,在大副的命令下,船上有16名男性乘客被抛出船外。大陪审团拒绝以谋杀罪起诉他,相反,他被指控过失

① See John A. Cohen, *Homicide by Necessity*, (2006) 10 Chap. L. Rev. 119; Gary T. Trotter, *Necessity and Death: Lessons from Latimer and the Case of the Conjoined Twins*, (2003) 40 Alberta. L. R. 817.

② (1842) 26 F. Cas. 360.

杀人。

法官指示陪审团，福尔摩斯的行为是非法的，但只有两个具体的原因：(1)在乘客之前，应该牺牲那些不是航行所必需的水手；(2)这些水 1092
手，以及不得不与他们一起被扔出去的乘客，应该通过抽签决定，因为时间充裕。福尔摩斯被判犯有过失杀人罪，并被判处6个月监禁。

7-016　在这个阶级意识较弱的社会里，第一项理由现在看来已经过时了，基于案件事实的第二项理由也值得怀疑。虔诚的信徒可以把抽签当作是上帝的召唤。世俗的理由是，如果必须作出可怕的选择，所有人都意识到必须作出，抽签是最公平和最文明的方法。但是，当涉及一艘超载船的问题时，明智的做法可能是决定让最重的队员先跳海——这样做是因为几乎没有理由为了救1位大块头队员而把两个瘦队员扔到海里！抽签的吸引力在于阻止将纯粹个人的考虑作为选择；但是还有其他排除个人考虑的方法。[1] 如果水手被派去将若干人丢进海里以减轻船的重量，并且只是简单地随机挑出被扔下海的人，被害人的选择就像抽签决定一样随意。这可能是比经历痛苦的抽签过程更友好和更切实可行的操作方式。无论如何，"美利坚合众国诉福尔摩斯案"的判决确实承认，在极端紧急情况下，在合理的条件下，以拯救生命为理由的故意杀人是正当的。如果选择什么都不做，当整艘船都要沉没的时候，或者为了挽救其他人的生命而抛弃一半的乘客，法律继续禁止谋杀的传统做法，是没有意义的。

关于这个问题，英国早期出现的判例是"女王诉达德利与斯蒂芬斯案"(*R. v. Dudley and Stephens*)，[2]"木犀草号"在暴风雨中沉没，船员们被迫上了一艘敞篷船：在这艘船上，没有水，只有很少的粮食。船难后第20天，由于已经8天没有吃东西，而且离陆地有1000英里远，两名船员，即达德利(Dudley)和斯蒂芬斯同意用刀杀死船舱里1个孱弱的男孩，以便可以吃他的血肉；其中行为人执行了这个计划。杀人后第4天，他们被一艘过路的船只救起，当时他们正处于极度虚脱的状态。这两人被指控犯有谋杀罪，但陪审团拒绝承担在如此悲惨的情况下定罪的责任。他们作出特别的裁决，其中宣布：

"如果这些被告没有吸食这个男孩的血肉，很可能不会活下来，不会被这样救起，而是会在4天内死于饥荒；这个男孩，由于身体状况要差得多，很可能死在他们之前；在行动之时，看不到船帆，也没有获得救助的合

---

① See Jeremy Waldron, *Majority in the Lifeboat*, (2010) 90 B. U. L. Rev. 1043; cf. Ronald Dworkin, *Justice for Hedgehogs* (Cambridge MA: Harvard University Press, 2011).

② (1884—85) 14 Q. B. D. 273.

理……假设有必要杀死行为人,杀死这个男孩的必要性并不比杀死其他3个人中的任何一个;但是,就整个事件来说,这些被告是否犯了杀人罪,陪审团无从判断,因此将此问题提交给法官定夺。"

由5名法官组成的分区法院审议了这个问题,他们认为这种行为构
1093 成谋杀。

7-017 所以那些人应该等死吗?

理论上是的,但是他们因谋杀而被判处的死刑被王室减为6个月的监禁。因此,人们可以认为,他们被允许以较低代价生存下来。

大部分的判决都无法令人信服,但是最终,也许,取决于法庭对特定事实的看法。[①] 如果法院被说服在行为发生时该行为确实是出于避险(尽管可以补充说,法院拒绝接受这种情况是非常值得怀疑的)。即使本案裁定避险的正当理由永远无法适用于剥夺生命,但现在很清楚的是,避险是对小概率偏离普通法的行为的抗辩事由。

为了引出"女王诉达德利与斯蒂芬斯案"中的尖锐问题,假设船上装备了实验性质的无线电发送机,尽管当时无线电通信还没有被普遍使用。船员们得以与英国政府取得联系,政府安排了一艘船前往营救,但是这艘船在7天内无法抵达。失事船停靠在贸易航线之外,因此不太可能有其他船只进行救援。船员们已经精疲力竭,很快就没有人能够挥刀杀人了。如此一来,他们要求与内政大臣谈话。他们向大臣提出了自己的问题:他们是应该全部接受死亡,还是应该抽签,杀死抽到不吉利数字的那个人,然后依靠他的身体维持生存?如果你是内政大臣,你会怎么回答?

尽管"女王诉达德利与斯蒂芬斯案"关注的是避险和生命权的相对价值,但事实是非常特殊的。这是涉及若干人的共同遇难的判例,如果不采取行动拯救其中若干人,所有人都可能在几天或几小时内死亡。被害人是活着的,但他继续活下去的可能性很小,因此他的"生命权"价值很小。这些考虑表明,接受避险的抗辩,不会妨碍生命权的普遍至高无上的地位。

7-018 如果达德利与斯蒂芬斯有权杀死可怜的年轻船员的说法被接受,这位船员不就没有自卫的权利了吗?

你所建议的结论并不成立。法律有可能对此不会明确表态。杀害客舱服务员可能是出于避险,而客舱服务员的防卫行动可能是出于自卫,或
1094 者是出于"情景所迫抗辩"(在后文讨论)而具备正当性。

---

① See Glanville Williams, *A Commentary on R. v. Dudley and Stephens*, (1977) 8 Cambrian L. Rev. 94.

7-019 你认为避险是选择次要的罪恶。假设为了救两个或更多人而杀死行为人是合理的,为了救他人而杀死行为人也是合理的吗?

这只有在避险与正当防卫重叠的情况下才成立,而这种重合的可能性非常小。行为人肯定会被受到攻击者威胁的人杀害。如果被害人甲是攻击被告乙的罪魁祸首,被告乙可能会为自卫而杀死甲,或被告丙为保护乙而杀死甲。即使被害人甲是不负刑事责任的精神障碍者,也可能在自卫中被杀。

对比无辜者被用作人肉盾牌的情况。甲向乙开枪,乙抓住无辜的第三方丙,并利用其作为挡箭牌。要不是因为甲企图杀死乙,则丙不会被杀死。此外,如果不是因为次被告将丙拉入射击范围内,以便将其用作盾牌,丙就不会被击中,而乙则会被击中。甲符合转移故意规则,因此对谋杀负有责任。此外,由于丙是无辜的旁观者,[①]乙将无法对丙成立自卫,[②]而避险(假设利用旁观者是唯一的保命手段)不是谋杀的抗辩事由。当一命换一命的时候,即使是功利主义的计算,也无法被援引作为论据。

其他可以被解读为私力防卫案件的事例如下。遭遇海难的人紧紧抓住一块木板,并把试图游过来争夺木板的攻击者打跑了,攻击者淹死了。这可能看起来像是避险的情况,但是这种行为可以被充分证明是自卫,攻击者的攻击在技术上是错误的。

7-020 假如攻击者把先占领木板的人打跑了,先占领木板的人淹死了呢?

大法官培根讨论了这种情况,[③]认为攻击者的行为是出于避险需要。根据现在所理解的避险原则,这似乎很难得到支持,因为该原则只适用于保留的价值大于违反法律条文所破坏的价值的情况。如果这仅仅是一命换一命的事例,避险原则通常必须保持沉默,因为这两条生命必须在法律上被视为平等的,在二者之间没有什么可以选择的。避险在这里无法作 1095
为理由,但情况可能是极大地减轻被告的罪责,使他得到赦免或者刑期大幅缩短(另外的解决办法,确实可以引用培根的假设作为支持,那就是如前所述,承认情境所迫该免责事由)。[④]

---

① Cf. *State v. Cooper*(1999)993 P. 2d 745.

② *R. v. Hichens*[2011]2 Cr. App. R. 26. *Contra*, *Com. v. Almeida*(1949)68 A. 2d 595 at 616, *People v. Mathews*(1979)91 Cal. App. 3d 1018.

③ See Sir Francis Bacon, *The elements of the common laws of England*, (London: Printed by the Assignes of I. More, Esq., 1630) at 32.

④ *Johnson v. Western Australia*(2009)194 A. Crim. R. 470 at 494.

7-021　即使是一命换一命的情况，当权衡的两个人并不是真正平等的时候，紧急避险也不能使行动获得正当性吗？难道医生无法从垂死的病人身上取出器官移植给可以挽救的病人吗？

答案是否定的。尽管这个答案是显而易见的，但是彻底的功利主义者支持这个答案，就很难证明自己的立场是正确的。[①] 很少有人是完全不一致的功利主义者，因为，正如前面所说的，每个人的思想都带有人权和道德绝对主义的色彩。供体器官来自新鲜的尸体，或者（在成对器官的情况下）来自活着的志愿者，而不是来自不情愿的捐献者。

7-022　如果不平等的人（即将死去的人）也在杀害更平等的人（有可能活到预期寿命的人）会怎样？以连体双胞胎为例，弱者会不由自主地杀死强者。

在特定情况下，已经有判例认定，如此一来可以杀死较弱的那个女孩。[②]

在著名的"批复A案"（联体双胞胎：手术分离）[③]中，连体双胞胎女孩在骨盆处相连，各自有自己的大脑、心脏、肺和其他重要器官以及四肢。医学证据表明，较强壮的女孩通过共同的动脉循环含氧血液，维持较弱女孩的生命。医学证据还表明，其中体弱的女孩心肺功能不全，难以将血液和氧气输送到全身。如果这对双胞胎没有被分开，这个更强壮的女孩的心脏最终会衰竭，二人都会在几个月内死亡。医生们认为分离双胞胎可以让更强壮的女孩存活下来，并最终过上有意义的生活，但也知道较弱的女孩在分离后几分钟内就会死亡。外科医生不想杀死较弱的女孩，但知
1096 道其死亡是拯救较强的女孩不可避免的副作用。[④]

法院认为，如此一来，避险为谋杀提供了抗辩，但只有在满足某些条件的情况下：[⑤]

（1）在不导致体弱女孩（乙）死亡的情况下根本无法维持强壮女孩（甲）的生命；

（2）乙的继续存在将不可避免地在短时间内导致甲的死亡；

（3）甲能够独立生活，但乙在任何情况下，包括所有形式的医疗干预

---

① See Mark Kelman and Tamar Admati Kreps, *Playing with Trolleys: Intuitions About the Permissibility of Aggregation*, (2014) 11(1) Journal of Empirical Legal Studies 197.

② *Re A (Children) (Conjoined Twins: Medical Treatment) (No. 1)* [2001] Fam. 147; *Queensland v. Nolan* (2002) 122 A. Crim. R. 517.

③ [2001] Fam. 147.

④ *R. v. Woollin* [1999] 1 A. C. 82.

⑤ *Re A (Children) (Conjoined Twins: Medical Treatment) (No. 1)* [2001] Fam. 147 at 205 *per* Ward L. J.

下,都无法独立生存。 1096

7-023 这个判决似乎取决于3个原则:

1. "两害相权取其轻"原则;

2. "加速不可避免和迫在眉睫的合理损害"原则;

3. "防卫非自愿攻击者"原则。[①]

虽然"两害相权取其轻"的论点是上诉法院为其裁决提出的主要理由,但仅此并不足以证明该裁决的正当性。如果这对双胞胎是独立出生的,并且其中1个需要其他婴儿的器官,医生就不会被允许为了救1个婴儿而杀死其他婴儿。

假设双胞胎甲和乙是分开出生的,并且所有人都独立存在。假设医生发现甲只有肾脏,但肾脏功能失调。因此,需要肾移植才能活下来。唉,甲的姐姐乙也只有肾,所以如果医生把乙的肾脏给甲,乙就会死。假设无可辩驳的医学证据是,如果被给了乙的肾,甲就会活下来,而乙会在几周内死去(无论如何),因为乙患有不可治愈的心脏病。

7-024 医生能仅仅因为乙无论如何都会死去,就用乙健康的肾脏来拯救甲吗?

不能。如果他们只考虑"两害相权取其轻",他们就可以,因为拯救双胞胎中的一个总比使其两个都死要好。同样地,"加速不可避免和迫在眉睫的合理损害"原则也会得到满足,因为乙的心脏状况会导致在几周内死亡(因此,只会使用这个器官几个星期,之后就会被白白浪费掉)。 1097
未得到满足的要素是"防范非自愿攻击者"的要求。如果这对双胞胎是独立出生的,并且具有独立存在的可能性,就无法主张需要肾脏的双胞胎是非自愿地被拥有健康肾脏的双胞胎所杀。因此,通过取走肾脏来杀死乙是不合理的,因为"乙的继续存在不会不可避免地在短时间内导致甲死亡"。乙的存在不会导致甲的死亡,就像其他潜在的肾脏捐献者不捐献肾脏一样。

如果这对双胞胎在月内死亡的概率相等,医生们根本就不会动手术——他们会顺其自然。如果他们有平等的生存机会,医生很可能会做手术来挽救他们两个,但如果双胞胎中的一个或两个因手术死亡,他们就不会承担谋杀的责任,因为医生不会预见双胞胎的死亡几乎是必然的。行动都涉及若干风险,而且若干风险的预见不足以使谋杀罪成立。

7-025 该原则会保护达德利和斯蒂芬斯这样的人吗?

不会。在"批复A案"(连体双胞胎:手术分离)中发展的原则适用范

---

① Walker L. J. {*Re A*(*Children*)(*Conjoined Twins*:*Medical Treatment*)(*No.* 1)[2001] Fam. 147 at 255};Glanville Williams,*Textbook of Criminal Law*,(London:Stevens & Sons,1983) at 26. 3.

围是非常狭窄的。“两害相权取其轻”原则将会被满足,因为牺牲船上的男孩而救了两个人。“加速不可避免和迫在眉睫的合理损害”这是可以满足的,因为证据表明,船上的男孩比其他人弱(没有同等的生存机会),可能在一两天内死亡。然而,“防卫非自愿攻击者”的措施是无法满足的。船上的男孩并没有非自愿地造成其他水手的死亡。然而,最高法院可能会裁定,后者并非在所有案件中都必不可少,因为非茨詹姆斯·斯蒂芬的一般性表述中没有包括这一点。如果是这样的话,达德利和斯蒂芬斯这样的人就属于被告了。最好发展出情境所迫抗辩,以涵盖此类案件,因为这将允许法院限制抗辩,使其仅适用于情况极端到凶手“意志被压制”的案件,这将抑制肆无忌惮的功利主义。毕竟,从病人身上摘取器官来拯救许多其他病人生命的医生很难证明他的“意志被压制了”。

第4节　避险与饥饿

7-026　在经典法律著述作者看来,穷人(即使是挨饿的人)也无法自己动手执法。[①] 法律不承认饥饿的避险。[②] 虽然在某些情况下,人们可能会偷食物,例如在山里迷路了,发现了装有补给品的小屋,因为他能够
1098 证明,除了偷食物外,他没有其他合理的选择。以前为这项规则提出的顾全面子的理由是,英国通过慈善和福利机制为穷人提供了充足的资金。这个理由在现代已经变得更加现实,尽管由于这样或那样的原因(通常是吸毒),人们可能仍然是穷困潦倒。如果有人把偷窃作为缓解饥饿的唯一方式,他将被定罪,但肯定会被释放,并得到缓刑官的帮助以获得社会保障金,很可能还会从救济箱里得到礼物以渡过难关。

毫无疑问,埃德蒙·戴维斯法官的立场是,[③]虽然避险“可能在某些情况下提供抗辩……(在)迫在眉睫的危险的紧急情况下”,不是谋杀和盗窃的抗辩。这两个例外都过于明确。毫无疑问,在由于物质原因而不是经济原因造成的非常情况下,例如一群矿工被困在地下,不得不消耗逃出来或死去的工友的口粮时,避险是抗辩事由。在这种情况下,这样的行为都不会是盗窃,因为不会是不诚实的,而这又是盗窃需要的构成要素。

极端需求与维持公共秩序之间的另外的可怕冲突发生在住房方面。

---

① Glazebrook, *op. cit. supra*, note 3 at 115-117.

② *People v. Fontes*, 89 P. 3d 484 at 486(2003); *People v. Turner*, 619 N. E. 2d 781(1993); *State v. Moe*, 174 Wash. 303, (1933); *People v. McKnight*, 626 P. 2d 678(Colo. 1981).

③ *Southwark L. B. C. v. Williams*[1971] Ch. 734 at 745. Cf. Lord Denning at 743-744. *People v. Fontes*, 89 P. 3d 484(2003); *People v. Brante*, 232 P. 3d 204(2009).

在刚才提到的案件中，上诉法院认为，无家可归者在无人居住的建筑物中"擅自占用"房屋并不是出于避险。法院对避险的抗辩给予了一定的支持，但没有将其适用于相关案件的事实。

第5节　避险和违规驾驶

7-027　法律对与驾驶有关的紧急情况作了某些规定。如果遵守限制"可能会阻碍该车辆用于该场合的目的"，消防车、警车和救护车明确可以不受车速的限制。[1]

问题是法院将如何允许司机在避险原则下违反交通规则。很多迹象表明，他们会这么做。[2] 几乎就在刚才提到的"非法占用"案发生的同时，在制定上述条例之前，组成不同的上诉法院驳回了以下说法：避险可以证明消防车司机违反交通灯，甚至可以拯救生命是正当的。[3] 这是可以理解的，因为消防车闯红灯的问题不是不可预见的紧急情况，而是消防部门的适当做法；如果认为豁免是适当的，预期立法机关会作出这样的决 1099
定——就像之后做的那样。

在"总检察长诉哈里斯案"（*D. P. P. v. Harris*）[4]中，柯蒂斯法官（Curtis J.）表示："在我看来，避险是在本案以外的其他案件中为轻率驾驶和过失驾驶抗辩的理由……关于本案的事实，该抗辩事由不适用于该被告，因为从客观的角度来看，他的驾驶行为无法主张是为了避免死亡或严重伤害的威胁而合理和恰当地行事。"在那种情况下，那位警官不必要地以危险的方式闯红灯并危及其他人的安全。[5]

7-028　更值得怀疑的判决是：某男子在汽车里从醉酒状态中醒来，发现汽车在下坡路上滑行，为了避免可能发生的碰撞，把车开到了草地边缘，他被判醉酒驾驶罪。[6] 令人惊讶的是，由于没有提出避险抗辩，这个案件在这个问题上没有法源性；但事实上，很难想象有明确的机会承认这种抗辩。酒后驾车的司机，如果再次驾车离开之前在车里睡着了，可能会因为酒后驾车而被定罪。但是，如果（就像刚才提到的那个事例）是乘客喝醉了，在车里睡着了，如果他醒来发现车正在下坡，他所做的一切就是

---

① Section 87 of the *Road Traffic Regulation Act* 1984.

② *R. v. Conway*[1989]Q. B. 290 at 297; *R. v. Martin*(1989)88 Cr. App. R. 343.

③ *Buckoke v. Greater London Council*[1971]Ch. 655 at 668.

④ [1995]1 Cr. App. R. 170 at 181. *R. v. Backshall*[1998]1 W. L. R. 1506.

⑤ Reg. 36 of the *Traffic Signs Regulations and General Directions* 2002(S. I. 2002 No. 3113).

⑥ *R. v. Kitson*(1955)39 Cr. App. R. 66.

让车安全停下来,他的行为有什么问题呢?[①] 期望他做什么:在发生致命事故时保持被动?法源建议,如此一来可以提供抗辩,因为可以认为,这样的司机的行为合理而恰当,以避免受到严重伤害的威胁。如果要援引"情境所迫"的抗辩事由,伤害的威胁必须是迫在眉睫和持续的。[②] 但是避险的传统抗辩也是可行的,因为驾驶员采取行动是为了防止更大的伤害(潜在的碰撞)发生。

第6节 法律和权力的执行

7-029 英国最著名的规定之一,否定了作为扩大行政权力手段的
1100 避险原则:

"关于国家避险的论点,或旨在区分国家罪行和其他罪行的论点,普通法不理解这种推理,英国的刑法理论也没有注意到这种区分。"[③]

然而,所有这些意味着,法院不应仅仅根据政府的避险来扩大政府权力。如果政府想要权力,必须从议会获得权力;当获得权力时,必须在权力范围内行事,而不以避险为借口扩大权力。这项原则不被视为妨碍普通法为维护和平和拯救生命等某些公认目的授予权力。例如,在"霍普里斯诉科纳案"(*Humphries v. Connor*)[④]中,法院认为,如果只是为了维护和平,警察可能会对无辜的人进行攻击,以便移除他所佩戴的挑衅性徽章。目前,根据1967年《刑法法》第3条,这种行动可能是正当的;但只有在符合《欧洲保护人权和基本自由公约》规定的被害人权利的情况下才可以。[⑤]

当然,在某些特定情况下,警官或告密者可能会因为缺乏犯罪故意而逃脱定罪,例如,在偷窃或夜盗中缺乏意图。如果他企图阻挠实施全部罪行,则不构成企图或共谋罪,也不构成从犯。如果他的伪装与犯罪没有因果关系,他仅仅假装是同谋者,也许不会使他成为犯罪时的从犯。但是,如果他不仅仅是同意,而且是鼓励或协助犯罪,而不是有意阻挠,他就违反了法律,尽管他的意图只是揭发其他人,避险理论不会被视为扩大警察

① *Toops v. State*,643 N. E. 2d 387(1994);*Bodner v. State*,752 A. 2d 1169(2000).

② Cf. *D. P. P. v. Tomkinson*[2001]R. T. R. 38;*Crown Prosecution Service v. Brown*[2007]EWHC 3274;*D. P. P. v. Jones*[1990]R. T. R. 33;*D. v. Donnelly*(2009)S. L. T. 476.

③ Lord Camden in *Entick v. Carrington*(1765)19 St. Tr. 1029.

④ (1864)17 I. C. L. R. 1.

⑤ 4 November 1950,213 U. N. T. S. 222;*Beatty v. Gillbanks*(1882)9 Q. B. D. 308;*Redmond—Bate v. D. P. P.*(1999)163 J. P. 789;*R.*(*on the application of Laporte*)*v. Chief Constable of Gloucestershire*[2007]2 A. C. 105 at 155.

权力的理由。

7-030　没有迹象表明个人可以为了防止严重犯罪而违反法律条文。1967 年《刑法法》第 3 条的规定,可能无法作为实施一般犯罪的正当理由,但在极端情况下,避险原则应起到这种作用。例如,为了阻止夜盗(或逮捕夜盗者),可能需要驾驶 1 辆没有保险的汽车通知警方。 1101

7-031　如果我发现别人的车占用了我的停车位,或者他的车挡住了我离开停车场的出口,为了保护我的利益,我可以打破他的车窗来移动他的车吗?

至于你问题的前半部分,可能可以——你正在驱逐非法侵入的物体。在第 2 部分中,被非法监禁人员明显可以越狱,即使在该过程中无辜第三人的财产受到损害。但是,如果不涉及非法监禁,法院就不会支持保护行动自由的主张。可以再次提到“女王诉博尔案”,①其忽略了避险抗辩的相关性。地方法官判处那些在私人场所堵塞出口、损坏其他车辆或堵塞停车场出口障碍物以获得自由的司机有罪。法律承认个人行动能力的价值在于减少公共妨害,因此有理由清除对公路的障碍。法律没有理由不同等地允许在合理的情况下清除不合理地阻碍私人房地出口的障碍;德国法院事实上允许将其作为私力防卫的事例②(当然,只要有可能,在采取激烈行动之前就应该寻求警方的帮助,如果不这样做,就会妨碍抗辩)。

第 7 节　神智健全的成年人

7-032　由于避险涉及评估,自决是被考虑的价值之一。因此,法律的一般原则是,未经行为人的同意,不得进行医疗治疗。③ 这更有可能涉及民事法庭的法律从业人员,而不是刑事法庭的法律从业人员,因为对为了病人的利益而善意违反规定的医生提出起诉是极不可能的。但是对于医生本身来说,事情似乎是相反的:尽管民事诉讼可以庭外解决,医生将得到抗辩,他的抗辩协会将支付赔偿金,但是对于刑事起诉的最微小的恐惧对他来说是严重的关切。因此,刑法几乎完全由医生自己执行,不需要实际的执行。

---

① (1977)64 Cr. App. R. 54.

② George P. Fletcher, *Rethinking Criminal Law*, (Boston: Little, Brown, 1978) at 864.

③ *Secretary of State for the Home Department v. Robb*[1995] Fam. 127; *Re JR18's Application for Judicial Review*[2008] M. H. L. R. 50; *Re C(Adult: Refusal of Medical Treatment)*[1994] 1 W. L. R. 290; *R. (on the application of Burke) v. General Medical Council*[2006] Q. B. 273.

患有传染病的人在特殊情况下可能会被出于避险目的而隔离；[①]这是
1102 为了保护公众，而不是专门为了他的利益，这并不意味着在医院里除了以通常的方式保持隔离之外可以对被隔离者为所欲为。

存在一条绝对性的禁止规定，即如果精神健全的成年病人表示不想手术的话，医生就被捆住了手脚。即使医生们意见一致，人们也不一定要接受。[②] 部分原因是医学不是一门精确的科学。尽管取得了一定的进展，但仍然会发生错误或灾难性手术的情况（众所周知，外科医生不愿意屈服于手术刀），但更重要的原因是，人们普遍认为，必须保护该领域的个人自由。强迫人们接受非传染性疾病的治疗并没有引起公众的极大兴趣。被称为耶和华见证会的宗教教派的成员认为输血是错误的，即使他们知道不输血会导致死亡，他们也不会接受输血；医生尊重他们的意愿，他们必须这样做。[③]

7-033　垂死的病人都有权拒绝进一步治疗，即使他的唯一目的是结束自己的痛苦。[④] 在实践中，由于各种原因，这种要求时常被忽视：医生的培训使他偏向于治疗，并使他产生这样的想法：他知道什么对病人最好；如果他允许病人死亡，他害怕批评；垂死的病人常常处于巨大的痛苦之中或其他严重疾病之中，因此很容易陷入"第 22 条军规"式的矛盾处境：要么他心智健全，如此一来他显然想要活下去，要么他心智不健全，如此一来，其他人必须为他作出决定。病人自主权的捍卫者当然会驳回这样的论点。无视垂死病人表达的愿望，理由是他无法真正表达他所说的话，就是用家长式作风替代自我决定论。毫无疑问，未经病人同意对病人做事的医生犯有攻击罪。教唆自杀不会引起问题，首先是因为从法律上看，病人的不行动似乎无法成为自杀，其次是因为，由于法律没有授权医生违背病人的意愿行事，他没有这样做不是他的责任，也无法教唆他这样做。

7-034　如果无法征得病人的同意怎么办？有人受伤昏迷，被送往医院抢救接受手术以挽救生命。

这项行动显然是合法的，[⑤]美国著名法官卡多佐（Cardozo J.）阐述了

---

① *Greater Glasgow Health Board v. W*(2006) S. C. L. R. 159; *Enhorn v. Sweden*(2005) 41 E. H. R. R. 30.

② *St George's Healthcare NHS Trust v. S*[1999] Fam. 26.

③ *R. v. Blaue*[1975] 1 W. L. R. 1411.

④ *Brightwater Care Group(Inc.) v. Rossiter*[2009] W. A. S. C. 229; *People v. Velez*, 602 N. Y. S. 2d 798(1993); *State v. Pelham*, 746 A. 2d 557(1998).

⑤ *Re T(Adult: Refusal of Treatment)*[1992] 3 W. L. R. 782; *Re: F(Mental Patient: Sterilisation)*[1990] 2 A. C. 1 at 73-77; *Airedale N. H. S. Trust v. Bland*[1993] A. C. 789, 842, 864.

这项原则： 1103

“每个成年人和头脑健全的人都有权决定如何处理自己的身体……除非病人在紧急情况下失去知觉，而且必须在获得同意之前进行手术。”①

这里有避险抗辩和同意抗辩的混合体。这不是普通的同意判例，因为事实上并没有给予同意；所以从这个角度来看，理由必须是必要的。另外，如果外科医生在病人失去知觉之前确定病人没有同意，理由显然是没有用的。因此，如此一来，社会避险并不会压倒拒绝同意。美国学者把这种更有力而非准确的抗辩称为“未来的同意”。② 如此一来，外科医生有权假设他的所作所为会得到心怀感激的病人的认可，没有理由使他相信相反的事实；即使病人是不领情的，他也会受到法律的保护。重复一遍，他的抗辩必须以避险为基础；唯一的区别特征是，当抗辩与病人行使其自决的权利发生冲突时，抗辩被限缩。

这将是对未来同意原则的非法应用，将抑郁并对手术抗议的病人置于大脑手术之下，理由是手术将改变病人的个性，然后他会很高兴自己做了手术。这显然是指鹿为马，应该被拒绝。下一节将简要讨论对精神病患者进行手术的一般问题。

7-035 有时，在手术过程中，外科医生认为有必要进行其他手术。一般来说，病人签署的同意书可以保护他这样做，同意书授权采取避险的进一步或替代手术措施。但是有时候医生并没有给病人提供同意书，比如当产妇病人在接受麻醉时，发现必须在剖宫产前分娩。如此一来，实践中的做法是做需要做的事情，理由是默示的同意或避险。当然，如果没有很大的紧迫性，外科医生就不会被建议去做意想不到的手术，而这个手术会产生严重的后果。③

第8节 残疾人士

7-036 身心障碍者缺乏获得自决的完全权利，因此，无论是在明确的法律规则的法源下，还是基于案件的必要性，他们可能在自己不同意的

---

① *Schloendorff v. Society of New York Hospital*(1914) 105 N. E. 92; quoted with approval in *Re*: *F* (*Mental Patient*: *Sterilisation*) [1990] 2 A. C. 1 at 73; *Airedale N. H. S. Trust v. Bland*[1993] A. C. 789, 842, 864.

② David B. Wexler, *Therapeutic Justice*, (1973) 57 Minn. L. Rev. 289 at 334.

③ *Re F*(*Mental Patient*: *Sterilisation*) [1990] 2 A. C. 1 at 77-78.

1104 情况下采取五花八门的医疗措施。[①] 例如，如前所述，父母可能在某种程度上代表他的小孩给予同意。当他把孩子送到医院时，他并没有因此向负责的医生交出他作为父母决定什么对孩子有益的权利；医生至少首先必须征得父母对手术的同意，就像征求成年病人的同意一样。[②]

7-037 但是如果这是拯救孩子生命的问题呢？如果孩子无法给予同意，医生无法得到父母的同意采取行动，难道医生必须看着孩子的生命走向终结吗？

如果无法咨询父母，则可适用未来同意原则：医生有权相信他的所作所为将得到父母的认可。

在征求父母的意见并希望其子女死亡的情况下，就会出现困难。这个问题在耶和华见证会遇到过，他们拒绝给孩子输血。人们普遍认为，转折点已经到来：医生可以拒绝让父母的意愿压倒孩子的"生命权"。[③] 然而，医院的医生被允许采取行动的理论基础是值得怀疑的，最明确的理由是避险原则。[④] 如果医生希望得到具体的法律保护，他可以让法院对孩子进行监护，并要求法官授权进行。

7-038 什么时候可以不经精神病人同意就将其送往医院？

符合法定定义的人可凭两名医生（例外情况下，医生）的证明被送往医院，这既是为了保护他们自己，也是为了公众。[⑤] 这通常被称为"民事承诺"（相对于起诉引起的"刑事承诺"，这将在第 28 章中研究）。然而，的专业名称是"住院"，而不是承诺，这个词被认为过于死板。

如果警察发现行为人在公共场所精神失常，他可以根据 1983 年《精
1105 神健康法》（*Mental Health Act* 1983）第 136 条带他去进行医疗检查。或者，如果两名医生[⑥]得出结论，认为行为人精神失常，他们就可以证明应收其入院以便检查（见该法第 2 条）。该法没有授权医生进入医院或强行对病人进行检查，但一旦出具了证明并遵守了其他程序，病人就可以被送往医院。当人们达到"最后阶段"或者无法应付时，也有权将他们赶出家园。

---

① *Re F*(*Mental Patient*:*Sterilisation*)[1990]2 A. C. 1；*R. v. Bournewood Community and Mental Health NHS Trust*, *Ex p. L*[1999]1 A. C. 458.

② *MAK v. United Kingdom*[2010]2 F. L. R. 451 at 466.

③ *E*(*A Minor*)(*Wardship*: *Medical Treatment*)[1993]1 F. L. R. 386；*L*(*Medical Treatment*: *Gillick Competence*)[1998]2 F. L. R. 810；*E*(*A Minor*)(*Wardship*: *Medical Treatment*)[1993]1 F. L. R. 386.

④ *Re F*(*Mental Patient*:*Sterilisation*)[1990]2 A. C. 1 at 73-77 *per* Lord Goff.

⑤ Under the *Mental Health Act* 1983 Pt. Ⅰ.

⑥ *R.* (*on the application of H*) *v. Secretary of State for Health*[2006]1 A. C. 441.

有精神疾病的老年人可能无法在自己的房子里好好照顾自己,而且可能生活在肮脏的环境中。一般权力,可以把他强制送往医院。是1983年《精神健康法》。当自然人被认为患有精神疾病并受到虐待或忽视,或者无法照顾自己但独自生活时,治安法官可以签发令状,授权警察进入该处所,将该人带到“安全地点”;然后对他进行医学检查,如果认为合适,可送交医院。[①] 同样,1948年《国家救助法(经修正)》(*National Assistance Act* 1948)第47条也赋予了相当严厉的权力。

7-039 在这些权力之下,老年人被强制离开家园,虽然有时是不可避免的,但却常常被轻易地诉诸。这被称为“缓慢安乐死”,因为老年人在被改变生活环境后,虽然身体能得到很好的照顾,但普遍感到沮丧并且对事物丧失兴趣,这往往相当于强烈的悲痛。其中1/4的人在入院后3个月内死亡,然而其中若干人入院时身体健康。对另外若干人来说,死亡是漫长而痛苦的。[②] 尽管在极端的情况下,老年人的自决权利必须被废除,但是安排清理不卫生的环境,提供住所和健康服务,忍受这些乱七八糟的东西,总比强迫人离开他的家要好得多,如果可以避免的话。如今,政府努力确保老年人尽可能长时间地待在家里;人们认为,国家提供家庭护理而不是将这些人送到养老院对他们更有利,也更经济。

7-040 当行为人以这种方式被送往医院或机构时,他能被强制治疗吗?

刚才所描述的强制人们离开家园的权力并不包含强制治疗的权力。然而,1983年《精神健康法》第4及4A部分规定了强制医疗的某些权力。[③]

7-041 禁止干涉他人的规定是否意味着自然人永远无法被强制阻止自杀?

似乎可以合理地认为,如果自然人被发现企图自杀,而且他的精神状态不为人知,这种企图就是精神失常的证据。根据普通法,所有人都有权 1106
抓捕对自己或他人构成危险的精神病患者,当然,抓捕的目的是将其送往医院。

不幸的是,这条规则的限制是,被拘留的人实际上必须是精神失常的,所以如果试图自杀的人被证明是心神健全的,拘留似乎是非法的,至

---

① The *Mental Health Act* 1983 Pt. Ⅰ.

② See A. A. Baker, *Slow euthanasia—or "she will be better off in hospital"* [1976] 2 B. M. J. 571.

③ *R. (on the application of B) v. S (Responsible Medical Officer, Broadmoor Hospital)* [2006] 1 W. L. R. 810; *R. (on the application of B) v. Haddock (Responsible Medical Officer)* [2006] H. R. L. R. 40.

少构成了侵权和非法拘禁。即便如此,根据避险原则,从他身上拿走自杀工具可能是合理的,因为该原则与有关逮捕和拘留的法律不同,总是允许行为人按照他认为合理的事实采取行动。① 当然,可以援引《精神健康法》赋予的权力。②

虽然可能出现明显有理由住院治疗的情况,特别是对年轻人而言,但事实仍然是,法律没有规定未经其同意,人不得存活。以前,自杀是重罪,所以干涉想要自杀的人可以被认为是重罪的预防;但是现在,根据1961年《自杀法(修正)》,自杀是合法的。如果病人有充分的理由希望不要"一直走到路的尽头"(就好比他患上了致命而痛苦的疾病),医生就没有理由对他进行干预。③ 有些人可能认为,即使是精神病患者也应该被允许饮用毒芹;如果药物治疗未能使患者改变主意,这是合理的观点。事实上,如果撒玛利亚人(他们的崇高工作是努力帮助人们,使他们不会自杀)被叫到有自杀行为并希望死亡的人面前,他们不会试图挽救他的生命,而只是在他快死的时候握住他的手,认为他们无权干涉。但是,这些考虑并不意味着在紧急情况下善意干预的人们对法律有太多的恐惧。即使法律在技术上无法证实他们的所作所为,如果被起诉,他们几乎肯定会被无条件施放。

7-042 如果行为人不是1983年《精神健康法》所指的精神病患者,可以强制治疗吗?

是的,但只有在他精神不健全的情况下。④ 在过去20年的许多案件中,法院援引避险原则("通过声明"),允许医生和其他人为了《1983年精神健康法》中未患精神疾病的弱势成年人的最大利益采取行动。⑤

在"批复F(精神病人:绝育)案"⑥中,精神年龄为幼儿的36岁妇女在其居住的精神病院与男性患者发生性关系。医院工作人员和的母亲认为无法应对怀孕和分娩的影响。同样明显的是,该人无法抚养孩子。决定有必要使其绝育,以便能够享有从事性活动的有限自由。对她来说,在不远的将来进行医疗程序是必要的,但这并不是紧急情况。然而,避险原

---

① *R. v. Bourne*[1939]1 K. B. 687;*Meyer v. Supreme Lodge K. of P.*,70 N. E. 111(1904);*R. v. Dietrich*[1978]39 C. C. C. (2d)361.

② *Savage v. South Essex Partnership NHS Foundation Trust*[2009]1 A. C. 68.

③ *Secretary of State for the Home Department v. Robb*[1995]Fam. 127;*Brightwater Care Group (Inc.) v. Rossiter*[2009]W. A. S. C. 229;*People v. Velez*,602 N. Y. S. 2d 798(1993);*State v. Pelham*,746 A. 2d 557(1998).

④ *A Local Authority v. DL*[2011]Fam. Law 26.

⑤ *A Local Authority v. DL*[2011]Fam. Law 26;*Re F(Adult:Court's Jurisdiction)*[2001]Fam. 38 at 43.

⑥ *In Re F(Mental Patient:Sterilisation)*[1990]2 A. C. 1.

则可以在非紧急情况下援引。在本案中,戈夫法官表示:

"以一位中风的老人为例,中风使他丧失了言语或行动能力。我看不出有什么充分的理由说明为什么避险原则不适用于他的情况……与意外伤害引起的紧急情况相比,永久性的事态需要更一般注意。如果事态是永久性或半永久性的,为保护受援者的生命、健康或福祉而采取的适当行动很可能超越外科手术或实质性医疗等措施,并可能扩大到包括例行医疗或牙科治疗等单调事项,甚至包括穿衣、脱衣和上床等简单护理。"①

7-043 可以强迫绝食抗议者吃饭吗?

不可以。② 在"内政部大臣诉罗柏案"③中,法院认为,囚犯有权拒绝食用食物或水,因为他具有理解其决定后果的心智能力。索普表示:④ 1108

"第1个原则是,所有人的身体都是不可侵犯的,并且能够抵抗形式的身体骚扰⑤……其次,自决原则要求必须尊重病人的意愿。因此,如果心智健全的成年人无论多么不合理地拒绝同意治疗或护理,以延长他的生命,负责照顾他的医生必须实现他的愿望,即使他们认为这样做不符合他的最佳利益。"⑥

在"批复杜安案"(*In Re Duran*)⑦中,凯利(Kelly J.)法官谈道:

普通法中拒绝医疗救助权可谓根深蒂固。很多年前,美国联邦最高法院就承认人的身体完整权,"普通法中最受珍视、最受捍卫的权利,莫过于每个人对于自己身体的控制权,而其对于个人自主权的理解而言至关重要,但个人自主权需要服从下列政府权力:(1)保护第三方;(2)保护医生的职业道德;(3)保护生命;(4)防止自杀"。在评价政府保护第三方利益的时候,主要关注如果病人拒绝治疗,可能会给其所扶养的人带来情感或经济上的困扰。在评价政府保护公民生命的时候,重点需要区分防止公民遭到第三方的伤害,以及防止公民受到其自身的伤害。当政府需要防止公民相互伤害时,如果行为不会对于个体或社会整体造成实质损害,则政府的保护义务也会变得相对较低。这与政府首要任务在于保障公民的自由和自主权如出一辙。最后,对于政府有义务防止自杀的问

---

① *Re F(Mental Patient:Sterilisation)*[1990]2 A. C. 1 at 77.

② *Secretary of State for the Home Department v. Robb*[1995]Fam. 127. Cf. *Leigh v. Gladstone*(1909)26 T. L. R. 139.

③ *Secretary of State for the Home Department v. Robb*[1995]Fam. 127.

④ [1995]Fam. 127 at 130.

⑤ *Re F(Mental Patient:Sterilisation)*[1990]2 A. C. 1.

⑥ *Re T(Adult:Refusal of Treatment)*[1993]Fam. 95;*Airedale N. H. S. Trust v. Bland*[1993]A. C. 789.

⑦ (2001)769 A. 2d 497 at 503-504.

题,与保障公民的生命显然同理,但在面临拒绝就医的公民时,政府是否需要积极介入,就变成了一个不是十分紧迫的问题。需要注意的是,拒绝接受治疗设备,不能等同于自杀。这样做,只是任由病情发展,最终的死亡,只是疾病的结果,而不是自我导致的伤害结果。另外,拒绝接受治疗的公民或许并不具备寻思的直接故意,相反,他们很可能希望活下来,但同时不想接受自己所不希望的治疗。

7-044　如果饥饿的绝食者并不具备 2005 年《精神能力法》第 1 条、第 2 条和第 3 条所规定精神残疾,该如何处理?

医生应申请寻求一项法院声明,即作出一项命令,允许强制向饥饿的绝食者提供营养、补充水分,这将符合绝食者的最大利益,提供食物和补水不构成对作为决定绝食的根本原因的精神障碍的药物治疗,因此它不属于 1983 年《精神健康法》第 63 条和第 145(4)条所指的医疗。因此,法院将不得不行使其固有的管辖权,宣布医生有权给绝食者提供人工营养和补水,为此目的使用合理的克制和武力是合法的。在涉及缺乏行为能力的绝食者的"国家健康服务基金会诉 A 案"(*An NHS Trust v. A*)中,贝克法官认为饥饿的绝食者缺乏行为能力,强迫进食符合他的最大利益。
1109 贝克法官也提醒说:

"在这种情况下,关键的问题是:(1)A 是否患有精神疾病或大脑功能受损或紊乱;如果是的话,(2)他拒绝食物和饮料的决定是基于对风险的缺乏了解,还是无法权衡有关该损害或干扰的决定的信息。在这种情况下,决定的后果将是致命的,在我看来,法院必须特别小心,不要仅仅因为这个决定是极其不明智的,就认为他没有能力作出决定。本案存在这样一种风险,即所有参与治疗和帮助的专业人员,当然包括保护法院的法官,可能会感到应该追求对成年人更有保护性的结果,因此,在某些情况下,无法对既超然又客观的能力进行适当的评估。"

第 9 节　法官与陪审团

7-045　如果法规允许作为抗辩的"合理免责事由",法官倾向于对其加以严格限制。治安法官实际上受分区法院的指示,不管他们在具体案件中是否允许这种免责。上诉法院指示法官不得将抗辩成立于否留给陪审团,除非在上诉法院认为正确的情况下。因此,"合理的免责"虽然是对违反法律条文的抗辩事由,但本身就是法律问题。

对于避险的抗辩,立场应当相同。当法官根据特定事实裁定避险不是抗辩事由时,他是在裁定价值问题,即遵守法律文字的重要性在这些事实上是至高无上的。如果法官认为陪审团发现了支持紧急避险的必要事由，他就可以作出肯定性判决，即在特定案件中避险是抗辩事由。避险本质上是规范性学说，削弱了法律规则。评价应由法官进行，因为判决的一致性很重要，而且法官更有资格对传统价值观发表意见。在“女王诉伯恩”[①]案中，明显是法官制定了治疗性堕胎的新规则；他留给陪审团判断的只是，医生是否出于法官认为构成有效的抗辩的目的善意行事。

如果认为避险的评价是由法官作出的，这就与其他学说有所不同，例如盗窃中的不诚实，正如前面所说的那样，这些学说的运作方式非常类似于避险的抗辩。这些事情是由陪审团决定的，但是受到法官的某种控制。

若干支持此类抗辩的法源表明，虽然提出证据的责任在于被告，但否定证据的说服责任在于检控方。[②] 1110

第10节 不可能

7-046 书中很少有关于不可能抗辩的讨论。只要法院允许，这通常是在其他标准，如主观要件、过失或胁迫下进行的。但在两种情况下，不可能作为独立于其他情况的抗辩事由。

1. 在不作为犯罪中，如果法定作为义务无法履行，而且被告对于这种不可能不存在过错，则不应追究被告的责任。[③] 换句话说，绝对不能应该成为不履行积极义务的免责事由。法律也要实事求是，面对现实。

有时候，法院会接受上述观点，但并非总是如此。持肯定态度的，参见下列传统判例，该判例认为，如果道路被海水冲走，行为人不负有不修复道路的责任。[④] 但是，更常见的由于标的物不存在而导致不可能的情况是，没有出示人们期望拥有的文件或物品；在这方面，法院没有表现出宽容。如果行为人借了1辆汽车，但没有按规定向警察出示检验证书，则不允许他辩称没有这种证书，即使这种证书不存在并不是他的过错。[⑤] 这符合法院对行政犯的一般做法，如此一来，没有过错无法成为免责事

---

① [1939] 1 K. B. 687.

② *R. v. Bourne* [1939] 1 K. B. 687; *R. v. Trim* [1943] V. L. R. 109. *Johnson v. Western Australia* (2009) 194 A. Crim. R. 470; *Taiapa v. The Queen* (2009) 240 C. L. R. 95 at 106.

③ Cf. *Oakley—Moore v. Robinson* [1982] R. T. R. 74.

④ *R. v. Bamber* (1843) 114 E. R. 1254.

⑤ *Sparks v. Worthington* [1986] R. T. R. 64; *Davey v. Towle* [1973] R. T. R. 328; *Stockdale v. Coulson* [1974] 1 W. L. R. 1192. Cf. *Pilgram v. Dean* [1974] 1 W. L. R. 601.

由。[1] 但不应适用于可判处监禁的罪行。[2] 当然，确保行为人拥有检验证书的难度与修整被海水侵蚀的陆地上的道路的难度是不可同日而语的。

2. 某些义务冲突的情况可以被视为无法充分履行，因为这两项义务无法同时履行。以引擎失灵的坠机飞行员为例，他有责任不杀害街上的少数人，也有义务避免杀害体育场里的很多人；他通过杀死街上的少数人，最好地调和了相互冲突的法律要求。飞行员不可能同时履行上述两

1111 项职责。[3]

第 11 节　最低限度违规

7-047　人们普遍认为英国法律不应关心琐事（*De minimis non curat lex*）。[4] 许多美国司法管辖区已将微量抗辩纳入法定形式。在“新泽西州诉索治案”（*State v. Sorge*）中，新泽西州高等法院提到该州抗辩法的编纂时表示：[5]

“在刑事执法中，许多机构行使酌处权，以确定对案件进行起诉是否恰当。警察必须经常决定是否逮捕，或者在逮捕后决定是否继续办案。此后，检控方和陪审团都有义务确定进行诉讼的证据是否充分以及这样做是否适当。此外，至少就初级法院而言，经验表明，法官有时甚至在被证明有罪的情况下也会作出无罪裁决，因为如此一来，定罪被认为是不适当的。《示范刑法典》的起草者将所有这些概括为‘不明确的权力’，以减轻刑法的一般规定，防止荒谬的适用。为了使这种自由裁量权的行使浮出水面，并确保在整个司法系统统一行使这种自由裁量权，这种自由裁量权（以法定形式提出）。”[6]

那些认为自己的行为只是轻微犯罪而不会受到惩罚的人，很可能会在法庭上大吃一惊。在英格兰和威尔士，如果法令的文字明显受到了冒犯，尽管被告没有恶意，或者只有很小的恶意，通常也会被认定为犯罪。[7] 特别是，法院将严格执行准确量化的规则。

---

① *Strowger v. John*［1974］R. T. R. 124；*City of London Corp v. Eurostar*（*UK*）*Ltd.*（2005）169 J. P. 263.

② *Barnfather v. Islington Education Authority*［2003］1 W. L. R. 2318；*Hampshire CC v. E*［2008］E. L. R. 260.

③ Cf. *Re A*（*Children*）（*Conjoined Twins*：*Medical Treatment*）（*No.* 1）［2001］Fam. 147.

④ *State v. Evans*，774 A. 2d 539 at 541（2001）.

⑤ 591 A. 2d 1382 at 1384-1385（1991）.

⑥ *De minimis*infractions N. J. S. A. 2C：2-11.

⑦ *Wells v. Hardy*［1964］2 Q. B. 447.

超速每小时1英里的司机可能会被定罪，但是实际上警察不会因为轻微超速行为而起诉。对驾驶员的酒精限制是严格执行的，每100毫升尿液里酒精超量1毫克就会被定罪。但是在计算超额的时候，考虑到实验室检测中的误差幅度，法官可以（非常可疑地）做出扣减。[①] 在某案中，[②]法院认为，警察不应该在酒精过量确实很少的情况下提起诉讼，但这种放纵将有损公共利益。与超速违章有区别：如果严格执行速度限制，没有司机可以安全地以限速驾驶（速度计是不完美的，而且无论如何也无法一直看着表盘），这样一来，在30英里时速范围内的交通将被减速到最高时速25英里，这不太可能是议会的意图。相较之下，如果没有人在开车前喝酒，结果只会是好的。80毫克[③]标准是对有害做法的让步，而 1112
这种让步不应扩大到警察的自由裁量权，否则会动摇根深蒂固的社会态度。受酒精影响的司机不会自己进行科学测量，他们只是大概知道除非保持在允许的最大范围内，否则就有危险。

7-048 当犯罪行为没有被数量化，并且相关概念的应用多少存在问题时，法院在无视琐事方面有更大的余地，但其通常不会选择这样做。[④] 他们在语言上很少采用最低限度原则，在实践中也几乎同样很少采用。少量适用该原则的判例可能会被收集。如果司机无意中使另1辆汽车短暂瘫痪，并且汽车很容易重新启动，地方法官有权裁定没有发生“事故”。[⑤] 当放债人有义务做贷款备忘录时，人们认为笔误并不一定会使其失效。[⑥] 对公路的阻碍，即使是最小程度的阻碍，都被认为是公害；但同时，也可以认为，障碍也许是很轻微的（特别是，但不仅是暂时的），因此在法律上并不构成障碍。[⑦] 实际上，尽管不是公开承认，法官在这些判例中接受了最低限度原则。

身体攻击的定义是使用暴力，无论暴力多么轻微，这使法院能够对偷

---

① *Walker v. Hodgins*[1984]R. T. R. 34; cf. *Oswald v. D. P. P.* [1989]R. T. R. 360; *Stephenson v. Clift*[1988]R. T. R. 171; *Hussain v. D. P. P.* (2008) 172 J. P. 434.

② *Delaroy—Hall v. Tadman*[1969]2 Q. B. 208.

③ Section 135 of the *Mental Health Act* 1983.

④ *Davies v. Heatley*[1971]R. T. R. 145; *O' Halloran v. D. P. P.* [1990]R. T. R. 62; Cf. *Herron v. Parking Adjudicator*[2010]A. C. D. 82. *Briere v. Hailstone*[1969]Crim. L. R. 36; *Spittle v. Kent County Constabulary*[1986]R. T. R. 142; *Canadine v. D. P. P.* [2007]EWHC 383. Cf. *Jones v. D. P. P.* [2011] EWHC 50(Admin).

⑤ *R. v. Morris*[1972]1 W. L. R. 228 at 231; cf. *R. v. Currie*[2007]2 Cr. App. R. 18; *Torbay Borough Council v. Cross*(1995) 159 J. P. 682.

⑥ *London and Harrogate Securities Ltd. v. Pitts*[1976]1 W. L. R. 264; On appeal[1976]1 W. L. R. 1063.

⑦ *Scott v. Mid—South Essex Justices*[2004]EWHC 1001(Admin); *D. P. P. v. Jones*[1999]2 A. C. 240; *Almeroth v. Chivers & Sons*[1948]1 All E. R. 53.

1113 吻睡美人[①]或用水枪喷射睡美人的流氓实施应有的惩罚。理解这种技术意义上的"暴力"概念有明显的理由;通常,轻微的触摸会被视为普通的社交接触而不予考虑。[②]

最低限度准则最引人注目的否定与非法拥有受管制药物(滥用药物)有关。法令被认为适用于最小量的毒品。"如果天平的确开始倾斜,但是估计只有1根头发的重量,你就死定了。"这是上议院的决定。此前,上诉法院达成了明智的原则,即如果违禁药物的数量太小而无法使用,持有这些数量的违禁药物就不构成犯罪。但上议院在"女王诉博森案"(*R. v. Boyesen*)[③]中的态度发生了转变。拥有5毫克大麻脂(一般大麻烟中大麻脂的含量为50-100毫克)被认为足以构成非法拥有。斯卡曼法官代表上议院表示:

"如果要有效打击贩运和滥用危险药物的行为,数量的拥有,不管是可见的、有形的、可衡量的,还是'可操纵的',都是严重的问题,应予以禁止。"[④]

7-049 斯卡曼法官承认,作为常识问题,数量必须充足。因此,仅仅在被告口袋、烟斗或皮下注射器中发现微量毒品痕迹是不够的。[⑤] 他还认识到,数量可能与知情问题有关;如果数量很小,检控方可能无法证明被告知道他拥有毒品。

上述决定并不完全令人满意。他们没有组织连贯的原则,在毒品案件中,上议院似乎失去了他们通常的公平感。他们接受的论点是,1971年《毒品滥用法》(*Misuse of Drugs Act* 1971)无法仅限于拥有"可用"数量的毒品,因为这个词没有出现在该法中,这是无法令人信服的。"可操纵的"这几个字也没有出现在该法中,尽管斯卡曼法官显然准备将其作为入罪的限制。如果法官的裁决看来是合理的,那是因为拥有残留毒品痕迹的人过去可能拥有较大数量的毒品。但是在这个基础上,正确的做法是判定被告过去拥有毒品。[⑥] 这样的判决是适当执行法律所需要的全部条件,一般人都不可能反对这种判决。相较之下,如果行为人被判拥有毒品,而他所拥有的毒品数量却少得令人难以置信,[⑦]他可能会理所当然地

---

① *State v. Kargar*,679 A. 2d 81(1996).

② *McMillan v. Crown Prosecution Service*(2008)172 J. P. 485.

③ [1982]A. C. 768.

④ *R. v. Boyesen*[1982]A. C. 768 at 777.

⑤ Cf. *State v. Fukagawa*,60 P. 3d 899(2002);*State v. Oughterson*,54 P. 3d 415(2002). *State v. Rapozo*,235 P. 3d 325(2010).

⑥ *Contra*,*R. v. Carver*[1978]Q. B. 472 at 478B.

⑦ *State v. Fukagawa*,60 P. 3d 899(2002).

认为自己是法律迂腐或欺诈的被害人,因为无法使用的数量(如果不存在要积累的数量的问题)并不属于该法所针对的危害范围。无论如何,作为一般原则,美国《模范刑法典》第2.12条所述的规则肯定是正确的,即如果行为如此微不足道,以至于超出了所设法防止和惩罚的伤害或罪恶的范围。[1] 然而,该原则不应适用于以数值量表示的规则。 1114

① *People v. Curtis*,784 N. Y. S. 2d 922(2003).

第8章　威胁与胁迫

法律可能是个混蛋，但不是布里丹的混蛋（布里丹之驴）。[①]

① *D. P. P. for Northern Ireland v. Lynch* [1975] A. C. 653 at 689 per Lord Simon. “布里丹之驴”（Buridan’s ass），是以14世纪法国哲学家布里丹名字命名的悖论，其表述如下，一只完全理性的驴恰处于两堆等量等质的干草的中间，将会饿死，因为它不能对究竟该吃哪一堆干草作出任何理性的决定。这里的ass，是通假词，可做双关语。——译者注

第1节 作为抗辩事由的胁迫

8-001 行为人可能被威胁,从而"被迫"实施自己非常抵触的行为。令人欣慰的是,关于这个问题的法律规定,并不存在与避险问题类似的争议。在遵守某些规则的前提下,可以将严重到足以被视为"胁迫"(duress)的威胁作为抗辩。该规则由上议院依据较早之前的法源,[①]在"北爱尔兰检察长诉林奇案"[②]中予以确立。同样明显的是,此类抗辩一经提出,检控方就需要承担否定义务,[③]而被告承担举证责任。[④]

胁迫、紧急避险和自卫之间的某些区别,或许值得一提。自卫不能像胁迫一样,针对无辜的第三方。自卫可以用于保护财产,而对财产的胁迫不是抗辩事由。胁迫与紧急避险之间有着更紧密的联系。[⑤] 通过价值平衡,可以将许多胁迫案件作为紧急避险案件加以解决。如果持枪者威胁 1116
称,我不交出老板保险箱的钥匙,就打死我的妻子,假如我被迫屈服于该威胁,我就可以辩称,两害相权取其轻;而在此类情况下,可以援引"胁迫"抗辩。[⑥]

但是,首先,我们已经认识到,人们对两害相权的紧急避险原则存有疑虑,特别是在谋杀方面,而胁迫法则更为明确。法院已经明确表示,胁迫在任何情况下都不可作为谋杀的抗辩。[⑦] 其次,紧急避险在两害相权时往往采取估测的方式,而这常常带来棘手的问题。在胁迫抗辩的情况下,具备实现更高评估精度的可行性与必要性。

8-002 "胁迫"和"情境所迫"抗辩与"紧急避险"抗辩具有若干共同的要素,但是属于具有不同要求的独特抗辩。伍尔夫法官在"女王诉沙勒案"中表示:[⑧]

"法院在很大程度上忽略了情境所迫与紧急避险之间的区别。除了诸如之前提到的医疗案件[⑨]外,法律还倾向于将情境所迫和紧急避险混

---

① *R. v. Gotts*[1992]2 A. C. 412.

② [1975]A. C. 653.

③ *R. v. Z*[2005]2 A. C. 467 at 510-511;*R. v. Fitzpatrick*[1977]N. I. 20.

④ *Taiapa v. The Queen*(2009)240 C. L. R. 95 at 106. Quoting Glanville Williams, *Textbook of Criminal Law*, (London:Stevens & Sons, 1983) at 49. *R. v. Rogers*(1996)86 A. Crim. R. 542.

⑤ See Michael Bayles, *Reconceptualising Necessity and Duress*, (1987) 33 Wayne L. Rev. 1191; Winnie Chan and A. P. Simester, *Duress, Necessity:How Many Defences*, (2005) 16 K. C. L. J. 121.

⑥ *R. v. Pommell*[1995]2 Cr. App. R. 607 at 615.

⑦ *Re A*(*Children*)(*Conjoined Twins:Surgical Separation*)[2001]Fam. 147.

⑧ [2001]1 W. L. R. 2206 at 2226.

⑨ *Re F*(Mental Patient:Sterilisation)[1990]2 A. C. 1.

为一谈。”

伍尔夫法官并未解释为何对医疗案件的处遇有所不同，但我可以给你很好的理由。情境所迫抗辩无法涵盖此类情况，因为外科手术医生的“意志”通常不会受到强制，因为危害后果通常不会“迫在眉睫”。当然，在某些情况下，外科医生将被迫在紧急情况下进行手术以挽救事故被害人的生命等，但是在更多情况下，外科医生将有数周甚至数月的时间来决定是否进行手术，从而防止不可避免的伤害发生。因此，情境所迫抗辩不同于对紧急避险抗辩，因为即使无法通过外部压力无可抗拒地说服被告的思想，也可以援引紧急避险抗辩。在一起判例[①]中，外科医生的“意志”并没有受到压制。双胞胎中的强者所面临的威胁也没有迫在眉睫，因为可能不会立即死亡。如后所述，对胁迫和情境所迫抗辩具有“迫在眉睫的伤害”的要求。这意味着医生将不得不采取行动以防止可能立即发生的伤害；而不是将来可能会发生的伤害——即使未来只有几天之遥。

胁迫抗辩仅在胁迫者威胁杀死被告或对被告造成严重伤害时适用，而紧急避险则适用得更为普遍。[②] 紧急避险抗辩可以让人们采取适当的行动来保护自己的财产，甚至保护自己的宠物猫。

8-003 假设被告的猫被困在邻居燃烧的花园小棚里。被告可能会
1117 被迫打破棚子上的窗户，好让自己的猫逃脱。由于窗户比猫更容易更换，而且窗户无论如何都将被烧毁，因此这也算是两害相权取其轻（由于没有威胁到人类生命或肢体，因此无法使用胁迫抗辩）。胁迫包含某种对法律思想产生了若干影响邪恶选择理论。其中特别值得一提的是“北爱尔兰检察长诉林奇案”（不是全部）。[③] 但是现在最好采用另外的论点，因为即使在两害相等的情况下，也可以援引胁迫抗辩。

布鲁克法官在“双胞胎分离案”中表示：“我已经描述了现代议会如何有时在法规中规定‘紧急避险’抗辩，以及法院如何在发展情境所迫抗辩的过程中不时将二者混同。但是，两者的适用范围并不完全相同。在纯粹紧急避险的情况下，行为人的思想不会受到不可抗拒的外部压力的束缚。避险者主张其行为无害，因为在两害相权时，避免更大损害的选择具有合理性。”

胁迫抗辩（狭义）不是犯罪的正当化事由（和紧急避险类似），而是免

---

① *Re A*（*Children*）（Conjoined Twins：Medical Treatment）（No. 1）.

② *R. v. van Dao*［2012］EWCA Crim. 1717.

③ Glanville Williams，*Textbook of Criminal Law*，（London：Stevens & Sons，1978）at 579-580. Cf. *R. v. Howe*［1987］A. C. 417 at 433. *R. v. Shepherd*（1988）86 Cr. App. R. 47 at 50 *per* Mustill，L. J.

责事由。[①] 允许抗辩不是因为行为可以避免更大的危害，而是因为被告的行为没有完全选择的自由。[②] 很难从概念上将被告性侵犯无辜第三方的行为理解为抢劫行为的正当化事由。被告可能会坚持自己抢劫被害人是为了免于丈夫被人枪杀，但无法坚持抢劫无辜的第三方是正当的行为。但是，被告可以坚持实施抢劫的决定并不是完全不受约束的决定。被告采取行动避免更大危害结果，只是当法院裁定"被告是否合理地采取行动以避免死亡或严重伤害的威胁"时可以考虑的事实。[③]

8-004　因此，这时胁迫使行为成为非自愿行为？

当威杰里法官谈到意志被压制时，使用了比喻性的语言。在胁迫之下行事的人，其决定让位于胁迫。[④] 他认为就"北爱尔兰检察长诉林奇案"而言，胁迫本身就是抗辩，既不否定被告被指控的犯行，也不否定其所具有的犯意。[⑤] 这是完全正确的。如果被告甲抓住被告乙的手，并且 1118
直接用力使乙扣动杀死被害人的左轮手枪的扳机，毋庸置疑，杀人者是甲而不是乙。[⑥] 但是，如果乙受到威胁并屈从，向被害人开枪，可以认为是乙杀死了被害人，尽管也许是在胁迫之下。被告的行为是自愿的，但不是基于自由意志的。[⑦]

作为将这种行为归类为自愿行为的原因之一，亚里士多德建议："行为人可以抗拒威胁并忍受邪恶，而不是去做自己认为是错误的事情；然后，他将受到称赞，抗拒表明，行为人并非不可避免地屈服于威胁。"[⑧]同样，在"贝恩诉埃夫林案"（*Benyon v. Evelyn*）中，法院认为：

"如果叛乱分子来到被告的家中，面对死亡威胁，被告为叛乱分子提供了吃食，而这种行为在'约翰·奥德卡斯尔爵士案'（Sir John Oldcastle's

---

① *R. v. Z*[2005]2 A. C. 489 *per* Lord Bingham. Peter Westen and James Mangiafico, *The Criminal Defence of Duress: A Justification Not An Excuse—And Why It Matters*, (2003) 6 Buff. Crim. L. Rev. 833 (2003); Kyron Huigens, *Duress Is Not a Justification*, (2004) 2 Ohio St. J. Crim. L. 303 (2004); Joshua Dressler, *Exegesis on the Law of Duress: Justifying the Excuse and Searching for Its Proper Limits*, (1989) 62 Cal. L. Rev. 1331.

② *Dixon v.* U. S. (2006) 548 U. S. 1 at 6-7.

③ *R. v. Martin*(1989) 88 Cr. App. R. 343.

④ *R. v. Ruzic*(2001) 153 C. C. C. (3d) 1 at para. 39.

⑤ *R. v. Steane*[1947] K. B. 997; Glanville Williams, *Criminal Law: The General Part*, (London: Stevens & Sons, 2nd edn. 1961) at 18; *Dixon v. U. S.* (2006) 548 U. S. 1; *R. v. Hibbert*[1995] 2 S. C. R. 973.

⑥ *R. v. Ayeva*[2010] 2 Cr. App. R. (S.) 22; *R. v. C*[2006] EWCA Crim. 3428.

⑦ Dickson J. maintained in *Perka v. The Queen*[1984] 2 S. C. R. 232; *R. v. Ruzic* (2001) 153 C. C. C. (3d) 1 at para. 39; *Tofilau v. The Queen*(2007) 231 C. L. R. 396 at 516 *et seq*.

⑧ *Nicomachean Ethics*, Book 3, Chap. 1.

case)中被认为不构成叛国罪。但拒绝显然会让被告成为英雄。”[①]

还可以补充一点,即该行为是非自愿的概念,会自动使胁迫成为对所有犯罪指控的抗辩,而法院将作出例外判决,则属于司法政策问题。

8-005 对胁迫的抗辩有什么限制?

宾厄姆法官在“女王诉Z案”(*R. v. Z*)[②]中表示:“在我看来,要求上议院解决的,应该是如何发展该抗辩的问题,这很重要,为此,我将简要指
1119 出最重要的限制如下:

(1)胁迫不得为谋杀,谋杀未遂以及某些形式的叛国罪抗辩。

(2)相关威胁必须导致死亡或严重伤害,胁迫抗辩才成立。

(3)威胁必须针对被告或其直系亲属或与其关系密切者。如果不是对被告或其直系亲属的威胁,则必须直接针对被告会合理认为自己对其负有责任的人。

(4)有关胁迫的测试在很大程度上是客观的,是参照被告的看法和行为的合理性,而不是像刑法其他许多领域通常那样,主要针对他的主观看法。

(5)胁迫抗辩仅在被寻求抗辩的犯罪行为直接由所依赖的威胁引起的情况下可用。

(6)被告只有在不能被合理期待采取任何规避措施的情况下,才能以胁迫为由进行抗辩。

(7)被告不得依靠其自愿陷入的胁迫抗辩。”

第2节 死亡和严重伤害的威胁

8-006 出于现实原因,胁迫仅限于死亡或严重人身伤害的威胁。威杰里法官因此表示:

“法律明确确定,如果被告的意志因遭受死亡威胁或严重的人身伤害而被压倒,就可以借此在包括伪证在内的所有犯罪中作为抗辩(叛国罪或谋杀罪可能除外)。所谓的罪行已不再是被告的自愿行为。”[③]

此外,什么应被视为胁迫,则属于刑事政策问题。法律委员会在重要报告[④]中提出了如下两个建议:

---

① (1664)124 E. R. 614 at 633.

② [2005]2 A. C. 467 at 490-491.

③ *R. v. Hudson*[1971]2 Q. B. 202 at 206.

④ See Law Commission, *Criminal Law: Report on Defences of General Application*, (London: Law Com No. 83, 1977) at Pt. Ⅱ.

1. 某些非常可怕的威胁应成为一切罪行的免责事由。

2. 不太可怕的威胁应仅是减轻情节。[①] 如果是轻微犯罪，减轻情节可能会导致绝对释放，但这是法官酌情决定的。

关于哪些威胁应属于命题1，法律委员会采用了威杰里法官所规定的规则，即胁迫必须构成死亡或严重伤害的威胁，但修改后，威胁要造成的伤害可能是身体或精神上的，[②]可能针对被告或他人；同样，重要的不是意图的威胁，而是被告认为存在的威胁。委员会对威胁必须具有在任 1120
何情况下被告都不可能被合理地预期对其加以抵抗的特征这样的条件表示怀疑。

8-007　除威杰里法官和法律委员会提到的威胁外，是否不存在其他严重威胁？威胁要摧毁行为人的房屋怎么样？[③] 导致被威胁者失业？威胁毁坏被威胁者的名誉？[④]

我们当中的许多人都承受着内部和外部的压力，以致伤害他人。根据定义，法律是反压力系统，其目的是影响个人做出可接受的社会决策。仅仅因为发现有强烈的违反法律的个人理由，无法消除这种反压力。只有在强制非常直接和紧迫以至于维持禁令似乎是徒劳的或不合理的苛刻时，才能成为抗辩事由。实际上，你提到的威胁必须留给作为一般的减轻情节，尽管威胁烧毁行为人的房屋可以为他提供紧急避险的抗辩事由，以抵御某些轻微的侵害。但是，我认为，作为胁迫的情况，应将酷刑威胁添加到威杰里法官的清单中，因为人们可能会发现酷刑即使不涉及人身伤害，也是无法忍受的。但是，上诉法院裁定，不应将胁迫范围扩大到监禁的威胁。[⑤]

8-008　你同意，如果威胁不涉及死亡或严重伤害（或可能是酷刑），则必须将是否减轻处罚的问题留给法官。[⑥] 为什么不在所有情况下都这样做？当威胁是某种特殊威胁时，为什么要让法官介入？

仍然有人在这样坚持。但是，在这样的情况下，行为人是否应该受到惩罚，作为普遍的政策问题，取决于对刑法的影响力以及应尽力实现的良好目的的评估。这个问题不应该滑入自由裁量权的泥沼。

此外，可以提出其他3个理由以将胁迫作为抗辩事由，而不仅仅是种减轻情节。

1121

---

① Cf. *R. v. L*[2013]2 Cr. App. R. 248.

② *R. v. Baker*[1997]Crim. L. R. 497.

③ *Alexander M Growther's Case*(1746)Fost. 13 at 14(a treason case).

④ *R. v. Singh*[1972]1 W. L. R. 1600 at 1604.

⑤ *R. v. van Dao*[2012]EWCA Crim. 1717.

⑥ *R. v. L*[2013]2 Cr. App. R. 248.

1．允许进行特定抗辩，意味着将由陪审团充分考量全部证据。英国审判系统面临的批评是，只接受作为减轻情节的证据，因此陪审团一般漫不经心，对减轻情节的证据的考量和探索也不如对涉及责任的证据彻底。①

2．有关于谋杀的特殊论点。如果不允许被告将胁迫（事实上也不能）作为谋杀的抗辩，法官将不得不对其适用无期徒刑。

3．最后论点也许是最具决定性的。在胁迫具有压倒性情况下，对不自由的受胁迫者判处刑罚是不公正的。道德严格主义者可能会坚称，必须定罪，以维持道德的至高无上地位。但是，正如鲁伯特·克罗斯（Rupert Cross）所言，“在特权宽恕下无罪释放或立即释放，是执行绝对道德禁令的奇怪方法”。②

8-009 如果相关抗辩缺乏证据，法官是否可以将其交由陪审团处理？

如果缺乏证据，将其留给陪审团讨论似乎就没有任何意义可言。法官可以不将其提交给陪审团加以考虑。

第3节 不适用胁迫抗辩的犯罪

8-010 应当记住，威杰里法官提出了胁迫抗辩的两个例外：作为主要罪名的叛国罪和谋杀罪。对叛国罪的起诉实际上仅限于战争情况。③也许在战争中，甚至连平民也都被期望投身于英勇的模范行为当中。④但“北爱尔兰检察长诉林奇案”，以及早期的权威法源，都赞成允许根据胁迫对叛国罪指控进行抗辩。⑤

至于谋杀，根据“北爱尔兰检察长诉林奇案”，胁迫可以为被控谋杀的人提供抗辩（即使被告曾经是2级主犯，在犯罪时提供协助）。这个判例现在已经不再是生效法律。上议院自那时以来一直认为，对谋杀有加
1122 功者无法依据胁迫进行抗辩。⑥ 企图谋杀的人也无法进行胁迫抗辩。“据此，无论谋杀罪被告的情况如何，都不得以胁迫作为抗辩事由。”⑦从

---

① *Northern Ireland v. Lynch*［1975］A. C. 653 at 707E.

② Rupert Cross，*Murder under Duress*，（1978）28 U. Toronto L. J. 369 at 376.

③ Cf. *Alexander M Growther's Case*（1746）Fost. 13.

④ ［1975］A. C. 653 at 672E，791E，708C.

⑤ *Oldcastle's Case*（1414）1 St. Tr. 225；*R. v. Prudy*（1946）10 J. Crim. L. 182；J. Ll. J. Edwards，*Compulsion，Coercion and Criminal Responsibility*，（1951）14 Mod. L. Rev. 297.

⑥ *R. v. Howe*［1987］AC417.

⑦ *R. v. Gotts*［1992］2 A. C. 412 at 424.

未有人建议对谋杀未遂者拒绝适用胁迫的抗辩。然而,对未遂的惩罚是由法院酌情决定的,而谋杀的刑罚是由法律确定的,因此,出于公平正义的考虑,对被指控谋杀的被告,相对于被指控谋杀未遂的被告而言,承认其得援引该抗辩事由,尤为重要。

8-011　我不理解,为什么对于谋杀来说,失控是部分抗辩事由,而胁迫连抗辩事由都不是。在这两种情况下,被告都因为犯罪决定受到影响而存在某种程度上的免责,因此,为什么不将胁迫规定为针对谋杀的部分免责事由呢?

这位拟制的朋友,你的主意非常聪明,但如果要等到英国议会这样规定,估计黄花菜都凉了。谋杀例外,在英国普通法中可谓历史悠久,因此,对此加以改变,只能寄希望于立法机构。但你刚才指出的没错,失控抗辩与胁迫抗辩在免责意义上十分近似。之所以是部分免责,理由还在于被告自愿决定杀人,当然,这种决定存在一定的限制。

8-012　胁迫抗辩能否适用于谋杀?

如果有人被迫实施某些行为,例如驾车超速驾驶,而这种行为又导致无辜的行人死亡,则可以启动抗辩。假设逃亡的银行抢劫犯随机劫持被告的汽车,并用枪威胁他高速行驶以帮助抢劫犯逃离现场。如果危险的驾驶(超速驾驶)导致行人死亡,被告应能够提出胁迫抗辩。[①] 同样,如果行为人被命令在枪口下对被害人施加实际的身体伤害,则如果被害人滑倒撞到头部并死亡,将能够依靠胁迫的抗辩。对他人造成严重身体伤害的人可以证明胁迫抗辩;但是,如果被害人碰巧死了,并且指控是谋杀,则抗辩可能会被驳回。似乎很荒谬,但这是法律。 1123

8-013　此外,胁迫是对 2007 年《严重犯罪法》第 44-45 条中所发现罪行的抗辩。

假设被告甲卖给被告乙子弹,因为他相信乙会用这些子弹杀死被害人。甲只能将弹药卖给乙,因为乙把枪对准了甲的头。[②] 甲之所以出售子弹,是因为他相信如果不向乙提供子弹,自己将会被杀死。不幸的是,乙使用子弹杀死了被害人。

甲可以依靠胁迫作为抗辩吗?如果检控方决定根据 2007 年《严重犯罪法》第 44 条或第 45 条指控甲犯罪,则甲可主张胁迫抗辩。《严重犯罪法》中规定的罪行是独立罪行,因此,根据这些规定,不得将行为人定罪为谋杀罪。如果根据 1861 年《从犯和教唆犯法》被指控为谋杀罪的从犯,则无法提供胁迫抗辩。根据后面的法律,如果帮助或怂恿的实质犯罪

---

① *cf. R. v, B, JA*[2007]99 S. A. S. R. 317.

② *R. v. Wilson*[2007]2 Cr. App. R. 411 at 420-421. *cf. Jupiter v State*, 616 A. 2d 412(1992).

是谋杀犯罪,则帮助者或怂恿者应被判犯有谋杀罪。将谋杀罪的从犯排除在胁迫抗辩范围之外,似乎没有合理理由,因为从犯的作用的确微不足道,例如在被用枪顶着头的时候交出子弹。如果威胁者可以开枪并从被威胁者的尸体中取出子弹,拒绝交出 1 包子弹对被威胁者没有任何意义。

8-014 这是极富倾向性的事例。被告的所作所为可能并不是微不足道的。你是否是说,如果恐怖分子威胁德鲁普,如果不拨打电话诱使毫无戒心的被害人前来赴死,就杀死他,而德鲁普按要求照做,德鲁普不应被判犯有谋杀罪?

如果德鲁普拒绝了威胁并接受了伤害,肯定令人感到钦佩。紧急避险学说很难具有正当性,因为对德鲁普的伤害并不比造成被害人的死亡更严重。但是,如果德鲁普缺乏道德上的力量来抵抗威胁,将他视为杀人犯似乎也毫无意义(而且,如果您仍然鄙视德鲁普,请考虑下如果威胁的

1124 内容不是伤害他而是要折磨他,不仅是他,还有他的妻子和孩子)。

8-015 如果被告帮助制造炸弹杀死数十人,您会怎么说?是否允许这样的被告依然依靠胁迫抗辩独善其身?在纽伦堡审判中,并不允许那些参与大规模灭绝犹太人的纳粹分子抗辩称自己担心如果不遵守命令就会被处决。

你提出的纽伦堡审判的观点是有力的,但是士兵和接受命令的其他人所犯下的暴行问题,具有特殊属性。如果允许武装部队成员提出胁迫抗辩,或者主张按照命令行事,则责任只限于极少数高层人员。也许是出于压倒性的社会原因,在杀人或酷刑行为明显违反文明行为标准的情况下,武装部队(或受纪律约束的其他人)必须拒绝这些抗辩。实际上,由于涉案人数众多,只有具有相当暴行的人才能受到起诉。但是,无论找到什么解决方案,都不必管辖涉及平民的普通案件。

炸弹事件的疑问,涉及道德和社会政策方面的难题。有人认为,应该怀有希望,无论多么微弱,都希望受到惩罚的威胁足以影响那些面临生死会对是否坚持道德原则产生立场动摇的人的决定。但是,即使在上述假设中胁迫不是抗辩,但这种情况具有极强的刑罚减轻效果,以至于被告只能按照比例原则承担刑事责任,这本身(如果他事先知道的话)可能不足以对抗威胁。还有 1 个问题是,这种相当不寻常的情况所引发的定罪量刑问题,是否可以为以后处于类似情况的其他人所知(精通法律者往往夸大了民众对法院判决的了解和记忆)。

8-016 但是,可以肯定的是,正犯和从犯之间没有区别。两者之间可能没有道德差异。

的确如此。比较一下被迫开车拉着炸弹到拥挤的酒吧的人,和被迫

将炸弹带入酒吧而留在酒吧的人。前者是从犯,后者是正犯;但基于这些事实,法律上的区分太过道德或强调心理上的相关性。出于此类原因,法律委员会建议应通过成文法将胁迫的抗辩扩大到所有罪行。[①]

在"北爱尔兰检察长诉林奇案"中,莫里斯法官提出了区分的理由:面对可怕的威胁,许多人会选择短暂协助犯罪计划,同时希望能有某种干预来挽救被害人,而正犯清楚自己正在实施杀人行为。但是这种区别不 1125
太合适。因被胁迫而放下炸弹的犯罪者可能希望其不会爆炸,或者有人会及时找到炸弹,而帮助杀害被害人的从犯则不会希望外人干预。

某些情况取决于犯罪者与他人之间的界线。在"阿博特诉女王案"中,被告将被害人(女孩)关押,受雇的刺客企图将其刺死。但是,当被告和其他人将其埋葬时,被害人仍然活着。枢密院司法委员会表示:"事实很明显,上诉人是 1 级主犯,因为他在谋杀中发挥了积极作用,而且确实发挥了领导作用。"[②]但是,这从来都不是 1 级主犯的评价标准。从犯可以通过设计计划并监督其执行来"杀人"。这不会使他成为正犯。按照传统原则,使阿博特成为正犯的原因不是他在被刺伤时抓住了被害人,而是通过参与埋葬其实还活着的"死者"而直接参与了最终的杀人行为(即使被害人当时受到了致命伤)。在道德层面上,前者的行为要比后者恶劣,因为后者的行为虽然很残酷,但只是在短时间内加速了女孩的死亡。

8-017　上诉法院在"女王诉格雷厄姆案"(*R. v. Graham*)中将这种区分荒谬化。[③] 这起谋杀案情残忍,以至于连恢复死刑的要求都可以理解。格雷厄姆拉住勒在妻子脖子上的电线一端的插头,而其他同伙拽着另一头。妻子被勒死,但格雷厄姆辩称,实际上自己并没有发挥作用,因为当他开始拉插头的时候,插头就掉了。如果是这样的话,他就只是在场的教唆犯,而不是正犯。法院评论道,如果陪审团被告知格雷厄姆的归责,取决于他手中的电线插头是否脱落,陪审团势必对此感到困惑。

但是本案的判决产生了问题。初审法官将胁迫的抗辩认定移交给陪审团,而没有要求他们确定被告是否是谋杀的正犯。实际上,他决定不参考"阿博特诉女王案"(从技术上讲,他也没有义务这样做)。对于法官裁决的异议是没有胁迫的证据。证据仅仅显示格雷厄姆的同伴有时会施暴。该报告没有显示格雷厄姆面临威胁,格雷厄姆积极参与了杀害妻子的计划。

---

① See Law Commission, *Murder, Manslaughter and Infanticide*, (London: H. M. S. O. No. 304, 2006) at para. 612 et *passim*.

② [1977] A. C. 755 at 762 B.

③ [1982] 1 W. L. R. 294.

显然，仅证明被告自愿和其相当惧怕的人勾结，以及二人一起参与了犯罪的谋划和执行，无法支持胁迫抗辩。胁迫抗辩的成立需要威胁，无论
1126 是明示还是默示的，而不仅仅是恐惧的一般证据。值得注意的是，检控方承认，被告有权提出胁迫抗辩。同样值得注意的是，主审法官毫无疑问地接受了该意见，并将胁迫抗辩问题交给了陪审团；更为引人注目的是，上诉法院甚至没有对法官的粗暴对待提出最温和的批评。法院确实“怀疑”检方律师承认存在胁迫问题是否正确。“抗辩所依赖的言行所引发的威胁程度不足。”但是上诉法院继续说，因为检控方做出了让步，所以法官以这种方式将胁迫问题留给陪审团判断是正确的。令人困惑的是，为什么上诉法院认为法官完全将该问题留给陪审团是正确的。在刑事案件中，法官没有义务认可检控方的让步。

8-018 如果妻子的生命或身体受到虐待丈夫的威胁，那么当她试图谋杀丈夫时，能依靠胁迫进行抗辩吗？

如果她采取的是必要和正当的自卫，那么就可以主张充分的自卫权。然而，自卫不包括妇女采取先发制人的步骤，以避免未来的进一步殴打。假设被威胁的暴力非常之大，以至于存在很高的死亡风险。由于伤害威胁并非迫在眉睫，因此无法提供抗辩。适当的做法是让妻子得到警察的保护，而不是雇杀手来杀她的丈夫。被告必须合理地担心，生命的威胁将在近期（或即将到来）发生。未来死亡或严重身体伤害的威胁是不够的。

在“女王诉莱恩案”（*R. v. Ryan*）中，加拿大最高法院法官勒贝尔（Lebel）和克罗姆威尔（Cromwell）表示：

“例如，如果被告在没有任何强迫因素的情况下受到死亡或身体伤害的威胁，他或她唯一的补救办法就是自卫。另外，如果被告被迫在死亡或人身伤害的威胁下实施具体的非法行为，可用的抗辩事由便是胁迫。在威胁没有紧迫性的情况下，被告不能仅仅因为没有直接使用武力而依靠胁迫抗辩，被排除在依赖加拿大刑法所规定的自卫条款之外。正如格兰维尔·威廉姆斯刑法教科书作者丹尼斯·贝克所写的那样：原则上，犯罪必须由恶棍明示或默示的命令所导致，而该命令是由他的威胁（或者被告必须对此相信）支持的。为了公正起见，只有在被告实施直接胁迫的
1127 罪行时，才应提供辩护。”

第4节　主客观之争

8-019 当行为人能够证明他人威胁自己犯下了本来不会犯的罪行时，则适用胁迫抗辩。威胁“必须涉及暴力威胁，以至于无法期望和被告

面临相同状况的足够坚定的理性人能够对此加以抗拒”。①

在“女王诉格雷厄姆案”②中，兰恩法官设定了如下标准，以确定具体案件是否适用胁迫抗辩：

（1）被告是否因为其合理地相信（胁迫者）所说或所做的事情使其有合理理由担心，如果不这样做，（胁迫者）就会杀死他，或者（如果要添加的话）造成他严重的身体伤害，而被迫行动？

（2）如果是，控方是否使陪审团确信拥有被告特征的具有坚定意志的理性人不会通过参与杀人对他合理地相信（胁迫者）所说或做的事情作出反应？被告的抗拒意志已被其自愿摄入的酒精或毒品或两者兼而有之消磨殆尽的事实，与上述测试无关。

第 1 个问题始终是主观问题。问题在于，被告是否确实持有这种威胁会被实施的信念。还必须表明，他实际上持有这样信念，即他有必要实施指定犯罪以避免威胁。如果他实际上不相信威胁会落实，并且不认为自己有必要实施指定的罪行以避免威胁，就将无法表明他的“意志”实际被压制了。

8-020　在“女王诉莱恩案”中，加拿大最高法院法官勒贝尔和克罗姆威尔表示：

“反思社会对于被告行为的看法，是这个原则的重要方面，单纯根据被告的主观确信，同时不要求特定的外在因素存在，显然有悖于道德非自愿性的观点。”

上述评价，并不是说胁迫抗辩兼具免责和正当化事由的功能。主观 1128
要素是被告遭遇精神压力，导致其实施犯罪。客观问题仅仅是其是否存在合理的根据担心威胁存在。假设甲，作为一名拳击冠军，强迫乙强奸甲的女友，否则就把乙打晕。甲之所以这样做，是因为其刚刚发现女友和其上司有染。甲还知道乙是艾滋病患者，因此他强迫乙在强奸时不得采取安全措施。因此，受害人不仅被强奸，而且还面临未来感染艾滋病的风险。如果胁迫成立正当化事由，那么我们就必须得出结论，乙强奸受害人是正当的。受害人并没有伤害乙，她的奸情显然也无法给甲提供让别人强奸自己并使自己感染艾滋病毒的正当化事由。除此之外，乙避免自己遭受严重身体伤害，也不是两害相权中的轻者，因为受害人不仅可能遭遇严重的身体伤害，而且还需要承担因为被人强奸所导致的心理创伤。因此，较大的伤害，似乎应该是乙给受害人造成的伤害。受害人并非进攻方，并没有给乙带来任何威胁或伤害。因此，如果说乙存在抗辩，也只是

① *R. v. Howe*［1987］A. C. 417 at 426.

② ［1982］1 W. L. R. 294 at 300. *R. v. Z*［2005］2 A. C. 467.

其当时所面临的精神压力所导致的免责抗辩。

8-021 因此客观方面的问题是,被告是否有合理根据相信威胁可能会变成现实。

对被告而言,必须是有必要从事犯罪以避免威胁。这种客观测试标准包括如下两项内容:

1. 被告必须有合理的根据相信威胁会变成现实。

2. 必须能够证明处于类似情况下的意志坚定的理性人也会为了避免被杀或受到严重身体伤害而实施犯罪(如果具有类似性格特征的理性人不会屈服于威胁,则被告也不能屈从)。

如果事实证明,缺乏合理根据让被告相信威胁会变成现实,那么就不需要考虑上述第2点标准,因为法律规定面对严重身体伤害甚至死亡威胁的理性人,可以据此实施谋杀及叛国以外的其他犯罪。然而,需要确定受胁迫的被告是否具有一般人的理性,是否能在类似的情况下抵御威胁
1129 (同样,或许可以认为,威胁的暴力程度,必须到达让理性人屈服的程度)。

8-022 只要被告诚实地(即使是不合理地)相信威胁会实现并且有必要犯罪以避免威胁,允许抗辩是否会更加公平?

如果依据主观标准检验被告认为威胁会实现的信念,则胁迫抗辩将与公共防卫和自卫保持一致。[①] 但是法院没有以同样的方式发展胁迫抗辩。因此,对于被告的内心确信需要采取客观的检验标准。

8-023 你是否是在告诉我,对于不合理地认为自己会受到严重伤害的人无法来说,不得提出胁迫抗辩?

是的,他的恐惧可能是真的,对他来说,的的确确认为如此,下面举个极端的事例来加以阐明。

假设1位身体强壮的21岁男人因为从小就被虐待,对年长的男人感到恐惧。假设一位手无寸铁的80岁男性命令他从商店偷雪茄。老年人威胁道,如果年轻人不遵守,就会打断他的双腿,因此年轻人屈服于威胁。

正常情况下,1位身体强壮,21岁的年轻人不会被80岁的老年人打断腿,他不会感到害怕,因为很容易相信其自己可以轻易逃脱。大多数意志坚定的人会认为,没有武装的80岁老年人将无法进行这种威胁。被告小时候遭受的虐待实际上可能使他发自内心地相信老人可能会打断自己的腿,但是没有这种童年记忆的理性人可能不会形成这种不合理的信念。[②]

---

① *R. v. Graham*[1982]1 W. L. R. 294; *R. v. Williams*(1984)78 Cr. App. R. 276; *Beckford v. The Queen*[1988]A. C. 130; *R. v. Wilson*[2006]EWCA Crim. 1880. Cf. *R. v. Martin*[2000]2 Cr. App. R. 42.

② *R. v. Hurst*[1995]1 Cr. App. R. 82.

但是，情况并非总是如此极端。在某些极端情况下，被告会不合理地认为，如果不实施指定的犯罪行为，就会面临威胁；并且他可能不合理地认为自己有必要实施指定的犯罪以避免被杀或受到重伤。主观的标准将使陪审团通过考虑被告实际上是否相信自己有必要实施指定的犯罪以避免几乎立即被杀或受伤，来确定是否可以抗辩。如果这种信念完全是幻想，[①]陪审团很可能会推断被告实际上没有持有类似的担心。[②]

8-024　假设被告很胆怯。胆子更大、消息更灵的其他人可能已经看出威胁只是虚张声势。被告仍被允许提出胁迫抗辩吗？

只有表现出一定意志坚定性的人才可以提出胁迫抗辩。对辩护方的客观限制，意味着威胁必须使被告无法合理预期进行抵抗。

8-025　如果被告有理由相信存在威胁并且威胁会被落实，实际上没有威胁是否重要？

被告可以提出抗辩。其实没有威胁也没关系，只要理性人相信有即可。[③] 1130

8-026　您告诉我，客观标准的第 2 种规定是，被告无法通过实施犯罪对威胁做出回应，只有当意志坚定的人认为需要实施该犯罪以避免迫在眉睫的伤害时，才可以作为抗辩。具有坚定意志的被告是否具有某些特征？

是的。在“女王诉博闻案”（*R. v. Bowen*）[④]中法官表示：

“（1）被告比正常人更不坚定，更易受伤害，更胆怯或更容易受到威胁的事实，不是为了考虑客观测试而应合理关注的理性人的特征。

（2）被告可能属于陪审团认为比其他类型的人抗压能力更小的人。明显的适例是年龄，年轻人可能不如成年人健壮。性别，尽管许多女性无疑会认为其在抵抗压力方面具有与男性一样多的勇气；怀孕，增加了对未出生孩子的担心；严重的身体残疾，可能会妨碍自我保护；公认的精神疾病或心理状况，例如导致学习能力丧失的创伤后应激障碍。

（3）在考虑挑衅时可能与之相关的特征，因为与挑衅本身的性质有关，在胁迫情况下不一定具有相关性。因此，如果挑衅性的言语或行为与同性恋有关，则此特征可能与挑衅有关；与胁迫无关，因为没有理由认为同性恋者在抵抗与胁迫案件有关的威胁方面具有弱点。

---

① *R. v. Cinous*（2002）162 C. C. C.（3d）129. *R. v. Savoury*（2005），201 O. A. C. 40.

② Cf. *D. P. P. v. Morgan*［1976］A. C. 182.

③ *R. v. Cairns*［1999］2 Cr. App. R. 137；*R. v. Conway*［1989］Q. B. 290；*R. v. Safi*［2004］1 Cr. App. R. 157.

④［1997］1 W. L. R. 372 at 379-380.

(4)由滥用有关物质,例如酒精、毒品或嗅胶而引起的相关精神特征,不具有相关性。

(5)精神病学证据是可以接受的,以表明被告患有某种精神疾病,精神障碍或公认的精神异常状况,如果患有这种疾病的人一般更容易受到压力和威胁的影响,从而帮助陪审团决定是否存在这种状况的理性人可能会被迫像被告那样行事。仅仅证明医生认为,没有遭受这种疾病或状况折磨的被告,特别胆小,非常听话或易受压力和威胁影响,不得作为证据加以采信……"

"女王诉博闻案"中的判决,允许某些被告将其信念的合理性与与其类似的人认为的合理性进行比较。法院对可能考虑的特征类型提出了若干建议,包括年龄、残疾、性别、怀孕和精神疾病。法院似乎在默示,由于这些类型的人可能更容易受到压力,问题是,具有上述这些特征的理性人是否会认为有必要犯下指定罪行以避免严重伤害或死亡。孕妇或残障人士可能会因为认为自己在身体上承受或避免威胁的能力较弱而屈服于威胁。孕妇还可能担心未出生孩子的生命和健康。其身体状况类似于情境
1131 要素或情节,因为不会影响做出理性决定的能力。相反,这可以帮助确定在给定情况下是否有必要让自己屈服于威胁。如果没有怀孕,被威胁者可能会逃跑,或者如果没有身体残疾,被威胁者或许可以抵抗胁迫。该标准仍然是客观的,因为将根据具有相同特征,处于相似状况下的理性人的预期标准来对被告加以判断。

8-027 患精神疾病时,被告可能无法就是否有必要屈服于威胁做出理性的决定。[①] 如果精神疾病导致行为人不合理地屈服于威胁,除非采用主观标准,否则很难支持其适用胁迫该抗辩事由。在极端情况下,可以适用精神错乱的抗辩,但这种责任减轻只能为谋杀提供部分抗辩。[②] 同样,受虐妇女综合征在主观标准下应用也不难,但在客观标准下可能难以适用。如果行为人因为罹患精神病而犯下了不合理的错误,认为其可以提出胁迫抗辩,似乎就是在曲解客观标准(在某些情况下,即使被告的能力下降,其认为有必要屈服于威胁的信念也是合理的。例如,在大多数妇女罹患受虐妇女综合征的案件中,被告妇女面对的家庭暴力通常很严

---

① *R. v. Horne*[1994] Crim. L. R. 584;*R. v. Hegarty* [1994] Crim. L. R. 353;*R. v. Hurst*[1995] 1 Cr. App. R. 82.

② *State v. Jones*,920 P2d 225(1996);*U. S. v. Murphy*,556 F. Supp. 2d 1232(2008). *State v. Lowe*,318 S. W. 3d 812(2010);*State v. Jimenez*,880 A. 2d 468(2005). *R. v. L*[2013] 2 Cr. App. R. 248.

重，足以使其有合理的理由认为有必要实施指定的罪行)。[①] 询问被告是否因为被死亡威胁或严重的身体暴力威胁吓倒而犯了指定的罪行是一回事，而这种威胁会使具备普通意志水平、年龄，性别和身体能力的理性人在类似情况下以相同方式行事；但是要问精神疾病患者是否会屈服于这种威胁，则是完全不同的另外一回事。

不能说如果要考虑这样的特征，对于一般的精神障碍患者，最好适用主观的标准。患有公认的精神疾病的人更有可能在是否会实施威胁方面犯下不合理的错误。此外，这样的人更有可能在是否有必要实施指定犯罪以避免威胁方面犯下不合理的错误。如果法院采用纯粹客观的标准，即使是被胁迫方的年龄也将变得不重要。但是，纯粹的主观标准可能会使陪审团提出若干相当荒唐的主张，但前提是被告必须满足举证责任。如果被告没有抵抗威胁完全缺乏合理性，则陪审团可以推断出他实际上并不认为有必要屈服于威胁。 1132

法律委员会建议维持客观标准。提出了：[②]

(1)陪审团在判断具有足够坚定意志的理性人是否会从事被告的行为时，应该考虑到被告的所有情况，包括其年龄，但不考虑其抵抗威胁的能力。

(2)被告相信威胁存在及其会实现的信念，不仅应该诚实而且必须合理。

8-028　维持纯粹客观标准的理由值得怀疑，因为法院认为精神疾病是应考虑的特征。将客观标准应用于此类情况将充满困难，并且极有可能产生荒谬的结果。最好采用完全主观的标准。“女王诉格雷厄姆案”中的指示采用了意志坚定的理性人测试[通过假设他“具有被告的特征”来对此加以证明；个人特征(精神障碍)的全面导入，不可能与客观测试完全协调]。[③] 在这些术语上对抗辩进行客观限制是必要还是可取的，可能会受到质疑。另外，对合理性的概念也施加了很大的压力。通常，在法律上，这个合理性暗含价值判断。不应询问陪审团，被告屈服于威胁是否道德；这将是很难回答的问题，如此询问将在很大程度上放弃上议院在政策上的决定，即允许胁迫作为抗辩。如果要求陪审团考虑允许胁迫抗

---

① *State v. B. H.*, 834 A. 2d 1063(2003); *R. v. Runjanjic*(1991) 56 S. A. S. R. 114 at 120 per King C. J. *R. v. Emery* (1993) 14 Cr. App. R. (S.) 394 at 398; *State v. Brennan*, 870 A. 2d 292(2005); *Re Glenn G.*, 587 N. Y. S. 2d 464(1992).

② See Law Commission, *Murder*, *Manslaughter and Infanticide*, (London: H. M. S. O. No. 304, 2006) at para. 6. 12. Andrew Ashworth, *Principles*, *Pragmatism and the Law Commission's Recommendations on Homicide Law Reform*, [2007] Crim. L. R. 333 at 341.

③ *R. v. Camplin*[1978] A. C. 705; R. *v. Graham*[1982] 1 W. L. R. 294.

辩是否具有政治性的话——允许这种抗辩是否会导致恐怖主义的增加，
1133 也会有同样的异议。相关政策问题已经由“北爱尔兰检察长诉林奇案”[①]解决，类似的问题没有什么可供陪审团审议的必要。

指示并没有明确要求存在威胁，但可能设想的情况是至少存在隐含威胁的情况（鉴于“女王诉格雷厄姆案”中没有威胁的证据，令人惊讶的是，上诉法院没有要求法院明确就这一点对陪审团进行指导）。合理的意志坚定性的要求通常意味着，认为自己受到默示威胁的人必须尽可能通过临时性的方式将其恐惧感与提出要求的人加以确认，如果可以安全地这样做的话。然后，其将发现自己是否受到威胁。

8-029　总结来说，被告所犯下的罪行的严重性是否能说明有关抗拒胁迫者威胁的合理性？

在标准的一侧，操纵被告严重受伤或死亡的威胁。在标准的另一侧，犯有从无害行为（如入店行窃）到劫持飞机的各种罪行（当然，谋杀和某些形式的叛国罪并没有放在标尺上，因为抗辩并不涵盖这些犯罪）。无论被害人是谁，严重伤害都是严重伤害，严重伤害本身可以实现。威胁要切断行为人的手指是一回事，而威胁要通过向人的眼睛泼洒浓酸来使行为人终生失明是另一回事。[②] 显然，行为人很可能很快屈服，以免永久失明。在其他情况下，严重伤害将更为普遍，例如，严重的攻击造成骨折。如此一来，如果为了避免犯下特别严重的罪行，例如，强奸自己的亲生子女，受胁迫者则可能会选择遭受攻击。

8-030　是否应该要求被胁迫者承受哪怕最严重的伤害，以免犯下可怕的罪行？

没有这样的要求，只要被告的意愿被压制，就可以提供抗辩，除非犯下了谋杀或叛国罪。[③]

“新泽西州诉 B. H. 案”[④]为我们提供了令人不安且完全令人震惊的
1134 事例。本案中，被告强迫妻子与他们 7 岁的儿子进行性交。他没有威胁要杀死，但威胁要造成重伤。可以认为，意志坚定的男人甚至若干意志坚定的女性宁愿遭受严重的伤害，也不愿让自己的孩子遭受这种伤害。但是被强迫的行为人因为患有受虐待妇女综合征，意志并不坚定。许多妇女可能不会屈服于威胁，因为其可能不想让自己的孩子忍受这种可怕的

---

① ［1975］A. C. 653.

② See Myles Burke, *Acid attack model talks about recovery* (London: The Telegraph, 20 October 2009).

③ Cf. *Abbott v. The Queen*［1977］A. C. 755 at 773.

④ 834 A. 2d 1063(2003).

经历。强迫母亲与自己的孩子发生性行为,不仅会对母亲产生长期(有害)的心理影响,而且还会对孩子造成长期(有害)的心理影响。在"新泽西州诉 B. H. 案"中[①]丈夫的手缠在被胁迫方的脖子上,在威胁时挤压被害人,而被胁迫方已被他身体和精神虐待多年,因此,处境相似且具有自己特征的女性很可能会屈服于威胁。

显而易见的是,如果罪行很轻微,被告就更容易提出遭到胁迫的抗辩,因为在衡量的另一端,是严重的伤害和死亡。被要求意志坚决的人如果被要求犯下若干琐碎的罪行,则有可能屈服于威胁,如果这意味着避免死亡或重伤。在某些情况下,法院认为犯罪必须与威胁相称。[②] 但是,按比例进行分析并没有多大用处,因为唯一被认为是不成比例的犯罪是谋杀和某些形式的叛国！因此,较为轻微的犯罪都被视为避免死亡或严重伤害威胁的适当方式。

8-031　在特殊情况下,比例原则可能会有所不同。在"女王诉阿杜·侯赛因案"[③]中,被告在从喀土穆飞往安曼的航班上劫持了一架苏丹航空公司的空中客车,并迫使其飞往英国,因为他们认为苏丹法源会将他们送回自己的国家伊拉克。他们声称,如果将他们送回伊拉克,将被监禁和遭受酷刑。在从非洲飞往英格兰的飞行中,劫机者抓住了空姐,用刀威胁,拿出了手榴弹,并威胁炸毁飞机。在大部分飞行中,劫机者还用刀顶住机长的背部。随之而来的是,劫机者告诉他的同伙,如果有人动弹,则炸毁飞机。飞机必须降落在塞浦路斯拉纳卡进行加油。当降落在塞浦路斯时,乘务人员要求劫机者释放这些妇女和儿童,但劫机者拒绝释放他们。尽管上述某些行为可能对于劫机者实现逃离苏丹的目标来说是必要的,但强迫妇女儿童在可怕的条件下从塞浦路斯飞往英国,显然是他们避免据称由伊拉克政权制造的威胁的不合理和不相称的方式。即使接受他们为避免迫在眉睫的伤害而从塞浦路斯飞往英国的合理安排,[④]考虑到恶劣的条件,使其带孩子继续参与飞行的下一阶段是不合理的。适当的 1135
应对措施,应仅仅是要求飞行机组人员和若干男性乘客继续参与飞行。

---

① 834 A. 2d 1063(2003).

② *R. v. Martin*(1989)88 Cr. App. R. 343. In *Bayley v. Police*(2007)99 S. A. S. R. 413 at 427–428;*R. v. Ruzic*[2001]1 S. C. R. 687.

③ [1999]Crim. L. R. 570.

④ *D. P. P. v. Tomkinson*[2001]R. T. R. 38;*Crown Prosecution Service v. Brown*[2007]EWHC 3274;*D. P. P. v. Jones*[1990]R. T. R. 33.

第5节 威胁的对象

8-032 上面提到,宾厄姆法官主张威胁应针对被告、其直系亲属或“关系密切的人”。在“女王诉沙勒案”[①]中,法院裁定:“威胁必须针对被告或他负有责任的行为人或存在其他情况使其负有责任的人。”这不仅包括直系亲属,还包括事实上的妻子/丈夫和继子女。

8-033 “关系密切的人”会包括被告最好的朋友吗?

没有理由不包括最好的朋友。大多数人会感到不得不采取行动防止密友遭受严重伤害或杀死。[②]

8-034 他屈服于威胁以保护陌生人免受杀害或重伤,对此是否足以提出抗辩?

没有理由不这样做。许多人会被迫采取行动防止陌生人受到严重伤害或杀害。[③] 如果法院认为仅在被告屈服于威胁以保护家庭成员或密友时,才可提出胁迫抗辩,可能会得出荒谬的法律结论。在某些情况下,行为人犯罪以保护素未谋面的人。不应因防止陌生人被杀或受重伤而受到惩罚。美国大多数司法管辖区不要求被胁迫方与威胁对象紧密联系。[④]

在“美国诉汉尼案”(*U. S. v. Haney*)[⑤]中,美国第十巡回上诉法院表
1136 示:

“确实,正如政府所观察到的那样,大多数第三方胁迫判例都涉及被告与受威胁者之间的家庭关系;但是,逻辑和实践都不支持这种‘家庭关系’限制。回到上面关于胁迫的基本说明,为什么丁(为了防止甲射杀乙)是否与乙有家庭关系很重要呢?无论哪种情况,允许丁违反交通规则都可以避免更大的社会伤害。”

威胁要针对与被告亲密的人或“其负有责任的人或存在其他情况使其负有责任的人”,这个要求是没有原则的,而且是不适当的限制。被告“合理地认为自己应对之负责”的测试过于模糊。某位教授可能会对成年学生负责,而其他教授则不然。同样,某位成年学生可能会认为自己有责任保护自己的教授,而其他学生可能不这样想。某位理发师可能认为自己需要对普通客户负责,但其他理发师可能不会。但是,在人们被迫采

---

① [2001]1 W. L. R. 2206 at 2226 *per* Lord Woolf C. J. Approved by Lord Bingham*R. v. Z*[2005] 2 A. C. 467 at 490-491. *R. v. Abdul—Hussain*[1999]Crim. L. R. 570.

② *R. v. Wright*[2000]*Crim*. L. R. 510;*R. v. Conway*[1989]Q. B. 290.

③ *R. v. Shayler*[2001]1 W. L. R. 2206 at 2224.

④ *U. S. v. Haney*,287 F. 3d 1266 at 1271-1272(2002).

⑤ 287 F. 3d 1266 at 1271-1272(2002).

取行动挽救陌生人或熟人免于受到严重伤害或被杀死的真实案件中,法院不太可能拒绝胁迫抗辩。[1]

第 6 节　迫在眉睫的危险要求

8-035　如果行为人在受到威胁时能够抵抗或逃避,当然必须这样做,而不是屈服于胁迫。事实必须是(被告知道),如果不犯下违法行为或引发重大后果,将无法避免威胁。如果证据没有矛盾,被告可以避免被处罚,原则上,无须将胁迫的证据提交给陪审团审议,尽管初审法官可能认为将这个问题交给陪审团,同时对其做出法律指示,是更安全的做法。

在令人惊讶的"女王诉哈德逊案"(*R. v. Hudson*)[2]宽容判决之前,人们认为,如果被告可以寻求警察的保护,无论警察是否能够有效地为他提供保护,都不得主张胁迫抗辩。否则,恐怖分子可能会给有胆识的公民实施可怕的行为提供"长期豁免权"。

在"女王诉哈德逊案"中,两名年龄分别为 19 岁和 17 岁的女孩在刑事审判中作了伪证,因为(二被告说)其在审判前受到伤害的威胁以及曾对其加以威胁的人之一出席了庭审。被告被起诉作伪证。初审法官拒绝将胁迫抗辩问题移交给陪审团处理,理由是女孩犯下罪行时已进入法院,如果其提出要求,随时可以得到保护。被告被定罪。但是,上诉法院认为 1137
应将胁迫抗辩问题留给陪审团,因而撤销了定罪判决。[3]

8-036　这个决定似乎更多是由于法官的天生的骑士精神,而不是出于对公共政策要求的坚定考虑。这些女孩在提供证据后本可以立即寻求警察的保护;尽管她们可能有充分的理由认为警察将无法无限期地提供保护,但这种考虑不足以支持抗辩。尽管存在"女王诉哈德逊案",在"女王诉 Z 案"中,宾厄姆法官表示:[4]

"应……向陪审团明确表明,如果对被告或其家人或他合理地认为对其负有责任的人所受到的威胁不如被告未能遵守威胁所预期般合理实现,几乎没有疑问可以怀疑他是否可以采取逃避行动,无论是去警察局还是以其他方式来避免犯下被指控的罪行。"

在"女王诉 N 案"(*R. v. N*)[5]案中,上诉法院表示:

---

① *U. S. v. Haney*, 287 F. 3d 1266 at 1271-1272(2002).

② [1971]2 Q. B. 202.

③ Contra, *R. v. Taonis*[1974]*Crim. L. R.* 331.

④ [2005]2 A. C. 467 at 494-495. *R. v. Cole*[1994]Crim. L. R. 582; *D. P. P. v. Mullally*[2006] EWHC 3448.

⑤ *R. v. N*[2007]EWCA Crim. 3479 paras. 11 and 12.

“胁迫抗辩……可以使真诚合理相信,除非犯下有关罪行,否则将被杀死或被重伤的被告免责……本案中法官的指示与宾厄姆法官在‘女王诉Z案’①中的陈述相符。‘女王诉阿杜·侯赛因案’(*R. v. Abdul—Hussain*)如果被正确理解,与此也没有什么矛盾。对于‘女王诉阿杜·侯赛因案’或‘女王诉哈德逊案’的其他理解,都属于对胁迫抗辩原则的不
1138 当扩张。”

8-037 如果合理迫在眉睫的伤害威胁的效果,导致被告承受巨大的心理压力,从而导致她的行为在规范上是非自愿的,我看不出有理由要求这种威胁是伤害将立即实施。为什么要严格遵守威胁的紧迫性要求?

我同意你的看法。如果威胁具有足够的危害性,足以使被告的行为成为规范的非自愿行为,则应提供免责。事实上,被告在道义上是可以原谅的,所以不允许辩方在法律上对此加以主张是不公平的。

加拿大最高法院采取了一种灵活的做法,类似于英国上诉法院在“女王诉哈德逊案”中的做法。在“女王诉莱恩案”中,加拿大最高法院法官勒贝尔和克罗姆威尔表示:

“威胁和威胁的伤害之间必须有密切的时间联系……威胁和执行之间的密切联系必须使被告丧失自愿行动的能力。威胁与所威胁的损害之间必须有密切的时间联系,与被告没有安全的逃跑途径的要求有关。遥不可及的威胁会让人怀疑其严重性,尤其是是否存在安全逃生途径的问题。

如果被告有机会寻求官方保护,则不应允许将胁迫作为抗辩事由。如果威胁不再存在,因为被告已将自己置于胁迫者无法控制的范围之内,则无法提供抗辩。因此,如果醉酒的人受到攻击并决定在自己的汽车上加速行驶,则一旦脱离危险,应立即停车。如果被发现超速开车的位置距所谓的攻击发生地几英里远,法院可能会裁定不再存在需要用超速开车的方式避免迫在眉睫的伤害威胁。”②

8-038 被告应尽可能避免继续犯罪。继续犯罪不会使他人面临危险,这并不重要。在“女王诉波美尔案”(*R. v. Pommell*)③中,被告被法院认定在床上使用冲锋枪。根据1968年《火器法》第5(1)(a)条,他被指控拥有未经授权的枪支。被告坚称自己在晚上拥有枪支,以防止熟人利用枪支伤害他人。也有人代表他辩称,被告打算在破晓时将其交给警察。

---

① *R. v. Z*[2005]2 A. C. 467 at 494.

② *D. P. P. v. Tomkinson* [2001] R. T. R. 38; *Crown Prosecution Service v. Brown*[2007] EWHC 3274; *D. P. P. v. Jones*[1990] R. T. R. 33; cf. *D. P. P. v. Bell*(1992) R. T. R. 335.

③ [1995]2 Cr. App. R. 607.

上诉法院裁定,在被告拥有枪支方面,可以提出情境所迫抗辩。关于继续拥有枪支,法院认为,被告应该尽其所能停止拥有枪支。这意味着被告应立即将枪支带到警察手中。尽管如此,法院表示:

“法院接受,在某些情况下,尤其是无法解释的情况下的延误可能明确表明胁迫已经停止……这样就没有理由将这个问题交给陪审团了。但是,如前所述,这种情况似乎还不够清楚,无法在本案中采取适当的措施。 1139
首先,通宵延迟几个小时可能不会被认为是过长的时间,其次,被告确实对此做了解释,因此,如前所述,相关抗辩应由陪审团处理。”①

如果被告的家庭成员被绑架,以及被告被威胁如果不实施某种犯罪行为,被害人将被杀死或重伤,将会产生更加棘手的问题。② 被告去了警察局,但显然警察无法阻止威胁的发生,所以被告照暴徒的话去做。法律委员会建议应通过以下规定排除抗辩:

“如此一来,有效防止被告受到威胁的官方保护可能存在或可能不存在这项事实,并不重要。”③

这是条严厉的规则,但却是公共政策所必需的。④ 否则,行为人有可能在社会上逍遥法外,他们按照别人的计划犯下一系列令人发指的罪行而没有受到法律制裁,因为他的亲戚已被绑架。对这种规则的认可甚至可能会增加绑架,这可能会增加被威胁要遵守要求的人的准备。

8-039 但是,在有明显证据表明警察几乎不可能干预以保护人质的极端情况下,可以允许进行抗辩。在“女王诉阿贾米案”(*R. v. Ajami*)⑤中,阿贾米女士是位 24 岁的大学毕业生,其家人是居住在加拿大的黎巴嫩移民。阿贾米女士居住在加拿大,但她的近亲(包括她的妹妹和叔叔)仍居住在黎巴嫩。阿贾米女士从梅赛德斯·奔驰经销商处骗取了 1 辆价值 45000 美元的汽车。这辆赃车是在等待从蒙特利尔港口运往黎巴嫩的 1 个货柜里被起获的。根据该省的法律,被告被指控犯有欺诈罪。她承认犯有该罪行,但提出了抗辩事由。在证据中她坚称自己犯罪是“因为在黎巴嫩的家人被扣为人质,他们的绑架者卡里姆·甘杜尔(Karim Ghandour)和他的儿子卡玛尔(Kamal)威胁要杀害他们,除非犯下了该罪

---

① *R. v. Pommell*[1995]2 Cr. App. R. 607 at 616.

② *R. I. Recreation Center v. Aetna Casualty & Surety Co.*, 177 F. 2d 603(1949); *U. S. v. Alicea*, 837 F. 2d 103(1988); *R. v. Hurley*[1967]V. R. 526.

③ Law Commission, *Criminal Law: Report on Defences of General Application*, (London: H. M. S. O., No. 83, 1977) Pt. Ⅱ.

④ *Cf. R. v. Ajami*[2010]O. N. C. J. 284 at para. 38 *et passim*.

⑤ [2010]O. N. C. J. 284.

1140 行以及其他罪行……”①

卡玛尔·甘杜尔在没有警告的情况下出现在阿贾米女士在加拿大的家庭住宅中,由阿贾米一直住在黎巴嫩的姐姐妮可(Nicole)陪伴。当他们抵达时,阿贾米女士的姐姐显然处于痛苦和激动的状态。甘杜尔告诉阿贾米女士,她的叔叔让·阿贾米(Jean Ajami)被自己的同伙在黎巴嫩南部劫持为人质。他威胁称,除非阿贾米女士和的家人犯下多项财产犯罪以筹集赎金,否则她的叔叔将被杀害。② 甘杜尔告诉阿贾米女士,他与真主党有联系,与加拿大警察部队有联系。警方传召了安大略省反恐怖主义情报部门的专家证人出庭,证明甘杜尔是与真主党有联系的臭名昭著的罪犯。

法院允许被告提出胁迫抗辩。关于阿贾米女士是否有安全的逃生途径的问题,法院认为没有。即使本可以很轻松地从汽车经销商办公室或公寓打电话给警察,但被告担心如果这样做,叔叔会在黎巴嫩被杀。法院认为,被告有合理的理由相信去警察局不会为提供逃脱途径。舒瓦茨法官(Schwarzl J.)表示:

“被告的内心确信后来在黎巴嫩得到了加强,她当时合理地相信,甘杜尔等人与黎巴嫩警察有关系……我认为被告后来在黎巴嫩的知识和经验与对甘杜尔与加拿大警察的关系的担忧相吻合……因此,我感到满意的是,阿贾米女士诚实且合理地感到,没有逃脱甘杜尔之手的安全手段,被迫违背自己的意愿实施了这项罪行。”③

8-040 当欺诈案发生时,阿贾米当然可以打电话给安大略省警察反恐怖主义科、加拿大皇家骑警或加拿大安全情报局。

法官认为,被告有合理的理由相信这些机构并不完全独立于与甘杜尔接触的黎巴嫩警察。事实看来,该决定是错误的,因为理性人不会相信像甘杜尔这样的人会与加拿大警察和情报机构保持联系。同样令人怀疑的是,阿贾米是否有合理的理由相信加拿大情报机构会将她的申诉通知甘杜尔或黎巴嫩警察局(理性人很可能会相信加拿大的机构将与国际刑警组织合作,以确保甘杜尔在黎巴嫩的关系人不会得到风声)。

8-041 理性人怎么会相信像安大略省警察反恐怖主义科这样的机构会协助像甘杜尔这样的恐怖分子?

更强有力的论点是,被告有合理的理由相信加拿大警察会尽全力保
1141 护自己的叔叔,但这不足以挽救他的生命。似乎有合理的理由相信加拿

---

① *R. v. Ajami*[2010]O. N. C. J. 284 at para. 4.

② *R. v. Ajami*[2010]O. N. C. J. 284 at para. 4. 14-17.

③ *R. v. Ajami*[2010]O. N. C. J. 284 at para. 39, 41.

大警方没有能力保护她的叔叔，因为她的叔叔被外国的恐怖分子关押。他不仅被关押在外国，而且还被关押在真主党影响深远，甘杜尔与警察有联系的国家。“女王诉阿贾米案”是极端的案件，因为加拿大警察似乎几乎不可能保护人质。阿贾米有合理的理由相信，向加拿大警察举报此事不会阻止甘杜尔进行威胁。[1] 阿贾米女士似乎有合理的理由相信只有通过实施欺诈行为才能保护叔叔。

如果可以证明被告有合理的理由相信向警察举报此事不足以阻止威胁发生，英国法院很可能会在“人质”类型案件中允许提出这种抗辩。[2]

8-042　仅表明损害已经“立即”受到伤害还不够吗？甘杜尔可以立即杀死阿贾米的叔叔，因为甘杜尔所要做的就是通过手机向他在黎巴嫩的同盟发送短信。

威胁必须是几乎能立即执行的威胁。确实可以几乎立即进行相关威胁，但是威胁并不是要在不久的将来杀死叔叔。甘杜尔威胁称将来会杀死阿贾米的叔叔，但前提是阿贾米不伙同其进行欺诈。

假设甘杜尔到达了阿贾米女士的公寓，并表示：“您得陪我去汽车经销店，在那里您应利用欺诈手段获得汽车；如果您不这样做，我会发短信给我在黎巴嫩的同伙，您的叔叔将被立即杀害。”如此一来，被告可以使用胁迫抗辩，因为本案中，阿贾米女士不可能报警或警示汽车经销商。由于甘杜尔会受到保护，因此将无法打电话给警察或警告汽车经销商，而不必冒险按他的移动电话上的“发送”按钮。一旦实施错误行为，甘杜尔会向同伴发送条短信，被告的叔叔立即被杀死。这与被强迫方有足够的机会私下报警的情况截然不同。[3] 1142

第 7 节　因果关系与指定犯罪

8-043　如果被告不是因为威胁根本就不会实施被强迫的犯罪，则可以据此抗辩。[4] 被告是否仅由于威胁而犯罪？一直认为，严重伤害或死亡的威胁必须成为被告犯罪的唯一动力。[5] 在“女王诉沃德玛—沃加

---

① Cf. *R. v. Hudson*[1971]2 Q. B. 202.

② *Taiapa v. The Queen*(2009)240 C. L. R. 95 at 109.

③ *R. I. Recreation Center v. Aetna Casualty & Surety Co.*, 177 F. 2d 603(1949); *R. v. Le* (No. 3)[2010]N. S. W. D. C. 37.

④ *R. v. Valderrama—Vega*[1985]Crim. L. R. 220.

⑤ *R. v. Valderrama—Vega*[1985]Crim. L. R. 220; *The Queen v. Fisher*[2004]EWCA Crim. 1190.

案”(*R. v. Valderrama—Vega*)①中,被告进口了管制药物,因为黑手党组织威胁要严重伤害或杀害他的妻子和家人,并且威胁要透露他的同性恋身份。财务状况不佳也刺激被告犯罪。因为对被告家人的威胁本身并不是其犯罪的唯一原因,所以上诉法院维持了有罪判决。胁迫抗辩要求被告的意志受到死亡或严重伤害的威胁,而不是被多种要素压倒。

这似乎是某项非常严厉的规则,最好有规则允许被告证明如果不是受到胁迫,自己根本就不会被要求实施犯罪。如果伤害或死亡的威胁本身足以压制被告的意志,即使受到其他要素的影响也没关系。在“女王诉沃德玛—沃加案”中,证据表明所有这些要素都影响了被告犯下指定的罪行。毫无疑问,被告的主要考虑要素是自己的财务状况不佳。因此,判决原则上似乎是正确的。被告可能愿意犯下指定的罪行,以解决自己的财务问题并防止其同性恋身份曝光。尚不清楚如果妻子和家人受到黑手党组织严重伤害或死亡的威胁,他是否不会实施“相关”犯罪。

8-044 坏蛋需要指示被告实施犯罪吗?假设被告只是害怕坏蛋,从而为了逃脱而实施犯罪呢?

原则上,该罪行必须由坏蛋明示或默示发出命令,而命令的背后是威胁(或者被告必须相信情况如此)。当然,在涉及情境所迫的案件中,没有明示或默示的命令让被告犯下指定的罪行。相反,被告可能会犯下一系列犯罪(超速驾驶,刑事损坏等),以逃避受到威胁的伤害。如此一来,威胁的源头可能是人为造成的,例如有人向被告开枪,这会导致被告超速行驶或闯入建筑物寻求庇护。如后所述,威胁也可能是由自然事件引起
1143 的,例如,被告未经允许,开走了别人的汽车,以躲避正在发生的海啸(后者也可能被视为紧急避险,而不是情境所迫)。

“女王诉琼斯案”②的特殊判例说明了对抗辩人的这种限制,下午1时30分,两名便衣警察坐在停靠在街边的车里监视琼斯,琼斯以为他们是暴徒,便以高达50英里/小时的速度驶过建筑区,闯红灯,最后驶到派出所外面,为了安全起见冲进了里面。他因危险驾驶被定罪,没有上诉。被告无法提出遭到胁迫的抗辩,因为没有被命令危险开车,也不认为自己曾经被逼迫。他无法提出自卫的抗辩,因为抗辩只能在针对攻击者或被认为是攻击者的行为方面可用。危险驾驶影响了整个公众安全。

8-045 为什么不成立紧急避险或情景所迫呢?

现在将这种情况视为情境所迫。与纯粹形式的胁迫不同,可以适用

---

① [1985] Crim. L. R. 220.

② (1963) *The Times*, December 18.

情境所迫抗辩。[1] 然而，该学说在 1963 年尚未发展出来。

8-046　您是在告诉我，如果该案件不是情境所迫案件之一，则被告只有在被命令实施某项特定犯罪并且实施了该罪行的情况下，才能依靠胁迫的抗辩？

作为司法问题，只有在被告实施了直接被强迫实施的犯罪的情况下，才可以使用抗辩。[2] 在“女王诉科尔案”（*R. v. Cole*）[3]中，被告抢劫了两个建筑社团。他的辩解是，自己无法偿还欠债，债主威胁他的女友和孩子。初审法官裁定，只有在被告犯下了被命令犯下的罪行的情况下，胁迫抗辩才可适用。债主没有命令科尔去抢银行。他只是被告知，如果他不还钱，他和他的家人将受到严重伤害。

上诉法院表示：[4]

“科尔无法依靠胁迫抗辩，因为放债人没有要求他要抢劫以满足自己的要求。同时还缺少迫在眉睫的危险，这是适当主张胁迫抗辩的必要先决条件。”

法院受到未满足迫在眉睫的伤害要求这项事实的影响。科尔有充足的机会寻求警察的协助。但是，该规则确实留有余地。如果被告从事了 1144
被胁迫实施的非此即彼的一系列犯罪行为，法院可能会认定被告可以提供抗辩。假设被告被命令在 1 个小时内还钱，否则家人将被杀害。假设被告知应该抢劫行为人或扒窃，如果被告实施了抢劫或盗窃行为，则应该提供抗辩，因为其实施了其中某项指定罪行。[5] 必须证明被告犯了被要求实施的某项罪行。在大多数情况下，无须证明被告是针对特定被害人的。例如，如果命令他抢劫“斯特兰德大街”（the Strand）上的银行，抢劫哪家银行都没关系。

8-047　假设帮派成员威胁被告如果不帮忙抢劫，就要杀死路人。如果答辩人通过协助抢劫避免了威胁，则允许抗辩；如果他想通过偷车逃跑来逃避威胁，则不允许抗辩，不是吗？

是。但是很明显，情境所迫将保护被告在后者的情况下的行为。这和“女王诉科尔案”[6]可做区分，因为其不属于情境所迫的情况。科尔有足够的时间寻求对警察的保护，这就是他应该做的。

---

① On analogous facts R. *v*. *Conway*[1989] Q. B. 290 the defence of duress of circumstances was allowed.

② Cf. *Southwark L. B. C. v. Williams*[1971] Ch. 734; *R. v. Ali*[1995] Crim. L. R. 303.

③ [1994] Crim. L. R. 582.

④ *R. v. Cole*[1994] Crim. L. R. 582.

⑤ Cf. *R. v. Ali*[1995] Crim. L. R. 303.

⑥ [1994] Crim. L. R. 582.

第8节 自愿暴露于胁迫威胁

8-048 如果被告自愿将自己置于其已经知道或本应知道胁迫者可能威胁杀死或使其受到严重伤害而强迫他犯下罪行的境地,则不得提出胁迫抗辩。①

8-049 假设1个恐怖组织,只有1个头目,纪律非常严格。每个成员都执行命令,知道如果违背命令就将被枪杀或者伤害。如果允许将胁迫作为抗辩,则只有头目可以受到惩罚。

胁迫抗辩不适用于自愿接受强迫犯罪危险的人。明显的事例是,行为人自愿从事犯罪。② 在"女王诉夏普案"(*R. v. Sharpe*)③中,被告自愿加入一伙持械抢劫的团伙,并参与抢劫,导致该团伙首领杀死了邮政局长。被告被判犯有过失杀人罪,并提出胁迫抗辩。夏普坚称曾想退出抢
1145 劫,但由于帮派头目向他开枪并威胁要把他的头打烂而继续参加。法院认为,夏普无法提供胁迫抗辩,因为其是自愿加入犯罪团伙的,知道团伙成员会强迫他实施犯罪。

同样,如果被告加入了他知道或应该知道的从事犯罪活动的组织,则该组织的成员强迫他实施犯罪时,抗辩人将无法获得抗辩,因为被告已自愿承担遭受胁迫的风险。④ 如果被告选择与认识的从事犯罪活动的飞车党有联系,则如果该团伙成员强迫他犯罪,则该被告无法提出胁迫抗辩。⑤ 犯罪团伙的存在理由并不仅仅从事犯罪活动。只需要证明该团伙不时从事这种行为,而且被告知道或应该知道自己可能被迫犯下某种犯罪行为就足够了。

8-050 如果行为人被绑架后,被迫卖淫并为绑架者出售毒品该怎么办?

假如行为人没有选择与绑架者交往,而是人口贩运和性奴役的被害人,在这种情况下胁迫将构成充分的抗辩。同样,如果被迫为皮条客销售毒品,结论也是如此。⑥

---

① *R. v.* Shepherd(1987)86 Cr. App. R. 47;R. v. Sharpe[1987]Q. B. 853.

② [1987]Q. B. 853. Paul H. Robinson, *Causing the Conditions of One's Own Defence: A Study in the Limits of Theory in Criminal Law Doctrine*,(1985)71 Va. L. Rev. 1.

③ *R. v. Fitzpatrick*[1977]N. I. 20.

④ *R. v. Heath*[2000]Crim. L. R. 109;*R. v. Lewis*[1993]96 Cr. App. R. 41;*R. v. Ali*[1995]Crim. L. R. 303;*R. v. Ali*[2008]EWCA Crim. 716 at para. 12.

⑤ *R. v. Sandham* (2009)70 C. R. (6th)203. *R. v. Li*[2002]162 C. C. C. (3d)360.

⑥ *R. v L(C)*[2013]2 Cr. App. R. 247 at 254.

8-051　是否必须证明被告应该预见到自己将被迫实施实际上是犯罪的行为？还是足以表明他应该预见到自己可能会被迫实施某种犯罪行为即可？

在任何情况下，如果被告没有预见到被要求犯罪的“类型”，仍然允许被告提出胁迫抗辩就太过分了。[①] 如果在理性人未预见到其会被强迫实施某种犯罪行为的情况下允许抗辩，则可以取得罪刑的平衡。不过，宾厄姆法官在“女王诉 Z 案”（*R. v. Z*）表示：[②] 1146

“尽管预见可能会被强迫采取合法行动的情况并不容易，但不需要对被强迫实施犯罪行为的先见之明。”

上诉法院在“女王诉阿里案”（*R. v. Ali*）[③]中表示：

“司法研究委员会的指示意见样本明确指出，核心问题是被告是否自愿将自己置于其所预见的位置，或者应该合理地预见到可能遭受暴力威胁而遭受强迫的风险。实际上，暴力威胁几乎总是由从事犯罪活动的人造成的；但在我们的判断当中，必须预见或可预见的是与暴力威胁有关的强迫行为的危险性，而不是威胁者从事的活动的性质。”

司法研究委员会的指示意见样本为初审法官提供了指导，但并不具有约束力。如果遵循“女王诉阿里案”，[④]则可能会禁止妇女在其暴力伴侣强迫实施犯罪的情况下提出胁迫抗辩，因为该妇女应该预见到可能“会受到暴力威胁的强迫”。“女王诉阿里案”认为，如果继续与存在暴力倾向的丈夫/伴侣交往，将对他强迫犯下的罪行负责。这不禁让人联想到“新泽西州诉 B. H. 案”（*State v. B. H.*），[⑤]B. H. 的丈夫强迫其与 7 岁的儿子进行性行为。B. H. 患有受虐妇女综合征，因此意识到自己正在与可能“通过暴力威胁使自己屈服于强迫”的人交往这项事实。

8-052　假设被告的丈夫多年来（在严重暴力的威胁下）强迫被告做出许多非犯罪行为，例如在看电视时为他提供啤酒。还假设他出人意料地强迫被告与儿子进行性行为。允许被告提出胁迫抗辩吗？

如果适用“女王诉 Z 案”和“女王诉阿里案”，则不行。因为被告知道自己一直在被暴力威胁为丈夫提供啤酒（从被告的角度来看，这是非犯罪行为），因此应对可能会被强迫实施的罪行负责。

这肯定是错误的。更合适的观点是，仅在被告不顾后果或疏忽地暴

---

① *R. v. Z*[2005]2 A. C. 467 at para. 497-498, overruled *R. v. Baker*(*No*. 1)[1999]2 Cr. App. R. 335 at 344.

② *R. v.* Z[2005]2 A. C. 467 at para. 498.

③ [2008]EWCA Crim. 716 at para. 12.

④ *R. v. Ramchurn*[2010]2 Cr. App. R. 18.

⑤ 834 A. 2d 1063(2003).

1147 露于自己被迫从事某种犯罪活动的风险的情况下时,才能排除抗辩。[①] 在“女王诉Z案”中,黑尔提到受虐妇女的处境:[②]

“受虐的妻子知道,如果留下来,将面临遭受非法暴力的危险,但可能没有理由让妻子相信丈夫最终会用其崩溃的意志强迫其实施犯罪。出于同样的原因,我要说必须预见到胁迫将被用来强迫该人实施某种犯罪。”

黑尔的法律观点得到了法律的青睐。宾厄姆法官认为起诉无须证明被告预见到了他可能被迫实施的确切“类型”罪行,这是正确的,但其认为被告(或理性人)不需要预见他可能被迫实施犯罪行为,这是错误的。“女王诉Z案”中已经明确指出,那些过失(或轻率)暴露于被胁迫的风险的人将被禁止提出胁迫抗辩。

鉴于仅仅过失就足以排除抗辩,检验标准应该是被胁迫方是否“轻率或过失地将自己置于可能被迫犯下犯罪行为的情况之中”。[③]

8-053 如果受虐妇女没有离开对她进行胁迫的丈夫的想法,认为其与丈夫的交往是非自愿的,是否是不公平的。对于冒着被迫犯罪的风险而言,是否不存在合理的免责事由?

就家庭关系而言,被告应能够提出胁迫抗辩。美国法院裁定,这样的被告不会因过失或轻率地面临被胁迫的风险,因此应该能够提出胁迫抗辩。[④] 更有力的论据是,被告不是自愿与自己认识或应该认识的可能会迫使其实施犯罪行为的人交往。缺乏离开虐待者的意志力这项事实足以为被告提供与胁迫者交往的合理解释。[⑤]

8-054 威胁是否会引起对象自身的共鸣是否重要?

如果被告是对自己的威胁的源头,将无法提出胁迫抗辩。[⑥] 以不喜欢被监禁而自杀的人为例。在“女王诉罗杰案”(*R. v. Rodger*)中,被告被判犯有越狱罪。被告因谋杀被判处长期徒刑,并在监狱中变得沮丧并试图自杀。被告方辩称,如果被告继续留在监狱中,将会自杀。上诉法院认
1148 为,除非“犯罪行为的因果关系与罪犯无关”,否则无法提供胁迫抗辩。

“这仅仅关乎胁迫者的自杀倾向、思维过程和罪犯本身的情绪。这个要素引入了法源当中没有的完全主观的要素。”[⑦]

---

① Section 32 of the *Criminal Code of Western Australia*.

② *R. v.* Z[2005]2 A. C. 467 at 512.

③ *U. S. v. Burnes*,666 F. Supp. 2d 968(2009);*U. S. v. Gamboa*,439 F. 3d 796(2006);*U. S. v. Montes*,602 F. 3d 381(2010).

④ *U. S. v. Ceballos*,593 F. Supp. 2d 1054 at 1063(2009).

⑤ *R. v. Z*[2005]2 A. C. 467 at 511.

⑥ [1998]1 Cr. App. R. 143.

⑦ *R. v. Rodger*[1998]1 Cr. App. R. 143 at 145.

也可能有人会争辩称，被告自愿从事谋杀行为，因而导致了自杀倾向的风险，被告必须知道谋杀将导致冗长的刑期。

6-055　这是否意味着，如果犯罪的因果特征与犯罪者无关，抗辩就无法使用？

不必然如此。法院还建议，如果存在强有力的客观要件，则适用胁迫抗辩。因此，如果行为人正遭受只有大麻可以缓解的巨大痛苦（假设相当于重伤，如果不是严重的话，他将不得不提出紧急避险的抗辩），除非该抗辩被立法排除在外，否则应该能够提出抗辩。① 通过提供令人信服的医学证据来证明该人正在遭受公认的极其痛苦的医学状况，而大麻是治疗该痛苦的唯一有效方法，可以满足该客观要件。②

在情况紧急的情况下，有必要满足抗辩的所有其他要素。至于拥有大麻，如果行为人被人用枪胁迫持有，显然可以提供抗辩。同样，如果没有其他合理的选择，就可以用胁迫作为抗辩。

假设有一群学生去湖区露营，其中一位从山沟上掉下来。假设他受了重伤，痛苦万分。假设学生没有止痛药，并且步行 3 个小时才能返回车上。碰巧其中一位学生随身带了若干大麻，他将大麻提供给受伤的人，以减轻他的痛苦。

8-056　受伤的行为人是否能够辩称他被迫使用大麻缓解他的巨大痛苦？如此一来，由于似乎没有合法的替代选择，因此只要他能够满足“道德非自愿”和“迫在眉睫”的要求，他就应该能够提出胁迫抗辩。③ 同 1149
样值得一提的是，他自己造成了必须依靠大麻缓解疼痛的状况，不值得指责。

第 9 节　情境所迫

8-057　如果允许胁迫抗辩的理由是，对受到死亡或严重伤害的不法威胁的人来说法律威慑无效，那么同样的理由也应该支持并非源于直接的人为，而是由环境压力所导致的威胁。这种情况可能是自然力作用，也可能是人为的结果。如果被告开始向被害人射击，结果被害人通过闯入他人住宅避难而造成刑事损害，则迫使他实施刑事损害行为的情况是

---

① *R. v. Quayle*[2005]1 W. L. R. 3642 at 3675-3676. *R. v. Altham*[2006]1 W. L. R. 3287.

② *State v. Otis*, 151 Wash. App. 572 (2009); *State v. Hastings*, 118 Idaho 854 (1990). The *Compassionate Use Act* 1996(CUA) as discussed in *People v. Windus*, 81 Cal. Rptr. 3d 227(2008). *City of Garden Grove v. Superior Court*, 157 Cal. App. 4th 355 (2007). Cf. *State v. Poling*, 207 W. Va. 299, (2000).

③ *R. v. Quayle*[2005]1 W. L. R. 3642 at 3676.

人为的。如果被告因为知道在20分钟内将被海啸吞没而擅自骑走了别人的摩托车,迫使他偷车的情况是自然事件。因此,这是审视某些(绝不是全部)紧急避险案件的另外方式,即使法院拒绝了必要性抗辩,这也应该是有效的论点。这类抗辩被称为情境所迫。① 从理论上讲,并不是作为正当化事由(如紧急避险),而是作为免责事由,类似于纯粹意义上的胁迫。对于某些人来说,在诸如此类的事实情况上,这可能更适用于类似"女王诉达德利案"②的事实,道德主义者可能不愿提出正当化事由,但会承认存在免责事由(被告的意志被压制)。

"女王诉维勒案"(*R. v. Willer*)案首先承认了对情境所迫的抗辩。③此后在许多判决中得到发展完善。抗辩要求与传统胁迫理论相同:④(1)必须存在死亡或严重伤害威胁的情况;(2)被告必须存在合理的理由,相信情况可能会导致他被杀或受重伤,并认为有必要犯罪以避免这种威胁;(3)危害必须迫在眉睫;(4)必须仅为了避免威胁而犯罪。

从纯粹意义上讲,一般胁迫与因外在情况的胁迫之间的核心区别在于威胁是否存在人为来源。在不存在人的威胁的情况下,无须证明被告被命令犯下特定罪行。同样,如果威胁情况是由人为造成的,例如有人开始向被告开枪,则无须证明枪手也命令被告犯下指定罪行。如果被告偷
1150 窃汽车以避免被枪击,则足以表明被告犯罪,以避免受到威胁。在"女王诉匡威案"(*R. v. Conway*)⑤中,被告所处的恐惧状态,与被暴徒用枪指着被要求高速驾驶时一样。因此,法律不应区分传统胁迫案件和这种情境所迫案件。

8-058 假设这种情况下,无辜的人被用来作为人肉盾牌。甲向乙开枪,乙抓住无辜的第三方丙,并利用其作为挡箭牌。但是——如果甲企图杀死乙,则丙本不会被杀死。此外,如果不是因为被告将丙拉入射击范围内,以便将其用作盾牌,丙就不会被击中,而乙则会被击中。甲将适用转移的预谋故意,因此对谋杀负有责任。此外,由于丙是无辜的旁观者,⑥乙将无法对提出自卫,⑦而避险(假设利用旁观者是唯一的生存手

---

① *R. v. Shayler*[2001]1 W. L. R. 2206 at 2224.

② (1884)14 Q. B. D. 273.

③ (1986)83 Cr. App. R. 225.

④ *R. v. Conway*[1989]Q. B. 290 at 297; R. v. Martin(1989)88 Cr. App. R. 343; *R. v. Pommell*[1995]2 Cr. App. R. 607; *R. v. Shayler*[2001]1 W. L. R. 2206.

⑤ [1989]Q. B. 290.

⑥ Cf. *State v. Cooper*(1999)993 P. 2d 745.

⑦ *R. v. Hichens*[2011]2 Cr. App. R. 26. *Contra*, *Com. v. Almeida*(1949)68 A. 2d 595 at 616, *People v. Mathews*(1979)91 Cal. App. 3d 1018.

段)不是谋杀的抗辩事由。当一命换一命的时候,即使是功利主义的计算,也无法被援引作为论据。

8-059 其他可以分析为私力防卫案件的事例如下。遭遇海难的人紧紧抓住一块木板,并把试图游过来争夺模板的攻击者打跑了,攻击者淹死了。这可能看起来像是避险的情况,但是这种行为可以被充分证明是 1151
自卫,攻击者的攻击在技术上是错误的。

8-060 该抗辩应扩展到所有罪行吗?

如果被告有合理的理由相信有必要犯罪以避免被威胁的伤害,则可以选择实施任何犯罪行为(谋杀,未遂谋杀和某些叛国罪除外)。许多国家的成文法都承认这种抗辩。[①] 澳大利亚刑法中规定了紧急或非常紧急状态的抗辩。[②] 在"特兰诉澳大利亚联邦案"(*Tran v. The Commonwealth*)中,库德罗法官(Cowdroy J.)表示:[③]

"毫无疑问,刑法典旨在为联邦刑法提供原则性和逻辑性的分析框架,从而从根本上消除普通法中的不一致之处。例如,普通法中的紧急避险抗辩不适用于谋杀案,[④]但是,刑法典对紧急或紧急情况的抗辩并不仅限于此,适用于所有联邦犯罪。"

假设在"木犀草"号船上有武装人员威胁达德利,如果不去割断船舱内男孩的喉咙,就开枪打死达德利。如果达德利遵守要求,可能会据此在某些司法管辖区进行抗辩。[⑤] 之所以允许他进行胁迫抗辩(如果适用于谋杀),[⑥]是因为在这种情况下,被告达德利不具有抵抗的期待可能性。

非自愿的"攻击"案可以以同样的方式处理。非自愿攻击者的概念包括登山者,别人的体重可能会将他也拉入深渊(他可能会选择割断绳索),以及在其他情况下,被害人的存在给杀害他的人造成特别危险。这 1152
可能会扩展到培根关于木板的假想判例。[⑦]

这可能适用于木板案的变体,某落水者从其他落水者手中夺取了用

---

① Cf. section 25 of the *Criminal Code* of Western Australia; *Johnson v. Western Australia*(2009) 194 A. Crim. R. 470 at 494; Section 25 of the *Criminal Code*(Queensland); Section 33 of the *Criminal Code*(Northern Territory); and Section 41 of the *Criminal Code*(A. C. T.). § 35. 05(2) of the *N. Y. Penal Law*(New York).

② Section 10. 3(1) of the Criminal Code Act 1995(Cth.).

③ [2009] F. C. A. 474.

④ *R. v. Dudley and Stephens*(1884) 14 Q. B. D. 273.

⑤ Cf. *Re A*(*Children*)(*Conjoined Twins*: *Surgical Separation*) [2001] Fam. 147.

⑥ *D. P. P. for Northern Ireland v. Lynch*[1975] A. C. 65; cf. *R. v. Howe*[1987] A. C. 417.

⑦ See Sir Francis Bacon, *The elements of the common laws of England*, (London: Printed by the Assignes of I. More, Esq., 1630) at 32.

来漂浮的木板。① 这不属于紧急避险（因为两害相同）或自卫；②但由于法律法规似乎对此束手无策，因此可以基于“人不为己、天诛地灭”（Sauve qui peut）原则作为免责事由。

这些事例因为涉及死亡或严重伤害的恐惧，有别于一般的紧急必选判例，并不一定涉及从公众的角度两害相权的选择问题。从纯粹意义上说，这与胁迫有所区别，因为恐惧不一定是由犯罪威胁所引起的。

8-061　即使被告选择了功利主义标准下更大的罪恶，也可将某种免责事由承认为是对谋杀的抗辩。请考虑如下假设：

被告沿着一条狭窄的道路行驶，路的一侧便是山崖，突然发现前方躺着两个醉汉，已经丧失了意识。（1）被告身边是试图逃离警察追捕的恐怖分子；他用枪逼迫被告碾压这两名醉汉。被告仅在伤害醉汉的情况下得主张胁迫的抗辩事由。（2）但是，假设没有恐怖分子，也没有胁迫，但是被告的刹车失灵了，他面临的选择是要么撞倒并杀死两名醉汉，要么自己跌入悬崖。被告选择原路行驶。③

如果应用功利主义原则，情况（2）就不可能成立紧急避险，因为这是二命对一命的情况。同样，胁迫抗辩也无法适用，除非将这种抗辩扩大到谋杀。

第10节　其他形式的胁迫

8-062　有某种抗辩，类似但不同于胁迫，仅适用于对已婚妇女，这些妇女在丈夫的胁迫下并在丈夫在场的情况下行事；④法院尚未澄清细节，因为很少提出此类抗辩事由。但一位巡回法官将将其笼统地交给陪审团判断，并解释称，其中包括“道德胁迫”，条件是妻子必须证明自己的“意愿遭到压制”，从而“被迫参加”。⑤ 在“女王诉肖特兰案”（*R. v.*
1153 *Shortland*）⑥中也裁定威胁不一定是暴力威胁。因此，没有必要证明丈夫

---

①　See Cf. *Re A*（*Children*）（*Conjoined Twins*：*Surgical Separation*）［2001］Fam. 147.

②　See Rupert Cross，1968 *Turner Memorial Lecture—Necessity Knows No Law*，（1968—1970）3 U. Tas. L. Rev. 1 at 3.

③　See Sanford H. Kadish，Stephen J. Schulhofer and Monrad G. Paulsen，*Criminal Law and its Process*：*Cases and Materials*，（Boston：Little，Brown；4th edn. 1983）at 798.

④　Section 47 of the *Criminal Justice Act* 1925. Glanville Williams，*Criminal Law*：*The General Part*，（London：Stevens & Sons，2nd edn. 1961）at 248；*D. P. P. for Northern Ireland v. Lynch*［1975］A. C. 653 at 694D，713A.

⑤　*R. v. Richman*［1982］Crim. L. R. 507. R. *v. Ditta*［1988］Crim. L. R. 42.

⑥　［1996］1 Cr. App. R. 116.

威胁要杀死或严重伤害妻子，威胁要与妻子最好的朋友或姐姐通奸，或者威胁要绑架他们的孩子等就已经足够。“女王诉肖特兰案”[①]还裁定仅表明妻子出于对丈夫的忠诚而犯下了罪行是不够的。相反，“根据 1925 年《刑事司法法》第 47 条确立的‘婚内胁迫’(Marital coercion)的抗辩，陪审团必须在平衡盖然性的基础上，认定被告妻子的意志被丈夫的意愿所压倒，以至于被迫参加”。法律委员会建议废除该抗辩。[②] 1154

---

① *R. v. Shortland* [1996] 1 Cr. App. R. 116.

② Law Commission, *Criminal Law: Report on Defences of General Application* (London: Law Com No. 83, 1977).

1155

第9章　自动症

在辩称"自动性"时，那些被指控犯罪的人可能会主张他们没有责任，因为他们缺乏刑事法规所要求的精神状态。更准确地说，自动症被告声称他没有实施犯罪行为，因为他的行为不是"自愿的身体运动，没有这种行为就不可能犯罪"。自愿行为不包括身体在无意识、催眠或者其他状态下的反射或惊厥，这不是行为人有意识或习惯性努力或决心所产生的身体运动。

资深法官施耐克(Schnek)[①]

然而，尽管存在这个一般性原则，我们的法律制度显然不能为所有控制能力受到损害的人开脱，无论其原因是什么。相反，在认定犯罪时，法律假定自由意志，然后识别已知的偏差。广泛的共识是，对于所讨论的特定条件，不存在自由意志。这个过程的演变，在未成年、胁迫、精神错乱、梦游症和其他形式的自动症、癫痫和无意识、非自愿迷醉，震颤性谵妄和慢性酒精中毒等抗辩事由的逐渐发展中得到了充分的证明。

威尔基(Wilkey)法官[②]

---

① *U. S. v. Axelson*(2007)65 M. J. 5012 at 515.

② *U. S. v. Moore*(1973)486 F. 2d 1139 at 1241-1242.

第1节　非自愿性:意识受损

9-001　能够否定犯罪成立,但又没有达到精神错乱的最典型适例,便是有时被称为"非自愿行为"(involuntary acts)的事例,但其现在常被称为"自动症"(automatism),全称为"非精神失常状态下的自动症"(non—insane automatism)。自然人不应该为超出其身体控制的行为承担刑事责任。如果无法控制某种行为,则该行为就不是自愿的或有意志的。[①] 如果被告可以证明自己无法控制身体行为时,可以提出自动症抗 1156
辩。如果意识受损[②]或出现肌肉痉挛,被告就可能无法控制自己的身体活动。肌肉痉挛是指肌肉的非自愿的突然收缩。在其他人利用行为人的拳头作为工具的情况下,被利用者的肢体动作也可能是不自愿的。例如,如果甲强行将乙的拳头击向丙的脸,乙并没有实行行为——他的拳头的移动不是自愿的。乙根本没有任何行为,他的拳头被用作了工具。

虽然在概念上有所不同,"精神失常状态下的自动症"仍被视为某种精神病的形式。[③] 当自动症是由影响被告控制其身体行为的能力的某种内在状况,如癫痫所引起时,就成立"精神失常状态下的自动症"。同时,当自动症是由某种外部条件引起时,就成立"非失常状态下的自动症"。例如,被告在木梁上被撞到头后出现脑震荡。只有在"完全失去自愿控制"的情况下,才可以适用自动症抗辩。[④]

"自愿行为"的要求不应与"故意行为"的要求相混淆。自动症状态下的行为人缺乏犯意,但是自动症否定的不仅是犯意,还会否定自愿行为(基于自由意志的行为)的要求。处于医学上被称为"睡眠性交症"(sexsomnia)[⑤]的自动症状态下时,甲强行与被害人乙发生了性关系,插入了被害人的身体,但这种身体动作是非自愿的、自动的和不自觉的。自动 1157

---

① See H. L. A. Hart, *Punishment and Responsibility*, (Oxford: Clarendon Press, 1968) at 181; Also Ian P. Farrell and Justice E. Marceau, *Taking Voluntariness Seriously*, (2013) 54 B. C. L. Rev. 1545.

② *People v. Newton*(1970) 87 Cal. Rptr. 394 at 405; *State v. Graves*(2014) 761 S. E. 2d 754.

③ See Deborah W. Denno, *Crime and Consciousness: Science and Involuntary Acts*, (2003) 87 Minn. L. Rev. 269 at 337-355. Robert F. Schopp, *Automatism, Insanity, and the Psychology of Criminal Responsibility* (Cambridge: Cambridge University Press, 1991); Michael Corrado, *Automatism and the Theory of Action*, (1990) 39 Emory L. J. 1191.

④ *Attorney—General's Reference*(*No. 2of*1992) [1993] 3W. L. R. 982.

⑤ *R. v. Luedecke*[2008] 236 C. C. C. 3d 317; Likewise, *State v. Cabrera*(2005) 891 A. 2d 1066. Cf. *R. v. S* [2009] EWCA Crim. 783, *State v. Deer* (2012) 175 Wash. 2d 725. Unconscious and subconscious acting can be coordinated and directive. Peter B. C. Fenwick, *Automatism*, Robert Bluglass and Paul Bowden (eds.), *Principles and Practice of Forensic Psychiatry*, (Edinburgh: Churchill Livingston, 1990) at 271-85.

性不仅被认为与犯罪的主观要件不相容,也与行为要件不相容。[1] 如果是纯理论的问题,似乎可以被认为是不必要的细化,但"行为"说的优点是使自动症成为对严格责任的抗辩。[2]

9-002 在自动症的情况下,被告只是在机械意义上行动,是对此类机械动作缺乏意愿的实施者。大脑发送了足够的信息给肢体去执行那些伤害他人的动作,因此争辩称自动症状态下根本就不存在客观意义上的行为,[3]显然是不合乎逻辑的,但是争辩称根本就不存在法律意义上的行为,是合乎逻辑的。刑事法律并不关注这种行为。自动症患者可以区别于那些被他人用作工具的行为人,因为前者的大脑允许肢体去执行伤害他人的机械运动。自动症并不意味着没有身体举动,而是表明这些行为是非自愿的。当意识足以使行为人实施一定举动并造成伤害,但不足以使他像往常一样正常地对其加以控制时,身体的举动就变得不可控制。这种身体举动不一定完全是非自愿的,但是其没有足够的意识来控制自己正在做的事情。

9-003 自动症是否意味着行为实际上是无意识的?

是的,在医学上可以使用,但法律意义远不止于此。"自动症"这一术语在医学上与癫痫有关,即便在这种适当的医学意义上,这种疾病也相当罕见。虽然大发作甚至小发作偶尔会导致暴力,但这通常不是因为患者处于自动症状态,而是因为困惑、妄想或愤怒反应。[4] 然而,在法律人士口中,自动症已经开始代表与犯意无法兼容的异常意识状态(无论是困惑、妄想还是出离愤怒),但不等同于精神错乱。[5] 有时被称为"改变的"或"朦胧的"意识;也许"意识受损"(impaired consciousness)是最佳表达方式,但是如果能够时刻牢记传统名称词不达意,则仍然可以继续延
1158 用。

所谓"意识"(consciousness)是什么意思?蜜蜂感知其他蜜蜂的舞动

---

① *R. v. Charlson*(1955)1 W. L. R. 317 at 31;*Bratty v. Attorney—General for Northern Ireland*[1963]A. C. 386 at 405 *per* Lord Denning. Cf. the opinions of Lord Kilmuir at 407 and Lord Morris at 415.

② *State v. Kremer*(1962)262 Minn. 190;*Cordwell v. Carley*(1985)31 A. Crim. R. 291;*Police v. Barber*[2010]S. A. S. C. 329 at para. 16,31-33;*R. v. Connor*(1980)146 C. L. R. 64. *State v. Campbell*(1997)117 Ohio App. 3d 762. *R. v. Metro News Ltd.*(1986)56 O. R.(2d)321(Can.);and *R. v. Stokes*(2009)O. N. C. J 8 at para. 10 citing Glanville Williams,*Textbook of Criminal Law*,(London:Stevens & Sons,1978). Cf. *State v. Deer*(2012)175 Wash. 2d 725.

③ See John Gunn and George Fenton, *Epilepsy*, *Automatism and Crime*,(1971)297 The Lancet 1173.

④ Lord Kilmuir in Bratty v. Attorney—General for Northern Ireland[1963]A. C. 386 at 401.

⑤ *Bratty v. Attorney—General for Northern Ireland*[1963]A. C. 386 at 401.

信号,根据基因按照指示做出适当的反应;但是没有根据将蜜蜂描述为具备和人类活动有关系的“有意识性”。对于人类而言,意识不是对此时此地的简单感知,而是至少在有限的程度上铭记过去、预见未来,以便做出明智的选择的能力。① 因此,从原则上讲,严重损害意识的疾病或其他严重事件可免除受影响方的责任。撇开两三个考虑不周的判决,法源的大量数据表明,意识严重受损的人,即使仍然能够协调自己的动作,仍然可以以自动症作为抗辩事由。②

在某些情况下,行为人的身体动作是自愿的,但与其造成的伤害结果存在相反的关系,比如由于刹车失灵撞倒了行人,被告自愿踩下了无效的刹车踏板。尽管杀死了行人,但这样的驾驶员显然不应该受到指责,因为他只是造成事件无法控制的一连串条件性原因之一。如果根据之前的过错,例如,在有意识的情况下选择驾驶了刹车有故障的车辆,③他可能会承担责任。如此一来,非自愿性与非自愿行为无关,因为驾驶员的行为是自愿的。外部客观事件导致驾驶员和他的汽车不受其意志控制的撞倒行人。驾驶员具有意识,可以完全控制自己的身体动作,但无法控制自己在缺乏可责性的情况下所引发的事件。④ 非自愿行为的其他事例涉及间接事件(而不是意识受损),一群蜜蜂攻击驾驶员,从而使其驾驶的车辆失控撞到了人群。⑤

9-004　身体不自主也可能是由于“反射反应”(a reflex reaction)引发。在“兰恩诉女王案”(*Ryan v. The Queen*)⑥中,年轻人试图模仿自己从小说中读到的抢劫案。他持枪抢劫了加油站。在整个抢劫中,他的枪子弹上膛,保险打开,枪口对准了服务员。服务站服务员将钱交给被告,被告手里拿着枪,试图用另外的手绑住服务员。这个时候,服务员突然移 1159
动身体,导致枪支走火。因为枪口直接指向了被害人的后脑勺,服务员被杀死。被告辩称,自己没有扣动扳机。他辩称,当服务员突然移动时,他因为受惊而突然后退,枪走火。警察多次进行侦察实验,每次都擦枪走

---

① John R. Searle, *The Mystery of Consciousness* (New York: NYREV., 1997); Daniel C. Dennett, Consciousness Explained (New York: Back Bay, 1991); Thomas Nagel, *What Is It Like to be a Bat?*, (1974) 483 Phil. Rev. 435.

② *R. v. Burgess* [1991] 2 W. L. R. 1206.

③ *Attorney—General's Reference* (*No.* 4 *of* 2000) [2001] 2 Cr. App. R. 22; *R. v. Loukes* [1996] 1 Cr. App. R. 444 at 453.

④ *State v. Kremer*, 262 Minn. 190 (1962). *Oakley—Moore v. Robinson* [1982] R. T. R. 74; *Burns v. Bidder* [1966] 3 W. L. R. 99. Cf. *Hughes v. Hall* [1960] 1 W. L. R. 733; *Neal v. Bedford* [1966] 1 Q. B. 505. *Attorney—General's Reference* (*No.* 4 *of* 2000) [2000] Crim. L. R. 578.

⑤ *Kay v. Butterworth* (1945) 61 T. L. R. 452.

⑥ (1967) 121 C. L. R. 205. Cf. *People v. Martino* (2012) 970 N. E. 2d 1236.

火。巴维克法官(Barwick C. J.)对此的解释如下:“(1)上诉人的解释很难令人信服地得出结论,即其故意开枪既是出于自愿的行为,也是有意造成对死者的伤害。(2)上诉人自愿开枪的,无意对死者造成伤害,而仅仅是为了吓唬他,以此作为自我保护的手段。(3)上诉人被吓到了,自愿但惊慌地扣下了扳机,但没有明确意图,要么杀对方,要么吓唬他。(4)上诉人被吓到之后略微偏离平衡,手或肌肉无意愿的反射或抽搐造成了扳机被压。”[1]后者当然是非自愿的。

9-005 谁承担举证责任?

尽管“失去意识”得到了法律上承认,但这种抗辩很容易被认为属于未经严格审查就被接受的抗辩。因此,法院规定,“非失常状态下的自动症”的举证责任由被告承担,[2]此外,法官在将该问题提交给陪审团认定之前,必须(酌情)让被告提供医学证据加以证明。自动症必须存在适当的基础,不仅要提供证据证明被告处于自动症或潜意识状态,而且还要提供这种状态会阻止他控制行为的证据。[3]

1160

第2节 失常及非失常状态下的自动症

9-006 最好把“失常状态下的自动症”称为“可治疗的自动症”,非失常状态下的自动症称为“一般自动症”。传统称呼为失常及非失常状态下的自动症,但正如我们所见,失常状态下的自动症是误称,因为该种自动症与精神错乱无关。

9-007 什么是失常状态下的自动症?

失常状态下的自动症并不是要像证明存在精神错乱的情况一样,询问被告是否理解自己的所作所为的错误性。[4] 精神错乱涉及的范围更广泛,不仅要证明被告由于患有精神疾病而缺乏意志,而且还要证明精神疾病导致他缺乏认知,即认识对与错或对于其行为的性质的认识能力。对于失常状态下的自动症,仅需证明被告的病情(“精神疾病”)导致其缺乏意志即可。

随着事情的发展,法官们被迫将自己的意思附加到“精神错乱”上,因为这种表述(或与其等同的“精神疾病”)可以表明其与普通无罪释放

---

① *Ryan v. The Queen*(1967)121 C. L. R. 205 at 209.

② *Hill v. Baxter*[1958]1 Q. B. 277;*Bratty v. Attorney—General*(*Northern Ireland*)[1963]A. C. 386 at 405.

③ *ReAttorney—General'sReference*(*No. 2of*1992)[1994]Q. B. 91;*R. v. Burgess*[1991]2W. L. R. 1206.

④ See Stanley Yeo, *Clarifying Automatism*, (2002)25 Int'l J. L. & Psychiatry 445.

之间的区别，这种无罪判决被称为特殊裁决，可能导致被告被送进精神病院接受强制医疗。① 普通的无罪释放中，被告走出法庭即成为自由人。例如，法律显然将关于相关事实的理性的错误（或普通的健忘）与理性的妄想区分开。在这两种情况下，被告都不知道他的行为的本质属性，而在后者，必须作出特殊裁决。

前者的例证是“女王诉克拉克案”（*R. v. Clarke*）②女子被控盗窃超市。被告的抗辩是，抑郁症导致其在取货时心不在焉。被告被定罪，但上诉后有罪判决被撤销。抑郁症可导致精神出现状况，但法院自然不愿承认，即使是精神病性抑郁症引起的简单健忘，也属于“南顿规则”（the McNaghten rules）③中的所谓“精神缺陷”。

9-008 法院倾向于检查自动症的“病因”，以确定是失常及非失常状态下的自动症。如果自动症是由被告内在的条件引起的，例如“癫痫”、④“高血糖”、⑤甚至“梦游”，⑥都可能被认为是疯狂的自动症。法院认为，导致行为人出现自动症的内部障碍很可能会复发，但这也不一定。这些形式的自动症被认为是失常状态的自动症，因为其是由被告的内在原因引起的。癫痫系被告罹患的疾病，无法像药物注射入人体，然后作为生物构成的一部分存在。如果行为人的自动症由于其患有癫痫或糖尿病而引起，则可能被定义为精神错乱患者，不会获得绝对的无罪释放。内在病因测试不合逻辑，因为这样会导致一系列被告被排除在特别裁决的范围之外，这些被告不需要持续治疗，也不会从监督或医院命令中受益。在此测试中，即使糖尿病和癫痫病患者并不是，甚至不需要接受监督或精神疾病治疗，也被标记为精神错乱。实际上，精神病医院不会收留这样的人。 1161

癫痫当然属于脑部疾病，但不被归类为精神病，即使在发作期间患者也很少对其他人造成危险。癫痫、高血糖和梦游并不是常识意义上的犯罪行为，但如果不受治疗的控制，可能会出现造成伤害的罕见情况。⑦ 行

---

① Section 2 of the *Trial of Lunatics Act* 1883 (as amended).

② [1972] 1 All E. R. 219.

③ *R. v. M'Naghten* (1843) 8 E. R. 718.

④ *Bratty v. Attorney—General (Northern Ireland)* [1963] A. C. 386; *R. v. Sullivan* [1983] 3 W. L. R. 123.

⑤ *R. v. Hennessy* [1989] 1 W. L. R. 287.

⑥ *R. v. Burgess* [1991] 2 W. L. R. 1206. The Canadian Supreme Court held otherwise. *R. v. Parks* [1992] 2 S. C. R. 871.

⑦ See R. D. Mackay and Markus Reuber, *Epilepsy and the Defence of Insanity: Time for Change?*, [2007] Crim. L. R. 782; William Wilson *et al.*, *Violence, Sleepwalking and the Criminal Law: Part 2 The Legal Aspects*, [2005] Crim. L. R. 614.

为人不仅会因为大癫痫发作(通常意义上的癫痫发作)丧失行为能力,而且会因小癫痫而丧失行为能力,在癫痫发作中的几秒钟内的大脑根本无法正常运作。此外,在罕见的情况下,患者可能会在梦游症(精神运动性发作)中执行复杂的行为,而这些可能会无意地造成伤害。虽然大多数患者可以通过药物帮助来正常生活,但也有若干严重脑损伤患者需要长期的医疗监护。

以往,癫痫病直接被视为精神病,无论患者是否具有人身危险性。在出现的判例中,妇女在装满水壶后因癫痫发作而将水壶放在了烤箱中,或者将自己的孩子放在了火上。这纯粹是不幸意外,成千上万的几乎过着正常生活的癫痫患者也可能会发生这种情况。然而不幸的女性却被监禁在布罗德穆尔医院中,远离了丈夫和朋友,这是对强制医疗法和现任内政部无能的悲剧性的谴责。[①] 最近,法院已经开始接受,在许多场合中,普通癫痫发作的患者造成的伤害如果十分轻微,并且没有理由认为构成持续的危险源时,可以将其认定为自动症患者。精神科不会根据入院令接收这样的病人,除非入院只是为了做医学检查,因为其不被医生认为需要住院治疗;法院将这类人作为精神病人处理,没有任何社会意义。特别是在驾驶车辆的案件中,如今癫痫通常被认为与精神错乱不同。在"女王诉奎克案"(*R. v. Quick*)[②]中,上诉法院接受了英国以外的普通法法源,认为癫痫发作可被视为产生非失常状态下的自动症。然而,其他很多强有力的判例对此持不同看法。

9-009 在"布拉特诉总检察长案"[*Bratty v. Attorney—General* (*Northern Ireland*)][③]中,上议院认为该案件中的医学证据表明,当上诉人将少女杀害时其处于精神运动性癫痫状态,这属于"南顿规则"中的精神错乱。乍一看,可能会认为"布拉特案"和先前引用的法源之间存在冲突,但可以自洽的解释是,癫痫发作不等于精神错乱的观点往往认为癫痫事件是偶然的,不太可能重复。而在"布拉特案"中法院认为,被告可能
1162 会制造持续的危险。如果发现自动症是由被告所遭受的精神错乱或缺陷(精神疾病)引起的,则可以做出自动症成立的认定。精神错乱是种法律标准,[④]被告内在的各种状况都应纳入考量。

---

① W. C. Sullivan, *Crime and Insanity*, (London: Edward Arnold & Co., 1924), Chap. 9. Cf. *R. v. Perry* (1920) 14 Cr. App. R. 48 at 51.

② [1973] Q. B. 910 at 922.

③ [1963] A. C. 386.

④ See Bernadette McSherry, *Defining What is a "Disease of the Mind": The Untenability of Current Legal Interpretations*, (1993) 1 J. L. and Medicine 76.

9-010 什么是非失常状态下的自动症?

和失常状态下的自动症一样,非失常状态下的自动症,也是在被告的心智能力受到蒙蔽的情况下进行的,且这会导致他不由自主地做出身体举动。如果是由外部原因导致,自动症将被认为是非失常状态下的自动症。法院似乎认为由外部原因导致的自动症是非失常状态下的自动症,因为外部原因不是精神疾病,而且"人不可能被闪电击中两次"。因此,如果行为人在被劫匪击中头部后造成脑震荡,将来几乎不会被其他强盗击中头部了,但是如果存在若干内在的病症比如糖尿病,未来仍然可能会发作。

如果行为人被压倒并注射了某种强效药物,因此出现了自动症,自动症的外在原因就是药物,[①]即使药物也是自动症的内在原因。药物一旦进入体内并开始影响其过程,就会成为内因。但是在上述情况下的药物被认为是自动症的外在原因,因为其没有作为人体生物组成的一部分而存在于被告身上。外部原因的另外的简单事例是,行为人被击中头部并被打成脑震荡。脑震荡会导致自动症。显然,脑震荡不需要进行持续的医学监测。

9-011 能告诉我哪些自动症案件该当特别裁决吗?

应将需要监督治疗的人与不需要监督治疗的人区分开来。最好的方法是将注意力放在引起自动症的缺陷是否需要特殊裁决所施加的处遇措施上。就糖尿病或癫痫病而言,没有理由对其作出特别裁决,因为此类患者不需要在精神病医院接受治疗,也不需要接受监督。

加拿大最高法院已经提出了若干判断自动症是否应该归类为失常或非失常状态下的自动症的标准。在"女王诉斯通案"[②]中,被告声称自己是在"精神分裂"的自动症状态下实施的杀害行为。加拿大最高法院提出了3个问题,以确定被告是否是在精神疾病的状态下实施的行为:

1. 意志丧失是被告所特有的主观状态造成的吗?

2. 这种情况是否构成持续危险?

3. 即使被告的不当行为是由于某种主观状态造成的,是否有政策上的理由允许被告援引非失常状态下的自动症的抗辩? 1163

9-012 我已经知道首先要考虑的是,自动症是否是由被告特有的某种异常主观状态引起,但是您已经告诉过我,应该放弃内部原因测试。

内部原因测试的范围太广了,因为会导致太多的被告被纳入进来,这

---

① *Broome v. Perkins*(1987) 85 Cr. App. R. 121; *R. v. Bailey*[1983] 1 W. L. R. 760; *Watmore v. Jenkins*[1962] 3 W. L. R. 463. *R. v. Quick*[1973] Q. B. 910.

② [1999] 2S. C. R. 269.

些被告不太可能因为自动症实施攻击。需要持续进行精神病治疗[1]或监督的主观状态,与仅要求被告服用胰岛素等基本药物的主观状态之间存在差异。如果行为人的自动症是由于睡眠不足引起的,并且可以证明其不需要精神病治疗[2]或其他形式的康复,则该人的自动症应标记为非异常状态下的“自动症”。[3]

应用“高血糖”(hyperglycaemia)和“低血糖”(hypoglycaemia)的案例,可以最好地说明单独进行内部/外部原因测试的矛盾性。两种情况都与糖尿病有关,但是当行为人由于高血糖而出现自动症时,便会受到特别裁决。在“女王诉轩尼诗案”(*R. v. Hennessy*)[4]中,被告未经同意便乘汽车,并辩称自己受到压力、焦虑和沮丧的影响,试图将非异常状态下的自动症作为抗辩事由。他还声称自己患有高血糖症,因为已经 3 天没有注射胰岛素了。上诉法院认为,除非能够证明被告缺乏能力是由于某种客观要素,并且压力、焦虑和抑郁不是分别或共同导致理智机能的自动运转的客观要素,否则无法提供非异常状态下的自动症抗辩。其还得出结论,高血糖症属于内在缺陷,是种精神疾病,适用南顿规则,属于失常状态下的自动症。

低血糖是指血糖不足,也会损害意识并引起攻击行为。这可能是由于禁食后饮酒造成的,或者糖尿病患者服用过量胰岛素,或使自己异常疲劳或缺乏食物而导致。在若干案件中已经出现了低血糖症被告,并被认为显然能够产生非异常的自动症状态。在“女王诉奎克案”[5]中,被告是糖尿病患者,被控犯有攻击罪,在攻击的早晨按规定注射了胰岛素,之后
1164 喝了大量的酒,只吃了很少的食物。他争辩称,在攻击时,自己由于低血糖而处于自动症状态,但原审法官暗示这将被视为精神错乱抗辩,因此奎克很快改变立场,提出了认罪请求。有罪判决在上诉过程中被推翻,理由是,如果奎克的内在状态使其产生了自动症,那就不属于精神错乱。由体内胰岛素过度分泌引起的(内因)糖尿病患者的自动症被认为是法律上的精神错乱显然不符合逻辑,但那些由胰岛素注射过量(外因)引起的自动症又被认为不存在精神错乱,有权获得完全无罪释放。但是两种被告都患有同样的疾病——糖尿病,低血糖和高血糖都不会对社会构成危险。

---

① See Michael G. Gelder *et al.*, *New Oxford Textbook of Psychiatry* (Oxford: Oxford University Press, 2009).

② *State v. McClain*, 678 N. E. 2d 104(1997).

③ Cf. *J v. Foundation Trust*[2010]3 W. L. R. 840.

④ [1989]1 W. L. R. 287.

⑤ [1973]Q. B. 910. *R. v. Bailey*[1983]1 W. L. R. 760; *Moses v. Winder*[1980]Crim. L. R. 232.

同样，大多数梦游者并不危险，但也被认为是异常状态下的自动症。[①]

9-013　因此，应该放弃内部测试。

是的，关注的焦点应该是被告的情况是否有可能再次发生，从而使他重新犯罪。特别裁决的目的是确保具有人身危险性的罪犯得到适当的处遇。在“女王诉苏利文案”（*R. v. Sullivan*）[②]中，上诉人癫痫小发作，并用脚踢了朋友的头部和身体。上议院认为，如果癫痫等疾病让被告不知道自己在做什么，或者知道自己在做什么，但不知道这样做是错的，则应该被视为异常状态下的自动症，有证据表明，进一步的危险很可能会卷土重来。

只有当存在强有力的证据证明被告只有被监督或住院，否则不可能接受治疗时，才应该作出特别裁决。丹宁大法官用以下用词阐述了这项测试：

“在我看来，表现为暴力并易于复发的精神障碍都是精神错乱。无论如何，都属于应该将患者拘留在医院而不是将其无罪释放的疾病。”[③]

对此的批评是，除非存在相反的主张，即从刑法目的的角度出发，认为精神疾病是一种很可能再次以危险中表现出来的状态，否则该陈述不足以作为“精神疾病”的定义。换句话说：未来的危险，意味着存在精神疾病；没有未来的危险，就没有精神疾病。[④] 丹宁法官的定义的言外之意是有必要防止特别裁决的适用范围太广。不应使用危险性测试来确定癫痫、低血糖和梦游是否属于“精神疾病”，而是应该确定特定的医疗状况是否值得特别裁决，因为被告需要治疗以防止再次发作。作为政策问题，1165
其目的应该是确保那些将来可能遭受自动症、应该被治疗和监督的人被纳入特别裁决的范围内。[⑤] 被告可能不需要心理咨询，但可能需要监督，[⑥]因为其有忘记注射胰岛素的倾向。[⑦]

9-014　危险性不应被理解为突然使用暴力在精神分裂状态下反复窃取并拒绝接受治疗的“盗窃癖者”（the Kleptomaniac），[⑧]只对他所威胁的他人财产利益具有危险性，但没有理由不让在他有违法历史的地方接

---

① *R. v. Burgess*[1991]2 W. L. R. 1206. Cf. *R. v. Parks*[1992]2 S. C. R. 871.

② [1984]A. C. 156.

③ *Bratty v. Attorney—General for Northern Ireland*[1963]A. C. 386 at 412.

④ *R. v. Rabey*[1980]2 S. C. R. 513. the comments of Lord Lane in *R. v. Burgess*[1991]2 W. L. R. 1206 at 1212.

⑤ *Bratty v. Attorney—General*(*Northern Ireland*)[1963]A. C. 386 at 412 *per* Lord Denning.

⑥ Schedule 1A of the *Domestic Violence, Crime and Victims Act* 2004.

⑦ *J. v. Foundation Trust*[2010]3 W. L. R. 840.

⑧ Aaron T. Beck, *Cognitive Therapy and the Emotional Disorders* (New York: Penguin, 1993).

受治疗,以防止再犯(请注意,大多数盗窃癖者不是自动症者。[①])公众有权免于财产犯罪侵犯。

仅仅关注内因和外因是没有意义的,因为自动症很可能是由两者结合造成的。例如,梦游者的自动症可能是由内部要素,如被告的遗传和客观要素,如睡眠不足和饮酒共同造成的。[②] 梦游者可能愿意保证他有充足的睡眠,他只是适度饮酒;同时,其他梦游者可能持相反的态度。可能不得不考虑他们的病历以确定他们是否对社会构成威胁。异常状态下的自动症与非异常状态下的自动症的区别是可以维持的,但重点应放在被告是否需要治疗以防止他威胁他人利益上。

9-015 如果问题是被告的未来危险性,谁来决定,法官还是陪审团?

南顿规则似乎认为,理智或精神错乱的问题应是陪审团认定的问题。关于被告是否知道自己在做什么的问题,同样也应该如此,但是在"女王诉坎普案"(*R. v. Kemp*)[③]中,德夫林法官认为,证据是表明精神错乱还是非失常状态下的自动症,是法官需要关注的问题,丹宁法官同意他的观
1166 点,其也得到了加拿大最高法院的同意。里切法官(Ritchie J.)表示:"一般的规则是,法官应决定法律问题:什么是'精神疾病',但是,案件中的事实是否揭示了这种疾病,应由陪审团决定。"

第3节 精神分裂与自动症

9-016 "精神分裂"(dissociation)涉及:

"对意识、记忆、身份或环境感知的通常整合功能的破坏。从心理学的角度来看,精神分裂的存在,通常是由失忆症推断出来的,这些事件是被外界证实为已经发生过的事件(如无法回忆强奸等创伤经历),以及从对行为的自愿控制丧失的主观描述中(如发生意想不到且不可控制的暴力行为)。"[④]

精神分裂很难确诊,精神病医生除考虑与病人陈述相关的一般行为,只能接受病人的陈述。精神分裂是否可被用来否定被告的刑事责任,取决于作为证据的情节及其有力程度。抗辩人应该拿出令人信服的精神病

① *Allstate Ins. Co. v. Jarvis*, 195 Ga. App. 335(1990). Cf. *United States v. McGauley*, 279 F. 3d 62 (2004); *United States v. Lake*, 910 F. 2d 414(1990).

② *R. v. Burgess*[1991]2 W. L. R. 1206.

③ [1957]1 Q. B. 399. *R. v. Sullivan*[1983]3 W. L. R. 123.

④ Hamish J. McLeod *et al.*, *Automatism and Dissociation: Disturbances of Consciousness and Volition from a Psychological Perspective*, (2004) 27 Int'l J. L. and Psychiatry 471.

学证据来证实被告的所谓的不自觉行为。可以用表明被告有精神分离的“病史”的证据来支持对自动症的主张。[1] 还可以通过旁观者的确凿证据、“动机”证据，精神分裂的“刺激”是“非常令人震惊的”[2]等补强证据来证明。无论是异常状态下的自动症还是非异常状态下的自动症，证据都必须证明被告是因意识受损而不由自主地行动。

如果病人因为疾病对发生的事情一无所知，就有相当大的可能出现司法不公。因此，在未经医学检查排除脑部受损的情况下，不应该轻蔑地拒绝“我大脑一度空白”或“好像灵魂附体”之类的抗辩，除非有证据表明被告的行为具有目的性，即便此类证据，也会造成误导。

9-017　是否应该将“心理打击”等外部原因造成的精神分裂视为非异常的自动症？

在英国和威尔士，抗辩已得到了下级法院的承认。在“女王诉T案”中[3]被告在持械抢劫中刺伤了行为人。被告辩称，不知道自己在做什么，因为在抢劫案发生的前几天曾被强奸了，因此，当实施抢劫时处于创伤后应激障碍的精神分裂状态。有医学证据可以证明被告的确被强奸了。法 1167
院认为强奸可被视为导致精神错乱的充分的客观要素。也有人认为这不是精神疾病，因此如果证据被接受，被告依据的是非异常状态下的自动症抗辩。澳大利亚的高等法院已经承认精神分裂可以作为一般性抗辩，认为[4]精神分裂的精神病学证据与确定被告的错误行为是否“独立于”其意志的行使有关。

如果被告声称由于某种心理打击而处于精神分裂状态，而要建构非失常状态下的自动症抗辩，就必须存在“极为令人震惊”的证据对其加以证明。[5] 被告乱刀捅死了妻子，仅仅因为妻子唠叨并辱骂自己便刺了47刀，在微不足道的“心理打击”的影响下而并没有采取理性的行动，并且可能对社会构成持续的威胁。[6] 加拿大最高法院认为，“非自愿性仅仅由压力造成时，被认为是由被告内部的要素启动的，因此，只会为非失常状态下的自动症抗辩”。[7] 如果没有证据表明其是会导致正常人的精神分

---

① *R. v. Stone*[1999]2 S. C. R. 290 at 291-293. *R. v. Rabey*[1980]2 S. C. R. 513. *R. v. Ansari*[2009]B. C. W. L. D. 719.

② *R. v. Stone*[1999]2S. C. R. 290 at 291-293.

③ (1990)171 C. L. R. 30 at 55.

④ *R. v. Falconer*(1990)171 C. L. R. 30 at 31.

⑤ *R. v. Stone*[1999]2 S. C. R. 290 at 291-293.

⑥ *R. v. Stone*[1999]2 S. C. R. 290 at 291-293.

⑦ *R. v. Stone*[1999]2 S. C. R. 290.

裂极端的心理打击,则只有非失常状态下的自动症才会被提交给陪审团。[1] 当被告对“心理打击”的反应不是正常人预期的反应时,精神分裂将被解释为失常状态下的自动症。[2]

在“女王诉法克那案”(*R. v. Falconer*)的共同判决中,[3]梅森法官(Mason C. J.)、布里南法官(Brennan)和麦克休法官认为:

“在特定的情况下,如果心理创伤导致拥有必要能力标准的健全头脑,短暂地丧失功能,以致产生南顿规则中提到的效果,故障就无法归咎于精神衰弱,而是应归咎于人的本质:也就是说,短暂的、不容易复发的功能丧失,如果普通人的心理受到了同样的心理创伤,既不是精神病,也不是自然的精神衰弱。这不是普通法下的不健全的事例。考虑到‘希尔诉巴克斯特案’(*Hill v. Baxter*)中区分失常和非失常的责任能力丧失的精神原因,没有理由要求这样的心理障碍得到有条件的无罪判决。”

1168

9-018 你刚刚告诉我,没有足够的(令人震惊的)心理(外部)打击的精神分裂(如果有的话),只能被作为非失常状态下的自动症抗辩。但是需要如何证明?

必须证明,精神分裂使被告采取了缺乏意志的行动。当不具备明显的医疗缺陷时,必须采取令人信服的证据说服陪审团,在较早的英国案件中,被告为了逃避警察危险驾驶发生撞车,被告逃脱后很长一段时间后才被抓获。原审法官采取了强硬的立场,拒绝被告以癔症性神游为抗辩事由说服陪审团。尽管精神病学证据表明被告的潜意识里不知道他在做什么,但上诉法院仍然维持了这个有罪判决。[4] 很难相信明显尝试逃避警察的人会不知道自己在做什么,事实上,被告的心理医生表示,被告知道自己是在驾车逃离事故,并打算试图不让警察阻止他。所以精神病医生的证据是自相矛盾的。然而,法院的判决本身并不令人满意。

法院以被告的大脑在“某种程度上的工作”为理由排除了被告的抗辩。这个说法是正确的,但由于没有相关的进一步解释,所以无法完整地定罪。在梦游症(通常被诊断为精神分裂状态)中,梦游者的思维在某种程度上也是在工作的(作为做梦者),他的行为可能是有目的或有导向的。[5] 事例是他跳出卧室的窗户,显然是因为觉得自己跳进了游泳池。因都会做梦,而且梦游的事实也得到了很好的证实,梦游的抗辩从本质上

---

① *R. v. Stone*[1999]2 S. C. R. 290.

② *R. v. Falconer*(1990)171 C. L. R. 30 at 55.

③ (1990)171 C. L. R. 30 at 55.

④ *R. v. Isitt*(1978)67 Cr. App. R. 44.

⑤ *R. v. Prescott*[2008]O. N. C. J 604.

讲是可能的。司机在工作的时间里,存在说谎的强烈动机时,精神分裂的抗辩本质上是不可能的,但这不是应该由陪审团认定的可能性问题吗?不同之处在于,对于前者来说,根本就没有泳池,而在本案中的司机实际上是成功地甩掉了警察。本案的司机似乎比检控意见汇编(第1992号第2号)中的卡车司机有更多的控制权。[①] 如此一来,司机因为具有一定的控制能力,无法以自动症进行抗辩。 1169

第4节　自动症与事先过错

9-019　自我诱导的自动症不得作为抗辩。如果自动症行为人被事先警告潜在危险,可对其借由"事先过错"(prior fault)原则提出控诉。[②] 先前的不当行为可能涉及非法行为,如危险驾驶。事先过错并非指根据"检察长诉马耶维斯基案"中对于醉酒被告推定的虚拟轻率,[③]而指的是真正的轻率行为:被告知道,如果不采取预防措施以防自己失去意识,就会危害他人。[④] 正如在上面看到的那样,"女王诉兰恩案"(*Queen v. Ryan*)[⑤]的被告抢劫了加油站,当他试图把服务员绑起来时,意外地打死了服务员。虽然枪击的行动是非自愿的,但先前的行动是自愿的。被告对枪支在反射情况下走火前的行为都是轻率的。尽管自愿行为是承担刑事责任的绝对要求,但不必保证在当时的情况下的每个行为都是自愿的。[⑥] 在被告的事先轻率行为与非自愿行为有关的情况下,则可以将由此造成的损害归咎于他。把装满子弹的枪对准他人的头部是轻率的,而且可以合理地预见到如此一来反射(无动机/无意志)动作可能会扣动扳机。

同样地,也有证据证明因入睡而导致他人死亡或受伤的驾驶者是具有事先过错的。如果司机明知自己累了而且就要睡着了的情况下继续驾驶,是可以预见到潜在的危险,那么选择继续开车就是轻率的。司机不会因为自己在睡觉时所做的危险驾驶行为被定罪,但是,如果司机在车上睡着了,就可以被判为危险驾驶罪。指控他成立犯罪的理论依据不在于司

---

① [1994]Q. B. 91 at 95-96.

② *State v. Armstard*(2008)991 So. 2d 116 at 124.

③ [1977]A. C. 443.

④ Cf. 19. 5.

⑤ (1967)121 C. L. R. 205. *R. v. Jiminez*(1992)173 C. L. R. 572; *R. v. Clarke*(2003)87 S. A. S. R. 203.

⑥ *State v. Burrell*, 609 A. 2d. 751 at 753(1992). *Rogers v. State*, 105 S. W. 3d. 630 at 638(2003).

1170 机驾车冲向人群,而在他意识到自己昏昏欲睡的时候就应该停止驾驶。[①]同样,如果司机知道自己患有癫痫发作或糖尿病昏迷而继续驾驶,也有可能构成危险驾驶罪;[②]从理论上讲,即使司机驾驶的技术很好也会被指控危险驾驶罪。[③]

司机在驾驶时快速睡着的情况很少见,但暂时失去意识的情况经常发生,现在被称为"打盹"现象,[④]睁着眼睛,缺乏睡眠的人可能会失去意识,因为保持身体警觉的机制会暂时关闭;这样的司机事后也不知道发生了什么。如果在开车,司机可能会卷入"神秘事故"。基于该假设的抗辩不太可能成功,因为在证据上,会将这种抗辩称为"花哨存疑",并予以驳回。[⑤] 据推测,唯一可以援引的具体证据(除了关于该病可能性的专家证据)是被告没有足够睡眠的证据。但由于这个原因,他在那种情况下的驾驶行为将会被认为是轻率的。

9-020 如果在车上但处于自动症状态的人在让路标志时不让怎么办?

在"希尔诉巴克斯特案"(*Hill v. Baxter*)[⑥]中,以前轻率驾驶罪是严格责任犯,[⑦]但自动症可能会使人免于处罚。由于被告没有提供足够的证据来证明这项事实,被告方未能根据事实进行抗辩。

9-021 如果司机在来到交通标志之前对于丧失意识存在过失该怎么办?

在"希尔诉巴克斯特案"中,戈达德法官宣称证据与司机睡着的事实是相容的,同样无法成为抗辩事由。当轻率可以追溯到清醒驾驶时,此陈述的最后一部分可能可以适用于轻率驾驶。但是,至于未能遵守交通标志,则存在明显的困难。当被告没有遵守这个标志时,正在睡觉,并没有"开车"。在他醒着的早些时候,并没有不遵守交通标志,因为还没有到达事故现场。这是由被告自己的过错引起的自动症是否属于抗辩的问题一部分。在这些案件中,如果被告已经意识到他正在昏昏欲睡,并选择了

---

① *Kay v. Butterworth*(1945)173 L. T. 191;*Henderson v. Jones*(1955)119 J. P. 305.

② *Moses v. Winder*[1980]Crim. L. R. 232.

③ *R. v. Spurge*[1961]2 Q. B. 205 at 210.

④ See J. A. Horne and S. D. Baulk, *Awareness of Sleepiness When Driving*, (2004) 41 Psychophysiology 161;K. Kaplan *et al.*, *Awareness of Sleepiness and Ability to Predict Sleep Onset: Can Drivers Avoid Falling Asleep at the Wheel?*, (2008) 9 Sleep Medicine 71;A. Akerstedt *et al.*, *Impaired Alertness and Performance Driving Home from the Night Shift: A Driving Simulator Study*, (2005) 14 Journal of Sleep Research 17.

⑤ *Oakes v. Foster*[1961]Crim. L. R. 628;*Richards v. Gardner*[1974]Crim. L. R. 119.

⑥ [1958]1 Q. B. 277.

⑦ *R. v. Gosney*[1971]3 W. L. R. 343.

继续驾驶,就存在事先过错。现实的事故可能不是由自愿行为造成的,因为有可能司机在撞击时已经失去知觉,但自动症状态下的驾驶是由于尽管他知道自己困了仍继续开车的选择造成的。如果过失是罪行之一,他仍然应该承担责任,因为理性人不会在昏昏欲睡的情况下驾驶。 1171

"每个在方向盘后睡着的行为人,都是在醒着的时候开始驾驶的,因此,需要假设行为缺乏自愿性并非由其他原因导致,而司机需要为自己的行为负责。如果司机知道或应该[①]知道在开车时睡着存在很大的危险,并继续驾驶车辆,显然在开车时缺乏谨慎注意,可能会以对公众有害的方式驾驶。如果司机睡着,造成死亡或伤害的结果,睡之前的驾驶行为与死亡或身体伤害就是同时发生,将会被视为死亡或身体伤害的原因。"[②]

在21世纪,拥有驾驶证的司机应该预见到在昏昏欲睡的状态下驾驶的危险性。驾驶员在知道自己不适合这样做时就决定要开车(或轻率),这是在入睡前刚刚做出的决定,因此,事先过错与自动症的有害驾驶是同时发生的。

9-022　司机必须精神失常到何种地步,才不算"驾驶"?

这个问题当然无法一概而论,但是权威法源认为,如果被告以法律上公认的意识严重受损的状态开车,就不是在从事法律的意义上的驾驶行为。通常情况下的意识严重受损,一般不包括被告具有一定程度的控制或意识的情况。[③] 在检控方的材料汇编中,[④]重型货车沿着高速公路行驶,后来冲入坚硬的路肩(紧急车道),并继续行驶直到与停放的车辆相撞。碰撞的冲击造成了两人死亡的结果。驾驶员承认自己很困,但有证据表明他已经依法进行了必要的休息。基于"自动症驾驶"状态的专家证据,被告提出了自动症抗辩。证据表明驾驶员因为遭受特殊的疲劳,已经不知道自己面前的情况。上诉法院裁定,如果疲劳导致驾驶员遭受"完全失去自愿控制,而不仅是削弱或减弱的控制",才能起到抗辩作用。[⑤] 由于驾驶员能够对诸如闪光灯等强烈刺激做出反应,因此可以认为他没有完全失去控制。

如果司机意识到自己非常疲劳,继续驾驶的决定就在先前过错原则的范围之内。尽管如此,检方参考资料中所做认定还是完全无法令人满

---

① *Attorney—General's Reference*(*No.* 4 *of* 2000)[2001]2 Cr. App. R. 22.

② *R. v. Jiminez*(1992) 173 C. L. R. 572 at 587 citing *R. v. Kroon*(1990) 52 A. Crim. R. 15; *McBride v. The Queen*(1966) 115 C. L. R. 44.

③ *Re Attorney—General's Reference*(*No.* 2 *of* 1992)[1994]Q. B. 91; *Watmore v. Jenkins*[1962]2 Q. B. 572.

④ [1994]Q. B. 91 at 95-96.

⑤ *Re Attorney—General's Reference*(*No.* 2 *of* 1992)[1994]Q. B. 91, at 95-96.

意。在某些情况下,没有事先过错的人也没有完全破坏自愿控制权,但却
1172 也没有真正的控制权。失去重要的控制能力(假设失控80%,如果可以量化的话)与失去全部控制能力大体相同。如果行为人只有20%的控制,很难说他控制了他的身体动作。行为人可能会保持一定的控制权,因为可能走得太远了,但他很难获得足够的控制权而有所作为。

9-023 前面的讨论引出了更一般问题。完全或部分地由被告自愿迷醉导致的无意识能引起自动症吗?

自愿迷醉导致的自动症无法成为被告抗辩事由。

9-024 行为人是否会预见到如果整天喝酒,可能会变成自动症杀手?

自愿迷醉不一定涉及先前的失误,因为在许多小时内使用合法的可接受的社会药物,如酒精,与昏昏欲睡的驾驶不同。与睡觉的司机不同,醉汉可能无法预见到他继续饮酒的潜在危害。如果被告整天都在板球或赛马场喝酒,那就很难说他预见到了整天喝酒会使他中毒或会在哪天晚上杀死行为人。在英国和威尔士,数以千计的人每天喝酒而不去犯罪。喝酒的决定无法与最终的犯罪联系在一起。因此,"事先过错"概念适用于酒精相关的自动症是误称,因为饮酒是刑法意义上的无过错的事先行为(或至少是无过错的,因为是独立的犯罪行为,与所指控的犯罪无关)。[①]

由自愿迷醉引起的自动症由于政策原因而受到惩罚。自愿迷醉的行为承担推定责任的理由在于选择醉酒,因为如果他没有醉酒,他就不会犯这种罪。如此一来,放弃罪过要求的一般政策论点是,许多犯罪都是由醉酒的被告实施的。[②] 立法者还发现,大多数案件中很难相信酒精会导致完全的失控,因此,以较轻的基本故意罪名指控被告会达到公平的处罚效果。

自愿迷醉型案件中采用无过错责任原则的严厉性,可以通过"检察长诉马耶维斯基案"[③]的应用略微加以中和。如果是直接故意犯罪,可以将自动症作为一般情况下的抗辩事由。如果是间接故意犯罪,自愿迷醉产生自动症对抗辩来说就是无法成立的(自动症是否被视为否定故意或行
1173 为的要素)。换言之,可以认为,在间接故意犯罪中,"检察长诉马耶维斯基案"对犯意和犯行的所有学说进行了粗暴的践踏。自愿迷醉的证据和由此产生的混乱的心态在决定被告是否有意的结果时将被忽略。该法律

---

① Section 91 of the *Criminal Justice Act* 1967.

② See Gavin Dingwall, *Alcohol and Crime* (London: Willan Publishing, 2006).

③ [1977] A. C. 443.

的解释是必要的,因为如果法院区分“普通”自愿迷醉和这种导致自动症的迷醉状态,法律将比现在更混乱。迷醉导致混乱状态既是迷醉又是自动症,适用“检察长诉马耶维斯基案”的判例。

9-025　将此与糖尿病类型的案例进行比较,后者被告在知道潜在危害的情况下,没有遵从医嘱而导致自己的自动症状态。这些类型的案件属于事先过错的范围,因为被告知道不服用胰岛素所带来的危险,但却选择冒风险。[①]“女王诉贝利案”[②]并没有完全排除因低血糖导致的混乱状态所造成的伤害的刑事责任。有人认为行为人在明知在注射胰岛素后不吃食物会发生什么,且没有任何情况可以迫使其不吃东西时,就可以因轻率而承担责任,这是事先过错的其他事例,没有和造成伤害的客观行为同时发生。法院明确表示,这不是指“检察长诉马耶维斯基案”中迷醉者的假定轻率行为,而是指真正的轻率:被告知道,如果不采取预防措施以防失去意识,就会危害他人。

9-026　如果自动症系由迷醉和其他原因结合导致呢?

令人惊讶的是,现在很好地解决了将这种情况判断为自动症的问题,而不需要适用“检察长诉马耶维斯基案”的规则。换言之,即使是在间接故意犯罪中,迷醉也可以成为抗辩事由。“检察长诉马耶维斯基案”规则只适用于仅仅由自愿的迷醉状态导致的意识混乱。其他要素的实质性程度的干预意味着混淆状态与所需的主观要素不一致,甚至否定必需的犯罪成立要素。[③]上述提到的不同要素的组合以不同的方式发生。

1. 自愿迷醉可能会导致若干本身完全可以产生自动症的要素或事件。醉汉摇摇晃晃地行走,撞到了他的头,在不知道自己在做什么的状况下造成了若干伤害。医学证据证明被告当时处于由医学上的脑震荡引起 1174
的神志不清状态,被告的迷醉仅仅是神志不清状态的历史原因。在这里,通常的自动症抗辩是有效的。如果脑震荡与迷醉没有因果联系,则规则是显而易见的,但也适用于(如本例中)被告的迷醉状态导致的脑震荡。

2. 如在判例1中,除了医学证据表明被告的混乱状态是由于自愿迷醉和(在很大程度上)其他原因相结合造成的结果。例如,证据表明是由脑震荡和自愿迷醉相结合造成的。这里再次强调,自动症可以被用来作为抗辩事由。[④]条件是酒精摄入的证据与友好的精神病医生的证据可以

---

① *R. v. Bailey*[1983]1 W. L. R. 760.

② [1983]1 W. L. R. 760.

③ *R. v. Roach*[2001]EWCA Crim. 2698;*R. v. Burns*(1973)58 Cr. App. R. 49;*R. v. Budd*[1962] Crim. L. R. 49;*Police v. Barber*[2010]S. A. S. C. 329. *D. P. P. v. Beard*[1920]A. C. 479;*R. v. Davis*(1881)14 Cox C. C. 563. *R. v. McEachem*[2003]A. W. L. D 209.

④ *R. v. Stripp*(1978)69 Cr. App. R. 318.

证明被告处于高度情绪化的状态相结合,如果没有这两种要素的存在,这种精神分裂现象就不会发生。①

3. 与第2种情况一样,但第2个要素是能增强迷醉状态与影响的药物。如果是出于增加迷醉状态而服用该药,显然这个案件应属于“检察长诉马耶维斯基案”规则范围(实际上马耶夫斯基就是通过吸毒和酗酒制造了自己的病情)。另外,如果药物被用于其他目的,如胃疼,且被告没有意识到会有什么效果,并且迷醉者本身不会产生自动症状态,自动症的抗辩就是有效的。② 这只是认为迷醉不应被视为自愿的,因此不被“检察长诉马耶维斯基案”所规范的另外的说法。

4. 与第2种情况一样,但第2个要素是“精神疾病”之外,容易精神病发作的人会通过饮酒引发病状。从常识上看,对这些事实的裁决应该是认定存在精神错乱。③ 判例认为,应该允许认定非异常状态下自动症
1175 的判决。④

---

① *R. v. Prescott*[2008]O. N. C. J 604;*R. v. Talock*[2003]238 Sask. R. 130.

② *R. v. Hardie*[1981]1. W. L. R. 64.

③ See Lawrence P. Tiffany and Mary Tiffany, *Nosologic, Objections to the Criminal Defence of Pathological Intoxication: What do the Doubters Doubt?*, (1990) 13 Int'l J. L. & Psychiatry 49; Lawrence P. Tiffany, *The Drunk, the Insane, and the Criminal Courts: Deciding What to Make of Self—Induced Insanity*, (1991) 69 Wash. U. L. Q. 221.

④ *R. v. Burns*(1973)58 Cr. App. R. 49.

第 10 章　刑事责任能力和精神错乱

“精神错乱者的痛苦比人类所遭受的其他痛苦更彻底地激起了同情；但在同情之前，必须先承认这是疯狂，然后才能感受到同情。”

安东尼·特洛浦（Anthony Trollope）①

另外，如果一个心智健全的人犯了罪，而在被传讯之前他已经疯了，那么他不应该“被要求去认罪，因为他不能这样做”，他应该得到这样的建议和警告。如果囚犯认罪后发疯了，他就不必受审，否则他怎么能为自己辩护呢？

威廉·布莱克斯通（William Blackstone）②

但是，因为这件事可能存在很大的欺诈行为，然而，如果犯罪行为是臭名昭著的，比如叛国罪或谋杀罪，那么在审判或审判暂停之前，法官可以要求陪审团依职权询问这种精神错乱的影响，以及是真是假。

马修·黑尔（Matthew Hale）③

有些人杀人不构成犯罪，也不应该受到任何惩罚。首先，便是那些靠审判权判决死刑的法官，以及负责执行死刑的官员及牧师，还有就是没有审判权但也不构成犯罪的杀人，如那些没有自由裁量权但杀人的“疯子”、“傻子”、7 岁以下的儿童，为维护和平而杀人的人、依法杀人的人，以及那些面对令人发指的致命罪行为了自己的利益非杀人不可的人。

安德鲁·霍恩（Andrew Horne）④ 1176

---

① Anthony Trollope, *He Knew He Was Right*, (London: Smith and French, Vol. Ⅱ, 1869) at 491.

② William Blackstone, *Commentaries on the Laws of England*, (Oxford: Clarendon Press, 1769) Vol. Ⅳ at 18.

③ See Matthew Hale, *The Hisory of the Pleas of tie Crow*, (London: Printed by E and R. Nut et al., 1736) Vol. Ⅰ at 35.

④ See Andrew Horne, *the Mirrour of Justices*, (London: Imprinted for Matthew Walbanke, 1646), translated into English by W. H. of Gray's Inn) at Ch IV, Sc. 16.

第1节 国家豁免权

10-001 谁要对违反刑法的行为负责？自然人要对违反刑法的行为负责，除非他们能够证明自己没有能力理解自己违反刑法的行为的错误性。[1] 某些拟制的法律实体，如公司/法人，也要对各种违反刑法的行为负责。只有公司/法人本身（法律创造的产物）才会被称为罪犯，尽管控制公司的自然人也可以被称为罪犯。公司被当作自然人对待，[2]但公司无法入狱，也无法经历犯罪化所带来的耻辱或污名化的影响，更无法失去理智。某些人因其官方身份而免于刑法的惩罚，或免于刑法的影响："国家元首"（the sovereign）、[3]"到访的国家元首"（foreign visiting sovereigns）、[4]"到访的外交官"[5]和外国武装部队成员。[6]

成文法的解释规则宣布，在没有明文规定或必要的默示的情况下，成文法不对王室具有约束力，这有时会使王室官员在代表王室行事时免受刑事成文法的约束。[7] 除该规则外，王室官员以私人身份完全受刑法的约束[8]（也就是说，除非政府特批，否则需要自己要支付罚款）。[9] 王室本身无法被起诉，因为那将是"女王诉女王案"，人们认为这是不可能的（当然不是这样）；同样的规则也适用于王室代理人和其他官方机构。[10] 另外，若干公共机构不被认为是王室的附属机构。

王室的豁免权是法律规则中不可辩驳的例外。例如，这意味着政府部门和某些其他公共机构一般不受公共福利立法的约束。然而，2007年的《公司/法人过失杀人和公司杀人案法》在很大程度上取消了王室的豁
1177 免权，因为适用于公司/法人过失杀人案。此外，1990年《食品安全法》不允许起诉王室，但允许法院宣布王室的某些行为为非法行为。[11] 这些问

---

① *R. v. Johnson*[2007]EWCA Crim. 1978.

② *DPP v. Kent and Sussex Contractors Ltd.* [1944]K. B. 146.

③ *Cooke's Case*(1660) 5 How. St. Tr. 1077 at 1113; *Tobin v. R.* (1864) 33 L. J. C. P 199. *R. v. Mary, Queen of Scots*(1586) 1 St. Tr. 1161.

④ Section 20(1), (2) of the *State Immunity Act* 1978.

⑤ *Diplomatic Privileges Act* 1964; *International Organisations Act* 1968. *R. v. Bow Street Stipendiary Magistrate, Ex p. Pinochet Ugrate(No.* 3) [2000] 1 A. C. 147.

⑥ Section 3 of the *Visiting Forces Act* 1954.

⑦ *Thomas v. Pritchard*[1903] 1 *K. B.* 209; *BBC v. Johns*[1964] 1 All E. R. 923.

⑧ *M. v. Home Office and Another*[1994] 1 A. C. 377.

⑨ *Barnett v. French*[1981] 1 W. L. R. 848.

⑩ Section 1 of the Corporate Manslaughter Act 2007.

⑪ *The Environmental Protection Act* 1990; *The Environmental Act* 1995; *Transport Act* 2000; *The Chemical Weapons Act* 1996.

题在专门研究,包括关于宪法和国际法的学术著作中都有较充分的讨论,本书不必再予以关注。

第2节　未成年

10-002　未满10岁的儿童无法对其所实施的有害行为承担刑事责任,因为可以推定这样的儿童是无犯罪行为能力人,无法完全理解犯罪行为的性质。[①]

10-003　为什么这个特殊的年龄是10岁?为什么不是12岁,14岁,或者是16岁?

普通法中的年龄是7岁。1933年《儿童和青少年法》第50条将其提高到8岁,1963年《儿童和青少年法》第16条将其提高到10岁。虽然现在儿童从10岁起就有责任,但14岁以下的儿童曾一度受到普通法规则的保护,即该年龄组的儿童,无论如何无法控制,都无法被定罪,除非他知道自己的行为是错误的——这似乎意味着存在法律上的错误或道德上的错误。[②] 这条规则被1998年《犯罪和骚乱法》第34条废除了,[③]这在"女王诉JTB案"(*R. v. JTB*)[④]中得到了确认,该案中的被告因引致或煽动其他儿童从事性活动而被起诉受审。被告在被指控的犯罪行为发生时只有12岁。有人为他辩称,他没有能力实施这些罪行,因为他没有能力理解自己的行为是错误的。上议院认为,1998年《犯罪和骚乱法》第34条废除了10-14岁儿童无行为能力的可反驳推定。

当然,年龄的规定一般是任意规定的。一切都出自实用主义考量。人们希望能够对什么年龄段的未成年人实施法律惩罚?哪怕只是罚款,如果结果是惩罚性的意图,这意味着犯罪者必须承担法律责任。早熟的孩子在知道刑事责任年龄后,很容易对警察说:"你无法碰我。我还不到10岁。"即使惩罚性制裁的目的是只针对特别恶劣的罪犯,但这仍然意味 1178
着必须将刑事责任归咎于该年龄段的罪犯(的确,可以通过名义上的民事诉讼程序,[⑤]或在法律的支持下通过学校纪律的方式进行惩罚。但放弃刑事诉讼程序会带来若干不公正或无效的危险,或两者兼而有之)。

---

① See Joseph B. Sanborn, *Juveniles' Competency to Stand Trial: Wading Through the Rhetoric and the Evidence*, (2009) 99 J. Crim. L. & Criminology 135; Stephen Morse, *Immaturity and Irresponsibility*, (1998) 88 J. Crim. L. & Criminology 15.

② *C(A Minor) v. D. P. P.* [1996] 3 A. C. 1 at 23; *R. v. JTB* [2009] 2 W. L. R. 1088 at 1092-96.

③ Laws J. in *C(A Minor) v. D. P. P.* [1994] 3 W. L. R. 888.

④ [2009] 2 W. L. R. 1088.

⑤ *Crown Prosecution Service v. P* [2008] 1 W. L. R. 1005.

10-004 你刚才告诉我,10 岁以上的被告被当作成年人对待,因为(除非有其他残疾)他们知道是非?这是否也意味着这些被告被推定为具有能够参与复杂的刑事诉讼的精神能力?审判智力低下的年轻被告是否不公平呢?

智商低或其他类型的轻度精神障碍,并不意味着被告不一定能听从或理解其审判。[①] 当轻度受损或不太聪明的被告也很年轻时,问题就更复杂了。毫无疑问,正常的 11 岁的孩子已经足够成熟,能够理解杀害他人是不对的。[②] 但鉴于谋杀案审判的复杂性,他可能很难完全理解其中的复杂性。[③] 无法忘记的是,这些被告仍是儿童。十三四岁的被告在这方面的情况会更好。但无可否认,有些青少年罪犯(甚至是 11 岁的青少年)是惯犯,他们明白自己的所作所为是非常错误的。[④] 法院认为,审判那些受青少年和低智商影响的人并不导致违反《欧洲人权公约》第 6 条。[⑤] 在“女王(根据原告的申请)诉西伦敦青年法庭案”[*R.* (*on the application of P*) *v. West London Youth Court*][⑥]中,被告的智力相当于 8 岁的孩子,但实际年龄已经 15 岁。被告面临着抢劫和抢劫未遂的指控,有人为他辩称,被告无法理解刑事审判,因此无法按照第 6 条的要求有效参与审判。法院认为,被告可以在以下情况下受审:[⑦]

(1)已经明白自己做错了什么。

(2)法院确信,当被告因作为或不作为而犯下错误时,有办法知道这是错误的。

(3)明白自己可以提出的抗辩事由。

(4)有合理的机会在希望的情况下作出相关申述。

(5)有机会在了解所涉及的问题后,考虑自己想作出什么申述,必须能够作出适当的指示,并在审判中出现问题时,能够回答问题和向律师提
1179 出问题,从而参与其中。

年龄和智力有限不会妨碍行为人获得公平审判。重点必须是看被告是否能够有效地参与审判,而不是看他的年龄和智力。即使是非常年轻

---

① *R. v. M and Another* (2006) All E. R. 43.

② *V. v. United Kingdom*(2000)30 E. H. R. R. 121.

③ See Andrew Ashworth, *Case Comment*: *Human Rights*: *Article* 6(1)—*Right to Fair Trial of Defendant Aged* 11, [2005] Crim. L. R. 132.

④ *SC v. United Kingdom*[2005]1 F. C. R. 347.

⑤ *European Convention for the Protection of Human Rights and Fundamental Freedoms*, 4 November 1950, 213 U. N. T. S. 222.

⑥ [2006]1 All E. R. 477.

⑦ *R.* (*on the application of P*) *v. West London Youth Court*[2006]1 All E. R. 477 at 480.

的罪犯，如果有犯罪史，而且以前曾多次经历过这个过程，也能有效地参与审判。然而，对许多青少年罪犯来说，这将是他们首次出庭受审，因此必须注意确保他们得到公正的审判。非常年轻的被告通常在青少年法庭接受简易审判，因为其程序更适合他们参与审判。像青少年法庭这样的专门法庭，是专门为确保儿童得到公平审判而设计的。当青少年被告在刑事法院受审时，法院应：①

牢记他的认知能力水平；

使用简明扼要的语言；

保障固定的休息时间；

花更多时间解释法庭程序；

积极主动地确保受害人的观点能够获得支持；

解释并确保权利人了解指控的内容；

解释可能的结果和判决；以及；

确保仔细控制交叉诘问，使问题简短而明确，尽量减少挫折感。

这种做法比根本不对他们进行审判要好，②因为有些年轻的罪犯反复犯有抢劫和谋杀③未遂等暴力犯罪行为，并明白这样做是不对的。这类罪犯是危险的，需要拘留和改造。

第3节　答辩能力

10-005　负责任可以有不同的含义。雇主在提到员工时，可以认为他是“有责任心的人”，意思是说自己的手下品行端正、工作高效等。显然，这不是刑法中“责任心”的含义。行为人的品德越差（也就是说，越是不负责任），就越要坚决地追究其“责任”意义上的“责任”。

因此，这里所说的责任是指道德或法律责任。如果行为人在实施错误行为的时候能够受到公正的指责，就需要承担道德上的责任，也许还能受到惩罚。不能认为一只狗，或者是被抱在怀里的孩子，或者是胡言乱语的“疯子”需要承担责任。基于同样的原则，不应认为其负有法律责任，也就是说，他们在法律上应受到法院的惩罚。 1180

社会上存在两种处理为非作恶者的方法。通常情况下，其被认为应负责任，也就是说，作为社会上自由存在，当行为出现不端时，就会受到惩罚，这种惩罚的目的是规范犯罪者将来的行为，或者是作为对他人的报应

① *R.* (*on the application of P*) *v. West London Youth Court*[2006]1 All E. R. 477 at 486.

② *R.* (*on application of C*) *v. Sevenoaks Youth Court*[2009]EWHC 3088.

③ *R. v. W*[2009]2 Cr. App. R. 94.

警告,或者两者兼而有之。但有些人,例如年幼的儿童和严重的精神错乱患者,对其适用刑法是无用或错误的。虽然他们没有责任,但不通过法院的处罚,并不意味着对其不得行使社会控制权。如果被告不具备抗辩条件,但事实证明他确实实施了犯罪行为,可以对其进行羁押,除此之外,还可以对其进行强制医疗。如果符合抗辩条件,但在犯罪时没有能力认识到自己犯罪时的错误性,可以在审判时提出精神错乱在刑法上的实质性抗辩。但是,成功提出抗辩意见,仍有可能导致被告被送进精神病院。

10-006　这是否意味着被告必须在精神状态良好的情况下,才可以考虑以精神错乱作为实质性的抗辩事由?

是的。

10-007　你刚才告诉我,低智商和不成熟不一定代表被告不适合抗辩。为什么会这样呢?

这都是程度的问题。如果被告因为无行为能力而没有足够的智力指示他的辩护律师、对起诉书作出答辩、质疑陪审员、理解证据、提供证据等,则被告无出庭受审的能力。[①] 法律专业的优等生显然比刚刚及格的学生更懂刑法,但无法主张后者不懂刑法。同样,特别聪明的年轻人可能比智力有障碍的成年人更了解审判程序。"1964 年《刑事诉讼程序(精神错乱)法》[the Criminal Procedure(Insanity) Act 1964]第 4 条和第 4A 条的全部目的是保护不适合受审的人,使其免受有罪判决的影响。"[②]因此,正义要求在被告对正在发生的事情没有合理的理解时,无法对其进行审判。只要被告对审判过程有非常基本的了解,就能实现司法利益。

被告是否适合答辩的问题,将由法官[③]在考虑至少两名医学专家的书面或口头证据后作出决定,其中专家应被内政大臣认可为医学专家。控方或者是辩护方都可以提出答辩资质的问题,如果控方或辩护方都不提出这个问题,法官可以在认为有需要时提出。显然,如果医学专家提出的证据表明没有现实意义,显然不应对被告进行审判。[④] 不适格不需要与
1181 精神疾病本身有关。行为人可能是听障人士等原因而不适合出庭应诉。不适合出庭的问题通常在审讯开始前提讯时作出决定,但法庭可以裁定,为了被告的利益,推迟审议受审能力的问题。法院可将该问题的判断推迟到"被告方开庭前的时间"。

---

① *SC. v. United Kingdom*[2005]1 F. C. R. 347 at 357.

② *R. v. Antoine*[2001]1 A. C. 340 at 351;*R. v. B*[2013]1 W. L. R. 499;*R. v. Wells*[2015]EWCA Crim. 2.

③ Section 4(2) of the Criminal Procedure(Insanity) Act 1964(as amended).

④ Section 48 of the Mental Health Act 1983.

一旦确定被告不适合答辩，陪审团将决定被告是否存在作为或不作为行为。[1] 如果认定被告实施了作为或有相关的不作为行为，法官可以对被告发出强制医疗的命令。对不适合抗辩的人下达强制医疗令的目的是保护公众，直至其适合接受审判。[2] 显然，在某些情况下，拘留是没有必要的，但可能需要进行监督。

10-008　如果被告被认定为不适合出庭，是否可以提出抗辩？

不能，应推迟审判。实质性抗辩和错误往往相当于否认犯罪故意，因此，在被告不适合抗辩的情况下，不应在审理中对其加以考虑。[3]

10-009　你是在告诉我，即使有令人信服的证据证明被告的行为是自卫或犯了错误，也要等他的身体状况好了才可以提出该抗辩吗？

是的。然而，在"女王诉安东尼案"（*R. v. Antoine*）[4]中，赫顿法官在其判决书的结尾处做了若干粗略的评论。[5] 赫顿法官表示：

"如果有客观证据提出错误、意外或自卫的问题，则陪审团不应认定被告实施了该犯罪行为，除非陪审团排除合理怀疑地确信控方已否定该某项抗辩。举例来说，如果被告用拳头攻击他人，并造成被害人死亡，则陪审团可以根据第 4A 条，在证人提供证据，证明被害人在被告攻击前曾用刀攻击被告，则陪审团可以判被告误杀，被告无罪。同样，如果妇女被控偷窃手提包，而证人提供的证据表明，被告在餐厅的一张桌子上坐下时，将自己的手提包放在地上，起身离开时，捡起了邻桌妇女放在身边的手提包，陪审团可以宣布被告无罪。"

自卫是刑事审判中必须检验的东西，特别是当针对谋杀这样严重的指控而提出的时候。即使有有力的（客观）证据（如监控录像等）显示被告是出于自卫，但无法告诉被告是否相信自己有必要采取自卫行动，或是否出于报复等。同样，监控录像可能表明被告误拿了手提包，但这并不意味着是诚实的。如果被告没有足够的警觉性来否认打算永久剥夺包的主人的权利，或者表示认为自己有权利主张，就无法确定他的行为是否诚实。赫顿法官认为，当行为已经发生时，证人的证词就足以让法庭宣判无罪，这并没有得到 1964 年《刑事诉讼程序（精神错乱）法》的措辞支持。如果证据特别令人信服，检控方就应该撤销指控。

---

① *R. v. Norman*[2009]1 Cr. App. R. 192 at 201-202.

② Sections 4A of the Criminal Procedure(Insanity) Act 1964(as amended).

③ *R. v. Grant*[2002]Q. B. 1030 at 1048.

④ *R. v. Antoine*[2001]1 A. C. 340 at 376-377 per Lord Hutton. *R. v. Jagnieszho*[2008]EWCA Crim. 3065.

⑤ *Criminal Procedure*(*Insanity*) Act 1964.

第4节 作为抗辩事由的精神错乱

10-010 “精神错乱”是对精神错乱的最一般表述,它的范围太广,无法被承认为犯罪指控的完全抗辩。1983年《精神健康法》第1(2)条的定义如下:

“精神错乱是指精神失常或精神疾病。”

这个定义的范围很广,以至于可以涵盖单纯的神经衰弱症,比如“幽闭恐惧症”(claustrophobia)(对密闭空间的恐惧)。如果“达特穆尔”(dartmoor)的某位幽闭恐惧症患者用拳头打他人的鼻子,他的病症并无法成为免予起诉的理由。

10-011 这与攻击事件不会有因果关系。但是,假设幽闭恐惧症患者在坐车时惊慌失措,大打出手?

即使如此,也不存在抗辩事由,尽管医疗证据无疑会促使法庭对他从宽处理。

10-012 但精神错乱肯定是抗辩吗?

英国法律的一般原则听起来可能很奇怪:即使是那些可能被称为精
1183 神错乱的人,也可以被追究责任。精神错乱本身并不是抗辩事由。

10-013 如果这个人完全不知道自己在做什么呢?

如此一来,他将缺乏犯罪所需的主观要素。法律仍以上议院在“南顿案”[①]中给出的答案为依据。丹尼尔·南顿射杀了罗伯特·皮尔(Robert Peel)爵士的秘书,也许是认错了人。凶手患有今天所谓的“妄想症”,被病态的错觉所驱使,以为自己受到了“保守党”的迫害。他以精神错乱为由被宣告无罪,按惯例被送进医院,但所谓的宽大判决却引起了公众的愤怒。上议院就精神错乱的法律进行了辩论,决定请法官们就相关的法律原则向他们提供咨询意见。从理论上讲,这种咨询意见没有判例的约束力。然而,14位法官因“南顿案”而共同作出的答复,却被后世频繁地遵循和认可,以至于在大多数情况下必须被视为法源性的意见。

答复的主要部分如下(本书作者插入了字母和编号):

在所有案件中,陪审员都应被告知,除非存在令其满意的相反证据证

---

① 10 Cl. & Fin. 200. Cynthia G. Hawkins—León, “*Literature as Law*”: *The History of the Insanity Plea and a Fictional Application Within the Law and Literature Canon*, (1999) 72 Temp. L. Rev. 381; Anthony Michael Platt and Bernard L. Diamond, *The Origins and Development of the “Wild Beast” Concept of Mental Illness and Its Relation to Theories of Criminal Responsibility*, (1965) 1 J. Hist. Behav. Behav. Sci. 355.

明，否则任何被告，都应被推定为神志清醒，并有足够的理性来为自己的罪行负责。而要以精神错乱作为抗辩事由，必须明确证明，（A）被告在作出该行为时因罹患精神疾病而丧失理性；并且（B）不知道自己所实施的行为的性质或自己所做出的行为是错误的。

法官们还表示，如果被告“只在（A）部分存在错觉，而不是在其他方面处于精神错乱的情况下行事，就必须认定其具有和与存在错觉的事实是真实的相同责任”。

10-014　法官们的解释如下：

“例如，如果在妄想的影响下，被告认为他人正在企图夺走自己的生命，因此将其杀死，并认为自己是在自卫，则可以免于处罚。如果妄想的内容是死者对被告的人格和财富造成了严重的伤害，为了报复这种假定的伤害而杀了被害人，被告则将受到惩罚。”[①] 1184

这个答案规定了免责的双重检验标准。（A）被告必须“因罹患精神疾病而丧失理性”；（B）在此基础上，陪审团还需要认定如下 2、3 个问题。

1. 被告是否因为缺乏理性而不知道自己行为的性质？

2. 如果知道行为的性质，是否不知道其错误性？

3. 如果存在问题 1，被告是否处于幻觉状态下？

虽然南顿规则可免除被告的刑事责任，但当然无法免除对此类被告作出的特别裁决。

10-015　什么是“因罹患精神疾病而丧失理性”？

医学上已不再使用“精神疾病”（disease of the mind）的概念，然而医生（精神科医生）仍准备在法庭上通过说某个人患有或不患有精神疾病来迎合律师。目前的医学用语是“精神错乱”（mental disorder）。但此概念并无法准确地表明“精神疾病”的含义。在“南顿案”中，法官们似乎将“精神错乱”与“精神疾病”等同使用，但这种表述同样令人费解。律师们曾经认为，精神错乱是医学术语，然而，精神病学家们早已宣称根本不知道该概念的含义，并坚称其只能是法律概念，事实上，这也是法律概念。精神错乱是建立在医学诊断的基础上的社会判断，但并不确切地代表医学诊断。

医学概念“精神异常”（psychosis），是指较严重的精神疾病，一般是指幻觉或妄想。只要导致相当程度的认知能力丧失，个人的内部条件在法律上都会构成精神异常。南顿规则是专门针对精神异常引起的认知障碍。通常与人的内部生理结构有关的疾病包括“精神分裂症”

---

① *R. v. M'Naghten*（1843）10 Cl. & Fin. 200，at 211.

(schizophrenia)、"躁狂抑郁症"(manic—depression)和"脑动脉硬化症"(cerebral arteriosclerosis)等。[①] 有些内因性疾病有外因,如"创伤后应激障碍"(P. T. S. D.),经历过战争的老兵可能会出现创伤后应激障碍[②](战
1185 争是导致内部条件发展的外部事件)。

其他障碍是与被告的生理结构直接相关的,如人格障碍、[③]癫痫、[④]糖尿病、[⑤]睡眠障碍[⑥]等。有些精神状况并没有产生南顿规则所要求的认知障碍程度,因此不属于精神错乱的抗辩范围。这方面的事例可能包括受虐妇女综合征,[⑦]经前综合征[⑧]或同性恋恐惧症。[⑨] 后者通常不会妨碍被告明辨是非,也不会妨碍他了解自己行为的性质或属性。

10-016 被告必须知道什么是错的?

"南顿案"涉及的3个问题主要包括认知问题,以及被告的认知能力不足是否意味着无法形成犯罪故意。南顿案判决是在该理论尚不明确的时候作出的。回顾过去,可以看到,法官的答复只不过是坚称被告在没有必要的主观要素的情况下无法被定罪。问题1:"被告是否知道自己行为的本质属性?"即"是否知道自己在做什么?"(他是否知道自己在杀人;他是否知道自己在用刀捅人;他是否知道自己在烧毁别人的房子?)这是个犯意问题。如果小丁捏住男友的喉咙,认为自己掐死了1条毒蛇,其对自己所做的事情的性质并不清楚,也不理解自己行为的客观意义和规范意义;因此不能被作为杀人罪的犯罪嫌疑人。[⑩] 不存在犯罪故意,因为被告并没有杀人的意图。

---

① *R. v. Kemp*[1957]1 Q. B. 399.

② *United States v. Tracy*, 36 F. 3d 187(1st Cir. 1994); Heathcote W. Wales, *Causation in Medicine and Law: The Plight of the Iraq Veterans*, (2009) 35 New Eng. J. Crim. & Civ. Confinement 373 at 392.

③ *United States v. Denny—Shaffer*, 2 F. 3d 999(10th Cir. 1993). Also Elyn R. Saks, *Multiple Personality Disorder and Criminal Responsibility*, (2001) 10 S. Cal. Interdisc. L. J. 185.

④ *R. v. Sullivan*[1983]3 W. L. R. 123; *Bratty v. Attorney—General for Northern Ireland*[1963]A. C. 386.

⑤ *R. v. Hennessy*[1989]1 W. L. R. 287. *R. v. Bailey*[1983]1 W. L. R. 760.

⑥ *R. v. Burgess*[1991]2 W. L. R. 1206.

⑦ *R. v. Ahluwalia*[1992]4 All E. R. 899.

⑧ *R. v. Reynolds*[1988]Crim. L. R. 679, Bernadette McSherry, *The Return of the Raging Hormones Theory: Premenstrual Syndrome, Postpartum Disorders and Criminal Responsibility*, (1993) 15 Sydney L. Rev. 292.

⑨ Cynthia Lee, *The Gay Panic Defence*, (2008) 42 U. C. Davis L. Rev. 471 at 491-94. Patricia J. Falk, *Novel Theories of Criminal Defence Based Upon the Toxicity of the Social Environment: Urban Psychosis, Television Intoxication and Black Rage*, (1996) 74 N. C. L. Rev. 731.

⑩ *R. v. Codère*(1917) 12 Cr. App. R. 21; *R. v. Johnson*[2007]EWCA Crim. 1978.

10-017　假设被告精神失常,坚信自己是出于自卫而攻击他人,并且知道自己是在击打被害人的头部。是否可以认为其知道自己行为的本质属性?

如果其要提出精神错乱的抗辩,可以认为,由于被告并没有意识到与犯罪责任相关的所有情况,可以根据问题1进行抗辩。不过,如果法官对相关法律有疑问,可以根据第3个问题(存在妄想)指示陪审团,这显然可以让被告出庭。如果事实如其所想,就无法构成犯罪。[①] 如果被告是 1186
某大学赛艇队的成员,从牛津赶到剑桥杀了对手赛艇队的队长,因为妄想导致被告相信该队长正计划要杀自己,必须先下手为强,以保住小命,精神错乱的抗辩就不适用,因为妄想并没有导致其相信自己处于紧迫的危险之中,如果是真的,就可以作为自卫的抗辩事由。[②]

10-018　但是,如果考虑第2个问题,肯定可以得到同样的结果;第3个问题似乎并没有增加什么?

这是正确的。如果妄想使被告相信他的行为是合法的,而实际上他的行为是不合法的,在问题2或问题3语境下,可以以精神错乱为由进行抗辩。然而,问题3似乎只涵盖了法律上的错误,而不是道德和法律上的错误。似乎涵盖了以下情况:被告明白其行为的本质属性(他是在杀害行为人),并明白杀害行为人是错误的(可能不仅明白这在道德上是错误的,而且也是严重的罪行),但他认为杀人行为是合法的。下面这段话很好地解释了这种观点:

"行为人如果完全以为自己是战争中的士兵,在向敌方士兵开枪,就无法形成预谋杀人的故意。妄想状态使其无法形成必要的犯罪故意,因为他认为自己的杀人行为是由法律授权的。根据南顿规则,在法律意义上他存在精神障碍。如果法律要求超过了实施某一特定行为的故意,法律上的精神错乱必须是对该犯罪的可行抗辩,并涉及南顿规则下的两个测试。"[③]

该分析也可适用于胁迫情况的抗辩。举例来说,精神错乱的人可能会因为妄想误认为接近自己的警察是即将到来的刺客,所以可能会驾驶机动车超速行驶。至于自卫的抗辩,似乎没有多大的作用,因为当行为人真正相信自己有必要采取自卫行动时,就可以主张这种抗辩。

10-019　妄想和认识错误有什么区别?

患有妄想症的精神错乱患者,尽管有相反的证据,但仍然坚持自己的

---

① *Moore v. Trinidad and Tobago*[2001]U. K. P. C. 4.

② *Finger v. State*,117 Nev. 548 at 576(2001).

③ *Finger v. State*,117 Nev. 548 at 574-575(2001).

错误信念,这些证据是普通人能接受的。这可能是难以区分的问题。精神科医生可能需要评估(例如)被告的行为基于疯狂的"妄想",即认为兄
1187 弟想杀了自己,还是仅仅存在同样愚昧的怀疑。答案可能取决于信念的荒谬程度、面对证据时的持续程度等,实际上,妄想并不是单一的错误信念,而是在生活的某部分扩散成若干不正常的信念。

总言之,南顿规则可以被解释为只能被用来证明,精神错乱可以否定犯意。然而,该规则并没有很好地对此予以表达。尤其是问题3(被告是否在部分妄想的情况下行事)具有误导性。尽管被告可能不需要承担全部责任,但可能要承担较轻的责任。至少在通常情况下,情况并非如此。如果被告的妄想是针对法律规定的某些犯罪成立要件,就无法被定罪。

按照现在的解释和理解,南顿规则中唯一不涉及犯罪故意[①]的部分,是问题2,即关于行为错误性的明知问题。这被认为是指对法律的认识错误。除非非常善意地解释,否则几乎没有增加其他问题的内容。这样说的原因在于,实际上,除了最为严重的犯罪指控外,在刑事法庭上很少出现精神错乱问题的争论,被告必须非常疯狂,才会不知道杀人、刺人或烧屋的非法性;需要达到陪审团可能会拒绝裁定其知道自己所做的事的疯狂程度。例如,如果被告杀了自己的5个孩子,理由是其相信上帝[②]命令自己杀了他们,就犯了谋杀罪。之所以成立谋杀罪,是因为其打算杀人。只有当没有意识到杀人是犯罪行为时,才能够依靠精神错乱的抗辩事由。南顿规则中的第2部分中的不法性问题,除非被解释为指代是道德上的不法性,否则对其他问题没有任何补充价值。

10-020　你是在告诉我,精神错乱的被告只要意识到自己在犯罪,即使不明白自己在做什么,也可以被判蹲监狱?

是的,在英格兰和威尔士,虽然精神非常错乱,但有足够的认知,能够意识到自己所做的事情属于犯罪的人,可能无法以精神错乱为由提出抗辩。由于这些被告具有狭义法律意义上的犯罪故意,所以要为自己的疯狂行为负责。这在道德上是不公正的,因为这些被告并不具有"道德上的可责性"。他们不明白自己的行为在道德上是错误的。[③] 由于广义上的道德过错支撑着犯罪嫌疑人的概念,因此,精神错乱的被告的行为实际上也不具备法律上的犯意。[④] 危害性与过失性的结合,为定罪提供了坚

---

① *R. v. Windle*[1952]2 Q. B. 826;*R. v. Johnson*[2007]EWCA Crim. 1978.

② *State v. Applin*,116 Wash. 818(2003).

③ See Dennis J. Baker, *Constitutionalizing the Harm Principle*, (2008) 27 Crim. Just. Ethics 3 at 7-9.

④ See Dennis J. Baker, *The Right Not to be Criminalized: Demarcating Criminal Law's Authority*, (Farnham: Ashgate Publishing, 2011) at Chap. 2.

实的基础。如果行为人打算犯下法律上的罪行,例如杀害他人,因为他认为这样做可以防止世界被吸进黑洞,这样的行为显然不像理性的杀人犯那样具有道德上的罪过。[①] 疯狂妄想使被告真诚相信实施特定的犯罪行 1188
为在道德上是正当的。这种精神错乱的被告在法律意义上应该受到谴责,但在道德上是无罪的。在没有达到报应或威慑目的的情况下,惩罚人是不公正的。[②]

在"女王诉约翰逊案"[③]中,上诉人(偏执型精神分裂症患者)因为认为邻居对其妹妹进行了猥亵,故将其邻居刺伤。上诉法院对先前法律的分析是无法令人信服的。希望最高法院能在有机会的时候推翻"女王诉约翰逊案"。早在1933年,澳大利亚杰出的法学家欧文·迪克森爵士就曾表示过:[④]

"他的性质截然不同,即精神疾病或精神错乱或精神紊乱,使他无法认识到他的行为是错误的。他知道自己在杀人,知道自己怎么杀人,知道自己为什么要杀人,但没有能力认识到自己的行为是错误的……如果由于心智的混乱,他无法用适度的理智和冷静来推理这件事,可以认为他不知道自己的行为是错误的。何谓'错'(wrong)?所谓的错误是指在考虑到理性的……人的正常标准的情况下的错误。如果发现他没有能力考虑到决定对错的要素,就应该认定他无罪……"

迪克森法官做出了以下的法律指示:

"(被告)没有能力知道自己的行为是错误的,因为一般的理性人都能理解对错,而被告没有能力以某种程度的冷静和理性考虑自己的行为及其错误性。"

10-021 迪克森法官后来代表澳大利亚最高法院在"女王诉斯蒂芬案"(*Stapleton v. R*)[⑤]中维持了上述观点。在"女王诉查克案"(*R. v. Chaulk*)[⑥]中,加拿大最高法院推翻了早先的裁决,并引用"女王诉斯蒂芬 1189
案"作为对法律的正确解释。还值得注意的是,美国有一半以上的州允许为没有意识到自己行为的道德错误性的被告进行抗辩。[⑦] "女王诉查

---

① *Finger v. State*, 117 Nev. 548 at 557(2001), at 548.

② *R. v. Chaulk*[1990]3 S. C. R. 1303.

③ [2007]EWCA Crim. 1978.

④ *The King v. Porter*(1933)55 C. L. R. 182 at 189-190.

⑤ (1952)86 C. L. R. 358.

⑥ [1990]3 S. C. R. 1303 overruling*R. v. Schwartz*(1976)29 C. C. C. (2d)1.

⑦ See Joshua Dressler, *Understanding Criminal Law*, (Newark N. J. :LexisNexis, 2006) at 376.

克案"[①]认为:[②]

"[本法院早些时候在'女王诉舒瓦茨案'(*R. v. Schwartz*)的裁决]的效果是,将刑事责任扩大到了无法接受的范围,使之包括那些因精神疾病而无法按照正常和合理的社会标准认知某项行为是错误的人,即使他们知道该行为在形式上是犯罪。

……

精神错乱抗辩的性质,便是基于此种信念,即精神错乱者不应承担一般的刑事责任,并因此而受到惩罚和污名化。该信念又来自下列原则,即个人对刑事犯罪负有责任,因为他们有能力区分什么是对的和什么是错的。"

"女王诉查克案"的分析比英国判例提供的简明扼要的分析更有说服力。[③] 支持这种解释的核心要点可以归纳为:

如果第 2 种情况意味着被告只有在精神错乱到不知道自己正在犯罪时,才可以依赖精神错乱的抗辩,那么规定这种情况就没有什么作用了。[④]

法源在南顿案[⑤]和早期的普通法标准之前,确定精神错乱患者的刑事责任的标准是"特定的被告是否有能力区分行为是善是恶、是对是错"。南顿规则没有偏离或区分该标准。[⑥]

南顿规则在违法性认识和道德错误性认识之间划清了界限。[⑦]

如果错误仅仅意味着"非法",法院基本上就无法考虑被告的无行为

1190 能力。这种做法会把"法律形式主义注入精神错误等级,漠视了法律上的精神错乱的心理基础"。[⑧] 患有极端精神错乱的人可能知道该行为是违法的,但可能缺乏理解其错误性的能力,因此面临刑事谴责。

最后,关于道德标准会有利于缺乏道德性罪犯的论点,忽略了事实,即认知能力的丧失必须与精神疾病有关。

---

① [1990]3 S. C. R. 1303. *R. v. Hussey*[2007]N. L. T. D. 4 at para. 38(Can.).

② [1990]3 S. C. R. 1303.

③ *R. v. Codère*(1917)12 Cr. App. R. 21;*R. v. Windle*[1952]2 Q. B. 826;*R. v. Johnson*[2007] EWCA Crim. 1978.

④ *People v. Serravo*,823 P. 2d 128 at 135(1992).

⑤ See Antony Platt and Bernard L. Diamond, *The Origins of the "Right and Wrong" Test of Criminal Responsibility and Its Subsequent Development in the United States*: *An Historical Survey*, (1966)54 Cal. L. Rev. 1227 at 1233-1237.

⑥ *R. v. Chaulk*[1990]3 S. C. R. 1303 at para. 100.

⑦ *R. v. Chaulk*[1990]3 S. C. R. 1303.

⑧ *People v. Serravo*,823 P. 2d 128 at 135(1992).

10-022　如果说精神错乱的抗辩主要是否定犯罪故意，这是否意味着在犯罪属于严格责任或绝对责任的情况下，就无法提供抗辩？

没有理由不对绝对责任犯罪提供精神错乱的抗辩，只要与犯罪行为有关，就没有理由不适用绝对责任犯罪。[①] 上诉法院[②]错误地认为，精神错乱只是否定了犯罪故意，因此，精神错乱不是严格责任犯罪的抗辩事由。缺乏认识能力的行为人在许多情况下缺乏犯罪意志。自动症可以作为非自愿行为人的抗辩事由，因为犯罪行为人需要具备自愿的成分。同样地，伤害他人的精神错乱者并无法真正控制其不良行为（认知障碍使其无法选择不采取行动）。[③]

当行为人的精神状况使其丧失了避免做出伤害他人的选择的能力时，精神错乱可免除其刑事责任。在“检察长诉哈珀案”（*D. P. P. v. Harper*）[④]中，上诉法院正确地认为，当犯罪行为属于严格责任犯罪时，犯罪故意必然得到满足，但法院没有独立分析精神错乱的抗辩事由及其对犯罪行为的质量的影响，是不正确的。本应审查犯罪行为是否仅仅是缺 1191
乏认识的行为的产物。[⑤] 一般来说，当抗辩与犯罪故意问题无关时，在严格责任案件中应提供抗辩。

10-023　有一件事令人感到困惑。如果南顿规则主要用来否定犯罪故意，为什么被告无法主张：“我不是在试图援引精神错乱的抗辩，而是在医学证据的帮助下，否认犯罪故意，虽然我精神有点不稳定，但我想要的是普通的无罪释放，而不是‘附带条件’的精神错乱判决。”

这要看你说的在楼上的表现可能有点古怪是什么意思了。如果被告的精神错乱是暂时性的，那么你说的没错，因为他的犯罪故意被否定了，所以有时可能会被无罪释放。但如果被告属于精神错乱，情况就不同了。现在所接受的法律是，如果辩护方律师提供证据，证明被告在作案时精神失序，以否定犯罪故意，控方律师可以证明被告所遭受的特定失序，在法律上已构成精神错乱，以确保被告可以获得特别裁决。如上文所述，如果这种情况被称为“精神疾病”，即使是一般的自动症，也会被纳入精神错乱的抗辩范围。

---

① *State v. Olmstead*, 310 Or. 455 (1990); *Tollefson v. State*, 525 So. 2d 957 (1988). *R. v. Stokes* (2009) O. N. C. J 8 at para. 10; *R. v. Metro News Ltd.* (1986) 56 O. R. (2d) 321 at para. 33. *People v. Halvorsen*, 64 Cal. Rptr. 3d 721 (2007); *People v. Newton*, 8 Cal. App. 3d 359 (1970).

② *D. P. P. v. Harper* [1997] 1 W. L. R. 1406.

③ *State v. Riedi*, 15 Kan. App. 2d 326 (1991); *State v. Rasmussen*, 524 N. W. 2d 843 (N. D. 1994). *R. v. Ruzic* [2001] S. C. C. 24 (Can.) per LeBel J.

④ [1997] 1 W. L. R. 1406.

⑤ *Tollefson v. State*, 525 So. 2d 957 at 961 (1988); *State v. Olmstead*, 800 P. 2d 277 (1990).

值得注意的是,美国若干州已经废除了精神错乱抗辩,并通过立法允许精神错乱的证据只能用于否定犯罪故意。[①] 在已废除精神错乱抗辩的各州,被告只能提出罹患精神疾病的证据,以“证明检控方没有排除合理怀疑地证明自己的故意程度满足作为犯罪要素的犯罪故意的要求”。[②] 这些改革导致很多完全疯了的被告被定罪,因为他们无法否定犯罪故意要素。

以杀死自己5个孩子的雅茨(Yates)夫人为例,她认为上帝命令自己这样做。南顿规则(如果第2项要求意识到特定的杀人行为存在道德上的错误性)将为雅茨夫人提供可以免责的抗辩事由,因为她不知道自己的行为是错误的。雅茨夫人认为,淹死孩子是有道德上的理由的。[③] 仅仅提供精神疾病的证据不足以否定犯罪故意,因为雅茨女士杀害5个孩子的行为是故意的(狭义的法律意义上),也意识到杀害孩子们是刑事犯罪,而且实际上是在杀害儿童,知道不仅仅是在溺死动物。她的精神疾病并没有否定的犯意。如果将南顿规则的第2项内容解读为要求被告理解其行为的道德上的错误性,就能否定犯意,因为这将涉及对被告的道德可
1192 责性的评价,而不是狭义的法律意义上的犯意。

第5节 南顿规则、过失和轻率

10-024 从表面上看,南顿规则涉及的是被告的明知(也就是说,被告的故意)的问题,但也要考虑到轻率和过失的因素。

南顿规则是否适用于玩忽职守罪仍不确定;这没有在法庭上得到检验,因为没有“疯子”在聘请律师的情况下会对过失指控提出精神错乱的抗辩。

对于轻率行为,就出现了更实质性的问题,特别是因为有可能绕过南顿测试,获得普通的无罪释放。假设行为人被控纵火罪,而他表示自己没有意识到合法制造的小火苗会蔓延到别人的财产,或者表示没有意识到生命会受到威胁;假设为了支持该抗辩,被告提供了自己智商低下的证据。如果这个抗辩意见被采纳(或不被否定),结果应该是怎样的呢?

在“大都会警察局局长诉考德威尔案”[④]之前,法院曾3次承认,可以

---

① See Jean K. Gilles Phillips and Rebecca E. Woodman, *The Insanity of the Mens Rea Model: Due Process and the Abolition of the Insanity Defence*, (2008) 28 Pace L. Rev. 455.

② See Henry F. Fradella, *From Insanity to Beyond Diminished Capacity: Mental Illness and Criminal Excuse in the Post—Clark Era*, (2007) 18 U. Fla. J. L. & Pub. Pol'y 7 at 35.

③ *Yates v. Texas*, 171 S. W. 3d 215 (2005).

④ [1982] A. C. 341.

提供精神疾病(精神分裂症)或精神上的“智障”或“低能”的证据,使被告在涉及轻率行为的指控中完全可以赢得无罪释放。这是在完全主观的轻率性理论盛行的时候,也是上诉法院忠于接受 1967 年《刑事司法法》第 8 条[①]的结果。在“考德威尔案”提出客观的轻率性理论后,法院的立场变得不再确定。[②]

10-025　但是,如果行为人提供证据证明自己精神错乱,因此没有认识到自己的行为可能导致的其他人都能看到的危险,并且不知道自己的行为的本质属性,他一定会得到精神错乱的司法认定吗?

没有人对此加以争论,但由于现在主观主义又流行起来了(而且很可能会继续存在),[③]所以似乎可以这样主张。涉及认为行为的“本质属性”包括其可预见的后果,这种“本质属性”的解释并不宽泛。有鉴于此,将精神分裂症患者带入法院,理论上不会存在困难,而同样的规则也应适用于精神障碍者。如果被告的智力低下到可以认真论证,比方说放火烧房子,而没有意识到这涉及对睡在里面的人的危险,如果其提供了自己精神受损的证据,原则上不应该获得普通的无罪释放,最多应该获得精神错乱的判决。如果被告只提供了证明自己没有意识到危险的证据,原则上应该允许检控方提供证据证明被告的精神损害达到了精神错乱的程度,以确保他确实获得完全无罪释放。虽然在一般的语言使用中,精神障碍并不是精神错乱,但有法源认为精神障碍可以构成精神错乱。 1193

在适用南顿规则的时代,甚至连医生都认为“精神错乱”包括低能,后来法律上也认可了这种用法,[④]尽管这个问题还没有最终结论。[⑤] 但是,有时也有观点认为,被告提供证据证明自己智力低下,目的是表明并没有打算或预见到陪审团可能推断出的行为所造成的结果,而陪审团本来可能会推断出被告对危害结果具有意图或预见。而且,这些证据并不是为了要求作出精神错乱的判决,而是要求作出普通的无罪判决。有行为能力的人可能因为愚蠢,不小心放火烧了房子,但如果是意外的话,类似的情况不太可能再发生,可以放心对被告作出普通的无罪判决。

---

① *R. v. Hudson*[1966]1 Q. B. 448;*R. v. Wallett*[1968]2 Q. B. 367;*R. v. Stephenson*[1979]Q. B. 695.

② *Elliott v. C(A Minor)*[1983]1 W. L. R. 939.

③ *R. v. G*[2004]1 A. C. 1034.

④ See Nigel Walker, *Crime and Insanity in England*, (Edinburgh: Edinburgh University Press, 1968) at 116.

⑤ *Stewart v. United States*, 366 U. S. 1 at 9(1961); Charles M. Lamb, *Warren Burger and the Insanity Defence—Judicial Philosophy and Voting Behaviour on a U. S. Court of Appeals*, (1975) 24 Am. U. L. Rev. 91 at 104.

精神损害患者也可能会对他人是否同意性交承担不合理的风险，而这种风险是具备正常认知的人不会承担的。如此一来，鉴于这种精神损害，就不需要考虑精神错乱的问题。以强奸为例，如果对行为人是否同意性交存在过失错误，就足以作为定罪的依据。根据 2003 年《性犯罪法》第 1 条，如果被告对被害人是否同意性交存在过失，如果他“没有合理地相信被害人同意”，则属于过失。2003 年法第 1(2)条规定：“在确定某一信念是否合理时，应考虑到所有情况，包括甲为确定乙是否同意而采取的措施。”

10-026 在“女王诉马兹雅克案”[①]中，昆士兰上诉法院认为，被告的精神损伤与评估他认为被害人同意的合理性有关。[②] 被告的精神缺陷本身不是错误的借口。智力缺陷导致被告被迫基于一系列更有限的信息来形成确信，这才是重要的，正如其他影响被告形成和检验其认识的机会的外在情况很重要一样。陪审团无法脱离形成信念的环境和信息来评估信念的合理性。[③] 换句话说，可以证明被告的缺陷使他无法获得一般人所
1194 能获得的相关信息，从而使他无法理解自己是在犯强奸罪。陪审团可以在不考虑精神错乱问题的情况下，裁定被告强奸罪不成立。如果精神受损的被告因为认知能力不足而与妇女发生性关系，影响了他对被害人不同意的认知能力，精神错乱的抗辩的主要障碍是证明“受损 ”或“智力低下”等同于足够的认知受损，从而被纳入南顿规则的适用范围。然而，出于同样的原因，如果犯罪的要素只要求有过失，精神错乱应是抗辩事由。

在“女王诉马兹雅克案”中，双方的性交是自愿的，因为双方都有精神障碍，似乎是受动物本能的驱使，但如果被告以暴力手段强行与无辜妇女发生性关系，则应作出特别判决。如果行为人的精神障碍使他无法意识到不得强奸妇女，他就对社会有一定的危害性，因此判处有期徒刑或住院治疗是合适的。

第 6 节 不可抗拒的冲动和犯罪行为

10-027 假设行为人患有某种“精神疾病”，导致“不可抗拒的犯罪冲动”(irresistible impulses)。“南顿规则”是否可以为其提供抗辩？

如果行为人明知自己正在犯罪，而这样做是不对的，只是因为觉得诱

---

① [2005] 152 A. Crim. R. 315. *R. v. Hudson* [1966] 1 Q. B. 448; *R. v. Cooper* [2009] 1 W. L. R. 1786.

② *R. v. Mrzljak* [2005] 152 A. Crim. R. 315.

③ *R. v. Mrzljak* [2005] 152 A. Crim. R. 315 at 334.

惑不可抗拒,就没有资格借此抗辩。法律仍然有可能阻止这类罪犯,因为被告明白自己所做的事情的性质。① 如果要给予保护,就应该在量刑阶段予以照顾。

人道地使用强制医疗和其他非刑罚处遇方式,并无法完全满足缺乏犯罪能力的精神检验标准现代化的要求。有人曾提出,对患有"精神错乱冲动"或"不可抗拒的冲动"的人予以豁免。虽然这已被纳入若干英美法系国家的法规,但英国法律从未将其作为完全的抗辩事由而接受,②主要是因为人们认为不可抗拒的冲动是无法证明的。③ 摩尔斯(Morse)和(Hoffman)教授认为:"在声称缺乏自制力的案件中,问题在于如何将其与其他行为人区分开来,后者也想做若干本不应该做得非常糟糕的事情, 1195
例如非常贪婪的人面临实施偷窃的诱惑。"④

对南顿规则的批评是,其只允许对被告的认知能力进行评估。南顿规则不允许对被告缺乏自愿行为能力进行评估。这里所说的不是自动症或缺乏身体上的行为能力,而是缺乏道德上行为能力。南顿规则的狭隘性导致美国许多司法区对此进行了专门的改革。在美国,不可抗拒冲动的概念得到了《模范刑法典》的支持,但在语言上做了一定的改变。为了避免给人以不可抗拒的冲动必须是冲动的或突然发生的印象,《模范刑法典》用"守法能力"(capacity to conform to the law)取而代之。《模范刑法典》中的"美国法学会检验标准"规定,"如果在因精神疾病或缺陷导致犯罪行为发生时,(被告)缺乏认识其行为的犯罪性或使其行为符合法律要求的实质性能力,则不对犯罪行为负责"。然而,在约翰·辛克利(John Hinckley)利用"美国法律学会标准"⑤成功脱身后,⑥美国大多数州都恢复了南顿规则。辛克利试图杀死当时大受欢迎的里根总统,⑦这个未遂的图谋,旨在打动当时还是耶鲁大学1年级学生的女演员朱迪·福

---

① See Christopher Slobogin, *The Integrationist Alternative to the Insanity Defence: Reflections on the Exculpatory Scope of Mental Illness in the Wake of the Andrea Yates Trial*, (2003) 30 Am. J. Crim. L. 315.

② *R. v. Khan*(2010) 1 Cr. App. R. 4; *R. v. Byrne*[1960] 2 Q. B. 396. section 52 of the *Corners and Justice Act* 2009.

③ *R. v. Kopsch*(1927) 19 Cr. App. R. 50 at 51; *Attorney—General of South Australia v. Brown* [1960] A. C. 432.

④ Stephen J. Morse and Morris B. Hoffman, *The Uneasy Entente Between Legal Insanity and Mens Rea: Beyond Clark v. Arizona*, (2007) 97 J. Crim. L. & Criminology 1071 at 1095.

⑤ *Finger v. State*, 117 Nev. 548 at 560(2001).

⑥ See Lisa A. Callahan *et al.*, *Insanity Defence Reform in the United States Post—Hinckley*, (1987) 11 Mental & Physical Disability L. Rep. 54 at 54-59.

⑦ See Michael L. Perlin, *Unpacking the Myths: The Symbolism Mythology of Insanity Defence Jurisprudence*, (1990) 40 Case W. Res. L. Rev. 599 at 637-638.

斯特(Jodie Foster)①的芳心。美国法学会版本的不可抗拒的冲动测试,被批评为保护了本应可以抵制的冲动。②

10-028 无法抗拒冲动标准的实用性存在致命的弱点,无法在不可抗拒的冲动和仅仅是没有去抗拒的冲动之间进行明确划分。以两个精神分裂症患者甲和乙为例,两者的临床症状似乎完全相同。两人都与朋友发生争执,陷入无法抑制的愤怒中,但甲在争执中刺死了对手,而乙却没有。如果甲被以谋杀罪起诉,心理医生可能会作证表示,由于疾病原因,甲丧失了守法的能力,这确实可以从他实施了违法行为这项事实中得到证明。乙没有刺伤被害人,没有出庭,其精神病学的相关证据更是无从谈起;但精神科医生大概会表示乙有遵纪守法的能力,这从他的行为符合法
1196 律规定的事实中可以看出。所观察到的只是个人的符合或不符合。因此,就实际的目的而言,判定被告因精神错乱而不具备遵守法律的能力,与判定被告患有精神错乱,并没有区别。

通常的问题是,如果警察在场,被告是否会实施犯罪。在大多数情况下,如果警察在场,被告很可能会控制自己的行为,所以有人认为,刑法仍有威慑作用。③ 一般来说,自主的行为人应当为自己的有害选择负责。毋庸置疑,有些被告,如恋童癖者的心理问题使他们难以抗拒伤害儿童,但这样的人是危险的,会故意选择伤害无辜的被害人,④同样,吸毒者可能会发现有必要通过盗窃他人财物来满足自己的毒瘾,这种状况可能会使他们很难抵制住盗窃的诱惑,但这些人为了自己的利益而伤害他人,是完全知情的选择。而南顿规则不会让吸毒者和恋童癖者因为自主的犯罪选择而逃避刑事谴责,因此是首选的模式。

有些病症可能会增加行为人的犯罪欲望或犯罪倾向,但这样的人明明知道自己做错了事,却又不知道自己是在实施错误行为。适当的解决办法是在量刑时将其病情作为减刑要素。在量刑阶段可以考虑到被告行为能力减弱或限制责任,也可以作为部分抗辩事由。在英国,限制责任能力只是谋杀罪的部分抗辩事由,但如果有令人信服的医学证据证明被告并不完全有罪,没有理由不把部分责任作为减刑要素。这很可能是非常例外的情况,因为医学证据必须证明行为人的行为几乎是自动而为的。

---

① *United States v. Hinckley*, 672 F. 2d 115.

② See Stephen J. Morse, *Culpability and Control*, (1994) 142 U. Pa. L. Rev. 1587 at 1600-1601.

③ See Paul S. Appelbaum et al., *Violence and Delusions: Data from the MacArthur Violence Risk Study*, (2000) 157 Am. J. Psychiatry 556.

④ See Dennis J. Baker, *Punishment Without a Crime: Is Preventive Detention Reconcilable with Justice?*, (2009) 34 Austl. J. Leg. Phil. 120.

第7节　特别判决和处置

10-029　如果精神错乱否定了犯罪所需的主观要素,似乎被告将有权获得普通的无罪释放。但事实并非如此。陪审团作出的是因精神错乱而无罪裁决,[①]简称特别裁决。这种裁决认定被告实施了该犯罪行为[②](否则判决将是单纯的无罪判决),[③]但属于南顿规则的适用范围。 1197

普遍的看法是,通过模糊责任与非责任的区别,责任问题被回避了,或者说,模糊了责任与非责任的区别,从而导致责任认定的意义大打折扣。现在的法律基本上就是这样做的。犯罪者(法律上有责任的不法行为人)一般可以被法院当作无法律责任的人对待:可以被送进医院,或者干脆出院,而不是受到惩罚。反之,如果那些可以声称自己不应负责的行为人没有选择依靠精神疾病豁免(这很好理解),他们可能会受到惩罚。

在律师看来,精神错乱这个话题与入住精神病院密切相关,现在的委婉说法是"神精医院"。对精神错乱的未成年罪犯,警方可决定不起诉,并允许其返回亲属家或自愿入院("非正式")。或者在某些情况下(例如,如果行为人患有精神错乱),无论是否犯了罪,[④]都可以在没有法院诉讼程序的情况下,凭医生证明被强制医疗(民事监禁)。强制措施(或用法律术语来说,入院治疗)可以是"为了评估",也可以是"为了治疗"。后者需要两份医疗证明(对于精神错乱患者),必须证明为保护他人的健康和安全,有必要收治病人。[⑤]

10-030　如前所述,某些程序特别适用于犯罪嫌疑人:

如果行为人被指控犯罪,在审判或量刑前被羁押(收入监狱)的,可以根据行政命令将其移送医院。[⑥]

如果在受审,法官可能会认定他不适合受审;("不适合抗辩"、传讯时精神错乱);他可能被送进医院。或者,可以对他下达监督令;或者下达绝对释放令。[⑦]（无法交流的听障人士也可以被认定为不适合受审)。

如果受到审判,被告可能会以精神错乱为抗辩事由而胜诉,此时法院必须再次对他作出特别判决。

---

① Section 2 of the *Trial of Lunatics Act* 1883(as amended).

② *R. v. Sullivan*[1983]2 W. L. R. 123 at 396.

③ *Attorney—General's Reference*(*No.* 3 *of* 1998)[2000]Q. B. 401 at 409.

④ Part Ⅱ of the *Mental Health Act* 1983.

⑤ Section 3 of the *Mental Health Act* 1983.

⑥ Section 48 of the *Mental Health Act* 1983.

⑦ Section 5 of the *Criminal Procedure*(*Insanity*)*Act* 1964.

如果抗辩不成立,或被陪审团或裁判官驳回,被告仍可(在许多情况下)被法官或裁判官送进医院。

或者,如果被送进监狱,也可以行政转院,但实际上这种情况很少发
1198 生,除非是极其明显的精神障碍,而且被告显然是不适合关在监狱里。

1800—1991 年,[①]因精神错乱而作出无罪判决要求法官下令拘留被告。这就是所谓的"强制性监禁"。此前,被告需要在君主(根据内政大臣的建议行事)"同意"的情况下被拘留;但后来,酌情权交给了内政大臣。根据 1991 年之前的法律,根据命令条款,被告可被送入内政大臣指定的医院。在内政大臣另有指示之前,被告必须留在医院内。幸运的是,现在法院有多种处置方案,包括强制医疗令、绝对释放令和监管令。

"监管令"(supervision orders),是指"要求被监管的人(被监管者)在该命令中指明的不超过两年的期间内,接受社会工作者或当地感化委员会人员(监管人员)的监管的命令"。监管令要求被监管者在该期间的整个期间或该命令所指明的部分期间内,接受注册医生的治疗或在其指示下接受治疗。[②]

"强制医疗令"(a hospital order),是指"法院可通过命令同意被告入院和拘留在命令中指定的医院,或视情况将其置于当地社会服务机构或当地社会服务机构同意的其他人士的监护下"。[③]

"限制令"(a restriction order),是指"如果刑事法院对罪犯下达了强制医疗令,在考虑到犯罪的性质、罪犯的前科以及如果将其羁押在逃,法院认为为了保护公众不受严重伤害,有必要这样做时,法院可以进一步命
1199 令对罪犯进行特别限制"。[④] 限制令通常会规定被告必须拘留的最低时间。

10-031 "强制医疗令"并非不可避免。如果被告被认为是无害的(也许他的年龄偏大,或者自被控事件发生后精神状态已经得到控制,或者罪行并不严重),他可能会被下达监管令(通常是以精神治疗为条件,无论是作为门诊病人,还是作为住院病人,通常情况下,都是以住院病人的身份),甚至可以完全出院。

由于不能让杀人狂随随便便逍遥法外,因此法律规定,在谋杀案中,法官必须下达强制医疗令和限制令。拘留通常是"布罗德莫"(Broadmoor)等

---

① *Criminal Procedure(Insanity and Unfitness to Plead)Act* 1991.

② Schedule 1A of the*Domestic Violence, Crime and Victims Act* 2004.

③ Section 37 of the *Mental Health Act* 1983.

④ Section 41 of the *Mental Health Act* 1983. *R. v. Steward*[2008] M. H. L. R. 148; *R.(on the application of Jones) v. Isleworth Crown Court*[2005] M. H. L. R. 93.

"专门医院",但也可能是在当地的精神病医院。当以精神错乱为由下达强制医疗令时,必须由两名医生证明罪犯患有"性质或程度上的精神错乱,使其适合被拘留在医院接受治疗"。

10-032　如果强制医疗令的主要问题是犯罪人是否可以治疗,法官必须要判断被告对自己的行为是否有责任?

抽象的责任问题很少涉及。通常情况下,如果有医学证据证明被告是可以治疗的,就应该让其去医院治疗,如果有医院准备收治,法官会很乐意作出强制医疗令,而不是在监狱里多关押1名犯人。

10-033　但是,医院做出上述命令的前提是,量刑时这名罪犯已经精神错乱了,而南顿则和这种情况有关。

的确如此。如果有证据表明罪犯在案发时精神不正常,但此后已康复,则无法下达强制医疗令,但法官当然可以在采取监视措施的情况下对其予以释放。

10-034　现行法律是否给予精神错乱的罪犯以足够的保护?可以看出,如果法官认为这是处理这个案子的最合适的方法,就会作出裁决。但是法官可能认为处理这个案子最合适的方法是把罪犯送进监狱。对于严厉的法官,患有精神疾病的罪犯有什么保护措施呢?

只有在被告被判定有罪后,才能将其送入监狱。[①] 医生无法仅仅在治疗失败后,或者在治疗没有进一步效果的情况下,仅仅通过预防性拘留的方式将病人留院治疗;然而,对于无法治疗的精神错乱患者,为了公共利益,可能仍然需要拘留。[②]

如果被定罪的被告即使需要治疗也被送进监狱,可以对监禁的判决提出上诉,并要求以强制医疗代替刑罚。[③] 在实践中,如果可以下达医院的命令,而且似乎是必要的,法官几乎总是会下达。

10-035　"几乎总是会?"如果犯罪人精神错乱,难道不应该"总是会"吗?行为人不应该因为生病而受到惩罚。

这并不意味着犯罪是由疾病导致的。[④] 而有时,防止犯罪人再次犯罪的必要性是首要的考虑要素。[⑤] 1200

无论是从社会的角度,还是从罪犯的角度来看,监狱和医院之间的选择往往并不直接。由于无行为能力,精神错乱者可被关押在特别医院,其

---

① *R. v. Drew*[2003]1 W. L. R. 1213.

② *R. v. Wood*[2010]1 Cr. App. R. (S.)6;*R. v. Welsh*(2011)119 B. M. L. R. 21.

③ *R. v. Morris*[1961]2 Q. B. 237;*R. v. Wood*[2010]1 Cr. App. R. (S.)6;*R. v. Welsh*(2011)119 B. M. L. R. 21;*R. v. Cox*[1968]1 W. L. R. 308.

④ *R. v. Dass*[2009]M. H. L. R. 288;*R. v. IA*[2006]1 Cr. App. R. (S.)91.

⑤ *R. v. Wood*[2010]1 Cr. App. R. (S.)6;*R. v. Welsh*(2011)119 B. M. L. R. 21.

条件与在监狱中的情况相同,可以借此保护公众。由于根据比例原则,[①]在医院的羁留时间长于在监狱的羁留时间,对公众的保护力度可能更大。但专门医院的压力很大,不可能总是收治危险程度不高的病人。此外,病人的行为紊乱和令人反感的行为可能还不足以成为以医疗为由长期羁押他的理由。医生不爱做"穿白大褂的狱卒",尤其是国民健康系统的医院,只要他们觉得无能为力,就会立即放出病人。所以,法官可能会觉得有义务把犯人送进监狱。

然后是威慑力的问题。在某些形式的精神错乱中,防止不良行为再次发生的最佳希望在于治疗疾病,而不是惩罚犯罪者。但是,精神疾病即使能够缓解,也不可能总是能治好。很多精神分裂症患者在社会上游荡,在工作中勉强维持自己的生活。他们也许能够得到药物的帮助,但无法永久治愈。除非行为太过恶劣,无法让其继续自由自在,否则将他们留在医院里没有意义。如果这类人犯了若干轻微的罪行(如小偷小摸),从各方面来看,最好的办法可能是将其视为有责任感的人,以一般的方式给予他若干轻微的惩罚,或将其置于监督之下,而不是让他因住院而失去自由。即使是对精神上或社会上有残疾的人,也要向他们传达这样的信息,即期望他们有良好的行为,并对他们的行为负责,这是某项良好的社会政策,除非治疗方法能更好地改善他们的行为,或者是人道的替代刑罚,而不是严厉的、无利可图的监禁。

10-036 裁判法院作出特别判决是否需要依据一定之规?

不必。简易程序审判可以将精神错乱理解为否定犯罪故意,法庭可判这样的被告普通无罪。[②] 另外,裁判官可认定被告实施了特定作为(或
1201 不作为),并在不宣告有罪的情况下,发出强制医疗令。[③] 裁判官必须对该罪行处以监禁。在不确定被告是否适合接受审判的情况下,法官可以使用这项权力。这属于酌情决定权,而且很少使用;裁判官一般宁愿释放被告,也许会安排被告接受检查,以便借由民事途径把他送进医院。由于

---

① Sections 222 – 229 of the *Criminal Justice Act* 2003. Generally, Dennis J. Baker, *Punishment Without a Crime: Is Preventive Detention Reconcilable with Justice?* (2009) 34 Austl. J. Leg. Phil. 120; Andrew von Hirsch and Andrew Ashworth, *Proportionate Sentencing: Exploring the Principles*, (Oxford: Oxford University Press, 2005) at 50*et seq.*; R. A. Duff, *Punishment, Communication, and Community*, (Oxford: Oxford University Press, 2001) at 165*et seq.*; Richard L. Lippke, *No Easy Way Out: Dangerous Offenders and Preventive Detention*, (2008) 27(2) Law & Phil. 383.

② *R. v. Horseferry Road Magistrates Court Ex p. K*[1997] Q. B. 23.

③ *R. v. Lincoln Magistrates Court Ex p. O'Connor* [1983] 1 W. L. R. 335; *R. v. Stratford Magistrates' Court*[2007] 1 W. L. R. 3119; *R. v. Chippenham Magistrates Court Ex p. Thompson*(1996) 160 J. P. 207.

裁判官在处遇方面具有一般酌情决定权，与1991年及2004年[1]以前在刑事法院受审的人可以采用的严格规则相比，以精神不健全为理由的抗辩，在简易审判中比检控审判中更为频繁。但刑事法院享有的处遇权，鼓励更多的被告援引精神错乱抗辩。[2] 1202

① *Criminal Procedure (Insanity and Unfitness to Plead) Act* 1991and section 24 of the *Domestic Violence, Crime and Victims Act* 2004.

② See R. D. Mackay*et al.*, *Yet More Facts About the Insanity Defence*, [2006] Crim. L. R. 399.

1203

第 11 章　限制责任

很难用一句话来表达，但是已经被这样表述了：一定要有精神错乱或者精神缺陷；一定存在着某种精神上的不健全；一定存在着精神状态近乎失常但还没有达到完全失常的地步；必须存在着这样的精神状态，以至于使刑事责任由完全的刑事责任减轻到部分的刑事责任——换言之，这样的罪犯只能对其行为承担部分责任。

法官克拉克(Lord Justice Clerk)①

---

① *H. M. Advocate v. Savage*(1923) J. C. 49 at 51.

第 1 节　限制责任:抗辩的本质

11-001　除了谋杀案之外,法官在量刑时享有自由裁量权,这使其能够理性地对待精神错乱的被告。对于谋杀罪,需要立法。政府已经看出“王室死刑委员会”(the Royal Commission on Capital Punishment)提出的扩大免责事由范围,将精神错乱也纳入其中的提议存在不可克服的困难,于是转而决定扩大法官的自由裁量权,允许将“限制责任”(diminished responsibility)作为某项抗辩事由。1957 年《杀人法》(修正案)[①]第 2 条规定如下:

“(1)精神错乱者杀害他人或者参与杀害他人,将不会被判处谋杀罪,如果

(a)来自对其医疗状况的认可;

(b)实质上削弱了行为人实施(1A)款所述的某项或多项行为的能力,并且;

(c)对行为人进行谋杀或参与谋杀的作为或不作为作出解释。

(1A)所涉的事项是——

(a)行为人对于行为本质的理解;

(b)作出理性判断;

(c)进行自我控制。

(2)在被指控谋杀罪时,辩护方应该根据本条证明被指控者不应对被判处谋杀罪承担责任。

(3)本条规定之外者,无论是以主犯还是从犯的身份,都应对被判成立的谋杀罪,而不是对被判成立的过失杀人罪负责。

(4)参与杀人的行为人根据本条不构成谋杀罪的这项事实,不应影响参与本案的其他行为人的杀人行为是否构成谋杀罪的认定问题。” 1204

一般意义上的“限制责任”概念(在本章开篇是这样表述的)借鉴自苏格兰,[②]那里的法官将其发展成为具有法律效力的规则;1957 年《杀人法》第 2 条被其他普通法国家采纳。如果抗辩成立的话(出于平等对抗考虑,证明责任落在被告身上),[③]陪审团判定被告犯有过失杀罪,这就意味着法官在处理问题上通常有很大的自由裁量权。

---

① Section 52 of the *Coroners and Justice Act* 2009.

② *H. M. Advocate v. Dingwall*(1867) Irvine 466.

③ *R. v. Dunbar*[1981] 1 Q. B. 36. *R. v. Dix*(1981) 74 Cr. App. R. 306. *R. v. Lambert*[2002] Q. B. 1112.

11-002 难道限制责任不该被认为是指无意识的吗？

必须说，你的问题存在若干混乱。如果精神错乱的被告是无意识的，将会被无罪释放，并且也就没有必要为“限制责任”而抗辩了。要达到无意识的程度，精神错乱必须达到造成被告行为丧失自愿性，同时不具有犯罪故意的程度。如果精神错乱尚无法否定犯罪故意，并且在指控是谋杀的情况下，被告（假设没有其他的抗辩事由）一定会被判有罪。限制责任这一抗辩事由的优势是将定罪由谋杀罪减为过失杀人罪。

11-003 是的，但是为什么无法将限制责任规定为完全的抗辩事由呢？

那是不可能的。限制责任的对象是具有一定程度罪责的行为人，其目的不仅仅是保护那些缺乏罪责的人。如果被告以被禁止的精神状态实施了被禁止的行为，但不负刑事责任并因此不受所有形式的社会控制，将会被认为违反了公共政策。

11-004 控方是否曾经根据限制责任而以过失杀人罪指控被告，抑或是否总是以谋杀罪进行指控？

后者。这个问题只有当被告提出或者证明“南顿规则”（M' Naghten defence）时才会出现。如果存在不容置疑的医学证据证明被告责任减轻并且没有其他证据可以反驳该部分抗辩，主审法官应当指示陪审团推翻谋杀的指控。[①]

在实践中，由于显而易见的原因，如果被告否认他实施了犯罪行为，就无法建立起限制责任的抗辩。因此，如果否认是不可信的，将会定谋杀罪，尽管可以提出限制责任的证据。这对被告来说是不利的情况，因为在谋杀罪定罪之后，被告无法提供证据来减轻罪责。[②] 这是反对在谋杀罪
1205 中强制判决的另一论据。

11-005 当行为人被指控谋杀罪时，能否以限制责任为由提出针对过失杀人罪的认罪请求？

可以，尽管在通常条件下，被告是无法坚持针对较轻罪行提出抗辩的。被告的请求需要被检控方接受，然后检控方再请求法庭的许可。检控方的医疗专家一般会支持辩护方的观点，并且这项请求大多数情况下会被普遍接受。[③]

---

① *R. v. Brennan*［2014］EWCA Crim 2387.

② *R. v. Melville*［1976］1 W. L. R. 181；*R. v. Straw*［1995］1 All E. R. 187. *R. v. Erskine*［2010］1 W. L. R. 183 at 193，C. J.

③ *Partial Defences to Murder*，Report 290，（London：H. M. S. O. ，2004）appendix B.

11-006　此抗辩事由能否适用谋杀未遂？

不能。[①] 谋杀未遂不应被强制性地判处终身监禁，因此，在谋杀未遂案件中援引限制责任抗辩是没有意义的。

第 2 节　“限制责任”的抗辩范围

11-007　辩护方被要求证明被告出现了通过公认的医疗状况而确定的精神错乱；并因此严重损害了以下方面的能力：

1. 对于自己行为本质的理解；
2. 作出理性判断；
3. 进行自我控制。

11-008　什么是“精神失常”（abnormal mental functioning）？

精神失常是指按照社会标准来看，精神功能是不正常的。在解释传统法律时，帕克法官表示：“精神失常，必须与南顿规则中久负盛名的表述‘缺乏理性’相对照，这意味着不同于普通人的精神状态，以至于理性人会将其视为不正常。对被告来说，这似乎足以覆盖精神活动的各个方 1206
面，不只是对身体行为、事物感知以及对行为对错形成理性判断的能力，还包括根据理性判断运用意志力来控制身体行为的能力。”[②]医疗证据必须提交给陪审团，只有其才能确定被告的医疗状况是否可能导致精神异常。如果专家证明糖尿病可能导致行为人意识恍惚或者双相情感障碍（躁郁症）进而使这个人产生妄想，陪审团应该不会很困难地认定，正常人不会精神恍惚、产生妄想等（当然，在认定时可能会有若干猜测，由于医疗现状，“调节障碍”不会导致妄想或精神恍惚，但是有若干不可估量的东西，比如悲伤或紧张的情绪。问题是后面这些精神状态是普通人在正常生活中所要承受的代价）。一旦陪审团确信被告的身体状况能够导致被告精神异常，他们就会考虑事实以确定犯罪时特殊的身体状况是否会影响被告的精神功能。

11-009　如果专家证据无争议、无质疑地强烈表明被告符合减轻责任的标准，陪审团是否能够对其视而不见？

不能，陪审团必须考虑能够有力证明被告的能力减弱的证据。陪审团的作用是确定被告杀人时，其精神功能是否受到公认的医疗条件的充分影响。陪审团必须通过考虑所有证据来决定这个事实问题。如果在提供证据的医学专家之间达成共识，那么任由陪审团忽视这些有力的证据

---

① *R. v. Campbell*［1997］Crim. L. R. 495.

② *R. v. Byrne*［1960］2 Q. B. 396 at 403 *per* Lord Parker C. J.

就是违反正义的。

在“女王诉布里南案”(*R. v. Brennan*)中,戴维斯法官说:

“两个相关但可能相互冲突的原则共同发挥作用。前者是刑事审判案件由陪审团而不是专家裁决的一般原则。事实上,由于具备专业知识,专家们被允许就证据做出陈述;但案件最终由陪审团决定,他们根据证据整体来做出决定。然而,第二个原则是陪审团必须根据证据得出结论。这个基本原则得到了反映,例如,在传统的法官指导意见中,陪审团不得推测,不得被厌恶或情绪所左右……在我们看来,没有任何余地可以偏离第2项原则。它反映了陪审团制度和公平公正审判的本质。”

11-010 您刚才告诉我,精神错乱的程度必须严重损害被告对于(1)自己行为本质的理解;(2)作出理性判断;(3)进行自我控制的能力。为什么要挑出对这些能力的影响呢?

虽然传统法第2条可能在某种意义上已经“起作用”了(事实上,这是非常有益的结果),意味着精神错乱医生在作证时所面临的压力超出
1207 了他们的专业能力。这不会导致他们公开表达多少不满。产生同情心时,他们将采取合法的形式表达。

1957年《杀人法》的前第2条没有提及“精神功能”。传统法要求被告的精神异常应该以专家证人所能想出的最令人尴尬的形式,严重损害其“精神责任”。

“精神责任”是不恰当的表达,因为责任是法律或伦理概念,而不是与被告相关的临床事实。人们可以明智地谈论“法律责任”(被定罪的责任)或“道德责任”(受道德谴责的责任)。但是起草者回避了“道德责任”概念,因为他不想把道德问题纳入刑法。讨论法律责任的实质损害是没有意义的,因为在定罪意义上,法律责任要么存在,要么不存在(确实,第2条在适用时,将责任从谋杀罪降级为过失杀人罪。但是这种降级无法作为适用该条法律的标准:那将回避问题)。

“实质的”概念的使用使问题变得更加复杂。即使对于精神损害存在科学的鉴定,但实质的精神损害问题已然只能进行主观估计,而不是医疗科学评价。该法的目的是让陪审团决定损害的严重性,显然,在没有帮助的情况下这样做不合适,可以由专科医生作为专家证人对此问题出庭作证。

2009年《验尸官与法官法》第52条对此作出了规定,要求受损害的精神功能将影响被告的以下能力:(1)自己行为本质的理解;(2)作出理性判断;(3)进行自我控制的能力。

11-011　如果被告的精神失常，意味着他不了解自己行为的本质，那么被告援引完全的精神错乱抗辩岂不是更好吗？

1957 年法第 2 条(1A)(a)款的要求，与南顿规则的前半部分有明显的相似之处。但是就限制责任的抗辩而言，只需要证明被告对其行为的性质有一定的理解即可。这只是表明由于精神失常，被告没有完全理解自己所做的事情的本质。依靠限制责任进行部分抗辩仍需承担部分刑事责任，但依靠精神错乱抗辩则可完全免责。 1207

11-012　在真正属于精神错乱的案件中，这种抗辩能否成立？

是的，但是根据法律规定，检控方可以同样提交精神错乱的证据来加以回应，[①]如果陪审团认为被告的情况属于该当"南顿规则"的情形，将会作出相应的特别裁决。[②]

11-013　陪审团仅仅是在猜测被告的精神损害是否严重吗？

医疗证据将会被提交给陪审团，并且这将决定从医学角度来看，被告的状况是否严重地降低了其对于自身行为的理解、作出理性判断和进行自我控制的能力。[③] "从广义上看，具有常识的人是否认为，被告对其所作所为的精神责任严重受损？如果答案是'否定的'，如果仅仅存在若干不严重的损害，我们会认为不会产生什么影响，尽管这种精神状态可能导致行为人更加难以控制自己避免犯罪，而这时就可以认定其有罪……"[④]

基本上，是由陪审团决定被告的状况是否降低了其遵守刑法的能力。遵守法律的能力是可以被衡量的这一概念令人尤其费解。其立场似乎是如果医生表示被告实施 1957 年《杀人法》第 2 节(1A)所规定事项的能力被严重限制，陪审团可能会认为那意味着被告的行为能力受到了"严重的"损害。[⑤] 在大多数案件中，被告会否认自己理解行为的本质或者能够做出理性判断等。陪审团会考虑医疗证据和案件事实来决定是否相信这套说辞。

帕克法官认识到了其中的若干问题：

"从'没有抵制自己的冲动'迈向'无法抵制住自己的冲动'，正如本案证据所显示的那样，是没有科学依据的冲动。毋庸置疑，不正常的人在控制自身的冲动方面所面临的困难程度，缺乏科学的测量方法。在医学

---

① Section 6 of the *Criminal Procedure*(*Insanity*)*Act* 1964.

② *R. v. Spratt*[1980]1W. L. R. 554.

③ *R. v. Golds*[2014]2 Cr. App. R. 229 at 240 *per* Elias L. J. *R. v. Khan*[2010]1 Cr. App. R. 74. R. *v. Walker*[2009]EWCA Crim. 1829. *R. v. Sanders*(1991)93 Cr. App. R. 245.

④ *R. v. Golds*[2014]2 Cr. App. R. 229 at 240 *per* Elias L. J. *citing R. v. Simcox*(1964)*The Times* 25 February.

⑤ *R. v. Byrne*[1960]2 Q. B. 396.

知识的现状下,这些问题在科学上是无法解决的,陪审团只能以一般、常识性的方式来加以处理。"①

1209 **11-014** 沃顿女士对此的见解是:

"除了对于期待常识能弥补科学的不足这一乐观主义的赞同外,还有必要补充的是,这个问题似乎无法解决,不仅仅是现在,在任何医疗条件下都无法期待……无论是医学还是其他科学能证明未能抵制自己冲动的人,到底是由于无法这样做,还是不愿意而没有做。"②

最近,艾里亚斯法官(Elias L. J)表示:

"实质并非全部。也就是说,被告的精神状态不需要彻底崩溃。相对而言,这种损害也不能是微不足道的。议会将二者之间的状态,留给陪审团根据证据做出判断,被告的精神状态是否受到损害,如果受到损害,是否是实质性损害。"

11-015 是否有可能凶手在杀人时精神失常,因此限制责任,同时又不属于精神疾病(根据 1983 年《精神健康法》的规定),因此无法对其强制医疗?

当然!许多情况都被科学界视为异常状况。③ 虽然 1957 年法第 2 条(1)(a)款要求精神失常系医疗状况所引起,但不要求这种状况是精神疾病。有很多状况会对被告的理性思考能力和自控能力产生影响,包括"创伤后应激障碍"(post—traumatic—stress disorder)、④"性别认同障碍"(gender identity disorder)、⑤"人格障碍"(personality disorders)、⑥"恋童癖"(paedophilia)、"性欲倒错"(paraphilia)、"性心理障碍"(psychosexual disorder)、⑦"癫痫"(epilepsy)、"糖尿病"(diabetes)、"睡眠呼吸中止症"

---

① *R. v. Byrne*[1960]2 Q. B. 396 at 404;*R. v. Khan*[2010]1 Cr. App. R. 74.

② Barbara Wootton,*Crime and the Criminal Law:Reflections of a Magistrate and Social Scientist*,(London:Stevens & Sons,1981) at 77-78.

③ *International Classification of Diseases:ICD*—10,(Geneva:W. H. O. ,2007).

④ American Psychiatric Association, *Diagnostic and Statistical Manual of Mental Disorders*,(Washington,D. C. :American Psychiatric Association 4th edn. 2000) at 463.

⑤ *Re:Jamie(Special medical procedure)*[2011] Fam. C. A. 248;*Brian L. v. Administration for Children's Services*,51 A. D. 3d 488(2008).

⑥ *State v. King*,387 N. J. Super. 522(2006).

⑦ *Diagnostic and Statistical Manual of Mental Disorders*, *supra*note 20 at 571; *Kansas v. Hendricks*,521 U. S. 346(1997);*Erler v. State*,921 N. E. 2d 52(2010). Michael B. First and Robert L. Halon,*Use of DSM Paraphilia Diagnoses in SVP Commitment Cases*,(2008) 36(4) J. Am. Acad. Psychiatry Law 443;Richard Green,*Is Paedophilia a Mental Disorder?*,(2002)31(6) Achieves of Sexual Behaviour 467.

(sleep apnea)、“注意障碍性多动症”(attention—deficit hyperactivity disorder)、[①]“酒精依赖综合征”(alcohol dependency syndrome),[②]不胜枚举。

如果认为医疗状况与精神障碍相关,法院最好先参考美国精神病学协会编制的《精神疾病诊断和统计手册》(the American Psychiatric Association, Diagnostic and Statistical Manual of Mental Disorders, 2000)。如果导致精神失常的医疗状况是若干常见的疾病,如糖尿病,可以引起法院对这些公认的医疗状况事实的“司法注意”。急性中毒不是医疗状况,但也可能会引起司法上的注意。急性中毒导致的能力下降,应根据事实按照自 1210
愿中毒或非自愿中毒问题,视情况解决。[③] 当然,被告的医疗记录必须表明其存在特殊的医疗状况。专家证人关于某一状况是医疗状况的特殊主张将不足以满足立法的要求。如果新兴的科学研究机构支持该主张,即使可能不会将其列入标准的法源,法院仍可能会将其作为公认的状况加以接受。必须确定的是科学界的大多数人承认相关状况属于医学上的状况。

安乐死以及受虐妇女综合征患者实施的杀人,仅仅提及行凶时的情绪状态以及之前所承受的压力,是无法提出限制责任抗辩的。虽然压力本身无法导致责任减轻,但可以引发“内在原因”。被虐待多年累积的影响可能导致行为人产生公认的医疗状况,比如创伤后应激障碍。就限制责任的抗辩而言,后者可以成立,但必须明确是创伤后应激障碍导致了被告精神失常。[④] 这种医疗状况必须导致被告精神失常。如果在犯罪的时候,这种状况不会对被告产生影响,仅仅表明会导致其精神失常是不够的。受到“公认的医疗状况”的限制,被告无法将低智商和精神不成熟作为抗辩的基础事由。如果行为人具有 10 岁或 10 岁以上儿童的智力,就能期待其会遵守刑法。这完全有道理,因为 10 岁的儿童能被期待遵守刑法。

11-016　回到你的问题上来;可能会基于医学原因成功提出抗辩,这些医学原因与精神疾病没有关系,而且显然没有明确的理由采纳医院

---

① See Tim Kendall *et al.*, *Diagnosis and Management of Attention—Deficit/Hyperactivity Disorder in Children, Young People, and Adults*, (2008) 337 B. M. J. 1239; Marsha D. Rappley, *Attention Deficit—Hyperactivity Disorder*, (2005) 352 N. Engl. J. Med. 165.

② *R. v. Bunch* [2013] EWCA Crim. 2498; *R. v. Stewart* [2009] 1 W. L. R. 2507 at 2510; *R. v. Wood* [2009] 1 W. L. R. 496; *State ex rel. Harper v. Zegeer*, 296 S. E. 2d 873 at 875 (1982).

③ *R. v. Dowds* [2012] 1 W. L. R. 2576.

④ In *State v. Townsend*, 186 N. J. 473 at 491-492 (2006); *R. v. Dhaliwal* [2006] 2 Cr. App. R. 348.

的判断。根据具体情况,不同法官可能会作出从终身监禁①到实际释放的各种判决。② 在可靠的医学证据支撑下,如果被告明显不构成公共危险的话,限制责任的抗辩对被告来说是安全的。

11-017 为什么要把抗辩限制在那些存在公认的医疗状况的人身上呢?

这种限制的目的是排除诸如愤怒、恐惧、嫉妒和憎恨这样的情绪,从而避免了不以科学为基础的含糊的诊断被用作抗辩事由。这样一来,可以防止法院接受仅表明被告受到挑衅和压力事件的严重影响的医学证据,实际上无视"精神失常"的要求为被告的行为提供解释的做法,并且该抗辩与得到医生加持的"失控"抗辩相重叠(实际上,扩大了后者的范围)。③

在评论这种情况下的抗辩受到人为操纵的时候,沃顿写道:

"当杀人是由诸如性嫉妒或期望摆脱金钱窘迫等常见的人类动机所引起时,很难保证陪审团不会更被这种熟悉而非异常的罪犯心理过程所打动。" ④

若干精神错乱诊断特别令人好奇的是似乎是把日常的"压力"装扮成某种"精神障碍"。⑤ 当然存在个人成分,但是人的行为中总是存在着不完全统一和不可预测的要素。

简言之,在传统法律框架之下,限制责任的抗辩可以根据案件的道德属性而不是对精神病学和医学概念的严格适用来加以解释,正如沃顿很久以前所观察的那样,当同情被唤起时,⑥"似乎融入了实际上相当于减轻罪责的情况之中"。⑦ 但是仍然需要辛苦若干医生为该抗辩提供法律上的可接受性。

11-018 在传统法之下,人们可能会质疑从宽处理是否太过大而化之;但是毫无疑问,这对允许在安乐死案件中的进行部分抗辩存在有益影响。在依据传统法处理的若干案件中,陪审团总是接受最不可靠的医疗证据,并被法官当作从宽处理的依据。虽然案件的结果是人道的,但其能够实现,还是因为法院愿意信赖"精神科医生,后者通常站在精神异常的角度解释什么是理性行为,将压力、焦虑,甚至与目睹亲属死亡的痛苦和

---

① *R. v. Wood*[2010]1 Cr. App. R.(S.)6.

② *R. v. Webb*[2011]EWCA Crim. 152.

③ *R. v. Coles*(1980)144 J. P. N. 528;*R. v. Ahluwalia*(1993)96 Cr. App. R. 133.

④ Wootton, *op. cit. supra*, note 17 at 73.

⑤ R. v. *Webb*[2011]EWCA Crim. 152.

⑥ *R. v. Ahluwalia*(1993)96 Cr. App. R. 133.

⑦ Wootton, *op. cit. supra*, note 17 at 73.

无助相联系的沮丧视为辩护理由”。[1]

在 1965 年的一起案件中，一位杀死了自己罹患唐氏综合征的孩子的父亲成功地援引了这项抗辩。[2] 1971 年，一位男性把自己严重残疾的儿子放在了斯图尔河中，看着他漂走，也得到了同样的从宽处理。[3] 有证据 1212
表明，这个男孩身体机能仅仅相当于一个婴儿，预计寿命很短。法官告诉被告他将被要求“接受医生在未来大约几周内决定进行的治疗”，并且补充说：“随着时间流逝你能忘了这件事。”

在“女王诉韦伯案”（*R. v. Webb*）[4]中，被害人已经产生自杀念头好几个月了，并且一直恳求她的丈夫帮助自杀。被害人认为自己身患绝症，但其实没有。然而，其的确饱受若干其他的非致命疾病的折磨。某天晚上，被害人服用了过量的劳拉西泮药片试图自杀。她告诉 73 岁的丈夫，如果药片不起作用，他应该杀了自己。随着被害人的睡眠变得越来越浅，被告开始担心她会醒过来。“随着被害人的睡眠越来越浅，他拿来塑料袋和毛巾闷死了自己的妻子。”这不是帮助自杀的案件，因为因果关系链条被被告的故意干预所打断。被告导致被害人窒息而死。[5] 被告提出了限制责任抗辩，理由是他患有“调节障碍”，这是由于长期照顾患有精神疾病的妻子的压力导致的。

11-019　上诉法官表示：

“审判中的证据包括两名杰出的精神错乱医生的证言。陪审团的结论是上诉人在杀人时责任受限；简言之，作为法律问题，他对杀害妻子时的行为所负的精神责任受到了严重损害。从证据和对事实的总结中可以清楚地看出，他发现自己处于某种不可能的情况当中，这所引起的精神状态一定是难以忍受的。”[6]

该抗辩得到了一位仁慈的精神错乱医生的支持，他证明：

“……大量的研究表明，全职照顾其他同时患有身体和精神疾病的人会产生消极的心理影响。在我看来，韦伯和他妻子之间必然存在的复杂关系，将会严重加剧这种心理影响的效果。”[7]

---

① Robert Bluglass, *Psychiatry, the Law and the Offender: Present Dilemmas and Future Prospects*, (London: Institute for the Study and Treatment of Delinquency, 1980) at 10-11.

② *R. v. Gray*(1965) 129 J. P. N. 819.

③ *R. v. Price*(*The Times*, 22 December 1971).

④ [2011] EWCA Crim. 152. *R. v. Inglis*[2011] 1 W. L. R. 1110; *Gilbert v. State*(1986) 487 So. 2d 1185.

⑤ *R. v. Webb*[2011] EWCA Crim. 152 at paras. 11 and 12.

⑥ *R. v. Webb*[2011] EWCA Crim. 152 at para. 15.

⑦ *R. v. Webb*[2011] EWCA Crim. 152 at para. 15.

根据证据,韦伯的能力下降是由“调节障碍”导致的。韦伯成功提出
1213 了限制责任的抗辩,上诉法院将两年的监禁刑减为缓刑 12 个月。在这个过程中,上诉法官表示这个判决将使“这位孤独的老人获得帮助以超过降临到他身上的灾难”。①

11-020 像“调节障碍”②一样不严格地被定义为医疗状况的理由,会给仁慈的精神错乱医生若干左右的空间,但是像“女王诉韦伯案”这样的情况,在当前的法律之下会有不同的决定。对于韦伯先生这样的人无法适用限制责任这种新的抗辩。根据新法,韦伯将被判处终身监禁,因为能力下降不会影响其理解自己行为本质、做出理性判断或者进行自控的能力。韦伯的决定是经过深思熟虑的,是理性的。当他决定帮助自杀的妻子杀害时,他完全掌控了局面。他也明白自己在实施谋杀,这是完全错误的行为。判决指出:

“上诉人的责任受到了限制,但不是完全灭失。他知道自己在做什么,具有违法性认识,也预见到了行为的可能后果。法官担心的是,即使在本案中,在没有立即拘留的情况下作出判决,也可能会释放完全错误的信号,即这种杀人行为不会受到惩罚。”③

在安乐死案件中,法官试图在人道主义立场上取得平衡,但没有必要像通常情况那样援引精神科医生的看法。法官只是在试图维持与现在社会思潮完全脱节的法律的可适用性,其所在的地位决定了,法官需要对现在大多数人看来属于没有其他选择只好如此的行为作出某种官方反应。

如果陪审团不把这种罪行定性为谋杀,就不可能轻易地从宽处理。限制责任原则的重要之处在于不仅赋予法官量刑的自由裁量权,而且还
1214 通过消除对谋杀的情感偏见,使法官能够宽大地行使自由裁量权。

第 3 节 因果关系

11-021 根据 1957 年法第 2 条(1)(c)款的要求,以精神失常来对被告实施谋杀或参与谋杀的作为或不作为提供解释,同时第 2 条(1B)款规定:

“就第(1)(c)款目的而言,如果精神失常导致或是导致被告实施该行为的重要促成要素,则可使用精神失常为行为人的行为提供解释。”

---

① *R. v. Webb*[2011]EWCA Crim. 152 at para. 26.

② See Benjamin J. Sadock*et al.*, *Kaplan and Sadock's Comprehensive Textbook of Psychiatry*, (Philadelphia: Wolters Kluwer Health/Lippincott Williams & Wilkins, 9th edn., 2009.) at Chap. 22.

③ *R. v. Webb*[2011]EWCA Crim. 152 at para. 17.

11-022 所以行为人的精神失常和其所实施的犯罪行为之间一定有联系。性动机的连环杀手能否提出证明自己存在精神障碍，从而无法抵制杀人的冲动这种抗辩吗？[①]

是的，但是仍然可能被判终身监禁，或者如果是可治疗的，会在精神病院度过一生。[②] 该条款要求"异常的精神功能"是重要原因，就意味着不需要是主要原因。[③] 不需要是唯一的原因，但是如果非医疗状况的原因（如自愿迷醉）[④]是主要原因，这就表明与被告所认为的医疗状况相关的"异常的精神功能不是重要的原因"。换句话说，如果证据是被告不正常的精神功能使他具备理解自己行为本质的能力，等等。如果他是清醒的，这种能力就不会被严重降低，将无法提出限制责任的抗辩。没有必要证明如果是清醒的就不会杀人，只需要证明当被告杀人时出现的医疗状况不是精神失常的主要原因。[⑤] 法庭可能会认为对其他原因要素的严重干预意味着与医疗状况相关的精神失常并不是被告受损的重要原因。

如果议会将这项验证作为"主要"而不是"重要"的原因可能会更好，因为重要原因检验允许法官无须考量微不足道的原因。会引起问题的情况是，被告饮酒的证据与诚实的精神科医生的证据相结合，医生证明当被告摄入酒精时，其存在某种轻微的精神障碍，结果是其理解自己行为本质的能力降低，如若没有这两个要素，它就不会降低！

11-023 即使是行为人导致了自己精神失常，他也能提出这种抗辩吗？

导致行为人精神失常的医疗状况可能是实际上导致行为人在杀人时无法理解自己行为本质等精神失常的前兆。拿那些患有酒精依赖综合征的人举个事例；这种医疗状况[⑥]本身并不一定妨碍患者充分理解其行为的性质等，[⑦]使被告无法做出避免饮酒的理性选择。患有酒精依赖综合征的人可能在迷醉时杀人，但如果他是清醒的，他将明白谋杀是错误的，杀人是不理性的。同样，酒精依赖综合征不会使人产生杀人冲动。[⑧] 酒

---

① *United States ex rel. Gacy v. Welborn*, 1992 WL 211018 (N. D. Ill. Aug. 26, 1992); *R. v. Byrne* [1960] Q. B. 396.

② *R. v. Wood* [2010] 1 Cr. App. R. (S.) 6. *Care and Treatment of Barlow v. State*, 250 S. W. 3d 725 (2008).

③ *R. v. Roach* [2001] EWCA Crim. 2698; *R. v. McEachem* [2003] A. W. L. D 209.

④ *R. v. Wood* [2008] 2 Cr. App. R. 507 at 513-514.

⑤ *R. v. Dietschmann* [2003] 1 A. C. 1209 at 1217B *per* Lord Hutton discussing the former section 2.

⑥ *R. v. Bunch* [2013] EWCA Crim. 2498.

⑦ *R. v. Wood* [2008] 2 Cr. App. R. 507.

⑧ See William B. Arndt, Tammy Hietpas and Juhu Kim, *Critical Characteristics of Male Serial Murderers*, (2004) 29 (1) American Journal of Criminal Justice 117.

精依赖综合征的影响很单一,会产生不可抑制的饮酒冲动。只是在那个程度上影响他的精神功能。然而,酒精依赖综合征会产生连锁反应,因为患者会习惯性地喝醉。酒精中毒是精神失常的独立原因。问题是,仅由公认的医疗状况间接引起的异常精神功能是否足以提出责任减轻的抗辩。

如果行为人的疾病状况导致其大量饮酒,而迷醉状态严重地降低了此人理解自己行为本质、做出理性判断和进行自控的能力,他或许能够提出抗辩。[①] 这不是促进原因同时起作用的情况,而是多米诺骨牌效应的
1216 事例。这种疾病状况(酒精依赖综合征)导致行为人过度饮酒并导致他酒精中毒,然后酒精中毒严重降低了行为人理解自己行为本质、做出理性判断和进行自控的能力。

从技术上讲,医疗状况(酒精依赖综合征)与杀人行为之间没有直接原因关系,但是有间接原因关系。这看起来足以满足抗辩的要求。[②] 在"女王诉伍德案"[③]中,可以找到间接因果关系的支撑,上诉法官表示:

"如果这种综合征不构成精神异常,基于饮酒假设的限制责任就会失败。另外,如果确实如此,必须指示陪审团解决这样问题,即被告在实施杀人行为时的精神责任是否因该综合征而严重受损的问题。在决定该问题时,陪审团应只关注被告因疾病而产生的直接结果或因疾病本身而饮酒的影响,而忽略自愿饮酒的影响。假设陪审团认定综合征是由疾病引起的精神异常,在个别案件中就必须处理可能产生的影响和意义。这个问题的解决包括若干问题,比如被告对酒精的渴望是否是不可抑制的,在饮酒导致杀人的时段是否是自愿的(如果是,到什么程度),导致最终决定,即被告在实施杀害死者行为时其精神责任是否因该综合征的有害影响而受到严重损害。"

11-024 同样,1957 年法修正案第 2 节(1)(c)款也允许做这样的解释,因为仅要求精神失常提供"对行为人在杀人或参与杀人过程中的作为或不作为的解释"。酒精依赖综合征是导致被告酒精中毒的重要因素,而酒精中毒进而导致被告在杀人时精神异常。"解释"是被告忍不住饮酒,并且由于他非自愿饮酒,严重降低了其理解自己行为的本质、做出理性判断和进行自控的能力。

---

① *R. v. Wood*[2008]2 Cr. App. R. 507. *R. v. Tandy*[1989]1 W. L. R. 350.

② *R. v. Wood*[2008]2 Cr. App. R. 507 at 520. *R. v. Stewart*[2009]1 W. L. R. 2507 at 2512H. *R. v. Inseal*[1992]Crim. L. R. 36;*R. v. Tandy*[1989]1 W. L. R. 350;*R. v. Atkinson*[1985]Crim. L. R. 314;*R. v. Egan*(1992)95 Cr. App. R. 278.

③ *R. v. Wood*[2008]2 Cr. App. R. 507 at 520.

第 4 节　限制责任的量刑

11-025　“限制责任”抗辩表面上的吸引力在于提供了避免分裂的方法。使(可以这样认为)从完全负责到不完全负责的转变成为可能。完全正常的人负有完全责任;精神错乱符合南顿规则的人不负责任;处于精神错乱边缘的人负限制责任。

这样的推理也是有危险的。法律似乎默示,如果被认为患有精神障碍,危险的杀手们有可能获得相对较轻的刑罚,因此在被监禁几年后重返社会。 1217

这就是事实上若干法官根据相关法律在第 1 起案件中所采取的立场。但荒谬的是,人们认识到,依据 1957 年《杀人法》第 2 条,危险的罪犯被判处终身监禁在司法实践中非常普遍。[①] 相矛盾的结果是,“赢得”“限制责任”抗辩的人也会被判同样的刑罚,就好像他的抗辩失败并被判处谋杀罪名成立一样。

当 1959 年《精神健康法》生效时,人们认识到新权力将部分适用于 1957 年《杀人法》第 2 条所针对的案件。在“女王诉莫里斯案”(*R. v. Morris*)[②]中,刑事上诉法院提出下列一般原则,即“在正常情况下,判处这样的刑罚不是目的,量刑的目的是确保被告接受精神治疗,如果能够尽快治愈出院,便可对其加以释放,适当的自由裁量权(限制责任导致的)的行使要求法官采取措施行使权力”,这等于让医院做出决策。

11-026　法院仍然会把抗辩成功的人送进监狱吗?

大多数限制责任的案件,依然相当普遍地适用监禁作为最终结果。[③] 然而,许多罪犯获得了医院方面的有利决定,还有若干在没有监护协助的情况下就被处理了。

“女王诉莫里斯案”的相关规则,只在“严刑峻法不是司法目的普通案件中”[④]才被使用。法院补充说,尽管没有解释,责任能力严重受损的罪犯依然可能“对其所实施的行为负责,必须为此受到惩罚”。这可能意味着罪犯要负一半的责任,即被判处正常刑期的一半。但是事实上如果

---

① Law Commission, *Partial Defences to Murder*, Report 290, (London: H. M. S. O., 2004) appendix B at 14.

② [1961]2 Q. B. 237 at 243. *R. v. Bourne*(1995)16 Cr. App. R. (S.)237; *R. v. Chambers*(1983) 5 Cr. App. R. (S.)190.

③ *R. v. Wood*[2010]1 Cr. App. R. (S.)6; *R. v. Welsh*(2011)119 B. M. L. R. 21; *R. v. Drew* [2003]1 W. L. R. 1213.

④ *R. v. Wood*[2010]1 Cr. App. R. (S.)6.

要把罪犯送进监狱,法院经常判处这些罪犯终身监禁。

法官将危险犯送进监狱以保护公众的条件,规定在2003年《刑事司法法》第225条。该条规定:

“(1)该条适用于以下情况——

1218 (a)年满18周岁或以上的人在本条生效后被判犯有严重罪行;及

(b)法院认为,受到行为人行为和其进一步罪行的严重伤害对社会公众存在重大风险。

(2)如果——

(a)除本条之外的罪犯实施犯罪的可以被判处终身监禁;及

(b)法院认为此种犯罪或者相关的或多种犯罪的严重性足以证明判处终身监禁,法院必须判处终身监禁或判处年满18周岁未满21周岁的人终身监管。”

11-027 在这个意义上,2003年《刑事司法法》第225条意味着,只有在被告对社会构成重大威胁和被告精神功能没有严重降低而实施杀人的情况下,才可以判处终身监禁。①

在“女王诉伍德案”②中,行为人被判谋杀罪并被判处终身监禁最低刑期18年。上诉法院以限制责任为由撤销了谋杀罪代之以过失杀人罪。这起谋杀案涉及伍德杀害一位同性恋者。他的攻击涉及极端和反复的暴力。对死者的尸检表明,他被用切肉刀和大锤敲击和刺中了大约53次。被告称当他对被害人求爱时他正在拜访被害人,但是证据显示被告曾把切肉刀放到帆布背包中带到被害人家。与此同时,被告有大量的犯罪记录,这表明他有暴力犯罪的历史。精神科报告认为他能在发生人际冲突的情况下造成严重的伤害,特别是在被酒精影响的情况下。这成为法院重要的考虑因素,因为行为人的精神异常是由酒精依赖综合征引起的。

有法官表示:③

“虽然存在精神科医生报告证明入院治疗的正当性,但如果被告具有在不特定的未来威胁社会的危险性,正确的判决可能是终身监禁。然而如果被告的责任能力被严重损害以至于责任程度降到最低,就将启动从宽的程序,但刑期长度的确定,取决于法官对于被告责任程度,以及对能继续对公众造成危险的评估。在‘女王诉钱伯斯案’(*R. v. Chambers*)④中,无法出于对公众的保护目的,对被告判处监禁。然而‘女王诉钱伯斯

① *R. v. Welsh*(2011)119 B. M. L. R. 21. *R. v. Dighton*[2011]EWCA Crim. 1372.

② [2010]1 Cr. App. R. (S.)6.

③ *R. v. Wood*[2010]1 Cr. App. R. (S.)6 at 12.

④ (1983)5 Cr. App. R. (S.)190.

案'仍然与本案的决定有关。这是因为法官的结论是尽管接受以限制责任为由而提出过失杀人罪的指控，但被法官称为'主观责任仍然大量存在'。"

……

"从该观察得出的结论是，仅仅因为该案件是基于限制责任的过失杀人的事实，并不排除判处终身监禁。事实上，这种刑罚在这些判决中很少 1219
见，通常是在特别严重的案件中才会出现，虽然如此一来被告的责任得以减轻，但还是很高。"[①]

11-028　所以结果是，凭借国家的妥协，已经解决了区分法律上不负责任和负责任的问题，方法是让所有人都承担责任但赋予法官在实践基础上行使一般自由裁量权。[②] 如果存在必要的医疗建议，法官正常会签发强制医疗令。[③] 如果由于这样或那样的原因，罪犯被送进监狱并被视为极度危险的，刑期正常(应该)是"终生"。

以下是罪犯可能入狱的主要原因：

没有医院会收留他，或者法官认为罪犯只能被委托给专门的医院但是没有专门的医院会收留他。

医生对罪犯的行为改善不抱实质性的期望，并且很明显，如果提出的治疗被证明对被告是无效的，罪犯将很快出院，这对社会来说可谓恐吓或严重的威胁。如果无法治疗病人，没有医院(甚至没有专门医院)仅仅因为病人是危险的就使他持续进行强制医疗。即使如此，法官还是经常会签发医疗指令，理由是这比监禁刑更有希望改进罪犯的行为。但是有时法官可能会觉得，既然医学无法提供保证，就必须把希望寄托在老式的褫夺犯罪能力和威慑上。

被告质疑医疗证据，宁愿坐牢。

限制责任的抗辩和失控相结合，实际上是规避失控规则限制的方式。

11-029　问题不在于缺乏针对那些精神受影响的人的机制，只是觉得把他们当作正常人判处正常刑罚的机制是不公平的，然而这些人肯定是无法治疗的，为了对公共利益，必须被无限期地关押吗？

也许是这样的。像"布罗德莫"这样的专门精神病院之前履行了该职责，但是强制医疗不再提供只要公共利益需要罪犯就会被控制的保证。

虽然借此已经解决了隐藏的责任问题，但问题仍继续存在，罪魁祸首

---

① *R. v. Wood*[2010]1 Cr. App. R. (S.)6 at 14.

② R. v. *Webb*[2011]EWCA Crim. 152.

③ *R. v. Welsh*(2011)119 B. M. L. R. 21.

便是连环谋杀犯,人称“约克郡开膛手”的萨特克利夫(Sutcliffe)。[①] 所有医生(包括监狱医生)一致认为他患有偏执型精神分裂症并可能会基于
1220 责任减轻以过失杀人罪论处。[②] 因此检控方同意他为过失杀人抗辩。该过程虽然没有对判决产生影响,但却可以节约审判的成本,也可以让家属免受痛苦,否则他们将不得不听到他们心爱的人如何死亡的恐怖细节。

但是法官正确地拒绝接受这项请求;萨特克利夫因谋杀而受审,精神科医生经受折磨人的诘问,陪审团判处谋杀罪成立。上诉被上诉法院驳回。陪审团的裁决在技术上被证明是有道理的,因为尽管萨特克利夫符合抗辩的医疗标准,他的责任(或许,考虑罪行的严重性和持久性,及其狡猾地避免罪行暴露——表明他并非完全超越法律的限制)却没有被严重降低。但是这只是文字形式,当对探讨的“责任”没有明确概念时,这没有意义。事实是陪审团认为萨特克利夫应当服不定期刑。所有人都同意,不管萨特克利夫的精神状态被如何归类,这样的人必须被不定期地关押。实现该目标的唯一方式就是判处终身监禁。[③](萨特克利夫开始服刑,但是在1984年被确诊精神分裂症后被转到布罗德莫精神病院。1983年《精神健康法》第47条允许这种转移。)

11-030 很奇怪的是,限制责任相关的法律又增加了其他形式的过失杀人罪。法官在审判时面对这么多不同的罪名变体不是会很困难吗?法官怎么会知道陪审团会认定何种罪名成立?

你对此问题的怀疑是正确的。有重大过失杀人、推定过失杀人、失控过失杀人和限制责任的过失杀人——这些在理论上都可能判处终身监禁。但是失控过失杀人本身很少会判终身监禁,而限制责任过失杀人可能会判终身监禁。在实践中,如果有证据支持这两种抗辩,法官将尽量不判处终身监禁。[④]

对于你的问题一般的答案是,法官出于审判的目的可能会询问首席陪审员的判决依据。[⑤] 他没有义务这样做,但是如果这样做,法官就必须
1221 接受首席陪审员报告的事实认定结论。

---

① *The Times*, 26 May 1982.

② *R. v. Coonan*[2011]EWCA Crim. 5. Sutcliffe now uses the alias Coonan.

③ *R. v. Coonan*[2011]EWCA Crim. 5.

④ *R. v. Wright*[1995]16 Cr. App. R. (S.) 877.

⑤ *R. v. Matheson*[1958]1 W. L. R. 474; *per* Diplock L. J. in *Warner v. Commissioner of Police of the Metropolis*[1967]1 W. L. R. 1209 at 1213-1214; *R. v. Lamb*[1967]2 Q. B. 981 at 984. The decision *contra* R. v. *Larkin*[1943]K. B. 174 is now disregarded. *The Mayor and Burgesses of Devizes v. Clark* (1835) 111 E. R. 506.

第 5 节　杀婴罪

11-031　限制责任抗辩的先驱是关于杀婴罪的特别规则，该规则依然有效。在普通法中，母亲杀害婴儿是谋杀罪，但是在一般情况下可以减轻罪行，这促使人们普遍希望修改法律。在死刑时代，判处法庭上每个人（恐怕除了被告自己）都知道不会被执行的死刑，是极度令人反感的。结果，特殊的规则通过了。

现行法是基于 1938 年《杀婴处置法》第 1 节。[①]

"（1）女性故意的作为或不作为导致 12 个月以下的孩子死亡，但在作为或不作为时，该女性的精神平衡被还没有从生育后的影响中完全恢复或由于给初生婴儿哺乳的影响等原因被打乱，根据本法，其罪行将构成谋杀罪（或过失杀人罪），将被判犯有重罪，即杀婴罪，并可因此种罪行而受到处理和惩罚，就好比其犯有过失杀害儿童罪一样。

（2）在谋杀 12 个月以下孩子的女性的审判中，陪审团认为故意的作为或不作为导致了死亡，但是，被告的精神平衡被还没有从生育后的影响中完全恢复或由于给初生婴儿哺乳的影响等原因被打乱，根据本法可能会对其作出谋杀罪判决，陪审团可能会选择以杀婴罪的判决取而代之。"

杀婴罪和过失杀人罪一样受到惩罚，故法官享有完全的自由裁量权。在很多案件中，判决结果都是强制医疗或缓刑指令；在近些年，还有些女性被释放。[②]

11-032　如果掌握了被告精神紊乱的证据，检控方通常指控杀婴罪而不是谋杀罪；如果存在有关证据，总检察长会竭尽所能加以获取。如果以谋杀罪或过失杀人罪[③]起诉，被告女性可能会被允许以杀婴罪进行抗辩（这种案件中往往没有可供庭审质证的医疗证据），或者如果将案件提交陪审团，他们可能只会判杀婴罪。杀婴可以作为谋杀罪的抗辩，但本身是独立的刑事犯罪。如果以杀婴罪抗辩，检控方有责任反驳被告的主张，并且反驳要达到排除合理怀疑的程度。 1222

---

① As amended by section 57 of the *Coroners and Justice Act* 2009.

② See R. D. Mackay, *The Consequences of Killing Very Young Children*, [1993] Crim. L. R. 21.

③ *R. v. Gore* [2007] EWCA Crim. 2789. However, section 1 of the *Infanticide Act* 1938, as amended by section 57(1) of the *Coroners and Justice Act* 2009, makes it clear it does not substitute other offences.

虽然“产褥期精神错乱”[①]经常在书中出现,产后抑郁症也很常见,[②]但现在女性很少由于这种原因杀害自己的婴儿。因为一有精神问题的迹象,婴儿就会被从母亲身边带走。研究表明,杀死自己孩子的女性与产后那段时期没有特别联系。[③] 至于法规中提及的哺乳期,其与精神紊乱相关的证据确实很薄弱。[④] 这种联系是法律拟制,旨在将较轻的罪行延伸到生育的全年。在现实中,杀害儿童的主要要素是不愿意或难以照顾婴儿的压力和性格问题(简称“虐童”综合征);这些压力影响父母双方,且并不局限于产后的1年。[⑤]

哺乳期的好处是被告只需要出示证据证明在母亲杀人时的精神平衡被生育之后的哺乳期打乱。然而如果依靠精神错乱抗辩,证据必须证明精神障碍非常严重以至于无法理解杀害行为的本质和特性。通常情况下母亲不会有法律意义上的精神错乱,所以不会以精神错乱作为抗辩,假如母亲患有公认的疾病,才可以援引限制责任的部分抗辩(如果被告提出限制责任的部分抗辩,他就有责任在控辩平衡的基础上进行证明)。[⑥]

11-033 《杀婴处置法》是法官和其他人同情情感作用的结果,但也加强了他们的这种认知。当女性杀死自己的婴儿时,只要有一点证据,所
1223 有人都会认为被告的精神失衡是生育导致的。但是如果妇女杀人未遂,只是伤害了孩子,就无法适用该法;将以谋杀未遂或蓄意伤人被起诉,并可能会被送进监狱。或者如果一位母亲杀害的是新生儿或较大的孩子,尽管遭受的精神紊乱会影响两起杀人,当然可以针对较大的孩子部分提出限制责任的抗辩,但前提是在遭受“公认的医疗状况”。此外,后者只

---

① See Ian F. Brockington, *Motherhood and Mental Health*, (Oxford: Oxford University Press, 1996) at chapter 4.

② See Katherine L. Wisner *et al.*, *Postpartum Depression*, (2002) 347 N. Engl. J. Med. 194.

③ See D. J. West, *Murder Followed by Suicide*, (London: Heinemann, 1965) at 147; Ian D. Lambie *Mothers Who Kill: The Crime of Infanticide*, (2001) 24(1) International J. L. & Psychiatry 71.

④ See Velma Dobson and Bruce Sales, *The Science of Infanticide and Mental Illness*, (2000) 6(4) Psychology, Public Policy, and Law 1098. Maureen Marks, *Infanticide*, (2009) 8(1) Psychiatry 10.

⑤ See Michelle Oberman, *Mothers Who Kill: Coming to Terms with Modern American Infanticide*, (2005) 8 DePaul J. Health Care L. 3; Karen Brennan, *Beyond the Medical Model: A Rationale for Infanticide Legislation*, (2007) 58 N. Ir. Legal Q. 505; Bernadette McSherry, *The Return of the Raging Hormones Theory: Premenstrual Syndrome, Postpartum Disorders and Criminal Responsibility*, (1993) 15 Sydney L. Rev. 292; Emma Cunliffe, *Infanticide: Legislative History and Current Questions*, s(2010) 55 Crim. L. Q. 94; Elizabeth Rapaport, *Mad Women and Desperate Girls: Infanticide and Child Murder in Law and Myth*, (2006) 33 Fordham Urb. L. J. 527.

⑥ See April J. Walker, *Application of the Insanity Defense to Postpartum Disorder—Driven Infanticide in the United States: A Look Toward the Enactment of an Infanticide Act*, (2006) 6 U. Md. L. J. Race, Religion, Gender & Class 197.

会将谋杀降低为过失杀人。这不适用于该人的其他罪行。

法律委员会最近总结道："相信尽管1938年《杀婴处置法》遭到了批评，但实属针对一系列特殊情况的切实可行的法律方案。因此建议杀婴罪/杀婴抗辩无须修改，而应保留。"[①]法律委员会的结论似乎考虑到了各方面的利益。将杀婴罪/杀婴抗辩扩大到那些由于为人母亲而承担社会压力故选择杀婴的人身上似乎不必要，[②]也没有必要把父亲包括在内。杀婴罪/杀婴抗辩应该保持在一定范围内：父亲无须忍受生育或哺乳期荷尔蒙和身体上的创伤。生育带来的身体上的创伤和对女性身体造成的改变必然会产生心理影响。如果"母亲的精神平衡由于给初生婴儿哺乳的影响等原因被打乱"所引发的伤害行为，似乎应该得到适当的免责。毫无疑问社会状况也会有一定影响，但是量刑法官应将其作为减轻处罚的要素考虑。父母的压力无法成为杀人的免责。虽然哺乳期似乎有问题，但确实提供了适当程度的回旋余地。

然而，法律委员会认识到需要进行程序改革以保护那些对其的所作所为持否定态度的母亲。[③] 如果母亲否认因为精神错乱而杀害婴儿，"在对抗制度下，几乎不可能获得和提出精神错乱证据以便找到杀婴罪的抗辩或指控。结果，如果陪审团驳回了母亲的否认，此类案件将导致被判处终身监禁的谋杀罪判决"。[④] 法律委员会建议：[⑤]

"在审判中未将杀害婴儿作为问题提出，被告（12个月或以下儿童的亲生母亲）被陪审团判定犯有谋杀罪……主审法官应有权下令对被告进行体检，以确定是否有证据证明在杀害时存在指控杀婴罪的必要要素。 1224
如果这种证据被提出，被告希望上诉，法官应能将申请提交上诉法院，并在申请被裁定前延期审判暂缓执行。" 1225

---

① Law Commission, *Murder, Manslaughter and Infanticide*, Report 304, (London: H. M. S. O., 2006) at para. 8. 3. Criminal Law Revision Committee, *Offences Against the Person*, Fourteenth Report, (London: H. M. S. O., Cmnd. 7844, 1980) at paras. 106-108.

② *R. v. Johnston* (2007) 173 A. Crim. R. 540.

③ *R. v. Kai—Whitewind* [2005] 2 Cr. App. R. 31.

④ Law Com. *Murder, Manslaughter and Infanticide*, at para. 8. 44.

⑤ *Id.* at para. 8. 46; and para. 8. 50 for the limitations of this solution.

译后记

本书付梓，如释重负。

完成了对丹尼斯教授的承诺，将这本鸿篇巨制尽可能完整地还原并介绍给中国的读者。英美刑法及相关研究，在中国刑法学界自然绝非主流，对此现状虽感慨良多，但普通法世界法秩序的存在与运行，却是不争的现实。希望借由这本在普通法体系享有盛名、地位卓然的刑法学巨著的引入，为那些抱持开放心态与自省态度的学人，提供某种可供随手翻阅参考的可靠资料。

本书付梓，如履薄冰。

虽然颇为自诩，但译文中的错愕之处必不能免。另外，英语作为通用语言，熟练运用者自然不在少数，但中英文本的互译，自然有其价值与必要。但无论如何，都希望各位读者秉持开放心态，不吝争鸣指摘，也希望这本译稿能够得到机会再版，与原著同频共振，更可修正此间暴露的各种不正。

本书付梓，如响应声。

无论是作为原书编著者的丹尼斯教授，还是为本书出版提供资助的吉林大学法学院，抑或幕后操刀的编辑老师，还有太多太多亲友师朋，因本书结缘，汇聚成一张智识之网，个中交流与互动，凝聚在译文的字里行间，成为学术交流、学人相交的最好注解。

李立丰

2020 年 12 月 31 日于沈阳

图书在版编目(CIP)数据

格兰维尔·威廉姆斯刑法学教科书. Ⅱ, 抗辩论编 / (英) 丹尼斯·贝克著 ; 李立丰译. -- 北京 : 法律出版社, 2023

书名原文: Glanville Williams Textbook of Criminal Law

ISBN 978-7-5197-7319-9

Ⅰ. ①格… Ⅱ. ①丹… ②李… Ⅲ. ①刑法-法学-教材 Ⅳ. ①D914.04

中国版本图书馆 CIP 数据核字(2022)第 224364 号

格兰维尔·威廉姆斯刑法学教科书. Ⅱ, 抗辩论编

GELANWEIER · WEILIANMUSI XINGFAXUE JIAOKESHU. Ⅱ, KANGBIANLUN BIAN

[英]丹尼斯·贝克 著

李立丰 译

责任编辑 屈　瑶　刘梦瑀

装帧设计 臧晓飞

出版发行 法律出版社

编辑统筹 学术·对外出版分社

责任校对 王晓萍　王语童

责任印制 陶　松

经　　销 新华书店

开本 710 毫米×1000 毫米　1/16

印张 22.5　**字数** 381 千

版本 2023 年 6 月第 1 版

印次 2023 年 6 月第 1 次印刷

印刷 三河市龙大印装有限公司

地址:北京市丰台区莲花池西里 7 号(100073)

网址:www.lawpress.com.cn

投稿邮箱:info@lawpress.com.cn

举报盗版邮箱:jbwq@lawpress.com.cn

销售电话:010-83938349

客服电话:010-83938350

咨询电话:010-63939796

书号:ISBN 978-7-5197-7319-9　**定价**:99.00 元

凡购买本社图书,如有印装错误,我社负责退换。电话:010-83938349